# 和牛津、剑桥人一起挑战最强大脑

## 把玩109道世界顶尖大学面试题

【英】托马斯·波维 —— 著

李红杰 —— 译

CTS K 湖南科学技术出版社

致才华横溢的老师、永不满足的开拓者迈克·里斯克和泰瑞·琼斯，并向自始至终都对本书做着重要贡献的泰特·阿玛亚致以谢意。

# 前　言

　　我一直对好玩的物理和数学题目怀有一种激情，现在这种激情转化成了本书。解答这些题目所需要的知识不超出高中所学知识的范围，但却需要原创性思考，这将把我们带往全新而有趣的方向。

　　在任何拥有高等教育体系的国家，最优秀的大学都有某种形式的入学考试或入学面试。通常这些考试或面试都有一个相同的目的——从众多优秀的应试者中把那些最有潜力的挑选出来。为了测试这种潜力，设计的问题往往考查的是应试者的创造性思维能力。在很多国家，这种入学测试由教授来进行。虽然测试的问题可能会参考高中课程大纲，但通常并不会局限于高中课程内容。出题者往往会刻意超出常规。这是为了考查应试者能否将他们所学到的知识应用于新的更具挑战性的环境。这些问题考查的是将智力题抽丝剥茧，再用标准工具解决它们的能力。

　　本书收集了我最喜欢的一些进阶大学的物理和数学问题：旨在鼓励好奇心和玩乐的问题，以及一些大学入学测试中用到的标准题。这些问题复杂、难解，但大多数很有趣。你应该把它们视为玩具，挑一个最能吸引你的来把玩。这样可能看起来非常书呆子气，但我发现最开心的莫过于被自认为已经理解且看似简单的经典物理题难住了。通过本书，我将与大家分享解答自己最喜欢的物理、数学题时的喜悦。这些问题将会吸引那些已经很好地掌握了高中基本知识，有余力更上一层楼的同学。对于希望用一些更具挑战性或超出常规的问题来进一步提升的能力出众的师生来说，本书也很有用。这里我对将这些题目引入课堂进行试点的老师和勇于挑战它们的学生表示感谢。

很多题目是我自己出的。其他的则是对本书感兴趣的朋友或同事推荐的，或在他们的启发下出的。更多的是著名的经典题目。尽管这些物理和数学题目超出了教学大纲，但要保证它们的完全原创性仍很难。这些题目提问的方式从根本上讲不受限制，但基本概念的数量却相对较少。即便那些我最引以自豪的题目，多年来无疑也已经被提问过很多次，只是形式不同而已。

我能做到一点，那就是这些题目中有很多——特别是较难的用讨论题的形式来处理。它们不应冰冷地提问、解答，而应当进行指导式的讨论，由一位经验丰富的导师来帮助学生，鼓励他/她，给他/她提示，纠正他/她的错误，等等。这比自己读一本书更有帮助。导师哪怕只给学生一点恰到好处的提示，看似固若金汤的题目立刻就土崩瓦解了。我鼓励你们与朋友或课题导师，或任何具有良好物理、数学基础的人一起尝试解答这些题目。

我想介绍一下这些题目的难度等级。可以说每个题目都有其挑战性的一面。出版商要我用星号来标出它们的相对难度。尽管我认为这样主观意味太浓，但我也承认，碰巧先做了最难的题目并受挫仍让人感觉是一种耻辱。所以我指明了自己首次尝试每个题目时所感觉到的难度。如果你认为我的难度定级过高，则意味着你在这一方面的洞察力比我好。总的来说，一个星或两个星的题目难不倒水平完全在高中物理、数学大纲之上的学生[①]。下面的介绍应该能让你对这些难度等级有一定的概念。

★不太难。需要思考及一些洞察力，但没有提示也能解答。

★★有挑战性。需要进行相当多的思考及一定的洞察力，可能还需要简单的提示。

★★★难。需要进行大量的思考，相当的洞察力，以及更多的提

---

① 原文注：是指已经完成了 A 级、国际文凭、苏格兰高等教育、SAT 等第一学年课程，且还有一年就要进入大学的学生。

示。有些三星的题目只适合作为讨论题。

本书还收录了一些极难的题目，给那些最有信心的学生一个真正挑战自我的机会。

★★★★极难。适于讨论。可能对于大多数没有获得实质性的帮助的学生来说都太难了。复杂且不常见，解答应不拘一格。

我曾经称该书为"周六工程"，但我逐渐发现，周六总是少于我的预期。我没有搭档，所以此书难免有疏漏之处及逻辑错误。这些全是我的责任。但我希望疏漏、错误很少，带给读者更多的是启发而非混淆。编写本书最具挑战性的地方在于将问题的难度设置得恰到好处。简单的问题很好解，难的则非常难——像很多大学入学测试题一样难以琢磨。这里我要对就这些问题的难度水平给出过详细评论的老师、学生和同事道一声感谢。如果你有更具建设性的建议或不落俗套的问题能有助于改进本书，我非常乐意接受，并在此提前向你道谢。① 我希望你能找到可与其分享这些问题的乐趣或能一起讨论更优化更简洁的解答（很多问题都有）的朋友。如果想与更多人分享你的解答，或了解别人的想法，谜题网站 www. PerplexingProblems. com 可以帮到你。

如果你足够勇敢，也可以把玩一下本书最后一章的"谜题分值致命游戏"。我还画了分数表和统计表，方便你了解自己的进步。

T. P.，牛津，2015 年

---

① 原文注：你可以发邮件到我的邮箱：tom@tompovey. com。

# 致　谢

　　这里我向提出了很多忠告——特别是在问题的难度和范围方面——的所有老师、班主任、学生、学生家长道声感谢。给出反馈意见的有（但不限于）：Oscar Van Nooijen、Brian Smith、Terry Jones、Frances Burge、Julie Summers、Robin Parmiter、Elaine Cook、Georgina Allan 和 Glenn Black。感谢 Ben Sumner 将我的手稿排版成了本书。

# 目 录

# 不同寻常的旅程

没有早期证据表明我注定将成为一位物理学家或工程师。回想起来，甚至我对本书收录的好玩的物理问题的兴趣，是起源于父母或某位师长为挽救任性不羁的孩子而进行的明智干预，还是一系列巧合的结果都难说。不过，至少我沉浸其中的一些事和遇见的一些人能说明部分问题。现在我来讲讲这个过程。

## 早年岁月

尽管未经培训，我母亲仍是一位具有一定水平的工程师，若不是20世纪70年代让她无法忍受的性别歧视，她也会获得一个这方面的学位。这一遗憾以及她对教育的兴趣，对我产生了某种影响，但我是一个既没有特别的天赋，又不用功的孩子。用当下的话说，我是一个"发育迟缓者"。不过据说我很小的时候就显现出了某种特殊的天赋。比如，我曾试图暴力冲撞周围的障碍——安放在起居室的木质大婴儿围栏。每天早晨，这个围栏都要竖起来，把小我一岁的弟弟围在里面。不过，这并不是为了防止他逃出来，而是为了防止我攻击他。他早年大部分时间都是在这个围栏中度过的，在里面贪婪地读着数学书，用算盘计算，平静地无视我对围栏更猛烈的攻击。即便还在三岁时，弟弟就显示出了他的天分，而且他还很好学。

## 爬树与烟火

5～12岁这段时间我生活在委内瑞拉海岸边一个热带小岛上。在这里我有了最早的工程师和化学家经验。这些年我口袋里的钱很多都用来购买滑轮、硝酸钾和电线了。我和弟弟把滑轮挂在大树上，再通过复杂的绳索系统将自己吊上树顶。天黑后，父亲会来丛林，循着我们和 30 米高处发出的声音找到我们。我会坐在自己做的一只木座上，松开三线滑轮组的 90 米长绳子，把自己放下来。之后我再把木座原路升上去，让弟弟坐上它下来。这种手工装置居然没有要了我们的命。

玩腻了所有的爬树游戏后，我开始迷上了烟火。一开始我玩的是用火柴头和锡箔做的无害玩意儿，它发出的焰火点燃了宴会客人的热情。后来我用截成小段的伞筒装上刮下来的火柴头，再小心翼翼地用老虎钳夹住，做成这么一个虽然小却很响的玩意儿，放在我家土地另一边的树枝上，树枝下面是一支蜡烛。尽管这玩意只有小手指大小，威力却很大，1 千米外都能清晰地听到它的声音。制作这种小玩意儿没有完全安全的方法，但只有 7 岁的我却能做好细致的准备、清洁工作，只有避开冲击波才能保证手指不被炸掉，不会出现更严重的事故。我给夹住的伞筒做了个爆炸点———一只衬有棉絮的箱子。当时的世界与现在不同，我们能弄到现在很多国家都被列为严控违禁品的物品。我们没受过重伤也是一个奇迹。

后来我开始制作更大的烟火，但刮下数百颗火柴头确实需要很长时间。我也开始认识到，一旦某个装置发生意外，我就有丢掉性命的危险。我发现，改用不那么容易被撞击点燃的混合剂更安全。由此我对化学产生了浓厚兴趣。

幸运的是当时母亲在教授 A 级化学，所以我有充足的参考书。八岁时我已经是各种常见氧化剂和易氧化物方面的专家了。很快我就用像**猛度**①、**爆燃**②和**爆轰**③这样的专业词汇让母亲对我刮目相看。幸运

---

① 原文注：Brisance，是对爆炸发生时的爆震压的度量。

② 原文注：Deflagration，指低分解率低爆炸性混合物通过热传导进行的相对较缓慢的亚音速燃烧过程，在这一过程中，混合物被相邻物质逐层加热、点燃。

③ 原文注：Detonation，指高爆炸性混合物被内部快速放热反应驱动的超音速激波快速点燃的过程。

的是，父母亲对我的自学相当开心，但我对科学日益蓬勃的兴趣必然也引起了他们相当的担忧。他们一定想，至少我对科学的热情有可能转化为对学习的兴趣。

不知道用了什么方法，我说服了附近一位药剂师给我提供了半斤袋装硝酸钾。我对他说是用于咸牛肉保存实验。我从另一位药剂师那里购买了硫黄以防万一，他从来没有问过我用来干什么。伴随着更大的烟火而来的是如何安全点燃的问题。解决的办法是从一个安全的距离外进行电点燃。我用6个月的零花钱买了上百米的电线，对我来说这可不是一个小数目。很快，我家院子里就布满了坑洞，放满了烟火管子和外壳。本质上讲，我对烟火的喜爱完全是出于兴趣，但我预计，即使在这样一个偏僻之处，我的烟火活动也会把警察招来，只是在当时的政治背景下他们有更重要的事去忙活。就在一年前，整个国家在美国的入侵下被炸得遍体鳞伤。一次政变后美军就来了。入侵后很长一段时间里，岛上布满了被烧坏的坦克和武装直升机。我还记得我和弟弟在我们最喜欢游泳的海滩潜入水中，与海底的武装直升机残骸玩耍。孩子们总能从普通的事物身上找到乐趣。

我想，在有机会尝试制作更大的烟火之前放弃了这一爱好是一种幸运。正是那个时候，我引爆了一个小型实验装置，带来了意想不到的后果。有时候我喜欢在宴会结束时表演一个桌面小爆炸作为消遣以娱乐客人。就是在这样一个场合，我自豪地拿出一个安装在切菜板上的小小杰作。这本应该是火焰、声音和烟雾的小合奏。本来浸在水中的用火柴头做的引信被晒干，沿着切菜板完美地滋滋燃烧，然后在恰当的时刻点燃火药，会有一片烟雾升腾起来。接下来，会有一系列色彩斑斓的烟花燃放，最后是砰的一声响。爆炸声响的计算有些失误。声音太大了，所有的人都被震得连往后退，跌倒在椅子上和地上的餐具里。一个特别敏感的客人尖叫着跑了出去。她永远不会再来我们家了。

## 谜盒、计算机和风筝

初中一年级时全家迁回了英国。很快我就发现，英国雨太多了，加之花园太小，没有太多空间留给我的户外兴趣，于是我开始制作谜题，弟弟开始玩电脑。大多数人一想到谜题，脑子里出现的就是智力拼图，或用来给老人打发时间或让小孩安静下来的廉价报刊。我感兴趣的是机械谜题。我想最初的灵感来自父亲讲过的一个故事，这个故事已经模糊不清了，是关于他的姑妈曾有过的一个木质书匣复制品。这个精雕细琢的木刻书，有一片面包大小，表面上看是封闭的。操作其中一片木刻书就可以发现一个小开口，露出一把钥匙。滑动另一块板会露出一个钥匙孔。最终，会打开更大的秘密空间。故事就是这样。

我开始学习木工，能熟练地操作相当一部分木工工具。当时还没有互联网，制作谜题是一项十分精细又耗神的活动，尽管我翻遍了当地的图书馆，对这方面的历史仍基本上一无所获。回想起来，这是一个巨大的优势，让我可以不受世界上其他谜题制作传统的影响，做出完全独特的设计。后来学的并把我自己迷住了的流派叫作**秘盒谜题**[1]，**打开式谜题**的一个子分支。[2]

接下来的几年里我在车库里度过了数千小时，完善更加复杂的谜盒。设计和制作需要相当细心。一旦关闭，唯一的进入方式是运用需要完美操作的内部机关，或者用大锤砸破。我制作的最复杂的谜盒长得像一只脚凳。两面装饰着镀金的浇注龙，盒子的进口就是龙张开的嘴。另外两面有四个木抽屉，雕刻有象形文字。解码象形文字能得到抽屉动作的顺序说明。完成最后一个动作后，两个金属球掉进龙的嘴

---

[1] 原文注：詹姆斯·多格蒂(James Dalgety)，是我的一个朋友，也是机械谜题方面的世界权威，收集了人类历史上最多的谜题(150 000 个不同的谜题)。他把自己的谜题分成了以下 11 个种类：联锁谜题、拼图谜题、装配谜题(无内锁)、图案谜题、打开式谜题、解结式谜题、迷宫式谜题、序列动作谜题、折叠和悬挂谜题、机敏谜题、壶与管谜题。

[2] 原文注：后来我发现，自 19 世纪早期起，在日本的箱根和意大利的索伦托已经开始制作打开式谜题了。有趣的是，两百多年来打开式谜题的设计并没有发生大的变化。

里，激活第二套机关。如此等等，总共有五套机关。一步走错整个谜盒就会恢复原状，让玩谜题的人沮丧不已。

几年后，十七岁的我偶然在波多贝罗路古玩市场发现了一个谜盒。虽然买不起这个谜盒，但我得到了更具价值的东西——人类历史上最丰富的谜题收藏家的电话。我打电话给他，想去参观他的机械谜题收藏室——刚刚超过 150 000 个机械谜题。让我很高兴的是，即便在他挑剔的眼光看来，我制作的谜题也还可以。从那时起，我每年都会收到邀请，前去参加来自全球的主要谜题收藏家、谜题制作者和休闲数学家的年度聚会。

我制作谜题的时候，弟弟在学习 BASIC[①] 语言编程。当时家用电脑刚刚兴起，我母亲决定成为一位编程者。她买了一台 Amstrad CPC6128 电脑[②]，配有 128KB 内存和内置的 BASIC 编译器。电脑的发明无疑影响了弟弟的职业路线——现在他是一位程序员，兼研究语音识别技术。在 13～16 岁这段时间，他的大部分时间都花在了写电脑游戏程序上。不写程序的时候他就捣腾电子器件。他喜欢独立工作，鲜少允许我干扰他的发明。一次我走进他的电子实验室，即小屋后面一片混乱的场地，发现他蹲在他刚刚钉在木质柜台上的一片 8 厘米钉子上。他挨个触摸每一个钉子，并"哎哟"一声，缩回手做个鬼脸。他用记号笔在每个钉子下面标上 0 到 110 之间的数字。他说他在组装一种改进的电源，以免来回更换变压器。这些钉子可以提供最大 110 V 的电压，来自下面的变压器。他还说，唯一的问题是接线时受到的电击。幸运的是，他从来没有发生过严重触电事故。

就在弟弟离开家去读大学之前，我们产生了共同的兴趣——风筝和火箭。做火箭是一项相当温和的活动，使用的是从当地模型店购买的材料，但这可能激发了我后来在喷气发动机和火箭推进系统——远

---

① 原文注：BASIC，或者说 Beginners' All purpose Symbolic Instruction Code（初学者通用符号指令语言），是 20 世纪 80 年代初家庭电脑上常用的编程语言。

② 原文注：当时还是第一代家用电脑——CPC，意指彩色个人电脑。

为严肃的活动——上的兴趣。放风筝，从本质上讲是一项更具实验性质的活动——我们感兴趣的是压气式单线风筝和翼伞风筝。我们发明了各种各样的奇怪设计。我弟弟尤其痴迷于设计前面有进气口、侧面有稳定鳍的扁半球形风筝。理想的材料是带聚氨酯涂层的尼龙，因为孔隙少、重量轻。我们无法买到这种材料，所以我们把轻质丝绸浸上蜡作为替代材料。然后我们根据设计切割板材，并用电动缝纫机来组装。几个月后房子变成了风筝制作设备的海洋。

客观地说，我们最有创意的设计都是彻底的失败。丝绸太重了，许多风筝只有在刮大风时才能飞起来。我们俩不到开车年龄，但我们说服朋友亚瑟协助我们在一个废弃的二战机场上进行试飞。首先要沿着跑道把风筝小心翼翼地展开。然后，弟弟举起风筝，我面朝后坐在汽车的后车厢里进行操控，亚瑟开车。我们先沿着跑道慢慢开，直到弟弟需要跑起来才能跟上。然后我轻轻拽一下线轮，亚瑟踩下油门，希望能把风筝飞起来。如果幸运的话，风筝能飞，但仅仅能飞起来而已。

之后我们的兴趣转向了翼伞风筝。这些风筝更可靠，因为升力巨大，飞起来更刺激。有一次风刮得很猛，亚瑟坚持要我把他绑在方向盘上以防被风筝带走。我很快把一截麻绳拴他腰上把他固定住。结果亚瑟比绳子结实，一阵狂风吹来绳子被挣断了，亚瑟被带上了天。在脚离地 2 米时他放开了风筝，摔了下来。他左肩脱臼，眼睛上方有一个虽然小但流血很多的伤口。我捡起风筝，然后我们一起去士嘉堡综合医院，给亚瑟的左臂打上石膏。这花了一小时，后来我俩组成了一个配合很好的开车小组，亚瑟负责踏板和方向盘，我负责离合和手刹。在医院病房，护士把我们逗乐了，说她要先找麻醉师给亚瑟麻醉才能缝合伤口。事实上亚瑟就是士嘉堡综合医院的顾问麻醉师。

## 一次面试

1996 年 12 月一个阳光明媚的上午，我站在牛津大学圣凯瑟琳学院的一座回声很大的楼梯间。门牌上写着"Dr M. J. M. Leask"。我是过来进行物理面试的。几分钟后门就会打开，让我第一次进入奇怪、精彩、与众不同而又极其苛刻的专家和科学家世界。但当时我穿着牛仔裤和浅色的圣诞帽衫——我祖母给的一件帽衫，站在那里盯着我破旧的绿色耐克鞋和我见过的最光亮的地板。那时候我的头发长过肩膀。我一定是一道略显奇怪的风景。

记不清当时我在想什么了，但我一定在想我到底在做什么。并不是我紧张。很奇怪，当时我很享受。事实上我觉得我没有机会"进入"牛津大学读书，所以决定好好享受在那里的那点时间。毕竟，我觉得，我可能永远不会再来这个特别的地方了。脑海里的最后一件事是，可能他们会让我进来。而且我甚至还没想过自己可能不仅在牛津拿到物理学位，还要拿到工程学的博士学位，然后做一名讲师，或导师。①我们学校(北英格兰一座非常受人尊敬的综合性中学)申请牛津的人很少，我怀疑这影响了我的判断。在那一特殊时刻影响我面试的另一件事是，前一天我完全搞砸了入学考试。我发现根本不可能。几乎试卷上的每一道题都有奇怪的变量 $i$。或者只是我这么想。实际上 $i$ 只是单位虚数。任何学过 A 级高等数学或完成了大部分标准高中课程的学生应该都能解答使用了**复数记法**的问题。但当时我没学过。

所以当门打开后，我是带着错综复杂的心情而非满腔期望进去的。那是一个充满阳光的房间，有成排的书架和白板，满是科学仪器和珍品。一位满头白发、个头不高但精力充沛的男人盘腿坐在一个卵形椅上，拿着我的考卷——让我惊恐不已。他，实际上也是我的导师，对我说的第一句话是："好小伙，你考得一塌糊涂。怎么回事?"他强调了

---

① 原文注：在牛津和剑桥大学，讲师(tutorial fellow，在学院讲课并在大学辅导学生的人)通常被称为导师，与所有具有类似教学任务的人相同。不过，这个称呼很容易让人迷惑。母亲称我是一个唐(Don，我想带有幽默的成分)，这个词20世纪60年代就不用了，现在有人觉得亲切有人觉得讨厌。显然这个词是牛津、剑桥和天主教神甫才用的。按照在这方面应该给出一两个权威词的《牛津英语词典》的说法，"在英国大学的口语中：[唐]是学院的头儿、研究员或导师。"不要再次被这个词搞迷糊了："黑手党里高级或有权势成员(的尊称)。"天呐！

"一塌糊涂"，但提问的方式仿佛这是一道引人而又抽象的问题，我们应该一起思考直到把它解决掉一样。我只好从实招来。我解释说考试时我完全不知所以，直到考试结束了才意识到 $i$ 代表虚数。

"多么无限①有趣啊，"导师微微向后仰头说，并开心地摇动双腿。显然他真的被逗乐了。我要强调的是，他并不是被我知识的缺乏逗乐了，而是被给从未学过复数的学生出了一份以复数为主的考卷这一窘境逗乐了。这种乐趣没持续多久。做了一个高难度体操动作后他站在了白板前，拿起一支笔，很快白板上就出现了一道光学题。首先是一只眼睛，然后是一个圆，他说圆代表一个玻璃球，最后在圆心点了一个点——代表一粒尘埃。之后他转过身，想到就要讨论这一题目，开心地眨着眼。"最好能证明你懂点物理，"他洋洋得意地说。房间里充满了能量。不可能不喜欢这个人，我决定不让他失望。

在接下来 45 分钟的课程中，我站在白板前努力解答自己所见过的最特别最难解的问题。其间导师转到房间的另一边，从一个抽屉里拿出一只奇怪的镜面碗，它有一个中间有洞的曲镜面盖子。跟蚌壳有点像。他用手绢擦拭了镜面，把蚌壳放在桌子的一边，然后往洞里丢进去一只粉色的塑料小猪，大约有小指头最上面一节那么大。一只小猪出现了，就在这套玩意儿的正上方，用它的黑眼睛望着我们。这一情景给我留下了深刻的印象。如果当时他不是正跪在地上的话，我想他一定会惊喜得跳起来。他让我解释这一机制。之后他问了我一道关于高压电传输的智力题、一道关于固体热膨胀的小问题(丢下一个球，让它穿过一个假想的受热面或冷却面)，最后问了一道关于射击的问题，题中的来复枪绕水平轴旋转。

---

① 原文注：我们组的确非常喜欢里斯克博士(Dr Leask)，喜欢他直言不讳，通常采用数学语言。我们记忆深刻的是在大家唯一一次去牛津的旅途中他说的话。我们在怀伊河谷(Wye Valley)一处名叫 Symonds Yat 的地方攀岩。里斯克博士在没有任何安全设备的情况下，全凭双手双脚爬上了一处绝壁高处。摔下来肯定活不了。我非常担心，无法确定要不要警告他，还是一句话也不说怕干扰到他。我决定还是说点什么："你不应该带点防护吗？"他马上回答说："别让我分心，好小伙。我正站在零的平方根上。"这个比喻很形象。

这次面试中我一定说了很多错误的内容，导师问我是否确定，或温和地反驳我说"但那将意味着……"以检查我能否看出自己错在哪里。只有在极少的情况下我是对的，他会说"聪明，绝对聪明！"我还没喘口气呢我们又开始讨论下一道问题了。最后，突然间45分钟时间就用完了。"时间是我们的敌人，伙计，"他说，"时间是我们的敌人。"他边说边跟我握手，然后我退回走廊，盯着光洁的地板上我的绿色耐克鞋和映在地板上的"Dr M. J. M. Leask"。

感觉好像我脑子里的东西都被打乱并重新排列了一样。惊呆的我傻傻地站在那里，想搞清楚这次面试到底发生过没有。我曾想象过在牛津会有怎样的经历，但从没想过是这样的。

我慢慢地走向火车站去搭乘北上的火车。当我开始一点点回忆起这第一次面试的各种细节时我意识到，这位导师无疑是我曾见过的最热情、最有魅力的老师。如果世界上有一个人是我渴望的老师，那一定是他。[①] 火车离开牛津站，想起他与我不可能再有交集，心情十分低落。

面试后不久我收到了延期入学读物理的通知——我已决定出去旅行一年再去读大学。我以为通知是一个笔误，立即回复确认接受，忐忑地等着一份解释他们弄错了的信函。让我倍感惊讶的是，我收到了一封热情的手写信，大意是老师期待我一年后入学。

## 打造一间树屋

那一年我满世界寻找就业机会，四处投简历。我在美国康涅狄格州待了6个月，首先是做伐木工，然后为一名艺术家设计并建造一间树屋。得到这份工作是因为我能爬树，而且——我想——还因为我对这份无人问津的工作的热情。幸运的是他从没要求我提供任何工程资质证明。

---

① 原文注：里斯克博士教了我3年，他非常优秀。他能带着永远无法满足的好奇心和富有感染力的热情，让所讲的题目鲜活起来。我还没见过还有谁具有这种能力。

树屋是一项大工程，面积为 15 平方米，悬挂在 10 米高处。建造它需要复杂的金属工艺，我把这部分工作分包给了当地的铁匠。几天后我们把 4 根 5 米的主梁安装到位了，用上了从当地的起重机租赁公司借来的起重设备。我已经在一位树木整形专家的帮助下预装了吊索和支架。我们需要很多人来起吊，不过树屋项目在当地引起了一场轰动，所以找人帮忙并不是难事。固定每根梁时我们从平台上指挥地面上的人们——奇怪的是没有人表示过怀疑。我允许自己有那么点自豪，因为我的设计需要适应树干的相对运动。① 我是通过在每根主梁的两端增加了枢轴和抛光的滑动垫木来实现的，这样刮大风时整个结构可以发生形变而不会产生内部压力。而托梁和顶板也只钉了一头，另一头装在滑动槽里。

可以开心地说，我这第一个工程按时完成了，还没有超预算。我们在 10 米高处搞了庆祝晚餐。我知道树屋后来加装了墙、屋顶和烧木柴的炉子，而且作为客人栖息地用了数年。

## 物理

回到英国后不久我就乘火车去了牛津大学，开始攻读物理学位。我们那一级全院共有 8 个学生。② 我们的背景相差很大，但都有一个共同点——都很喜欢物理。对入学考试考得如此糟糕，我感到稍微有点耻辱，所以已经下定决心弥补自己的缺陷。在出去旅游的那一年，我工作之余一直在努力地学习数学。付出总有回报——数学不再是我的弱项，我能跟上同学们的步伐了。我们都觉得第一学期的课程很难。但友谊让泡图书馆的夜晚不再漫长，我们几乎开始享受这样的夜晚。麦克·里斯克的鼓舞人心的本领像我期望的一样高超。他辅导我们并不遵循教材，而是鼓励我们问任何方面的问题。显然他想激发我们热爱物理，而不只是通过考试。他的用心没有白费。

---

① 原文注：我根据大风天的测量结果计算了摇摆量。
② 原文注：牛津大学很多学院招收的学生都很少。

　　这 3 年的时间里，我们最喜欢度过的夜晚就是参加我们的非正式智力题会。智力题会上的前辈是我们的朋友泰特(Tet)，当时他是——现在还是——源源不断的数学智力题源。智力题会的组织形式很简单。我们拿出一到两道智力题进行分享，直到四五个人给出不同的解法或改进的解法。不过，我们的乐趣可不局限于数学。物理学智力题、机械智力题和考验直觉的智力题一样受欢迎，特别是涉及实验的智力题。有好几个晚上我都在纠缠弦论，而泰特让我相信，我纠结的并不是拓扑。还有一个晚上我们一直在房间里通过静电来控制一只悬浮氦气球的运动。我们还从中间剪开过一个麦比乌斯环①，得到一个两倍长且扭了两圈的环。还有一次我们整晚都在争论蛋糕的最公平分法。我们发现百吉饼不能像连通的环那样切成两半。我们都很正常。

　　智力题会继续进行。BBC 第四频道的《居家真相》②节目邀请泰特和我向近两百多万听众讲解蛋糕分法。我作为小组辩论者继续在另外一个 BBC 节目，即《神秘世界》上解答物理智力题，在圣诞广播特别节目上回答听众的物理问题：

　　　　你刚倒上一杯茶，门铃响了。你希望茶尽可能热。是开门前倒入牛奶还是开门后再倒入牛奶更好呢？

　　　　从行驶的汽车车窗望去，为何有时旁边的汽车车轮看起来像是静止的？

　　调研、准备并参与广播节目乐趣无穷，之后我又参与了其他一些广播节目，以及报纸谜题特别栏目的编辑。泰特的智力题会有很多问

---

　　① 原文注：只有一个面的环，将一根长条的一端相对于另一端拧 180°，然后再将两端连接在一起即可得到。它是奥古斯特·费迪南德·麦比乌斯(August Ferdinand Möbius)于 1858 年发现的，具有有趣的数学特性。

　　② 原文注：*Home Truths*，由伟大的约翰·皮尔(John Peel)主持的一档节目，探讨的是家庭生活的诸多维度。从 20 世纪 60 年代早期直到 2004 年去世，皮尔一直是英国最受欢迎的广播 DJ 之一。

题需要解答，它们对我创作本书起到了不小的启发作用。

## 喷气式发动机与火箭

完成学位后我决定做一些应用物理方面的工作。我开始攻读推进动力方面的博士学位。指导我的是物理学家泰瑞·琼斯（Terry Jones）和数学家马丁·奥德菲尔德（Martin Oldfield）。二人均背弃了原来的专业，转而研究超音速发动机。他们觉得我这个"背弃者"值得一教。我们一起设计并建造了大型测试设备，用来测试下一代飞机所用的发动机的性能。我第一次见到我们的成果时非常激动。完成一次特别的突破和一个别人都认为不可能的实验之后，泰瑞向我眨眨眼，总结说："花别人的钱享受这么多乐趣，我们这是一种犯罪。"3 年时间里没有一刻感觉像是工作。

十年后我有了自己的研究小组。与才华横溢的学生兼合作者一起，我们研究实现喷气式发动机部件、火箭发动机系统性能最优化的办法，并在消费者应用和石油天然气领域有所涉猎。尽管后来我们几乎每天晚上都待在实验室，但仍然不觉得像是真正的工作。看到一架飞机在新发动机的带动下首次起飞，或看到带有我们设计的关键系统的火箭进入太空，总会激动不已。工作这么充满乐趣，心有不安，唯一的宽慰方法就是咬紧牙关并提醒自己：自己不做总有人去做。

## 你即将开启的旅程

你可能是抱着有助于升学考试或大学学习的希望读这本书的。我希望本书在这两方面都会帮助到你。不过，本书并没有更全面地覆盖教学大纲，而是鼓励你以一种冒险精神去尝试更难、更不常见、更具开放性的问题，并发现其中的乐趣。从中学到的技巧非常有助于你平时的考试和升学考试，但更重要的是，本书将启发你独立学习的方法，有助于你在大学里的学习。本书收录的问题不拘一格，将考验你应对陌生领域的能力。你将会学到如何把新问题分解开来，并以你从未考虑过的方式应用已经学过的知识。手里有各种工具，但你应该看看用它们能打造出什么样的精彩。

但实用性不是本书的主要目的。首先，最重要的是，本书是我最喜欢的物理数学智力题的精彩和迷人之处的大聚会。如果我成功了，它呈现给你的将是你想玩的东西。设计智力题的目的是乐趣。但是我希望你会发现，这些智力题背后隐藏着诚实和希望，是为了让你更详细地探索重要的概念。你会发现，这些智力题需要你突破自我，这样才能挑战对陌生情形的理解。不管是碾压这些智力题，还是被它们碾压，我们都要体验到其中的乐趣，因为不管哪种情况我们都进行了思考。毕竟，已经见过的题怎么能测试我们对知识的理解呢？

不管你是对奇妙的科学充满求知欲的 14 岁少年，还是准备跨入大学，做一名物理学家或其他领域专家的 17 岁高中生，我都希望你能从这些智力题中找到乐趣。我希望你能欣赏它们的奇妙、古怪和不同寻常，也希望你能看到每道题后面严肃的目的。这些题曾带给我挫败感，也带给我与朋友分享的乐趣和解答时的满足感。现在它们需要一个新家。它们是你的了。你在它们身上投入的精力越多，它们带给你的乐趣和满足感也越多。与它们一起启程，与朋友们一起分享它们，记住，路上要享受乐趣。

# 第 1 章
# 几 何

本章我们讨论的是几何题。[①] 数学的这一古老分支可追溯至大约公元前 600 年，但在欧几里得时期发展速度最快[②]，他把几何发展成了以简单的公理为基础的一套逻辑体系。[③] 两千多年后，学校里仍在教授现在所谓的欧氏几何。[④] 我们通常使用与古希腊时期完全相同的逻辑、工具和方法来解决欧氏几何问题，想想也挺有意思的。所以我们注重发展无须借助积分就能进行几何计算的简单、灵巧的方法。亦即，不必将几何表达为需要用到微积分的显函数。而微积分是欧几里得去世 2000 年后——即 17 世纪由艾萨克·牛顿和戈特弗里德·莱布尼茨发明的。

有一些问题很出名，有一些是在著名问题的基础上提出的，还有一些是我过去几年自创的。我的个人爱好是 3 年前自创的棋盘和圆环

---

① 原文注：Geometry 一词译自古希腊语，原意为"土地测量"。

② 原文注：亚历山大的欧几里得(约公元前 300 年)是一位古希腊数学家，其最著名的著作——《几何原本》，为几何学、数论和逻辑学理论集，据说该书是有史以来最具有影响力的数学书。欧几里得还被称为几何学之父。

③ 原文注：公理是显而易见、不证自明的假设。欧几里得的 5 条公理分别是：①两点成一直线；②线段可以向两端持续延伸；③可以任意点为圆心画任意半径的圆；④所有直角均相等；⑤如一条直线与另两条直线相交且一侧内角之和小于两个直角之和，则两直线如果向无穷远延伸，将会在该侧相交(即平行公设)。

④ 原文注：十九世纪的数学家通过放宽平行公设发展了双曲几何和椭圆几何。

问题，而且学生们也很喜欢这些问题，觉得它们很有趣。

## 1.1 最短路径★

一只蚂蚁从正方体的某个顶点出发，求其到最远顶点的最短距离。这道题目的解答方法不止一个。

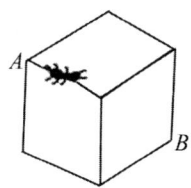

### 解答

虽然这道题目可讨论的余地并不多，但它却是一个著名的问题。

将连接起点 $A$ 和终点 $B$ 的任意一条线所在的两个面展开成平面，显然展开后就成了长、宽分别为 2 和 1 的长方形。最短路径为长度等于 $\sqrt{5}$ 的线段。

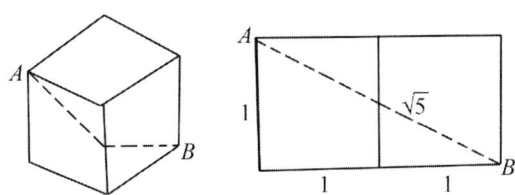

最短路线并不是唯一的。实际上，共有 6 条最短路线，见下面的正方体全展开图。

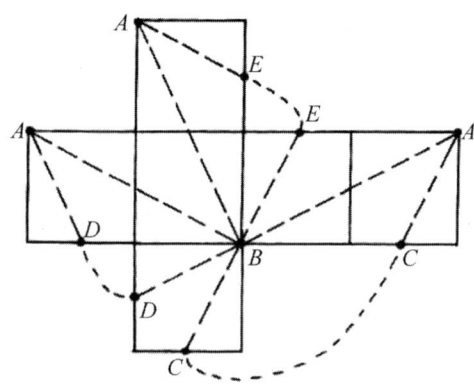

## 1.2 洲际电缆★

这个小问题很简单，不需要过多的介绍。这些年来我听说过它的多种变体。

某个电话公司已经绕地球一周铺设了一根电话线。假设地球是球形，请在没有纸笔的情况下，估算将电话线架上 10 m 高的电线杆还另外需要多长的电话线。

## 解答

地球的周长为 $C=2\pi R_E$，其中 $R_E$ 为地球的半径。10 m 高电线杆顶对应的新周长为 $C'=2\pi(R_E+10)$，两个周长之差为 $C'-C=20\pi$。已知 $\pi=3.14$，所以我们可以通过心算得知还另外需要 62.8 m 长的电话线。这个问题的微妙之处在于我们可能会以为还将需要很长一段电话线。但只要理性地思考一下，你就发现该问题如此简单！

当然，确实存在洲际电缆，而且电报发明后不久海底电缆铺设的历史就开启了。最初的商用电报是在 1838 年由威廉·库克（William Cooke）和查尔斯·威特斯通（Charles Wheatstone）开发的，而且早在 1840 年塞缪尔·莫尔斯（Samuel Morse）就开始构想跨大西洋海底电缆了。1842 年在纽约港水下进行的试验验证了这一工程的可行性，1850 年盎格鲁-法国电报公司（Anglo-French Telegraph Company）就在英吉利海峡水下铺设了第一根电话线（至法国）。之后数年里，英吉利海峡、爱尔兰海和北海海底铺设了数不清的电话线，而 1858 年则进行了首次跨大西洋电缆铺设的尝试。第一个成功的跨大西洋工程则于 1865 年完成，海底电缆由来自布里斯托尔的工程师伊桑巴德·金德姆·布鲁内尔（Isambard Kingdom Brunel）设计的巨型蒸汽铁轮船 SS Great Eastern 号铺设。现在大西洋海床上蜿蜒着无数的光纤电缆。

## 1.3 棋盘和圆环 ★★

几年前我自创了这个题目。学生们很喜欢它，且往往在没有太多帮助的情况下也能取得显著进步，尽管有时候也需要点提示，所以它成了我最喜欢的题目之一。

直径为 $d$ 的圆环放置在一个无穷大的棋盘上，棋盘每一格的边长为 $L$。圆环内存在两种颜色的概率有多大？

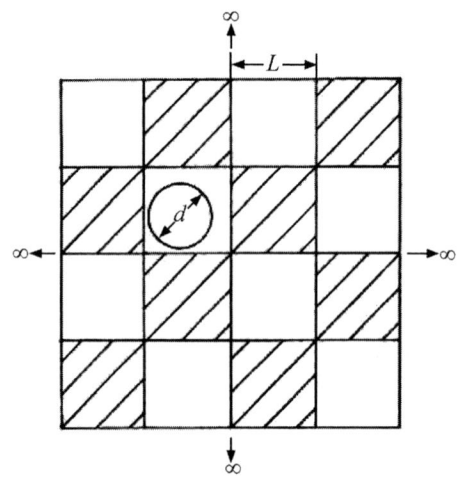

## 解答

只需用到很简单的几何知识就能回答这一问题，GCSE<sup>①</sup>数学成绩较好的学生应该都能解答这一问题。首先注意到，圆环穿过任何一格的任何边其内部都会存在两种颜色。把问题反过来问更简单："不存在两种颜色的概率有多大？"从总概率中减去该概率，就得到了问题所问的概率。我们将用到概率论中的符号，但只需要其中的一些最基本的概念。我们用 $P(A)$ 表示圆环内存在两种颜色的概率。定义 $0 \leqslant P(A) \leqslant 1$，即概率位于 $0$（不存在两种颜色）和 $1$（总存在两种颜色）之间。我们再用 $P(\bar{A})$ 表示圆环内不存在两种颜色的概率。由于只有这两种可能性，所以 $P(\bar{A}) = 1 - P(A)$。

由于我们考虑的是二维空间，所以还需要定义会导致不同结果的面积。如果考虑的是三维空间，将需要定义相应的体积。在一维空间中，只需要定义距离即可，如此等等。我们可以通过圆心来确定圆环

---

① 译注：GCSE 即英国普通初级中学毕业文凭，相当于中国国内的初中毕业考试文凭，但实际上，GCSE 是英国中学 10 年级和 11 年级的学习课程，程度和要求都比国内初中毕业生要高，从理论上说应该是国内的高一学生申请较为合适。

的位置。我们也可以用圆环上任何无法确定的点来确定圆环的位置，但这样的话我们还需要指出圆环的方位角，只会带来麻烦不会简化问题。

现在我们来考虑三种情形：$d>L$；$d=L$ 的特殊情形；以及 $d<L$。我们依次考虑这三种情形。

- $d>L$。在圆环的直径大于棋盘方格边长的情况下，显然圆环内必然存在两种颜色。于是 $P(A)=1$。

- $d=L$ 的特殊情形。此时圆环有可能正好落在一个方格内，但这种情况发生的概率是 $1/\infty$。在这种极限的情况下，圆环与方格接触于四点。亦即，无穷多种可能性中只存在一种圆环内只有一种颜色的可能性。于是，$P(\overline{A})=0$，$P(A)=1$。

- $d<L$。考虑可完全为一个方格容纳的所有圆环，以及只与方格（沿一条边）相切于一点或（靠近一顶点）两点的情况。现在我们注意到，与方格相切于一点或两点的圆环，其圆心均落在位于方格正中的一个小正方形边上。这些圆心的轨迹见下图。对于直径为 $d$ 的圆环来说，圆心轨迹距离方格的最短距离均为 $d/2$。所以里面这个较小的正方形的边长为 $L-d$。

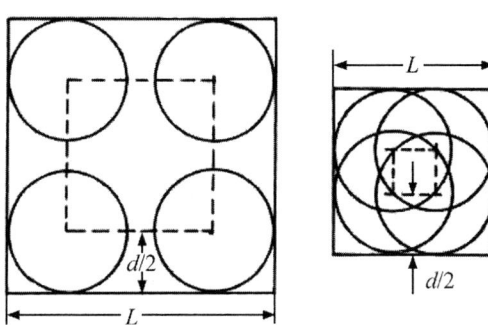

现在我们就看到，任何圆心位于内部较小正方形里的圆环都不会碰到方格。碰不到方格的圆环的圆心轨迹由小正方形来确定。圆环圆心落在小正方形里的概率由小正方形与方格的面积比决定：

$$P(\overline{A})=\frac{(L-d)^2}{L^2},\ (d\leqslant L)$$

所以有

$$P(A)=1-\frac{(L-d)^2}{L^2},\ (d\leqslant L)$$

## 1.4 正六边形格子和圆环★★

现来考虑由边长为 $L$ 的正六边形格子构成的无穷大平板。任何两个相邻的格子均不会同色。将直径为 $d$ 的圆环扔在棋盘上。圆环内存在多于一种颜色的概率有多大?

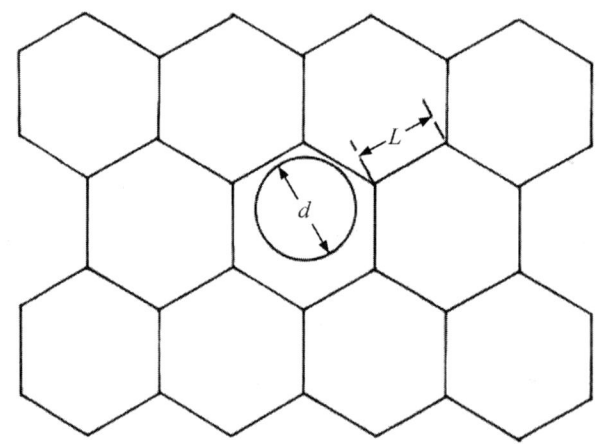

### 解答

我们可以利用与前文棋盘和圆环问题相同的方法来解答这一问题,只是本题更复杂一些。我们先考虑完全位于某个格子之内且与格子的一边或两边相切的圆环的圆心轨迹。中心与格子中心重合的小正六边形 $CDEFGH$ 定义了该轨迹,其每一边到格子相应边的距离为 $d/2$。举例来说,$AB$ 与 $CD$ 之间的距离为 $d/2$。小正六边形 $CDEFGH$ 的面积定义了所有不与格子相交的圆环的圆心。

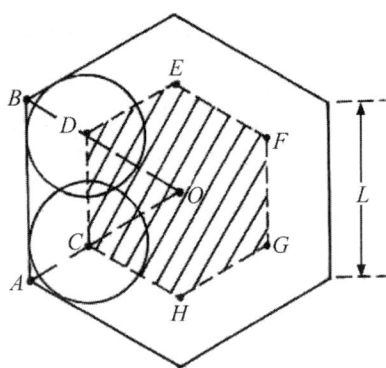

计算小正六边形的面积需要知道 $CD$ 的长度，我们将其记作 $|CD|$。从大、小正六边形之间的几何关系可以看出，$|CD| = |AB| - 2x = L - 2x$，其中 $x = (d/2)\tan 30° = d\left(\dfrac{\sqrt{3}}{6}\right)$。于是我们有 $|CD| = L - d\left(\dfrac{\sqrt{3}}{3}\right)$。

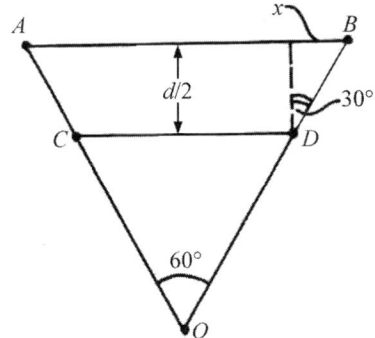

圆环完全落在一个格子里的概率 $P(\overline{A})$ 由小正六边形与格子的面积比给出。我们不需要明确地计算出各自的面积，因为它们是相似多边形，所以其面积比等于任何特征长度之比的平方。我们可以取边长 $|CD|$ 和 $|AB|$ 作为各自的特征长度，于是：

$$P(\overline{A}) = \frac{|CD|^2}{|AB|^2} = \frac{\left(L - \dfrac{\sqrt{3}}{3}d\right)^2}{L^2}, \quad (d \leqslant \sqrt{3}L)$$

圆环内存在多于一种颜色的概率 $P(A)$ 由 $P(A)=1-P(\overline{A})$ 给出：

$$P(A)=1-\frac{\left(L-\frac{\sqrt{3}}{3}d\right)^2}{L^2},\ (d\leqslant\sqrt{3}L)$$

## 1.5 相交圆★★

一位朋友几年前向我介绍了这个问题。我之所以喜欢这个问题，是因为它看似简单，实际上却花了我很多时间去解答。我想，我一开始的方向就错了，花了一些时间才回到合理的方法上来。希望你能比我更快地找到合理的方法。

如下图所示，半径分别为 $l$ 和 $2l$ 的两个圆相交，求阴影部分的面积。

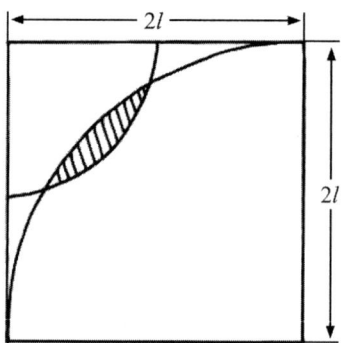

### 解答

考虑下图中由 $A$、$B$、$C$、$D$、$E$ 和 $F$ 点构成的图形。首先我们注意到 $A$ 点和 $C$ 点之间的距离等于 $l$，因为 $AC$ 是小圆的半径。我们记 $|AC|=|AD|=l$，类似地有 $|BC|=|BD|=2l$。

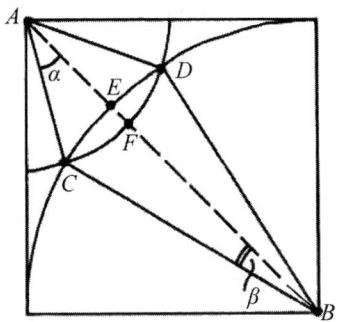

区域 $CEDF$ 的面积等于 $ADFC$ 的面积加上 $BCED$ 的面积减去四边形 $BCAD$ 的面积。

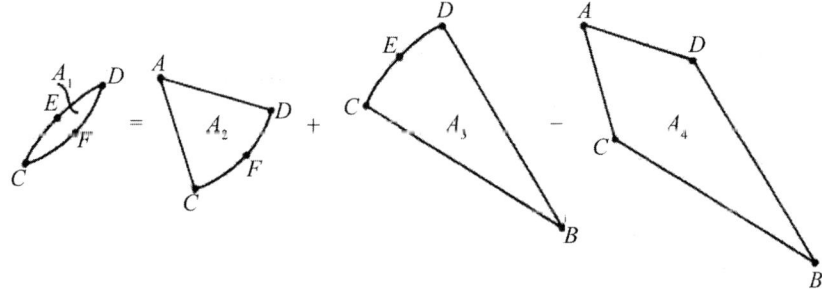

我们分别用 $A_1$ 到 $A_4$ 表示上述面积，便有

$$A_1 = A_2 + A_3 - A_4$$

更明确点有

$$A_1 = l^2\alpha + 4l^2\beta - |AB|\,\frac{|CD|}{2}$$

现在我们需要分别求出 $|AB|$、$|CD|/2$、$\alpha$ 和 $\beta$。

• 求 $|AB|$。可以看出 $AB$ 是正方形的对角线，长度 $|AB| = 2\sqrt{2}\,l$。

• 求 $\alpha$。对三角形 $ADB$ 应用余弦定理[①]就有

$$(2l)^2 = l^2 + (2\sqrt{2}\,l)^2 - 2l(2\sqrt{2}\,l)\cos\alpha$$

简化后有

————————————————

① 原文注：通常记作 $c^2 = a^2 + b^2 - 2ab\cos C$，其中 $a$、$b$、$c$ 分别为三角形的三条边，而 $C$ 为 $a$ 和 $b$ 之间的夹角。

$$4 = 1 + 8 - 4\sqrt{2}\cos\alpha$$

即

$$\cos\alpha = \frac{5\sqrt{2}}{8}$$

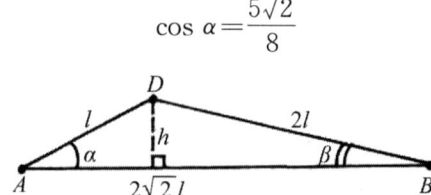

- 求 $\beta$。采用与求 $\alpha$ 相同的方法可得

$$\cos\beta = \frac{11\sqrt{2}}{16}$$

- 求 $|CD|/2$。令 $|CD|/2 = h$，并注意 $h$ 在三角形 $ADB$ 中的意义。从三角形 $ADB$ 的构造可以看出：

$$h = l\sin\alpha = l\sqrt{1 - \cos^2\alpha} = \frac{\sqrt{14}\,l}{8}$$

有了 $|AB|$、$\dfrac{|CD|}{2}$、$\alpha$ 和 $\beta$，我们便可以求出 $A_1$：

$$A_1 = l^2\left[\cos^{-1}\left(\frac{5\sqrt{2}}{8}\right) + 4\cos^{-1}\left(\frac{11\sqrt{2}}{16}\right) - \frac{\sqrt{7}}{2}\right]$$

这就给出了阴影部分的面积：

$$A_1 \approx 0.108l^2$$

我最初采用的解题方法其步骤比现在的还长很多！我喜欢这个问题，因为它看似简单，却需要一定的思考和较扎实的代数功底才能完成解答。

## 1.6 球里的立方体 ★

单位体积的球里最大的立方体的体积是多少?

## 解答

根据对称性，该立方体的八个顶点均位于球面上。再根据对称性，该立方体最长的对角线（比如 $|ab|$）的长度必然等于球的直径 $D$，因为线段 $ab$ 过球心。

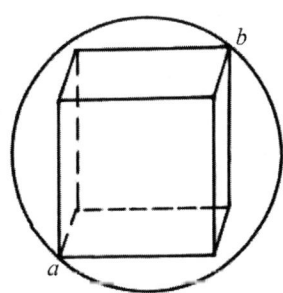

运用毕达哥拉斯定理，

$$|ab|^2 = (\sqrt{2}L)^2 + L^2$$

其中 $L$ 是立方体的边长。因此有

$$|ab| = \sqrt{3}L = D$$

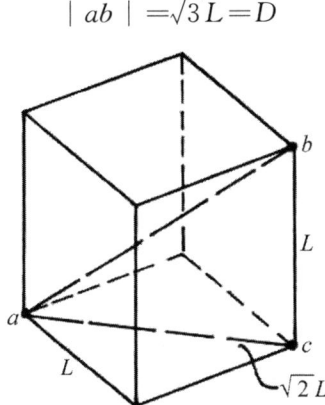

所以立方体的体积为

$$V_c = L^3 = \frac{D^3}{3^{\frac{1}{2}}}$$

现在我们只需要将球的体积带入上式即可。由 $V_s = (4/3)\pi r^3 =$

$\pi D^3/6 = 1$，有 $D^3 = 6/\pi$。所以立方体的体积为

$$V_c = \frac{2}{\sqrt{3}\,\pi} \approx 0.368$$

## 1.7 圆里的多边形★

半径为 $r$ 的圆里所嵌的正 $n$ 边形的面积是多大?

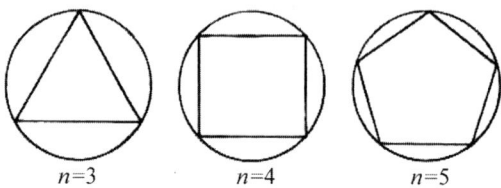

$n=3$     $n=4$     $n=5$

## 解答

这个问题很简单，但却很好地考查了学生从简单出发推导复杂的能力。大多数高中课程对这一技巧的练习都相对较少，所以这里我选取了几道这一类型的问题来锻炼学生这方面的解题能力。

考虑 $n=3$、$4$、$5$ 的情形。

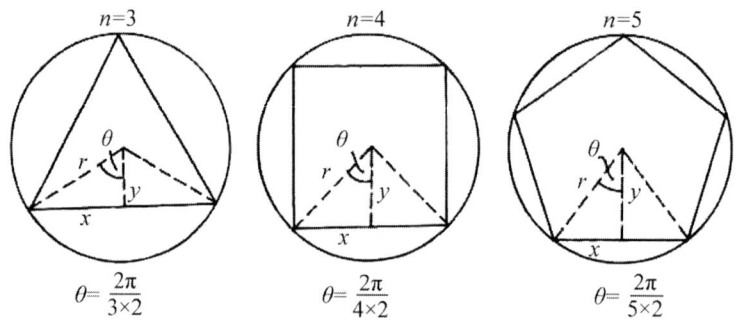

$$\theta = \frac{2\pi}{3 \times 2} \qquad \theta = \frac{2\pi}{4 \times 2} \qquad \theta = \frac{2\pi}{5 \times 2}$$

由于 $n$ 边形为正 $n$ 边形，所以根据对称性我们可以将其分解为 $2n$ 个直角三角形，每一个直角三角形的面积为 $(xy)/2$。而正 $n$ 边形的面积为

$$A_n = 2n\frac{xy}{2} = nxy$$

注意每种情形中的 $\theta$，可知 $\sin\theta = x/r$，$\cos\theta = y/r$，其中 $\theta = (2\pi)/(2n) = \pi/n$。于是正 $n$ 边形的面积就成了

$$A_n = nr^2 \sin\frac{\pi}{n} \cos\frac{\pi}{n}$$

利用三角等式 $2\sin A\cos B = \sin(A+B) + \sin(A-B)$ 可得：

$$A_n = \frac{nr^2}{2}\sin\frac{2\pi}{n}$$

最后说明一点，对于数值很大的 $n$，可以有 $\sin(2\pi/n) \approx 2\pi/n$，上述等式就成了

$$A_n \approx \pi r^2$$

这正是圆的面积。

## 1.8 多边形里的圆★★

考虑正 $n$ 边形里的圆，求满足阴影部分面积与圆面积之比 $A_{阴影} / A_{圆} \leqslant 1/1000$ 的最小 $n$ 值为多少？

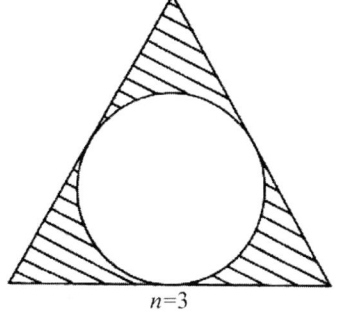
$n=3$
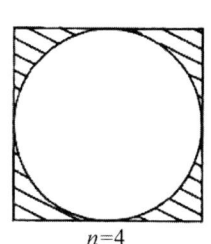
$n=4$

本题是上一题的变异，但并不能通过简单的重组方程得到答案。不过你可以利用高中生熟悉的一些技巧。而且，现在我只给出解题思路。

一个办法是利用图解法——即找出两个表达式，二者的交集便定

义了该题的解。第二种方法是迭代法——本质上是一种缜密的试错，在不断试错的过程中，你会发现距离正确的解是越来越近还是越来越远，然后对你的猜测值做相应的修正，直到得到正确解。第三种方法，也是最简洁的一种，是利用泰勒多项式逼近法。并不是所有的高中都讲授泰勒多项式，但一些高中延伸讲义中确实会讲到，而且所有大学一年级都可能会讲到。由于泰勒多项式非常简洁，这里我将多介绍几句。

讲到这个问题，首先要说的是泰勒序列的概念很简单，不要被它吓到。泰勒序列指的是可以将一函数在一特定点展开成无穷多项式序列。比如，如果我们想在 0 点将 $\sin x$ 做泰勒展开，可以从只适用于很小角度的线性近似（或者说一阶近似）开始，亦即对于很小的 $x$ 有

$$\sin x \approx x$$

所有的高中生都应该熟悉这个近似[①]，且能进行常规的运用。离开 0 点该近似不再适用，因为我们都很清楚，函数 $y = \sin x$ 的图像在原点之外是有曲率的。为了进行修正，我们需要增加一个在很靠近原点时值趋近于 0 的高阶项，这样不会影响到我们的一阶近似；同时在远离原点时绝对值增大的速度大于 $x$（符号正负均有可能）。我们跳过二阶项，因为在本序列中其系数为 0，所以就有三阶近似[②]

$$\sin x = x - \frac{x^3}{3!}$$

其中 3！表示 3 的阶乘：$3 \times 2 \times 1 = 6$。任何整数 $n$ 的阶乘[③]均为所

---

① 原文注：这里我们给出一个简单的几何证明。考虑角度为 $\theta$ 的圆环，弦长为 $l$，有 $l = r\theta$（用弧度表示）。垂直高度 $h = r\sin\theta$。从下图可以看到，对于很小的 $\theta$ 有 $h \approx l$，因此有 $\sin\theta \approx \theta$。

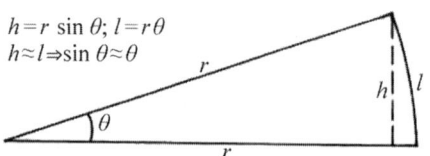

② 原文注：$n$ 阶指含有最高为 $x^n$ 的项。

③ 原文注：0 的阶乘等于 1。证明如下：注意 $(n+1)! = (n+1) \times n \times \cdots \times 2 \times 1 = (n+1) \times n!$，令 $n = 0$，有 $1! = 1 \times 0!$，所以 $0! = 1! = 1$。

有小于或等于 $n$ 的正整数之积。三阶近似拓展了展开式在原点附近精确的范围。我们可以继续增加高阶项，得到 $\sin x$ 的泰勒展开：

$$\sin x = x - \frac{x^3}{3!} + \frac{x^5}{5!} - \frac{x^7}{7!} + \frac{x^9}{9!} - \cdots$$

其中…表示直至无穷。实际上，直至 $x = \pi$，9 阶近似（本式中指前 5 个非 0 项）均十分准确。不妨做个验证。

对于某一函数进行近似展开的通用过程是研究后来所谓的微分学的数学家布鲁克·泰勒（Brook Tayler）最先提出的，他于 1712 年发表了这一最著名的成果。

$\cos x$ 和 $\tan x$ 的泰勒展开如下：

$$\cos x = 1 - \frac{x^2}{2!} + \frac{x^4}{4!} - \frac{x^6}{6!} + \frac{x^8}{8!} - \cdots$$

$$\tan x = x + \frac{1}{3}x^3 + \frac{2}{15}x^5 + \frac{17}{315}x^7 + \frac{62}{2835}x^9 + \cdots$$

## 解答

考虑 $n = 3$ 和 $n = 4$ 时的情形。

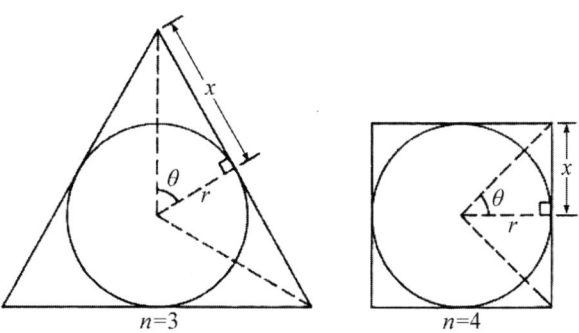

$n=3$　　　　$n=4$

多边形是正多边形，利用其对称性我们可以将其分解为 $2n$ 个直角三角形，每个直角三角形的面积为 $(xr)/2$，其中 $r$ 为圆的半径，$x$ 为正多边形边长的一半，有 $x = r\tan\theta$，其中 $\theta = \pi/n$。正 $n$ 边形的总面积为

$$A_n = nxr = nr^2 \tan \frac{\pi}{n}$$

考虑到 $\dfrac{A_{阴影}}{A_{圆}} = \dfrac{A_n}{A_{圆}} - 1 = \dfrac{n}{\pi} \tan \dfrac{\pi}{n} - 1$,

所以我们所求的是满足下述条件的 $n$:

$$\frac{n}{\pi} \tan \frac{\pi}{n} - 1 \leqslant \frac{1}{1000}$$

到这一步必须在图解法、迭代法和泰勒序列法之间做出选择。我们采用最优雅的泰勒序列法,尽管另外两种方法也有其启发意义。我们需要用 $\tan x$ 的泰勒展开对 $\tan(\pi/n)$ 做近似。取三阶近似有

$$\tan x \approx x + \frac{1}{3} x^3$$

前述不等式便简化为: $\dfrac{n}{\pi} \left[ \dfrac{\pi}{n} + \dfrac{1}{3} \left( \dfrac{\pi}{n} \right)^3 \right] - 1 \leqslant \dfrac{1}{1000}$

即 $\qquad\qquad\qquad \dfrac{1}{3} \left( \dfrac{\pi}{n} \right)^2 \leqslant \dfrac{1}{1000}$

由此得出 $n \geqslant \pi \sqrt{\dfrac{1000}{3}} = 57.4$。由于 $n$ 需为整数,所以满足要求的最小 $n$ 值为 58。用 $n = 57$ 和 $n = 58$ 对原不等式 $(n/\pi) \tan(\pi/n) - 1 \leqslant 1/1000$ 进行验证,我们有

$$\frac{57}{\pi} \tan \frac{\pi}{57} - 1 = 1.014\cdots \times 10^{-3} \not\leqslant \frac{1}{1000},$$

$$\frac{58}{\pi} \tan \frac{\pi}{58} - 1 = 9.791\cdots \times 10^{-4} \leqslant \frac{1}{1000}。$$

可见,与我们的结果相符。

## 1.9 半圆的内接三角形 ★

这个小问题是运用矢量的一个小练习。

运用矢量证明半圆的内接三角形中半圆直径所对的角总是 $\pi/2$。

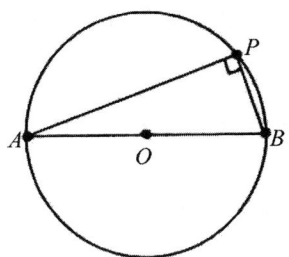

## 解答

考虑半圆 APB，它由线段 AOB 和半圆弧构成。以半圆圆心为原点，如果 B 用矢量[①]**a** 表示，那么 A 就用−**a** 表示。令点 P 用矢量 **p** 表示。

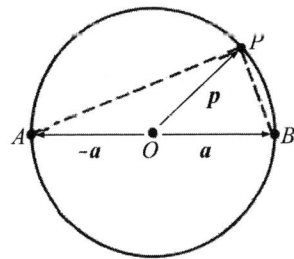

线段 AP 则由 **p**+**a** 表示，BP 由 **p**−**a** 表示。对于两个矢量 A 和 B 来说，点积的定义为 A·B=│A││B│cos θ，其中 θ 为二矢量的夹角。因此，当 θ＝π/2 时，A·B=0。点积还遵从两个定律：交换律［即 A·B＝B·A）和结合律［即 A·(B + C)＝A·B + A·C］。

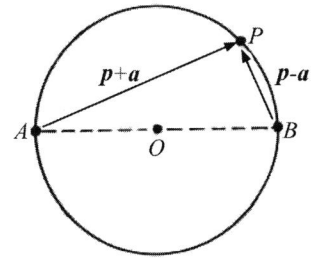

---

① 原文注：本书中我们用黑体字表示矢量 **a**，以区别于其标量值│**a**│或 a。手写体（比如手绘图中）的矢量用下标表示（比如 a）。

考虑 $AP$ 和 $BP$ 的矢量的点积，由结合律我们有

$(\boldsymbol{p}+\boldsymbol{a})\cdot(\boldsymbol{p}-\boldsymbol{a})=\boldsymbol{p}\cdot\boldsymbol{p}-\boldsymbol{p}\cdot\boldsymbol{a}+\boldsymbol{a}\cdot\boldsymbol{p}-\boldsymbol{a}\cdot\boldsymbol{a}$。

根据点积的定义和交换律，我们有

$(\boldsymbol{p}+\boldsymbol{a})\cdot(\boldsymbol{p}-\boldsymbol{a})=|\boldsymbol{p}|^{2}-|\boldsymbol{a}|^{2}$。

注意到 $\boldsymbol{a}$ 和 $\boldsymbol{p}$ 均为圆的半径，所以

$|\boldsymbol{p}|=|\boldsymbol{a}|$。

可见点积 $(\boldsymbol{p}+\boldsymbol{a})\cdot(\boldsymbol{p}-\boldsymbol{a})=0$。不过，$|\boldsymbol{p}+\boldsymbol{a}|\neq0$，且 $|\boldsymbol{p}-\boldsymbol{a}|\neq0$。所以从点积的定义我们得知，若使得 $(\boldsymbol{p}+\boldsymbol{a})\cdot(\boldsymbol{p}-\boldsymbol{a})=0$，必然有 $\theta=\pi/2$。所以，内接于半圆的三角形必然是直角三角形。

一位了解过该问题的朋友指出，存在不需要矢量概念的更简单的证明。他反对使用矢量，因为这将导致分析的复杂化。当然，他是对的，但我仍认为对于不太熟悉矢量的同学来说，这仍是一次很好的锻炼。不过，我确实觉得有责任提供另一种证明方法。[①]

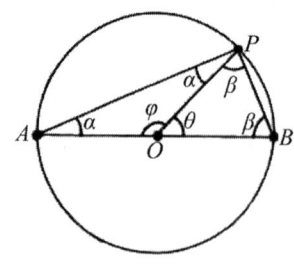

## 1.10 大小树干★★或★★★★

有不少数学问题是为了测试学生为不熟悉的问题列方程、解方程的能力而出的。对于学数学的人来说这是一个非常有用的技巧。这里讨论的问题是在我几年前前往美国的长途飞行图中想出的几个类似问

---

① 原文注：注意 $APBOA$ 的构造，可见 $\varphi=\pi-2\alpha$，$\theta=\pi-2\beta$。将上述两等式相加有 $\varphi+\theta=2\pi-2(\alpha+\beta)$。但 $\varphi+\theta=\pi$，代入前式我们有 $\pi=2\pi-2(\alpha+\beta)$。进行化简，有 $\alpha+\beta=\pi/2$。不得不承认，这种证明方法更简单。

题之一。这道题很琐碎，但我想大多数中学生都会努力解答它，因为大多数课程都对处理完全不熟悉问题的能力太过轻视。

一树干具有半径为 $n$ 的截面，其中 $n$ 为整数。另一树干半径为 $m$，$m$ 也为整数。两个树干均平放在由 $y=0$ 定义的地面上，与 $z$ 轴平行。

1. 求两个树干截面圆心均落在 $x$ 轴方向整数坐标上的一般条件；

2. 当 $m=1$ 时给出 $n$ 的 3 个最小解；

3. 给出 $n$ 和 $m$ 的一般解。（难度等级为★★★的延伸题）

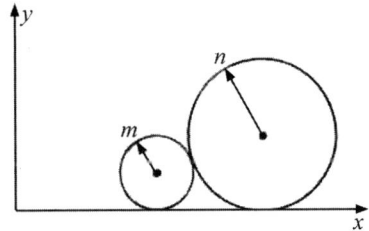

## 解答

这是一道简单的几何题，我想很多学生都会尽力解决。我们逐步考虑上述三个问题。

1. 求两个树干截面圆心均落在 $x$ 轴方向整数坐标上的一般条件。

由于 $n$ 和 $m$ 均为整数，所以两个树干截面圆心在 $y$ 方向的距离也是整数 $n-m$。我们要求二者在 $x$ 方向的距离也是整数。我们用 $x$ 表示该距离。注意到两个树干相切于一点，所以截面圆心的总距离为 $n+m$。

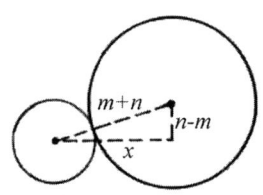

由勾股定理可知

$$(n+m)^2-(n-m)^2=x^2$$

进行化简，可得

$$4nm=x^2$$

这就是本问题所要满足的一般条件。

2. 当 $m=1$ 时给出 $n$ 的 3 个最小解。

数学家不会认为这个问题简洁。不过为了得到 3 个最小解，我们可以把 $m=1$ 代入上式中并对 $n$ 进行尝试。

$m=1$ 时有 $n=x^2/4$。

我们可能看出 3 个最小解。如果看不出，可逐一对整数 $x$ 值进行尝试：

| $x$ | $x^2$ | $n=x^2/4$ | 是否整数 |
|---|---|---|---|
| 1 | 1 | 1/4 | 否 |
| 2 | 4 | 1 | 是 |
| 3 | 9 | 9/4 | 否 |
| 4 | 16 | 4 | 是 |
| 5 | 25 | 25/4 | 否 |
| 6 | 36 | 9 | 是 |

所以 $n$ 的 3 个最小解分别为 1、4、9。

3. 给出 $n$ 和 $m$ 的一般解。（难度等级为★★★★）

考虑需要满足的一般条件，即 $4nm=x^2$，或 $2\sqrt{mn}=x$。我们知道 $x$ 是个整数，记作 $x\in\mathbf{Z}$。其中 $\in$ 意为"属于"，而 $\mathbf{Z}$ 则代表整数

集。将前式代入有 $2\sqrt{mn} \in \mathbf{Z}$。可以证明[①]，当且仅当 $k$ 是平方数[②]时才有 $\sqrt{k} \in \mathbf{Z}$。那么，就存在两种可能的情况：

- $n$ 或 $m$ 等于 1，而另一个数为平方数；
- $m = a^2 b$，而 $n = bc^2$，其中 $b$ 不是一个平方数，而 $a$、$b$、$c$ 均为整数。[③]

## 1.11 爱走神教授的邮票★★

爱走神教授手拿一枚绿色小邮票，走在校园的草坪上。他从拱门 $A$ 走到拱门 $B$，有一直线路线穿过草坪的中心，将草坪分成了两个全等长方形。草坪是一个正方形，边长为 80 米。这位教授还是一如既往的爱走神，并没有走直线穿过草坪。当他走到拱门 $B$ 时才意识到邮票丢了。"谢天谢地，好在我平时过草坪有数步数的习惯。"他站在那里，研究这一大片草坪。"根据我的计算，"他沉思道，"我走了正好 100 米。

---

① 原文注：证明当且仅当 $k$ 为平方数时才有 $\sqrt{k} \in \mathbf{Z}$。

定理：当 $k$ 为平方数时 $\sqrt{k}$ 为整数，否则 $\sqrt{k}$ 为无理数（无法表达为两个整数之比）。其中 $\sqrt{k} \in \mathbf{Z}^+$，即属于正整数集。

证明：a)如果 $k$ 是平方数，则可以记作 $k = l^2 \Rightarrow \sqrt{k} = l$；b)假设 $\sqrt{k}$ 为有理数，亦即 $\sqrt{k} \in \mathbf{Q}$，再通过反证法证明这是不可能的。考虑 $\{a_i\}$ 和 $\{b_i\}$ 两个其中元素均为正整数的数集：$a_i \in \mathbf{Z}^+$ 且 $b_i \in \mathbf{Z}^+$。假设有 $\sqrt{k} = \dfrac{a_i}{b_i}$，其中 $(a_i, b_i)$ 为一个用序列正整数对。必然存在一个最小的 $a \in \{a_i\}$。类似地，也必然存在一个最小的 $b \in \{b_i\}$。$\{a_i\}$ 的最小元素必然与 $\{b_i\}$ 的最小元素对应。因此有 $\sqrt{k} = \dfrac{a}{b}$，$k = a^2/b^2$，$b^2 k = a^2$。由于 $a, b, k \in \mathbf{Z}^+$，且等式的左侧可用 $k$ 整除，右侧也必然可用 $k$ 整除，所以可以记 $a = kc$（考虑到 $k$ 不是平方数；不然可记作 $a = \sqrt{k}c$），其中 $c \in \mathbf{Z}^+$。这样就有 $b^2 k = (kc)^2 \Rightarrow \sqrt{k} = \dfrac{b}{c}$。但 $k \in \mathbf{Z}^+$，且 $k \neq 1$，$\sqrt{k} > 1$。因此，由 $\sqrt{k} = \dfrac{a}{b}$ 可知 $a > b$；同样，由 $\sqrt{k} = \dfrac{b}{c}$ 可知 $b > c$。所以有 $c < b < a$。然而，$a$ 和 $b$ 分别是 $\{a_i\}$ 和 $\{b_i\}$ 的最小元素，这就有了矛盾。$\{a_i\}$ 和 $\{b_i\}$ 必然均为空集，所以 $\sqrt{k}$ 不能写成有理数的形式。所以有 $\sqrt{k} \notin \mathbf{Q}$。

② 原文注：平方数或完全平方数指自身为整数之平方的整数。

③ 原文注：$n$ 和 $m$ 满足该条件的证明：如果 $m = a^2 b$，而 $n = bc^2$，则 $mn = a^2 b^2 c^2 = (abc)^2$。由于 $a, b, c \in \mathbf{Z}$，有 $abc \in \mathbf{Z}$，所以 $mn = (abc)^2$ 是平方数。

我最远偏离两拱门间直线多少米?"为了帮助教授，请计算他可能偏离 $A$、$B$ 间直线的最远距离。

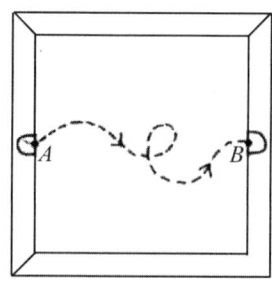

## 解答

解决这一问题的方法很多，它们的证明多多少少都有点正式。如果我们知道答案，说服自己这一答案正确可能会相对容易些。这里我将给出一种更正式一点的方法的梗概，且这一方法并不需要太多的灵感。该方法的证明过程更为机械。机械意味着缺乏优雅，但作为解题方法可能更为可靠。肯定还存在更为正式的证明——比如，你可以推导椭圆的方程。但这里我把这样的证明留给读者自己练习。

首先假设对于任意一点 $P$ 均存在一条最短弯曲路径 $APB$（如图中虚线所示）。无需更多证明我们即可看出，无论曲线 $APB$ 形状如何，线段 $AP$ 和 $PB$ 均构成了最短路径。因此，从 $A$ 到 $B$ 经 $P$ 点的最短路径总是由线段 $AP$ 和 $PB$ 构成。

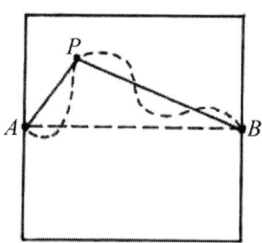

现来考虑点 $P$ 及最短路径 $APB$。我把该最短距离记作 $l_1+l_2=L$。可以看出，如果 $P$ 距离线段 $AB$ 的垂直距离为 $d$，则有

$$L=(x^2+d^2)^{\frac{1}{2}}+\left[(80-x)^2+d^2\right]^{\frac{1}{2}},$$

其中，$x$ 为 $A$ 到 $P$ 沿 $x$ 轴方向上的距离，而 $80-x$ 则为 $B$ 到 $P$ 沿 $x$ 轴方向上的距离。

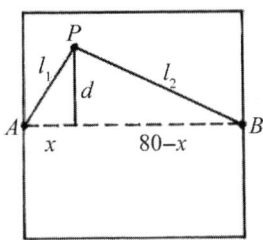

于是问题就变成了 $L$ 恒定时，$x$ 取何值时会给出最大的 $d$ 值。该点由 $\mathrm{d}d/\mathrm{d}x=0$ 给出。将前述 $L$ 的表达式两边均对 $x$ 取导，可得

$$\frac{\mathrm{d}L}{\mathrm{d}x}=0=\frac{x+\mathrm{d}(\mathrm{d}d/\mathrm{d}x)}{(x^2+d^2)^{\frac{1}{2}}}+\frac{\mathrm{d}(\mathrm{d}d/\mathrm{d}x)-80+x}{\left[(80-x)^2+d^2\right]^{\frac{1}{2}}}$$

令 $\mathrm{d}d/\mathrm{d}x=0$，我们有

$$x\left[(80-x)^2+d^2\right]^{\frac{1}{2}}=(80-x)(x^2+d^2)^{\frac{1}{2}}$$

可以看出，该方程的解为 $(80-x)=x$，即 $x=40(\mathrm{m})$。如我们所设想，这正是 $A$、$B$ 两点之间的半途。

通过进一步分析，我们还可以求出 $d$ 的最小值。由于 $L=100\mathrm{m}$，$x=40\mathrm{m}$，根据对称性有 $l_1=l_2=50\mathrm{m}$，所以 $d=\sqrt{50^2-40^2}=30(\mathrm{m})$。

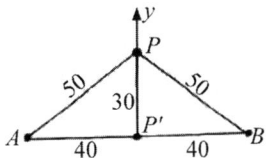

爱走神教授最远偏离原路径 30 米。寻找这枚邮票要费点时间。

## 1.12 满囊船长的宝藏Ⅰ★

满囊船长登上了他认为的宝藏之岛，开心地搓着手。他拥有著名的寻宝图，图中有宝藏埋藏的位置。船长查看地图时其他的海盗从船上卸下了铲子和藏宝箱。船长的寻宝图是两棵树的示意图，所附的文

字平淡无奇："宝藏距离一棵树 50 步，距离另一棵树 100 步。"现在满囊船长所要做的只是确定从何处进行挖掘。假设他能找出正确的那两棵树，他需要在几个地方进行挖掘？他如何简单地判定某两棵树一定不是他要找的？

宝藏之岛

## 解答

我们以一棵树（记作 $A$）为圆心画半径为 50 步的圆，以另一棵树（记作 $B$）为圆心画半径为 100 步的圆。如果两棵树相距超过 50 步且小于 150 步，则两个圆（实线）将相交于 $X_1$ 和 $X_4$ 两点。相反，以 $A$ 为圆心画半径为 100 步的圆（虚线），以 $B$ 为圆心画半径为 50 步的圆（虚线），则两圆相交于 $X_2$ 和 $X_3$ 两点。满囊船长需要在四个地方挖掘。不过，存在两个极端情况。如果两棵树的间距 $d$ 等于问题中给定两距离之和（$d=150$ 步）或之差（$d=50$ 步），则满囊船长只需要在两个地方挖掘就行了。

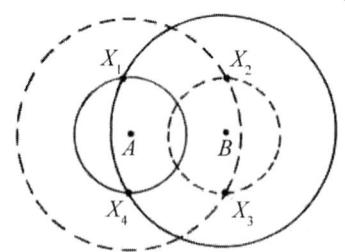

满囊船长只需考虑两棵树间距 $d$ 是否满足条件 $r_1-r_2<d<r_1+r_2$ 即可判断它们是否是他要找的两棵树，其中 $r_1$、$r_2$ 分别是宝藏到两棵

树的距离。如果对于两棵树来说，$d$ 不满足上述条件，则这两棵树就不是他要找的。给定 $r_1 = 50$，$r_2 = 100$ 的情况下，上式变为 $50 < d <150$。如果说这一条件并不直观，那么下图则一目了然。

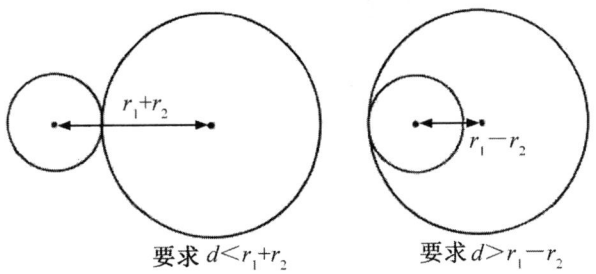

要求 $d < r_1 + r_2$　　　　要求 $d > r_1 - r_2$

## 1.13 满囊船长的宝藏 II ★★

满囊船长踏上了第二次寻宝之旅。这次他去了马尔帕森特岛（Malpassant Island）。他上次寻宝因为六分仪故障，纬度错了而失败，白白去了一趟热带。这次他来到法属西印度，确信自己能找到一些宝藏。他手里有在法国海盗圈中最著名的 Mauvaise Blague 寻宝图。这是一张两棵树的示意图。图上的说明很简单："宝藏距离一棵树 50 步，距离另一棵树也是 50 步。"这座岛实际上是一块贫瘠之地。经过漫长的徒步之后，这伙人登上了一座平缓的山脊，向下张望位于岛中心的荒凉谷。只有那里有足够的水源保障树木生长。"妈的！"船长咆哮道，"怎么长了这么多树？一点都不符合自然进化规律！"是的，那里长着 16 棵树，而不是 2 棵。满囊船长量了量最远两棵树之间的距离："真倒霉！少于 100 步。兄弟们，你们要忙活一阵子了！"

假设共有 16 棵树，每两棵树间距均小于 100 步，而宝藏埋藏点到其中两棵树的距离均为 50 步。如果我们不知道这些树的位置，最坏的情况下，需要在多少个地方挖掘？

## 解答

令 $r_1$ 和 $r_2$ 分别表示某一点到两棵树的距离。如果到这两棵树的距离不相等，即 $r_1 \neq r_2$，那么对于任何两棵树来说，存在四个可能位置的条件是 $r_1 - r_2 < d < r_1 + r_2$，其中 $d$ 为两棵树之间的距离。在极限条件 $d = r_1 + r_2$ 和 $d = r_1 - r_2$ 下，对应于这两棵树只有两个可能的位置。

对于 $r_1 = r_2 = r$ 的特殊情况来说，$0 < d < 2r$ 时只有两个可能的位置。在 $r_1 = r_2$ 且 $d = r_1 + r_2$ 的极限条件下，对应于这两棵树只有一个可能的位置。另一种特殊的极限情形 $r_1 = r_2$ 且 $d = r_1 - r_2$ 是不可能的，因为这样就意味着 $d = 0$，即两棵树长在同一位置。

现在的情况是 $r_1 = r_2 = 50$，对于存在两个可能位置的任意两棵树来说均有 $0 < d < 100$。我们已知 $d_{max} < 100$，所以任意两棵符合条件的树均会给出两个可能的位置。所以总的需要挖掘位置数等于树木总的组合数的两倍。

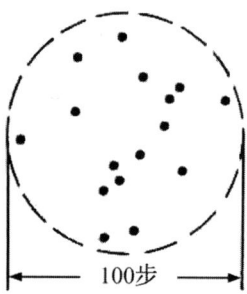

100步

现在来研究树木的组合数。可能的组合如下：

树 1 与树 2、3、4、…、16(共 15 组)

树 2 与树 3、4、5、…、16(共 14 组)

　⋮　　　　⋮　　　　　⋮

树 14 与树 15、16　　　　　(共 2 组)

树 15 与树 16　　　　　　　(共 1 组)

树的组合数构成了一组三角数[1],即可以排列成三角形的元素的和。比如,第四个三角数 $T_4$ 如下:

$$T_4 = 10$$

我们需求的是 $T_{15}$:

$$T_{15} = \sum_{n=1}^{15} n = 1 + 2 + 3 + \cdots + 15$$

当然,我们直接把这些数字相加就可以得出结果,但这种做法可能有点粗糙。如果我们想计算 $T_{1000}$ 呢? 可以看出,该算式各项是一个简单的等差数列,[2] 其和由下式给出:

$$S_n = \frac{n}{2}(a_1 + a_n)$$

于是就有

$$T_n = \frac{15}{2} \times (1 + 15) = 120$$

---

① 原文注:三角数是指图案数的一种,除三角数外,图案数还有多边形数和多面体数。这些数字可以用按二维图形(三角形、正四边形等)或三维多面体(正四边形、正方体等)排列的物体来表示。还有类似的高维度数字。

② 原文注:等差数列第 $n$ 项的表达式为 $a_n = a_1 + (n-1)b$,其中 $a_1$ 为数列的第一项,$b$ 为数列的公差。$n$ 项等差数列之和有两种表达方式:$S_n = a_1 + (a_1 + b) + (a_1 + 2b) + \cdots + [a_1 + (n-2)b] + [a_1 + (n-1)b]$,$S_n = [a_n - (n-1)b] + [a_n - (n-2)b] + [a_n - (n-3)b] + \cdots + (a_n - 2b) + (a_n - b) + a_n$。将上述等式两边分别相加,把所有含 $b$ 项消除,得 $2S_n = n(a_1 + a_n)$。所以 $S_n$ 的通用表达式为 $S_n = \frac{n}{2}(a_1 + a_n)$。

船长需要挖掘的最大位置数为 $2T_{15} = 240$。看来众海盗要忙活一阵子了。

## 另一种解法

我们也可以运用学习概率论和组合学的同学比较熟悉的语言解决这一问题。在这一套语言中，求不同树对组合的数量实际上是从 16 个不同元素中选取 2 个元素的组合问题。从 $n$ 个不同元素中选取 $r$ 个元素的组合数的公式为

$$C_n^r = \frac{n!}{r!\,(n-r)!}$$

对于本题目来说有 $C_{16}^2 = 16!\,/[2!\,(16-2)!] = (16 \times 15)/2 = 120$。如前所述，对于 120 种树对组合来说，我们有 240 个可能挖出宝藏的位置。

## 1.14 满囊船长的宝藏 Ⅲ ★★★

建议你在尝试这道较复杂的题目之前，先做一下较简单的类似题目。

共有 19 棵树，每两棵树间距均小于 80 步。宝藏距离其中一棵树 49 步，距离另一棵树 31 步。树的分布方式决定了需要挖掘的位置的数量。求证：至少存在一种树木分布方式使得可能存在宝藏的位置数目达到最大。亦即，树木分布方式及宝藏到两棵树距离的选取使得可能的宝藏位置数达到最大。

## 解答

这实际上是一个**填集问题**（packing problem）。待会儿我们将讨论这一概念。现在我们先计算需要挖掘位置的最大数量，以及实现该最

大数量的树木间距。需要挖掘位置的最大数量等于第 18 个三角数 $T_{18}$ 的 4 倍，即

$$4T_{18}=4\times\left[\frac{18}{2}\times(1+18)\right]=684$$

或者用前一节讨论过的另一种解法：

$$4\times C_{19}^{2}=4\times\frac{19!}{2!\,(19-2)!}=684$$

我们也已经证明了，为了使可能的挖掘点数量最大化，每一个可区分的独立树对都必须对应四个可能的挖掘点。所以这些树对必须满足条件 $r_1-r_2<d<r_1+r_2$，其中 $d$ 为两棵树之间的距离，$r_1$ 和 $r_2$ 分别表示到这两棵树的距离。在本题目中，$r_1=49$，$r_2=31$，所以使得可能的挖掘点数量最大化的树木分布条件是

$$18<d<80$$

亦即，所有的树木与其他树木的间距均小于 80 步，大于 18 步。现在，该题目变成了圆填集问题。我们把每棵树简化成一个点及以其为圆心、直径为 18 步的"禁区"圆。这些圆的分布方式必须保证它们的圆心不会超出一个直径为 80 步的大圆。我们可以考虑两种很简单的填集步骤：正方形填集和正六边形填集。

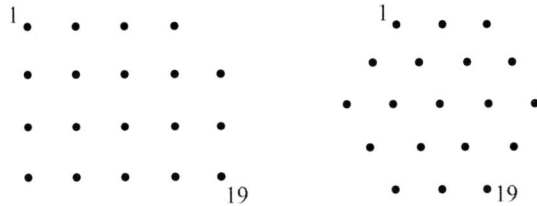

显然，在大多数情况下，对于大量的对象来说，接近于正六边形的填集会给出一个更好的结果。如果考虑 19 个对象的最致密正六边形填集，我们会得到每条边三个对象的正六边形，而最长的对角线上共有 5 个对象。由该填集的几何结构可知，两棵树之间最大的间距 $d_{\max}$ 等于最小间距 $d_{\min}$ 的 4 倍。我们记作 $d_{\max}=4d_{\min}$。由限制条件

$$18<d<80 \text{ 和 } d_{\max}=4d_{\min}$$

很容易就能看出，可能的解有无穷多，比如

$$d_{\min}=19 \text{、} d_{\max}=76$$

该解的示意图如下：

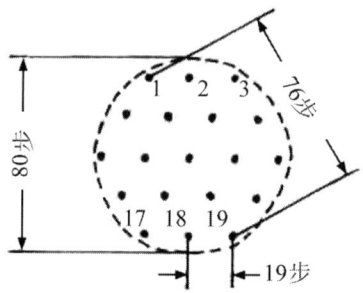

所以说，满足限制条件且使得可能的藏宝位置数量达到最大的解有无穷多。

总的来说，填集是个很有意思的题目。我们已经表明，与前述问题类似的问题可以简化为经典的圆中圆填集问题。实际上，用多种直径的圆填集另一个圆的问题非常复杂。甚至用直径相同的圆填集大圆的问题也比你想象的困难。实际上，这仍是一个严肃的研究课题。比如格拉汉姆（Graham）等人的论文《圆中全等圆致密填集》（*Dense packings of congruent circles in a circle*）[①] 讨论的就是这一课题。作者写道：

　　对平面上不同几何形状进行全等圆填集的问题是在 20 世纪 60 年代提出的，而且已经取得了很多结果——主要集中在小填集问题……近来因为填集问题新的高效最优化算法的发展及计算机系统性能的不断提升，这些问题再次成为人们关注的焦点；现在计算机辅助方法可用于构造优秀的大填集。我们来考虑一个大圆里的全等小圆填集问题……给定数字 $n$，

　　① 原文注：Graham, R. L., Lubachevsky, B. D., Nurmela, K. J., Ostergard, P. R. J., 1998, "Dense packings of congruent circles in a circle", Journal of Discrete Mathematics, 181, pp. 139—154.

我们希望在大圆中填集半径尽可能大的 $n$ 个全等小圆且小圆相互不重叠……这一圆填集问题有另一种等价表述,即 $n$ 个点(而不是圆)置于一个圆内……目的是让每两个点的间距最大化。

2 到 5 个圆填集的最优化解比较简单。

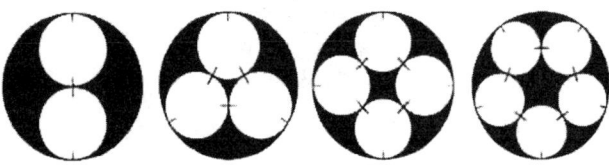

对于单位半径的填集圆来说,被填集圆的半径如下: $r_2 = 2$ ; $r_3 = 1 + \frac{2}{3}\sqrt{3}$ ; $r_4 = 1 + \sqrt{2}$ ; $r_5 = 1 + \sqrt{2\left(1 + \frac{1}{\sqrt{5}}\right)}$ ; 6 圆或 7 圆填集的情况更为有趣。对于 6 圆填集来说,有两种布置方式,且二者的被填集圆半径相同。我们可以在增加一个填集圆的同时保持被填集圆半径不变。所以有 $r_{6a} = r_{6b} = r_7 = 3$ 。

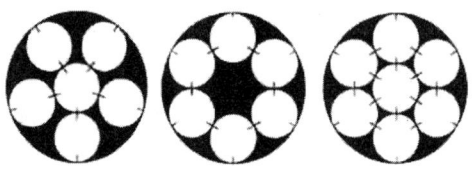

8 圆、9 圆和 10 圆填集最佳解的证明是在 1969 年给出的,但直到 1994 年才给出 11 圆填集最佳解的证明。[①] 答案是 $r_{11} = 1 + 1/\sin(9/\pi) \approx 3.92$ 。有整篇都在讨论这一问题的论文,表明这个看似简单的问题实际上是多么复杂。

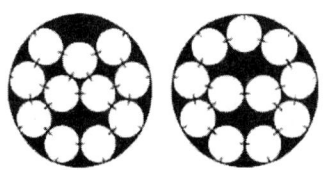

----

① 原文注:Melissen, H. , 1994, "Densest packing of eleven congruent circles in a circle", Geometriae Dedicata 50 (1994), pp. 15—25.

12 圆和 13 圆填集问题的最佳解则直到 2000 年和 2003 年才得到证明。有意思的是，对于 $n=14$ 到 $n=18$ 的填集问题至今还没有人给出最佳解的证明，但 1999 年 Fodor 证明了 $n=19$ 的最佳解：$r_{19}=1+\sqrt{2}+\sqrt{6}\approx 4.86$。[①]

我们将这一情形与前面讨论的正六边形布置方式做一下对比。很容易证明，按正六边形布置的 19 圆填集的被填集圆半径为 $r_{19}=5$。Fodor 的不规则布置方式得到的被填集圆半径仅比正六边形布置方式小了 2.8%。有时候一个好的填集布置方式与最佳填集布置方式的差别非常小。

这是数学家仍很感兴趣的一系列填集问题中的一个。另一个著名的问题是接吻数问题。问题如下：在 $n+1$ 维欧氏空间里，半径相同的 $n$ 维超球面同时只被唯一一个超球面碰到（或吻到）的最大数目是多少？对于线（1 维空间）或平面（2 维空间）来说，解很简单：$k_1=2$，$k_2=6$，后者对应于正六边形圆填集。对于 3 维空间来说，尽管牛顿爵士（1642—1727 年）早已提出了这一问题，但直到 19 世纪末才有人给出解 $k_3=12$ 的证明。其他维度空间中，给出过精确解的只有 4 维、8 维和 24 维空间。

## 1.15 科赫岛几何★★★★

海岸线佯谬（Coastline paradox）或者说理查森效应（Richardson effect）指的是不规则边界（比如海岸线）的测量长度取决于所采用的度

① 原文注：Fodor, F., 1999, "The densest packing of 19 congruent circles in a circle", Geometriae Dedicata 74, pp. 139—145.

量标尺。对于通过很多自然系统用多种度量标尺取近似的具有分形几何特征的边界来说[①]，度量标尺取得越小，边界测量长度就越大，且可无限增大。这一概念是刘易斯·弗雷·理查森（Lewis Fry Richardson）[②]提出来的，他当时正在根据即将参战的两个国家国界线的长度来研究它们的相似性！他发现某些国界线两侧的国家给出的该段国界线长度相差很大。比如，西班牙与葡萄牙的国界线长度就有 987 km 和 1214 km 两个数字。

理查森后来发表了一篇研究澳大利亚、南非、英国和葡萄牙部分海岸线长度的文章，文中他在海岸线上画上等长度的线段且线段端点落在实际的海岸线曲线上，再利用不同的多边形长度标尺进行测量。[③]他发现，测得的长度随长度标尺变化的趋势取决于所考虑的海岸分形的特征形状。一个对从纯数学角度研究分形感兴趣的科学家群体后来注意到了他的研究成果，其中最著名的是本华·曼德博（Benoit Mandelbrot），他于 1967 年写了一篇名为"英国海岸线有多长？"[④]的文章。

1904 年海里格·冯·科赫构想出的科赫雪花或者说科赫岛是最著名的分形之一。该分形以等边三角形为基础（$n=0$）迭代生成。在 $n=1,2,\cdots$ 的每一步，均将三角形每条边中间的三分之一替换为一个等边三角形以增加该分形的面积。$n=0,1,2$ 时的分形如下图所示。很明显，每次迭代分形的周长 $L_n$ 和面积 $A_n$ 都会增加。

---

① 原文注：分形（Fractals）指具有自相似性的对象/量，即从任何尺度上看它们都具有类似的结构。

② 原文注：英国数学家、物理学家、心理学家兼和平主义者（1881—1953 年）。

③ 原文注：Richardson, L. F., 1961, "The problem of continuity", General Systems Yearbook, Vol. 6, pp. 139—187.

④ 原文注：Mandelbrot, B., 1967, "How long is the coast of Britain?", Statistical Self-Similarity and Fractional Dimension Science, New Series, Vol. 156, No. 3, 775, pp. 636—638.

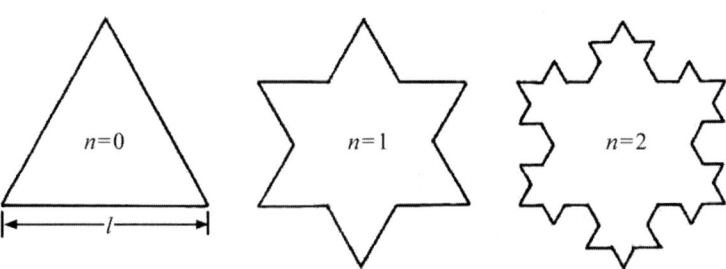

假设该分形的基岛 $n=0$ 的边长为单位 1，求 $n$ 阶科赫岛的边长 $L_n$ 和面积 $A_n$。

## 解答

首先考虑科赫岛的边数 $N_n$。我们从 $N_0 = 3$ 开始，每一步迭代分形的每条边都发展为四条边，结果就是上一步总边数再乘以 4，即 $N_n = 3 \times (4)^n$。

现来考虑最小单元的长度 $l_n$。我们从 $l_0 = 1$ 出发，每一步迭代最小单元的长度均减为上一步的 1/3。我们有 $l_n = \left(\dfrac{1}{3}\right)^n$。

周长的总长度等于总边数 $N_n$ 乘以边长 $l_n$：$L_n = N_n l_n = 3 \times \left(\dfrac{4}{3}\right)^n$。

可以看出这个数是无限发散的。科赫岛的海岸线没有极限。我们记作 $L_{n \to \infty} \to \infty$。在科赫岛上，海岸线佯谬确实成立。

那么，面积 $A_n$ 呢？我们看到，在边数达到 $N_n$ 的那次迭代中新产生了 $N_n/4$ 个边长为 $l_n$ 的三角形。于是这一步新产生的面积为

$$\Delta A_n = \frac{N_n}{4} \left(\frac{l_n}{l_0}\right)^2 A_0$$

其中第 $n$ 步产生的每个小三角形的面积为 $(l_n/l_0)^2 A_0$，$A_0$ 为原三角形的面积。把 $N_n$ 和 $l_n$ 的表达式代入上式，并注意到 $l_0 = 1$，我们有

$$\Delta A_n = \frac{3}{4} \times 4^n \times \left(\frac{1}{3}\right)^{2n} A_0 = \frac{3}{4} \times \left(\frac{4}{9}\right)^n A_0$$

迭代过程有

$$A_n = A_{n-1} + \Delta A_n$$

确切点有

$$A_1 = A_0 + \frac{3}{4}\left(\frac{4}{9}\right)^1 A_0$$

$$A_2 = A_1 + \frac{3}{4}\left(\frac{4}{9}\right)^2 A_0$$

$$A_3 = A_2 \cdots + \frac{3}{4}\left(\frac{4}{9}\right)^3 A_0$$

可以表示成总和的形式

$$A_n = \left[1 + \frac{3}{4}\sum_{k=1}^{n}\left(\frac{4}{9}\right)^k\right]A_0$$

在 $n \to \infty$ 的条件下有

$$A_{n \to \infty} = \left[1 + \frac{3}{4}\sum_{k=1}^{\infty}\left(\frac{4}{9}\right)^k\right]A_0$$

初始项为 $a$，公比为 $r$ 且 $|r| < 1$ 的 $n$ 项和无穷项等比序列[①]之和分别为 $S_n = a(1-r^n)/(1-r)$ 和 $S_{n \to \infty} = a/(1-r)$（$|r| < 1$）。将这一结果代入上式我们有

$$A_n = \left[1 + \frac{1}{3} \cdot \frac{1-\left(\frac{4}{9}\right)^n}{1-\frac{4}{9}}\right]A_0 = \left\{1 + \frac{3}{5}\times\left[1-\left(\frac{4}{9}\right)^n\right]\right\}A_0$$

$$A_{n \to \infty} = \left[1 + \frac{3}{5}\right]A_0 = \frac{8}{5}A_0$$

可以看出 $n \to \infty$ 时，面积趋向于一个有限值，该值由收敛序列的极限决定。这与分形的边长相反，后者是发散的。边长为单位 1 的等边三角形的面积为 $A_0 = \frac{\sqrt{3}}{4}$，所以有 $A_{n \to \infty} = \frac{2\sqrt{3}}{5}$。

--------

① 原文注：对于和为 $S_n = a(1+r+r^2+\cdots+r^{n-1})$ 的等比序列来说，可以看出有 $rS_n = a(r+r^2+\cdots+r^n)$，从而有 $S_n(1-r) = a(1-r^n)$，所以有 $S_n = a(1-r^n)/(1-r)$。对于 $|r| < 1$ 的情况来说，有 $S_{n \to \infty} = a/(1-r)$。

## 1.16 较易围栏问题★

围栏问题是一套很受欢迎的知名问题，过去多年里我见过它的不少版本。它是求最优解问题中最简单的一个。这类问题会给定物理条件，我们需把这些物理条件参数化，用方程把感兴趣的对象与诸变量联系起来，之后在给定限制条件下求出感兴趣对象的最小解或最大解。

为了理解这一过程，我们先来考虑**最佳盒子与罐子**问题，该问题也广为流传，讲的是用给定的表面积（问题的**限定条件**）围成圆筒状罐子或立方体盒子，求体积最大的罐子或盒子的**形状**①。对于最佳罐子问题来说，涉及的变量为罐子的高度和直径（或半径）。该问题也可换一种问法：求给定体积的最小表面积。我们假设为常量的参数可能**看起来像**一个变量——也就是说，我们可能不知道它的值。但这并不影响我们解决该问题。

既然已经了解了一般规则，现在我们来研究经典围栏问题。

一位农场主有一大片位于悬崖边上的农场，悬崖很长，且呈一条直线。他有一条长度固定的篱笆，想用这条篱笆圈出面积最大的长方形农场来。那么，他圈出的这片农场长宽比应该取何值？

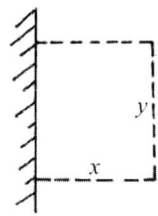

### 解答

我们用两种方法来解决这个简单的问题，第一种是通过计算，第

---

① 原文注：有时我们也用纵横比来表示形状，比如高度直径比。

二种是利用对称性。

方法 I：通过计算

前面讲过，我们的目的是将问题参数化，具体到本题是用长方形的边长 $x$、$y$ 来表示面积 $A$，而限制条件即篱笆的总长 $L$ 是已知的。从农场的构型可以看出，我们有限制条件 $y = L - 2x$。农场的面积为 $A = xy = x(L - 2x)$。我们感兴趣的是对于给定的 $x$，最大的面积为多少。[①] 我们对上式求微分并令其等于 0 来求得最大面积：

$$\frac{\mathrm{d}A}{\mathrm{d}x} = L - 4x = 0,$$

求解得 $x = L/4$，有 $y = L/2$，所以边长比 $x/y = 1/2$。所以说，对于给定长度的篱笆来说，圈出最大面积农场的长宽比为 $2:1$。

方法 II：利用对称性

过篱笆的中心画一条对称线将篱笆一分为二，得到两块边长为 $a$ 和 $b$ 的农场，每一块农场的面积为 $ab$。注意，这样一来，我们把总长为 $L$ 的篱笆分成了 4 份，我们记 $a = (L/4) + k$，$b = (L/4) - k$，满足篱笆总长的限制条件 $2a + 2b = L$。

这样，篱笆圈起来的农场面积为

---

① 译注：原文如此。其实，$x$ 给定，面积 $A$ 也就是固定的了。此处作者的意思应是面积在 $x$ 取何值时会达到最大。

051

$$A = 2ab = 2\left(\frac{L}{4}+k\right)\left(\frac{L}{4}-k\right) = 2\left[\left(\frac{L}{4}\right)^2 - k^2\right]$$

显然 $k=0$ 时 $A$ 取最大值，于是就有 $a=L/4$ 且 $b=L/4$，即 $a=b$。这与前面的解相同——圈出最大面积农场的长宽比为 $2:1$。

## 1.17 较难围栏问题★★★

干草垛和干草叉这两位农场主站在正午的日光下，合计着应该在何处竖起一道新篱笆。他们想圈养一些动物，希望能用手头的篱笆圈起最大的面积。

干草垛指着位于农场中心的一大片方形谷仓说："问题是这里有个谷仓。"

"谷仓不是问题，"干草叉回答说，"还可以省掉一些篱笆。直接沿着谷仓的一条边建，把这条边用作篱笆就行了。很简单。"

"干草叉，你没有过去聪明了，"干草垛说，"我知道有了谷仓可以省去一些篱笆，但我不知道该如何利用谷仓，是用它的一条边呢还是用它最长的对角线？"

"干草垛，你别站在太阳底下了。利用谷仓最长的对角线意味着要从你的篱笆圈里挖掉一大块三角形。"

"干草叉，你咋就搞不明白呢？"干草垛回答说，"我们要尽可能地用谷仓代替篱笆，对角线更长。"

两位农场主在烈日下继续争论，但无法达成一致。干草垛想沿着谷仓对角线建篱笆圈，而干草叉想沿着谷仓的一条边。这个问题交给数学家来解决最好不过了。

一位农场主有一大片农场，农场中心是一个正方形谷仓。他有一条长度固定的篱笆，想用它圈出面积最大的长方形（要刨去其中谷仓所占的面积）。是沿着谷仓的一条边（这样可以省去长度相当于谷仓边长的篱笆），还是沿着谷仓的对角线竖起篱笆墙（可以省去长度相当于谷仓对角线的篱笆）更好呢？围起来的面积应该是什么形状的呢？也就是说，这个长方形的长宽比应为多少？在篱笆总长度大于等于谷仓边长的条件下，求上述问题的解。

## 解答

尽管这道题看起来很简单，但解起来却不容易，因为存在不止一个最优解。最优解取决于篱笆总长 $L$ 与谷仓边长 $l$ 之比。我们称沿谷仓某一边建篱笆墙为构型 $A$，沿谷仓对角线建篱笆墙为构型 $B$，对于任意比率 $L/l$ 我们都要考虑这两种构型。现在我们按顺序来考虑这两种构型：

构型 $A$：篱笆足够长，可以完全利用谷仓的一条边 $l$。

在这种情况下，我们有 $L=2x+2y-l$，篱笆与谷仓圈出的面积为

$$A_A=xy=\frac{L+l}{2}x-x^2$$

将该式对 $x$ 进行微分运算，并令 $\mathrm{d}A_A/\mathrm{d}x=0$，可得 $x=(L+l)/4$，进而有 $y=(L+l)/4$，于是篱笆与谷仓圈出的正方形面积为：

$$A_A=\frac{(L+l)^2}{16}$$

构型 $B$：篱笆足够长，可以完全利用谷仓的对角线 $\sqrt{2}\,l$。

在这种情况下，我们有 $L=2x+2y-\sqrt{2}\,l$。篱笆和谷仓圈出来的面积为

$$A_B = xy - \frac{l^2}{2} = \frac{L + \sqrt{2}\,l}{2} x - x^2 - \frac{l^2}{2}$$

将该式对 $x$ 进行微分运算，并令 $\mathrm{d}A_B/\mathrm{d}x = 0$，可得 $x = \dfrac{L + \sqrt{2}\,l}{4}$，

进而有 $y = \dfrac{L + \sqrt{2}\,l}{4}$，于是篱笆与谷仓圈出的面积为：

$$A_B = \frac{1}{16}(L + \sqrt{2}\,l)^2 - \frac{l^2}{2}$$

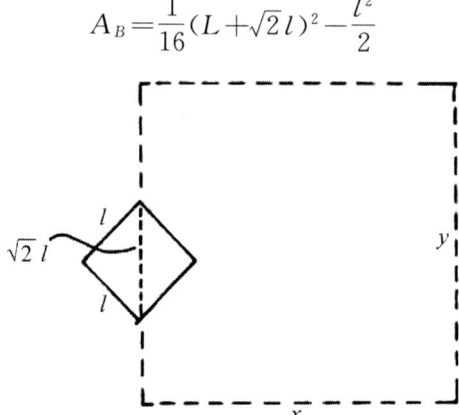

现在我们来考虑 $A_A$ 和 $A_B$ 哪个更大。对二者做减法我们有

$$A_A - A_B = \frac{l}{8}\left[ L(1 - \sqrt{2}) + \frac{7}{2}l \right]$$

于是有

$$L < \frac{7(\sqrt{2} + 1)l}{2} \text{ 时，} A_A > A_B;$$

$$L > \frac{7(\sqrt{2} + 1)l}{2} \text{ 时，} A_A < A_B。$$

可以看出，对于长篱笆来说［这里指 $L > \dfrac{7(\sqrt{2} + 1)l}{2}$］，应沿谷仓

对角线建篱笆墙——构型 B。借助于谷仓使得篱笆的总长度增加而导

致的面积增量，大于构型 A 中篱笆总长度增加 $l$ 带来的面积增量。当

然，篱笆取临界长度 $L_c = \dfrac{7(\sqrt{2} + 1)l}{2}$ 时有 $A_A = A_B$。分别计算篱笆取

临界长度时构型 $A$ 和构型 $B$ 的边长 $x$ 和 $y$，得

$$x_A = y_A = \frac{9+7\sqrt{2}}{8}l \approx 2.362l ;$$

$$x_B = y_B = \frac{7+9\sqrt{2}}{8}l \approx 2.466l$$

临界情形见下图：

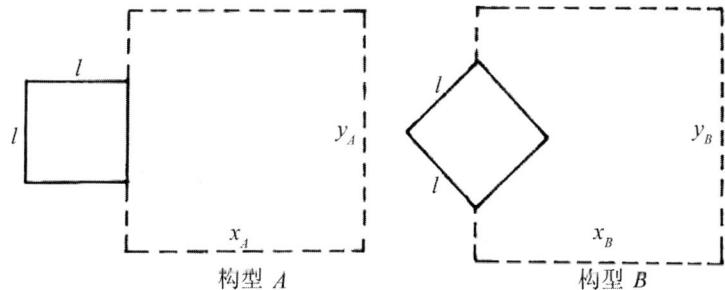

构型 $A$       构型 $B$

所以说，看来干草垛和干草叉说的都对，哪种方案更好取决于篱笆总长与谷仓边长之比。我们或许已经注意到，只有在 $3\sqrt{2} < \frac{L}{l} < +\infty$ 时上述解才有效。我们稍后将就这一点做进一步讨论。

## 进一步讨论

我们已经得到了长篱笆的最优解，即 $L > L_c$ 时构型 $B$ 为最优解，$L < L_c$ 时构型 $A$ 为最优解，但我们对后一种情形考虑得还不够细致。篱笆非常短时会出现什么情况？现在我们来更详细地讨论短篱笆。

我们发现，无论是构型 $A$ 还是构型 $B$，最优解都是用篱笆圈出一个**正方形**，这对构型 $A$ 和构型 $B$ 的最短篱笆长度提出了以下要求：

$$L_{A,\,min} = 3l , \quad L_{B,\,min} = 3\sqrt{2}\,l 。$$

篱笆总长度低于上述最小值则无法圈出正方形来。显然 $L_{A,\,min}$ 和 $L_{B,\,min}$ 均远小于临界长度。即 $L_{A,\,min} < L_c$，$L_{B,\,min} < L_c$。注意到 $L_{A,\,min} < L_{B,\,min}$，可以看出在区间 $L_{B,\,min} < L < L_c$（两种构型均适用）构

型 $A$ 更好。不过在区间 $L_{A,\min} < L < L_{B,\min}$ 哪种构型更好一些呢？我们先来考虑这个问题。首先我们注意到在区间 $L_{A,\min} < L < L_{B,\min}$，构型 $B$ 利用谷仓完整的对角线搭建方形篱笆墙是不可能的（篱笆太短）。不过，仍有可能沿着谷仓对角线方向（即与谷仓一边成 $45°$）搭建篱笆墙，但所能利用的谷仓长度小于最长对角线。我们现在来分析这种构型。之后我们会尝试其他可能的构型，但不会给出严格的分析。[①] 还有别的构型我们不再进行讨论。

首先我们排除构型 $A$ 的改型，即将谷仓沿 $x$ 方向平移，部分进入篱笆墙与谷仓共同圈出的正方形。显然我们不会考虑这种情形，因为这样并不能节约篱笆的长度，而只会减小篱笆墙与谷仓共同圈出的正方形的面积。这永远都不会是一个好主意。

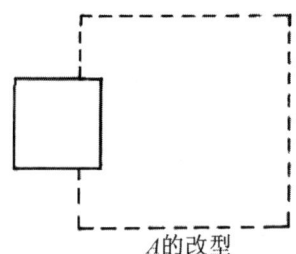

$A$ 的改型

那么我们选择构型 $B$ 并沿 $-x$ 方向平移谷仓怎么样呢？利用谷仓，节省了篱笆一个小于 $\sqrt{2}\,l$ 的长度，同时谷仓也导致篱笆圈出的面积减少了一个三角形，这样有没有可能存在一个最优解呢？现在我们分两种情况来考虑，一种是 $l < X < \sqrt{2}\,l$ 且 $X < L/3$，另一种是 $X \leqslant l$ 且 $X < L/3$。

构型 $C$：谷仓沿对角线方向插入篱笆所圈面积，替代篱笆的长度 $X$ 满足条件 $l < X < \sqrt{2}\,l$ 且 $X < L/3$。

---

① 原文注：比如，我们仅限于讨论正方形解，但并不会给出正方形解最优的证明。

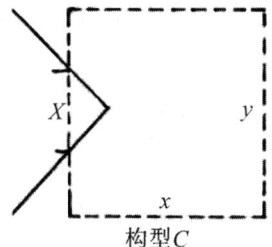

构型 $C$

确定构型 $C$ 是否优于构型 $B(X<\sqrt{2}\,l)$ 的一个方法是对于给定的 $L$，寻找使得被圈出的面积达到最大的 $X$ 值。被圈出的面积为

$$A_C=\frac{L^2}{16}\left[1+2\frac{X}{L}-3\left(\frac{X}{L}\right)^2\right]$$

令 $X'=X/L$，代入上式，并对 $X'$ 求微分且令 $\mathrm{d}A_C/\mathrm{d}X'=0$，可得 $X'=1/3$。亦即 $X=L/3$。这样我们就证明了，对于篱笆圈出的正方形来说，谷仓最大的替代长度等于正方形的边长。函数 $A_C=f(X/L)$ 是二次函数，所以只存在一个最大值，即 $X=L/3$ 时的值。对于边长为 $l$ 的谷仓来说，$X=\sqrt{2}\,l=L/3$ 或者说 $L=3\sqrt{2}\,l$ 时篱笆与谷仓所圈面积达到最大值。离开这个最大值，面积越来越小。不过我们已经证明了 $L<L_c$ 时有 $A_A>A_B$。（尽管可能需要做些思考才能看出）显然总有 $A_C<A_B$，因为对于 $l<X<\sqrt{2}\,l$ 的替代长度来说，所圈出的面积到最大值的距离总远于 $X=\sqrt{2}\,l$ 时到最大值的距离。

构型 $D$：谷仓沿对角线方向插入篱笆所圈面积，替代篱笆的长度 $X$ 满足条件 $X\leqslant l$ 且 $X<L/3$。

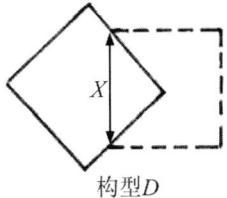

构型 $D$

通过观察可以看出，采用构型 $A$ 可以利用谷仓节省同样多的篱笆，且谷仓还不会占去篱笆圈出的面积，所以说构型 $D$ 永远不可能优于构型 $A$。

这样一来，$L_{A,\text{min}} < L < L_{B,\text{min}}$，亦即 $3l < L < 3\sqrt{2}\,l$ 时，构型 $A$ 是最优的。参考前面的问题，我们指出，$2l < L < 3l$ 时，长宽比 $1 < x/y < 2$ 的长方形是最好的选择，但这里不再给出进一步的证明；此时谷仓的一条边构成了长方形一条较长的边。对于 $L \leqslant 2l$ 的情况来说，沿谷仓边建起的长宽比 $x/y = 2$ 的长方形是最好的选择（谷仓提供了长方形一条较长的边）。

# 第2章
# 数　学

本章中的大部分问题是我们应该称之为应用数学的范例。这是一个很大的方向，给出的代表性问题不可能面面俱到。这里我给出了一些较简单的知名问题，还有一些我自己创造的问题，涵盖简单逻辑、概率论、分形学概念等方面，还有一些需要我们为物理系统建立方程的问题。我给出了一些数学家们视之为**纯数学**的问题——本质上抽象的问题。这里我们主要关注数学在现实世界中的应用。

## 2.1 人脑计算器★

只有很少一部分人具有堪称"人脑计算器"的超常运算（加、减、乘、除）能力。据信 1789 年本杰明·拉什（Benjamin Rush）最早对我们现在所谓的学者症候群给出了科学解释。[①] 他描述了一位名叫托马斯·福勒（Thomas Fuller）的非洲奴隶，后者具有快速心算的能力。现在学者症候群获得了广泛的研究。伯克利教育心理学家亚瑟·詹森（Arthur Jensen）在近来的一篇论文中给出了这样的开篇词[②]：

---

① 原文注：Rush B.，1789，"Account of a wonderful talent for arithmetical calculation in an African slave, living in Virginia"，American Museum，pp. 62—63.

② 原文注：Jensen, A. R.，1990，"Speed of information processing in a calculating prodigy"，Intelligence，14，pp. 259—274.

尽管下面的这段话让人难以置信，但它确实是以可靠性著称的《天才记录》(1982, *Guinness Book of Records*)一书所记录的内容："1980 年 6 月 18 日，来自印度的莎昆塔拉·戴维(Shakuntala Devi)女士在伦敦用 28 秒的时间算出了帝国大学计算机学院随机挑出的两个 13 位数相乘7,686,369,774,870×2,465,099,745,779的结果。她给出的结果是正确的：18,947,668,177,995,426,462,773,730。"

有很多学者症候群事例见诸文献[1]，其中最常见的是音乐、绘画、日历计算、算术和精确测距方面的天才。这些天才大多数都患有某种形式的自闭症，很多人还有严重的残疾，但更少部分患有高功能自闭症，可以过上相当正常的生活。近来英国年轻的算术天才丹尼尔·塔米特(Daniel Tammet)的回忆录就其如何进行计算给出了漂亮的解释。[2] 他描写的计算过程是可视化而非机械的，这点非常不可思议。他说，在他脑海里，所有的数字具有不同的形状和颜色，它们组合在一起形成一个新数字，这个数字就是计算结果。他用**通感**来指代这种将数字、文字与颜色联系起来的倾向，这让他所描述的运算过程显得异常形象。

这些人类计算器的神奇之处受到了某些领域科学家的嘲笑。确实，通过可以记住的简单算法能实现历法计算，或者说出随机挑出的过去或未来数年中某一天是星期几的能力。1883 年克里斯蒂安·蔡勒(Christian Zeller)给出的**蔡勒算法**(Zeller's congruence)就是最早的这

---

[1] 原文注：Treffert, D. A., 2009, "The savant syndrome: an extraordinary condition. A synopsis: past, present, future", Philosophical Transactions of the Royal Society, B—Biological Sciences, 364 (1522), pp. 1351—1357.

[2] 原文注：Tammet D., 2007, "Born on a blue day: the gift of an extraordinary mind", Hodder Paperbacks.

种算法之一。[1] 四年后的 1887 年 3 月，更为著名的刘易斯·卡罗尔 (Lewis Carroll)[2]写了一封题为"找出任意一天是星期几(To find the day of the week for any given date)"的信给《自然》杂志。[3] 这封信的开头语如下：

> 我发现了一种心算确定任意一天是星期几的方法，现寄给贵刊，希望贵刊的部分读者会感兴趣。我并不是一个速算者，不过我发现计算出任何日期是星期几平均用时 20 秒，我怀疑速算者所需时间可能不超过 15 秒。

看起来是这一方法启发了可能是目前最有名的日历算法的末日算法(Doomsday algorithm)。[4] 末日算法是约翰·康威[5]于 1973 年提出的，使用者经过练习后能在两秒内算出过去或将来的任意一天是星期几! 于是，这方面的天才变得不再神秘。或许未必如此。加州大学神经科学学院所做的研究表明，对日历计算天才的解释可能并没有这么简单[6]：

---

① 原文注：Zeller, C., 1883, "Problema duplex calendariifundamentale", Bulletin de la Société Mathématique de France, 11, pp. 59—61.

② 原文注：卡罗尔本名查尔斯·路特维奇·道奇森(Charles Lutwidge Dodgson, 1832—1898)。他最出名之处在于写了儿童书《爱丽丝漫游奇境记》(Alice's Adventures in Wonderland)，但他在数学和逻辑学方面也做了学术性工作，甚至他的非学术作品也受这两个领域的影响。他还创作了一些优秀的诗作，比如《蛇鲨之猎》(The Hunting of the Snark)和《隐语重重》(Jabberwocky)。

③ 原文注：Carroll, L., 1887, "To find the day of the week for any given date", Nature (Letter), March 31, 1887, p. 517.

④ 原文注：Conway, J. H., 1973, "Tomorrow is the day after doomsday", Eureka, Volume 36, pp. 28—31.

⑤ 原文注：John Conway (1937—)，一位有影响力的英国数学家，研究对象包括有限组、数论、游戏理论、节点理论和密码理论。在流行数学领域，他因发明了生命游戏而为人所知。在这一游戏中，二维网格上的格子因型式结合而按照简单的规则自动组合(有时候还会自复制)。

⑥ 原文注：Kennedy, D. P., Squire, L. R., 2007, "An analysis of calendar performance in two autistic calendarsavants," Learning Memory, 14, pp. 533—538.

尽管人们曾对日历计算天才进行过数次研究，但人们对这些天才确定日期所用的方法仍缺乏理解。确定任何给定日期是星期几的方法已有几种，但这些方法已广为采用的想法却是一种误解，因为日历计算天才无与伦比的计算能力似乎表明，采用这些方法达不到他们那样的计算速度。而且，很多日历计算天才能够回答"逆向"日历问题（比如，"1983年3月第二个星期一是几号？"），而回答这些问题需要对算法做深层次的修正，或者采用一种较慢的方法，即先给出可能的答案再向正确的日期靠拢。更有可能的解释是这些天才纯粹是靠记忆，或者靠记忆与简单算法的结合以利用日历的规律性。

这与很多计算天才的另外一些能力相符，这些能力通常包括超常的计数能力。比如，2004年3月14日，丹尼尔·塔米特（Daniel Tammet）用了刚刚超过5小时的时间复述了22 514个个位数字，且无一出错。

大多数普通人甚至做一般算术心算都需要一些技巧。本题旨在鼓励学生思考有哪些可能的方法，能让计算题对于只具有普通计算能力的人来说更好解。

给出不借助纸笔，心算993乘以1 007的一种简单方法。

## 解答

有一次在饭桌上有人给我讲了一个故事，我认为是真事：剑桥大学某学院的主任拿出计算器来计算某一个数字乘以100。在这个难得的思路清晰时刻我打趣道："他算的是一个很难的数吗？"只有科学家理解了这个笑话。

甚至心算相对较小的数相乘我都需要将问题分解。本题旨在考查学生是否也具有将问题分解的能力。一种方法是利用993和1 007都接近1 000的特性。具体来说：

$$a = 993 = 1\,000 - 7$$
$$b = 1\,007 = 1\,000 + 7$$

可以采用的一种方法是利用

$$(a+b)(a-b) = a^2 - b^2$$

这样一来，大部分人都可以相当容易地做心算了：

$$a^2 - b^2 = 1 \times 10^6 - 49 = 999\,561$$

最后我还要说两句。我把这个问题给一起学习物理的一位日本朋友看，想着他会说这个简单，但他却说这个问题简单得可笑。然后他进一步解释说，日本的小孩子现在还在用算盘学算术[①]，且很快就学会了在脑海中将大数相乘的计算过程可视化。显然对于日本的孩子来说，在几秒内给出 3 到 5 位数字相乘的心算结果根本不是什么稀奇的事。哎呀！

## 2.2 糊涂教授的报告之一★

糊涂教授忘记了学生们的名字，且不幸的是这六位学生全是男生。学期末会议上他要发放他们导师给出的报告，于是就不得不随机发放。计算其中正好 5 名学生收到正确报告的概率有多大。

### 解答

我并不太喜欢偏题，但我想纯粹主义者会说这道题并不偏。实际上对于熟悉概率论问题的人来说，这道题可能很简单。不可能正好有 5 名学生收到正确的报告，因为这样一来第 6 个学生收到的也是正确的报告。所以这一概率为 0。

可能会有人问至少 5 个人收到正确报告的概率是多少。这时我们

---

① 原文注：算盘是指一种由框架（或面板上的槽沟）和可在其上滑动的珠子构成的系统，用于做算术计算。算盘的使用历史可追溯至约公元前 2700 年。

要计算出满足条件的组合数目（只有 1 个）和所有可能的组合数目（即发放报告各种可能情形的数目），然后计算概率。

该问题的答案为

$$P=\frac{1}{6!}=\frac{1}{720}$$

糊涂教授得运气非常好才能把报告全发给正确的学生。

## 2.3 糊涂教授的报告之二 ★

糊涂教授再次忘记了学生们的名字。幸运的这届学生共 4 个女生、3 个男生。从报告的名字至少可以看出学生的性别。不幸的是这些报告成绩相差很大，要么是优秀要么是差。实际上，报告成绩很简单，只有"本学期优秀"和"本学期差"两种。男生成绩为优秀的报告有两份，女生成绩为优秀的也有两份。计算所有学生拿到成绩相符报告的概率。

## 解答

该问题可以分解为相对简单的两部分。由于我们能区分报告是男生的还是女生的，女生拿到成绩相符报告的概率 $P(A)$ 与男生拿到成绩相符报告的概率 $P(B)$ **相互独立**。于是所有男生和所有女生都拿到成绩相符报告的概率

$$P(A\bigcap B)=P(A)P(B)$$

我们分别来计算 $P(A)$ 和 $P(B)$。

考虑分发女生的 4 份报告的组合。每位女生均拿到成绩相符报告的可能组合数为所有 4 份报告的排列方式总数（4!）除以两份成绩为优秀的报告的不可区分排列方式总数（2!）和两份成绩为差的报告的不可区分排列方式总数（2!）：

$$\frac{4!}{2! \times 2!}=6$$

所有女生均拿到成绩相符报告的概率是上述组合数的倒数：

$$P(A)=\frac{1}{6}$$

这些可能的组合为 1100、1010、1001、0110、0101 和 0011，其中我们用 1 代表成绩为优秀的报告，0 代表成绩为差的报告。

我们现在来考虑 3 个男生。男生报告的排列方式有 3！种。成绩为优秀的报告的不可区分排列方式总数为 2！，成绩为差的报告的不可区分排列方式总数为 1！。所以，可能的组合数为：

$$\frac{3!}{2!\times1!}=3$$

所有男生均拿到成绩相符报告的概率是上述组合数的倒数：

$$P(B)=\frac{1}{3}$$

所以，所有女生男生均拿到成绩相符报告的概率为

$$P(A\bigcap B)=P(A)P(B)=\frac{1}{6}\times\frac{1}{3}=\frac{1}{18}$$

糊涂教授运气要足够好才能将成绩相符的报告发到每个人手里，但可能性已经比前述情况大很多了。

## 2.4 立方体上的蚂蚁之一 ★★

一只蚂蚁从立方体的一个顶点出发，沿立方体的任意边爬行，从一个顶点到另一个顶点。蚂蚁到达任一顶点都会任意决定接下来沿哪一条边爬行，包括沿刚刚爬过的那条边返回。计算蚂蚁爬行 7 段后，爬过所有顶点后到达出发顶点的对角顶点的概率。

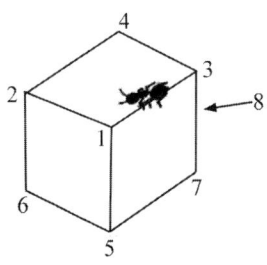

## 解答

考虑可能的正确路径。我们选择 1 为出发顶点，那么 8 为结束顶点，蚂蚁爬行的路径必然不包含折回路线，且必须经过所有的顶点到达顶点 8。我们称这样的路线为好的路线。第一步，蚂蚁从顶点 1 出发，有 3 条好的路径，分别为到顶点 2、3 和 5 的路径。从这 3 个顶点出发，又各有 2 条好的路径，分别在下表列出。从这些路径再往下走，均只剩一条路线能历遍所有顶点到达顶点 8 且不包含折回路线。好的路线总共有 6 条。

$$
1 \begin{cases} 2 \begin{cases} 437568 \\ 657348 \end{cases} \\ 3 \begin{cases} 426578 \\ 756248 \end{cases} \\ 5 \begin{cases} 624378 \\ 734268 \end{cases} \end{cases}
$$

如果蚂蚁任意爬行 7 段，则所有可能的路线总数为 $3^7 = 2\,187$。经过 7 段历遍所有顶点到达顶点 8 的概率为：

$$
\frac{6}{2187} = \frac{2}{729}
$$

## 2.5 立方体上的蚂蚁之二 ★★★

一只蚂蚁从立方体的一个顶点出发，任意沿立方体的边爬行，从一个顶点到另一个顶点。蚂蚁到达任一顶点都会任意决定接下来沿哪一条边爬行，包括沿刚刚爬过的那条边返回。计算蚂蚁爬行 7 段后，所有顶点都经过一次的概率。

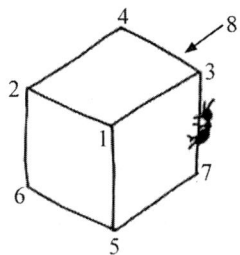

## 解答

考虑可能的正确路径，我们称之为**好的路线**。我们选择 1 为蚂蚁的出发顶点，接下来有 3 条好的路径，分别为到顶点 2、3 和 5 的路径。第二步蚂蚁不能原路返回，因为这样 7 步下来不能经过所有的顶点。于是第二步蚂蚁只有两条好的路径可走。第三步，蚂蚁同样只有两条好的路径可走。这些路径每一条走完是第四步，各有 1 条或 2 条好的路径。所以总计共有 18 条好的路径。

$$
1 \begin{cases}
2 \begin{cases}
4 \begin{cases} 37 \begin{cases} 568 \\ 865 \end{cases} \\ 86573 \end{cases} \\
6 \begin{cases} 57 \begin{cases} 843 \\ 348 \end{cases} \\ 84375 \end{cases}
\end{cases} \\
3 \begin{cases}
4 \begin{cases} 26 \begin{cases} 578 \\ 875 \end{cases} \\ 87562 \end{cases} \\
7 \begin{cases} 56 \begin{cases} 248 \\ 842 \end{cases} \\ 84265 \end{cases}
\end{cases} \\
5 \begin{cases}
6 \begin{cases} 24 \begin{cases} 378 \\ 873 \end{cases} \\ 87342 \end{cases} \\
7 \begin{cases} 34 \begin{cases} 268 \\ 862 \end{cases} \\ 86243 \end{cases}
\end{cases}
\end{cases}
$$

如果蚂蚁任意爬行 7 段，则所有可能的路线总数为 $3^7 = 2\,187$。而好的路线共有 18 条。所以蚂蚁无序爬行 7 段经过所有 8 个顶点的概率为

$$
P = \frac{18}{2187} = \frac{2}{243}
$$

## 2.6 立方体上的蚂蚁之三★★★★

这道题比较难，建议你先把前两道较容易地做了再来做这道题。

一只蚂蚁从立方体的一个顶点出发，任意沿立方体的边爬行，从一个顶点到另一个顶点。蚂蚁到达任一顶点都会任意决定接下来沿哪一条边爬行，包括沿刚刚爬过的那条边返回。计算蚂蚁爬行 7 段后，正好到达起始顶点的对角顶点的概率。

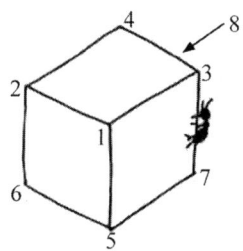

### 解答

把正方体放置在 $xyz$ 坐标系上，起始顶点位于原点 $(0, 0, 0)$，其对角点的坐标为 $(1, 1, 1)$。我们需要计算的是，经过正好 7 步之后，位置由 $(0, 0, 0)$ 变换为 $(1, 1, 1)$ 的概率。我们以表格形式列出蚂蚁的 $x$、$y$、$z$ 三坐标变化的次数 $n_x$、$n_y$、$n_z$，以及相应的最终位置。我们先把次数按奇数、偶数划分，因为这会唯一地决定最终状态。

| $n_x$ | $n_y$ | $n_z$ | 结果 |
|------|------|------|------|
| 奇数 | 奇数 | 奇数 | 位置由 $(0, 0, 0)$ 变换为 $(1, 1, 1)$ |
| 奇数 | 偶数 | 偶数 | 无法由 $(0, 0, 0)$ 变换为 $(1, 1, 1)$ |
| 偶数 | 奇数 | 奇数 | 总步数为偶数，不可能为 7 步 |
| 偶数 | 偶数 | 偶数 | 总步数为偶数，不可能为 7 步 |

考虑三个奇数总和为 7 的各种情形。只可能存在以下情形：

$7 = 3 + 3 + 1$ 及其三种排列；

$7 = 5 + 1 + 1$ 及其三种排列。

考虑蚂蚁在 3、3、1 限制条件下的爬行路线总数，它等于总排列数 7！除以沿 $x$、$y$、$z$ 轴各自变化次数的排列数，得 $7!/(3!\times 3!\times 1!)$。将三个奇数总和为 7 的各种情形均考虑进去，通过沿 $x$、$y$、$z$ 轴各变化奇数次而达到总数为 7 次所有方式总数为

$$\frac{7!}{3!\times 3!\times 1!}\times 3+\frac{7!}{5!\times 1!\times 1!}\times 3=546$$

蚂蚁在每一个顶点处均有三条路径可选择，所以 7 步下来所有可能的路线总数就等于 $3^7$。沿 $x$、$y$、$z$ 轴各爬行奇数段的概率为

$$\frac{546}{3^7}=\frac{182}{729}\approx 0.2497$$

由于沿 $x$、$y$、$z$ 轴各爬行奇数段后蚂蚁的坐标从 $(0,0,0)$ 变换为 $(1,1,1)$，且其他奇数/偶数路段组合均无法实现同一目标，所以蚂蚁随机爬行 7 段后达到 $(1,1,1)$ 的概率为 182/729。有趣的是，这个数字非常接近于 1/4。[①]

---

①　原文注：爬行奇数段的话，蚂蚁只能从 $(0,0,0)$ 爬行至 $(1,0,0)$、$(0,1,0)$、$(0,0,1)$ 或 $(1,1,1)$。也就是说，有四种可能的位置。爬行的次数增加，则到达每一位置对起始位置的依赖性就越小。对于奇数 $n$ 来说，当 $n\to\infty$ 时，蚂蚁到达位置 $(1,1,1)$ 的概率趋近于 1/4。为表明这一点，我们考虑蚂蚁爬行 5 段和 9 段的情形。首先我们计算减去爬行 7 段到达 $(1,1,1)$ 的概率之后的余数：$(1/4)-(182/729)=1/2916$。

• 爬行 5 段。三个奇数之和等于 5 只能是以下情形：

$5=3+1+1$ 及其三种排列。

所以沿 $x$、$y$、$z$ 轴均爬行奇数段且总爬行路段数为 5 的可能路线总数为：

$$\frac{5!}{3!\times 1!\times 1!}\times 3=60$$

蚂蚁爬行 5 个路段可能的路线总数为 $3^5=243$，因此蚂蚁随机选择路线最终到达 $(1,1,1)$ 的概率为 60/243。余数为 $(1/4)-(60/243)=1/324$。不出所料，该余数大于 7 路段的余数。

• 爬行 9 段。三个奇数之和等于 9 只能是以下情形：

$9=3+3+3$（只有一种排列）；

$9=5+3+1$ 及其六种排列；

$9=7+1+1$ 及其三种排列。

所以沿 $x$、$y$、$z$ 轴均爬行奇数段且总爬行路段数为 9 的可能路线总数为：

$$\frac{9!}{3!\times 3!\times 3!}\times 1+\frac{9!}{5!\times 3!\times 1!}\times 6+\frac{9}{7!\times 1!\times 1!}\times 3=4920。$$

蚂蚁爬行 5 个路段可能的路线总数为 $3^9=19\,683$，因此蚂蚁随机选择路线最终到达 $(1,1,1)$ 的概率为 4920/19\,683。余数为 $(1/4)-(4920/19\,683)=1/26244$。不出所料，该余数小于 7 路段的余数。

## 2.7 下落的雨滴 ★★

云由水蒸气饱和的空气冷却形成。由于饱和蒸汽压(空气中水蒸气最高含量的量度)随温度的升高而迅速增长,饱和蒸汽冷却时水蒸气会凝结形成很小的水滴。这些水滴的大小为 $1\sim100\ \mu m$,小得很难发生碰撞,却又轻得足以在空气流上方飘浮很长时间。这些小水滴凝结形成雨滴,直到大得足以克服气流的升力从云层中坠下,并在下落的过程中吸收更小的水滴。

一粒球形雨滴穿过小水滴密度一致的云层。下落 1 km 后,该雨滴的半径达到 5 mm。该云层水滴含量按体积算比例为多少?我们假设雨滴刚开始下落时的尺寸忽略不计,且会吸收它途径的所有小雨滴。

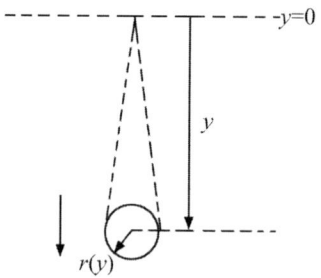

### 解答

设雨滴下落 $y$ 高度时的半径为 $r$。再设雨滴扫过的云层体积为 $V_c$,则雨滴扫过云层的速率(相对于 $y$)$dV_c/dy$ 等于雨滴的横截面积 $\pi r^2$,记作

$$dV_c/dy = \pi r^2 \text{。}$$

设雨滴的体积为 $V_d$,其变化速率(相对于 $y$)$dV_d/dy$ 等于雨滴扫过云层的速率乘以所扫过云层区域中的雨滴含量比。我们定义这一**体积因数**为

$$\lambda = \frac{Vol_{水}}{Vol_{空气+水}}$$

我们记

$$\frac{dV_d}{dy} = \frac{dV_c}{dy}\lambda = \pi r^2 \lambda$$

球形雨滴的体积 $V_d = (4/3)\pi r^3$，代入上式并利用链式法则，我们有

$$\frac{dV_d}{dy} = \frac{d\left(\left(\frac{4}{3}\right)\pi r^3\right)}{dy} = 4\pi r^2 \frac{dr}{dy} = \pi r^2 \lambda \text{ 或 } \frac{dr}{dy} = \frac{\lambda}{4}$$

由于雨滴在 $y=0$ 时无限小，我们对上式对 $y$ 从 0 到 $Y$，$r$ 从 0 到 $R$ 做积分，有：

$$\int_0^R dr = \frac{\lambda}{4} \int_0^Y dy$$

可得：

$$R = \frac{\lambda}{4}Y$$

可见 $R$ 正比于 $Y$，雨滴半径的增加量与其下落的距离呈线性关系。

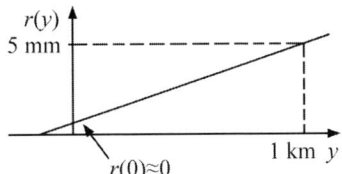

这并不奇怪。雨滴体积的增加速度与其截面积成正比，而其截面积又正比于 $r^2$，而体积的微小改变可表示为 $\delta V = (4\pi/3)[(r+\delta r)^3 - r^3] \approx 4\pi r^2 \delta r$，形式与前述方程相同。

如果下落 1 km($Y=1\,000$ m)后雨滴的半径 $R=5$ mm，则我们有

$$\lambda = \frac{4R}{Y} = 2 \times 10^{-5}$$

即云层中凝结水滴的体积因数为 $\lambda = 2 \times 10^{-5}$。

而气温 22 ℃时饱和水蒸气的比容积为 $v_g = 50 \text{ m}^3 \cdot \text{kg}^{-1}$。这相当于密度 $\rho_g = 1/v_g = 0.020 \text{ kg} \cdot \text{m}^{-3}$。如果这一密度的水蒸气凝结形成水滴，则凝结水的体积分数为 $2 \times 10^{-5}$（设水的密度近似为 $1 \times 10^3 \text{ kg} \cdot \text{m}^{-3}$）。这相当于热带暴雨的水平。

## 2.8 三扇门问题★★

一次去牛津大学进行物理学访问时有人问了我这个问题。时至今日我仍清晰地记得它，但这并不是一个快乐的回忆。实际上还很痛苦。虽然时隔多年，但如果没记错的话，我不但给出了错误的答案，别人给我讲解这道题时我还没有立即理解。我点头表示同意，含含糊糊地说这个问题很有趣，心里却绝望地盼着不会有人穷追不舍。确实没有人再问下去。但同时我也怀疑自己只是侥幸逃脱。是一位研究劲头高涨的年轻研究生问的这个问题——幸运的是我再也没有见过他。回家的火车上我灵光闪现，感觉自己确实很蠢。实际情况是，之前我从没有解过概率论智力题，甚至连简单的都没解过，而那道题无疑就是一道简单的概率论问题。这次经历给我上了一课，让我认识到压力很大时，即便很简单的概念，首次接触的话也会很有迷惑性。我在教学时把这一教训牢记于心。有些概念确实需要点时间去理解。

我把这一问题带回学校与我们的 A 级数学班分享。不但没有学生能解出这道题，连相信其解释的人都很少。甚至我们的老师面对这道题也迷惑了，这点我印象很深刻。似乎当时我们合作很愉快。这一问题是 1975 年史蒂夫·赛尔文（Steve Selvin，生于 1941 年，加州大学伯克利分校的生态统计学教授）在一篇投给《美国统计学人》（*The American Statistician*）的论文中给出的。[①] 大家对其逻辑提出了批评，这仅仅反映了读者们的困惑。在一个游戏节目演绎了与该问题类似的

---

① 原文注：Selvin, S., 1975, "A problem in probability (letter to the editor)", The American Statistician, 29 (1): 67.

情景之后，他写了另一封信①，以澄清该问题的逻辑并给该问题取名"蒙提·霍尔问题"（Monty Hall problem）。玛丽莲·沃斯·莎凡特②将该问题收入 1990 年 9 月期的《大观杂志》（Parade）专栏，将其介绍给了普通大众。她收到了很多读者愤怒且口无遮拦的批评意见：数天时间里，《大观杂志》办公室收到了超过 10 000 封信件！蜂拥而至的信件不但认为她的答案是错误的，还指责她在鼓励数学无知。批评者中有来自国家卫生研究院的统计学家，也有至少来自 7 所美国大学的教授，其中还包括一位诺贝尔奖获得者。这场争论至今还在持续。无数的报纸、杂志文章讨论这一问题及其解法，至少有两本书专门讲这一问题的历史。③ 如果说有那么一个你应该了解的概率论智力题，那一定是这个。

奇怪的是，在不熟悉该问题的人看来，很难想象会看不出该题的解。一旦你解出了该问题的解，就能形成自己的观点。

假设你受邀参加一个游戏表演。共有三扇关闭的门，门后面分别是两只山羊和一袋黄金，但哪扇门后面是黄金只有游戏主持人知道，你并不知道。主持人要求你打开一扇门。游戏结束时你可以把自己打开的门后的东西据为己有。但游戏并没有结束。你选定一扇门之后，游戏主持人宣布他将打开另外两扇门中的一扇，看看门后是什么。结果发现是山羊。此时你还没有打开自己选择的那扇门，游戏也没有结束，此时主持人问你是要换成另外一扇没打开的门，还是继续坚持原来选择的那扇门。你应该怎么做？原因是什么？

---

① 原文注：Selvin, S., 1975, "On the Monty Hall problem (letter to the editor)", The A-merican Statistician, 29 (3)：134.

② 原文注：Marilyn vos Savant（生于 1946 年），著名的美国专栏作家，因《大观杂志》常刊登数学智力题的《向玛丽莲提问》专栏而出名。1986 年到 1989 年间，莎凡特一直被收入最高 IQ 的全球吉尼斯纪录。

③ 原文注：Rosenhouse J., 2009, "The Monty Hall problem：The remarkable story of math's most contentious brain teaser", Oxford University Press, ISBN—10：0195367898.

## 解答

正确答案是，换门的话，你赢得金子的概率会加倍。如果不换，你赢得金子的概率为 1/3；而换了之后赢得金子的概率就变成了 2/3。

先来考虑不换。当你第一次选择一扇门时，你并不知道金子位于哪扇门之后。显然你选择到正确的门的概率为 1/3。如果不换门，不管主持人打开的门后是什么，你赢得金子的概率都不会发生改变。

现在我们来考虑换门。主持人打开另外一扇门并发现门后是一只山羊这件事为这一问题注入了新的信息。现在我们知道，金子要么位于你原来挑选的那扇门后面——这一概率记作 $P(A)$，要么位于另外一扇尚未打开的门后面——这一概率记作 $P(B)$。如果金子必然位于这两扇门之中的某一扇之后，则我们有 $P(A)+P(B)=1$。不过，我们已知 $P(A)=1/3$，于是就有 $P(B)=2/3$。换门后你赢取金子的概率为 2/3，增加了一倍。

如果你仍觉得上述演绎并不正确，不妨考虑下述例子。我们一起去伦敦。我从你那里拿了一样东西——比如说你的手表——然后绕开你将它藏在伦敦市的某扇门后。假设伦敦共有 100 万扇门。几个小时后我回来了。这段时间我可能走了一段很长的路，也有可能就在临街待着。你不知道我去哪个区藏了你的手表，更不用说哪个小区哪条巷子了。之后我要你去伦敦挑选一扇门。回来后就有了你选的那扇门的地址。之后我再写下另一个地址，此时你就有了伦敦的两个地址，你的那一个和我的那一个。我告诉你你的手表就在这两扇门其中一扇之后。你应该先去哪一个地址寻找一目了然。

如果你发现这道题有挑战性，那我告诉你你并不孤单。认知心理学家马西莫·皮亚泰利－帕尔马里尼曾这样描述过这道题："……没有其他统计学智力题像该题一样一直以来几乎都愚弄了所有的人……甚至诺贝尔物理学家也有不少给出了错误的答案，而且还坚持自己的答案，且时刻准备着书面斥责那些支持正确答案的人。"

## 2.9 布赖奇利博士的 PIN 码★★★

布赖奇利博士忘记了他的银行卡四位数字 PIN 码[①]。这些数字可以是 0，1，…，9 中的任何一个。他只记得四个数字中至少有一个是 0。那么他最多需要尝试多少组 PIN 码?

### 解答

解答该题的简单方法是计算不含数字 0 的 PIN 码数目，用总数字减去这一结果就行了。如果不含 0，则四位数字中每一位都有 9 种可能(1，2，…，9)。所以不含数字 0 的 PIN 总数为 $9 \times 9 \times 9 \times 9 = 9^4$。基于相同的逻辑，PIN 码总数为 $10^4$。布赖奇利博士需要尝试的 PIN 码总数为

---

① 原文注：Personal Identification Number，个人身份识别码。

$$N = 10^4 - 9^4 = 3\ 439$$

这无疑是此类问题更好的解法，且展示了解组合学智力题时逆向思维的威力。

我们也可以采用另外一种稍微不那么直接的方法，即考虑已知数字(0)出现在 PIN 码首位、第二位、第三位和第四位时的各种可能性。我们分四步来考虑：

•第一步：首先考虑形式为 0××× 的 PIN 码，其中×为 0 到 9 之间的任意数字。具有这种形式的 PIN 码共有 $1 \times 10 \times 10 \times 10 = 1\ 000$ 组。

•第二步：考虑具有×′0×× 形式的 PIN 码，其中×′为 1 到 9 之间的任意数字，×为 0 到 9 之间的任意数字。具有这种形式的 PIN 码共有 $9 \times 1 \times 10 \times 10 = 900$ 组。

•第三步：考虑具有×′×′0× 形式的 PIN 码，其中×′为 1 到 9 之间的任意数字，×为 0 到 9 之间的任意数字。具有这种形式的 PIN 码共有 $9 \times 9 \times 1 \times 10 = 810$ 组。

•第四步：考虑具有×′×′×′0 形式的 PIN 码，其中×′为 1 到 9 之间的任意数字。具有这种形式的 PIN 码共有 $9 \times 9 \times 9 \times 1 = 729$ 组。

PIN 码总数为上述四步每步的组数之和：

$$1\ 000 + 900 + 810 + 729 = 3\ 439$$

可见，这样得到的结果与前述较简单方法得到的结果相同。

## 2.10 史密斯先生的硬币 ★★★

20 世纪 80 年代，一位朋友在大学物理入学考试时被问到了这一问题。多年以来，这道很知名的问题曾以多种形式出现过。这个问题通常分为三个部分，其中第三部分还存在更难解的变体，用到了信息和分布选择的概念。该问题较容易的前两部分如下：

1. 史密斯先生抛了两次硬币。第二次的结果是正面。那么两次都是正面的概率是多少?

2. 史密斯先生抛了两次硬币。至少有一次的结果是正面。那么两次都是正面的概率是多少?

## 解答

这是概率论方面的一个著名的智力题,被称为"双子问题"或"男孩/女孩难题"。这一问题的第一个通行版本归功于马丁·加德纳①,后者在 1959 年《科学美国人》自己的专栏里收录了这一通行版本。这一问题出名的原因在于我们出于本能会给出错误答案。我们错误地假定了在两种情况下两次抛硬币结果均为正面的概率是相同的。我们依次来考虑这两种情况。

• 第一种情况:史密斯先生抛了两次硬币。第二次的结果是正面。那么两次都是正面的概率是多少?

首先考虑所有可能的组合。共有四种原则上概率相同的组合:

|      |      |
|------|------|
| 正面 | 正面 |
| 正面 | 反面 |
| 反面 | 正面 |
| 反面 | 反面 |

---

① 原文注:Martin Gardner,无疑是趣味数学(为了乐趣的数学,且仅仅是为了乐趣)界最响亮的名字。在普及数学方面,他可能比其他任何人做得都多。他出版了 100 多本图书,其中很多都是关于数学的。他出名的原因很可能主要在于他所负责的《科学美国人》数学游戏专栏,1956—1981 年间他一直为此专栏撰稿。如果你对趣味数学感兴趣,他的书一定不要错过。

根据题中信息，史密斯先生两次抛硬币可能的组合只能是"正面，正面"和"反面，正面"，两个组合出现的概率相同。所以两次抛硬币结果均为"正面"的概率为 $P_1 = 1/2$。

• 第二种情况：史密斯先生抛了两次硬币。至少有一次的结果是正面。那么两次都是正面的概率是多少？

根据题中信息，史密斯先生两次抛硬币可能的组合为"正面，正面""正面，反面"和"反面、正面"，三个组合出现的概率相同。所以两次抛硬币结果均为"正面"的概率为 $P_2 = 1/3$。

可以看出，$P_1 \neq P_2$。因为两个问题所给出的条件大不相同。第一种情况所给出的信息是明确关于某一事件的，而第二种情况给出的信息却与两个事件相关。

## 2.11 三信封问题 ★

我给你一个信封。你打开它，发现里面有一定量的钱。我再把相当于其一半的钱放入第二个信封，相当于其两倍的钱放入第三个信封。信封密封后无法区分。为了使你的**预期收益**[①]最大化，你是否应该更换信封呢？

---

① 原文注：Expected return，指一过程重复无穷次时某随即变量的平均值。它是该变量之分布的中心所在。预期收益的公式为 $E(R) = \sum_{i=1}^{n} = R_i P_i$，其中 $R_i$ 为（$n$ 次中的）第 $i$ 次收益，$P_i$ 为第 $i$ 次收益出现的概率。

## 解答

你应该更换。假设你的钱包里有 $X$ 元钱。于是你知道第二封和第三封分别装有 $X/2$ 和 $2X$ 元钱。考虑下述两种情形：

• 情形一：不换。唯一可能的收益只能是 $R_1 = X$ 元钱，概率为 $P_1 = 1$。你的期望收益为 $E(R) = \sum_{i=1}^{n} R_i P_i = X \cdot 1 = X$。

• 情形二：换。收益存在两种可能，分别为 $R_1 = X/2$ 元钱，概率为 $P_1 = 1/2$；$R_2 = 2X$ 元钱，概率为 $P_2 = 1/2$。你的期望收益为

$$E'(R) = \sum_{i=1}^{2} R_i P_i = \frac{X}{2} \cdot \frac{1}{2} + 2X \cdot \frac{1}{2} = \frac{5}{4} X$$

我们看到 $E'(R) > E(R)$，所以更换信封的话预期收益更多。这可能与我们的直觉相冲突，但与两信封问题相比，这一冲突还没那么严重。

## 两信封问题简介

还有一个更难的问题叫两信封问题。该问题最初的版本如下：

你有两个一样的信封，而且你知道其中一个信封装的钱是另一个的两倍。你选了一个，拆开。之后我问你，你是坚持这个信封，还是换成另一个呢？为了最大化你的预期收益，你应该怎么做？

常识告诉我们换不换都一样。但有论证表明换信封会达到预期收益的最大化，且这一论证表面上看是符合逻辑的。该问题的难点在于找出这一论证的缺陷。论证如下：

1. 设你的信封里装有 $X$ 元钱；

2. 你的信封里装的钱更少或更多的概率相等；

3. 因此另一信封装有 $X/2$ 或 $2X$ 元钱，且概率各为 $1/2$；

4. 于是更换信封的预期收益为 $(1/2)(X/2) + (1/2)(2X) = (5/$

4)$X$；

5. 这大于当前的收益 $X$，所以更换信封更划算。

通常认为这一问题是比利时数学家莫里斯·克雷契克（Maurice Kraitchik，1882—1957)提出的，它首次出现于克雷契克 1930 年的《数学游戏与趣味数学》(*La Mathématiques des Jeuxou Recréations Mathématiques*)一书中，名为"领带难题"。克雷契克 1953 年的《数学游戏》(*Mathematical Recreations*)一书也收录了这道题。[①] 克雷契克的版本很有比利时范儿，更为优雅："B 和 S 均声称自己的领带更好……"而马丁·加德纳（Martin Gardner)的美国版本则是两个有钱人在比钱包里的钱! [②]

每年都至少会出现一篇专门讨论两信封问题的学术论文。所以说，由于该问题太过基本，尽管这里不适合对它做全面的讨论，但做个简短的讨论也有其意义。似乎该问题不存在简单的完备解，但对其逻辑上的缺陷做个不完全解释也会带给读者一定的启发。

我要说的不完全解释是，前面我们用 $X$ 代表了两个不同的事物，即同时代表了较小的金额和较大的金额（见第 2 和第 3 步）。之后我们用代表着两个不同事物的 $X$ 计算了期望收益。第一项里的 $X$ 表示较大金额，而第二项里的 $X$ 则表示较小金额。所以这样计算出来的期望收益（第 4 步）没有意义，而且还导致了乍看上去好像存在的矛盾。

一个推荐的解决方案是用 $X$ 代表单独一个量。在打开任何信封之前，我们可以记两个信封中的金额分别为 $X$ 和 $2X$。也就是说，**$X$ 定义**的只是**较小**的金额。如果我们随机选择一个信封，则选中 $X$ 和 $2X$ 的概率各为 $50\%$。于是预期收益为

$$\frac{1}{2} \cdot 2X + \frac{1}{2} X = \frac{3}{2} X$$

---

① 原文注：Kraitchik，M.，2006，"Mathematical recreations"，Dover Recreational Math，Dover PublicationsInc.，2nd edition，ISBN-10：0486453588，ISBN-13：978-0486453583.

② 原文注：Gardner，M.，1982，"Aha! Gotcha：paradoxes to puzzle and delight"，W. H. Freeman &CoLtd.，ISBN-10：0716714140，ISBN-13：978-0716714149.

按照这一逻辑，平均预期收益为（假设选择的次数足够多）$3X/2$，正好是 $X$ 和 $2X$ 的平均值。换信封的话，我可能得到的与可能失去的一样多，并没有什么好处。

这一不完整解释的问题是，它对可能的 $X$ 值分布的处理并不令人满意。$X$ 是从无穷组可能的值中挑选出来的吗？$X$ 是无限可分的吗？如此等等。围绕这一主题的论文讨论了这些及更多的问题。

## 2.12 卡片游戏　★★

普莱米斯教授邀请路希德共进晚餐。普莱米斯教授一直在尝试解开一道概率论问题，准备向路希德教授讨教。就在他们准备吃鸡肉时，普莱米斯教授开口了："亲爱的路希德，我真的很困惑。请允许我用这些卡片来说明……"普莱米斯从口袋里抽出一盒卡片，放在桌子上。两人都看着卡片。"共有 52 张，路希德。如果我把牌洗开，并随手抽出一张，共有 52 种可能的组合。如果我随手抽出两张，可能的组合几乎翻倍。抽出的牌越多，则可能的组合也越多。"

"不一定，"路希德说，"但请继续。"

"那么，这正是我的问题，"普莱米斯说，"当我抽出 52 张牌时，只有一种可能的组合。我想知道的是，抽出多少张牌时的组合最多。我真的很困惑。"

"亲爱的普莱米斯，"路希德回答说，"我很高兴你是一位埃及古物学教授而不是数学教授。这道题确实很基本。我来帮你分析……"

之后路希德给出了抽取多少张牌会令可能组合数达到最大的简单证明。

对于 $n$ 张不同的牌，$k$ 取何值时，抽出 $k$ 张牌的可能组合数达到最大？

## 解答

对于 $n$ 张不同的牌，如果我们抽取 $k$ 张牌，则共有 $C_n^k$ 种可能的组合：

$$C_n^k = \frac{n!}{k!(n-k)!}$$

我们要求其最大值。注意到对于一定数量的牌来说，$n!$ 是恒定的，于是该问题就成了求 $k!(n-k)!$ 的最小值。将其展开有：

$k!(n-k)! = [1 \times 2 \times \cdots \times (k-1) \times k][1 \times 2 \times \cdots \times (n-k-1) \times (n-k)]$

如果我们再多抽一张牌，则要考虑的数字为：

$$(k+1)!(n-k-1)!$$

或者说

$$[1 \times 2 \times \cdots \times k \times (k+1)][1 \times 2 \times \cdots \times (n-k-2) \times (n-k-1)]$$

两式之比为

$$\frac{k!(n-k)!}{(k+1)!(n-k-1)!} = \frac{n-k}{k+1}$$

于是就有

$$C_n^{k+1}/C_n^k = \frac{k!(n-k)!}{(k+1)!(n-k-1)!} = \frac{n-k}{k+1}$$

我们来研究这一比率。注意到如果 $C_n^{k+1} > C_n^k$，则组合总数则会随 $k$ 的增加而增加，相反，如果 $C_n^{k+1} < C_n^k$，则组合总数则会随 $k$ 的增加而减小。

我们发现，如果 $n-k=k+1$，或者说 $k=(n-1)/2$，则有 $C_n^{k+1} = C_n^k$。对于 $n \in \mathbf{Z}^+$ 且 $k \in \mathbf{Z}^+$ 来说，只有奇数 $n$ 才会出现这种情况。也就是说，对于奇数 $n$，解为 $k=(n-1)/2$。而对于 $n-k>k+1$，或者说 $k < (n-1)/2$，我们有 $C_n^{k+1} > C_n^k$。因此，对于偶数 $n$ 来说，解为 $k = n/2$。

考虑 52 张牌的情况。这里 $n = 52$。套用偶数 $n$ 的解我们有 $k = n/2 = 26$。取 26 张牌的可能组合有 $C_{52}^{26} = 52!/(26! \times 26!) = 495\,918\,532\,948\,104$ 种，或者说大约有 $5 \times 10^{14}$ 种。

向普莱米斯教授解释完这些后，路希德坐回自己的椅子，沉默了一会儿，最后说："这么多颗谷粒的体积与吉萨金字塔相当。"[①]

———————————————

① 原文注：取 1 颗谷粒所占体积为 8 mm³。

# 第3章
# 静力学

本章我们讨论静力学方面的问题。根据定义，静力学研究的对象是静止的，无加速度的系统。在这些系统中，作用于单个质量上的合力必须等于 0，且作用于一物体上的扭矩（或动量）之和也必须等于 0。这是 0 加速度（包括线性加速度和角加速度）所要求的。我们通常在某一特殊时刻考查系统，并分解①作用在系统上的力以满足 0 加速的条件。这里我们需要对一些概念做更正式的定义：

• 扭矩或力矩。某作用力相对于某一特定点（或支点）产生的扭矩（或力矩）等于该作用力与该点到该作用力方向线的垂直距离的乘积。我们称这一垂直距离为该作用力的力臂。扭矩的单位为 $N \cdot m$。

• 0 线性加速度的平衡要求。对于有限质量的物体来说，沿特定方向的线性加速度为 0，就要求该物体所受到的力沿该方向的分量之和为 0。对于最简单的 $x-y$ 二维笛卡儿坐标系来说，我们记作 $\sum F_x = \sum F_y = 0$。这一条件必须在所有方向上都成立。

• 0 角加速度的平衡要求。对于相对于某一支点 $A$ 具有有限转动

---

① 原文注：分解，指沿某一特定方向对所有力的分量求和。

惯量①的物体来说，相对于该支点的角加速度为 0，就要求该物体相对于该支点的扭矩 $T_{Ai}$ 之和为 0，记作 $\sum_i T_{Ai} = 0$。对于最简单的 $x$ - $y$ 二维笛卡儿坐标系来说，我们记作 $\sum T_x = \sum T_y = 0$。同样，既然任何实体均具有有限的转动惯量，相对于系统中任意一点的扭矩之和必须等于 0，不管该点是否位于物体之上。

•质心（重心）。一物体的质心（或重心）的定义是，通过该点的任何平面均能将该物体分为等质量的两部分。可以将其理解为该物体所受重力的作用点。它并不一定位于该物体之上（比如多纳圈）。

现在我们可以考虑一些静力学问题了。这些问题大多数是我自己的发明，但也有两道是知名问题的变体。

## 3.1 污水处理工的难题 ★

一位污水处理工站在一个圆形地下管道内（直径≫人体高度），且管道壁十分光滑，摩擦力可忽略不计。他有一部梯子，长度与管道横截面的直径相等。他想检查管道顶，便竖起梯子向上攀爬，直到爬到梯子的另一端。会发生什么？

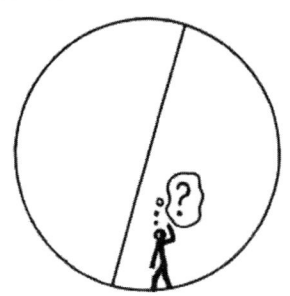

---

① 原文注：质量是物体抗拒线性加速度的量度，同理，转动惯量为物体抗拒角加速度的量度。物体的转动惯量是相对于某一点来定义的。对于由到我们感兴趣的点 $A$ 距离分别为 $r_i$ 的质点 $m_i$ 构成的物体来说，其转动惯量为 $I_A = \sum_i m_i r_i^2$。

## 解答

不管如何解这道题，我们都应该认识到污水处理工必然位于管道的最低点。在其他地方的话他也会滑到管道底部，因为管道是绝对光滑的。有趣的是，尽管不存在摩擦力，梯子成任何角度都一样合适。我们可以分析梯子的受力来证明这一点。或者只要注意到无论成何种角度梯子均有相同的势能即可。必然会这样，因为梯子的质心总是位于管道横截面的中心：梯子的长度等于管道横截面的直径。从能量的角度进行分析的功能很强大，本题中我们就要用到。

不过，接下来会发生什么呢？

这位污水处理工扶着梯子把它竖起来，之后梯子会向后倾斜一点点。由于系统可自由运动，它将运动到势能最小的位置。这里我们利用的是**最小总势能原理**。① 这里我们所说的系统是指梯子和污水处理工二者构成的系统。无论梯子成什么角度，其势能总是相同的。处理工的势能随与竖直方向所成的夹角变化而变化，且其质心位于梯子中心之下时才最小，而梯子的中心则可视为一个虚拟的支点。② 处理工的质心稍稍偏离梯子平面，且其质心必然位于系统的旋转中心之下才能保证梯子处于平衡状态。

---

① 原文注：这一著名的原理说的是自由运动系统会持续运动，直到达到最小势能位置。损失的势能会消散掉，比如以热量的形式。放置在山顶的球会滚落山底。水会流动直到水面与重力方向垂直。最稳定的构型是势能最小的构型。这是系统的平衡位置。

② 原文注：如果说这还不够明显，可以考虑处理工距离梯子中点给定距离，比如说 $r$，他可能的位置（其质心相对于竖直方向所成的角度 $\theta$）位于以梯子中心为圆心、半径为 $r$ 的圆上。该圆的最低点，或者说对应于最低势能的点，位于梯子中点正下方。

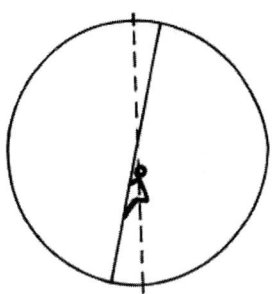

随着处理工向上攀爬并距离同为系统旋转中心的梯子中点越来越近，梯子将向后倾斜得更多。处理工即将爬到梯子中点时，梯子必然处于几乎水平状态，直到他的重量处在管道中心线正下方且梯子处于水平状态。

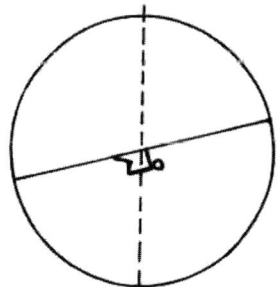

处理工从梯子中点继续往前爬，梯子转过水平位置。处理工爬到管道底部时呈头朝下状态。

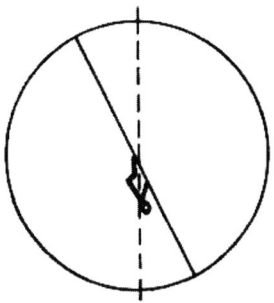

最终处理工回到了起始位置，只是变成了头朝下姿势。看来对管道顶的检查工作要推迟了。

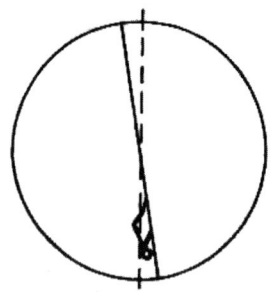

## 3.2 污水处理工躲避水流★★

一位污水处理工站在一个巨大的圆形地下管道内，管道壁十分光滑，管道横截面内径为 $d$。为了躲避水流，他站在长度为 $d/2$、质量为 $m$ 的梯子的一端并保持平衡。如果处理工的质量也为 $m$，那么梯子的倾斜角度应为多少？假设梯子的长度远大于处理工的身高，可将处理工视为一个**质点**。

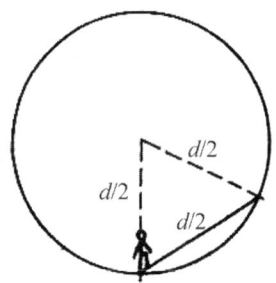

### 解答

首先我们要考虑这道题所涉及的几何结构。三角形 $ABC$ 是边长为 $d/2$ 的等边三角形。不过，这里我们应该清楚，答案是由系统的角度决定的，与 $d/2$ 无关。梯子的角度记作 $\theta$。作用在梯子—处理工系统上的力共有四个：

- 梯子所受的重力 $mg$，作用在梯子的中点，方向竖直向下；
- 处理工所受的重力 $mg$，作用在 $B$ 点，方向竖直向下；

• 反作用力 $F_1$，垂直于 $B$ 点的光滑管道壁；

• 反作用力 $F_2$，垂直于 $C$ 点的光滑管道壁。

现在我们有了四个作用力，并将其在图中一一标出，请注意它们作用的方向。我们注意到 $F_1$ 和 $F_2$ 的作用方向均朝向管道截面的中心，分别为 $BA$ 和 $CA$。由于梯子—处理工系统处于平衡状态，故所有方向的力必须平衡。如果在某一方向上存在净作用力，根据牛顿第二定律，系统在该方向上将存在一个非零加速度。同样，作用在梯子—处理工系统上的净扭矩（力矩）也必然为 0，这样系统才会处于转动平衡状态。[①] 我们要考察的对象为作用在梯子—处理工系统上的矢量力，以及力的作用点。只要保持相对尺寸、角度、距离不变，我们可以从任意旋转角度考虑该示意图。下面右图是简化的梯子—处理工系统示意图。请注意，与原图一样，重力矢量与梯子的垂线成夹角 $\theta$。

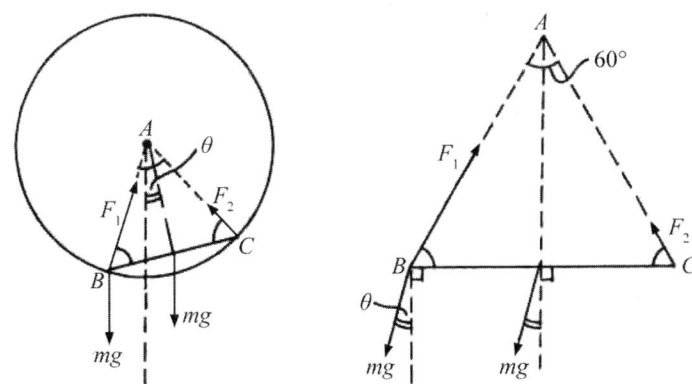

接下来的标准程序，同时也是静力学学生要牢记的咒语为：**分解，分解，求力矩**。我们现在就这么做：

• 水平方向进行分解：$2mg\sin\theta = F_1\cos 60° - F_2\cos 60°$；

• 竖直方向进行分解：$F_1\sin 60° + F_2\sin 60° = 2mg\cos\theta$；

---

　　① 原文注：牛顿第二定律告诉我们，沿某一方向作用在所考察对象上的力 $F$（这里为矢量）等于该方向上的动量改变率：$F = \mathrm{d}p/\mathrm{d}t$。对于恒定质量 $m$ 我们有，$F = m(\mathrm{d}v/\mathrm{d}t) = ma$。处于静止平衡状态的话，必须有零加速度：$\mathrm{d}v/\mathrm{d}t = a = 0$。这就要求所有方向上的作用力之和为 0。处于静止平衡状态还要求角加速度为 0：$\alpha = \mathrm{d}\omega/\mathrm{d}t = 0$，其中 $\omega$ 为角速度矢量，这就要求作用在所考察对象上的净扭矩为 0，即 $\tau = I\alpha = 0$。

• 相对于 $B$ 点的力矩：$2F_2 \sin 60° = mg \cos \theta$。

现在我们只需解上述方程组，求出梯子与水平面之间的夹角 $\theta$。我们要检查方程的数量够不够：独立方程数量需与未知量数量一样多。未知量为 $F_1$、$F_2$、$\theta$，共 3 个。而我们有三个独立方程，所以有可能存在一组解。我把求解过程作为一道练习题留给你们，从这里看也相当简单。如果你没做错的话，会得到结果 $\theta \approx 16.10°$。

该答案感觉是对的：梯子与水平面成小夹角。当然，如果愿意，我们也可以求出 $F_1$、$F_2$：

$$F_1 = \sqrt{3}\, mg \cos \theta \approx 1.66 mg \text{；}$$

$$F_2 = \frac{\sqrt{3}}{3}\, mg \cos \theta \approx 0.555 mg \text{。}$$

这一答案感觉也是对的。$F_1$ 大约是 $F_2$ 的 3 倍，在处理工所站的一端施加更大的反作用力，与我们所猜想的相同。

## 进一步讨论

这一题解得漂亮。我们考虑了一种全新的情形，并将其抽象化为方程组，之后又轻松地解方程求出精确结果。**分解，分解，求力矩**方法很成功。不过，还有很多种方法来解这类问题，这里我们就来讨论其中一种不需要直接处理力和力矩的方法。这是静力学问题中很常用的一种方法，而且还是通常研究系统时很常用的一种技术。这种方法考虑的是系统的能量——确切地说，是梯子和处理工构成的系统最低势能点。很多可自由运动至较低势能点的系统确实会运动至该点。本题讨论的就是这样一个系统。

本系统的最低势能状态是其质心最低的状态。该系统的质心位于 $B$ 点和 $E$ 点的中间，或者说梯子上距离 $B$ 点 1/4 梯子长度的位置。最低势能状态是 $D$ 点位于 $A$ 点正下方。如果说这一点不容易看出，可考虑图中的 $\theta$ 从 0°变到 360°，$D$ 点将围绕 $A$ 点画一个圆，现在就可以看

出最低点位于 $A$ 点正下方了。

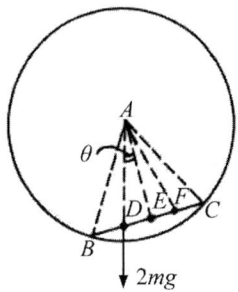

$$2mg$$

现在求 $AE$ 与竖直方向的夹角 $\theta$ 就很简单了。该角度等于 $BC$ 与水平方向的夹角。

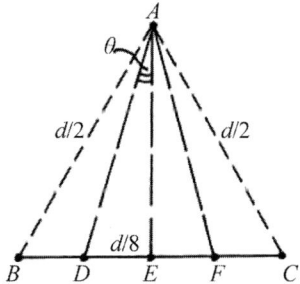

考虑相互之间的几何关系，我们有：

$$\theta = \arctan \frac{\dfrac{d}{8}}{|AE|} = \arctan \frac{1}{2\sqrt{3}} \approx 16.10°$$

这一结果与前面的相同。利用势能最小化原理，我们大大简化了这道题。

## 假设

我们一开始就声明管道壁是光滑的，并暗示了处理工可以在梯子没有达到最终位置时站上梯子。如果较真起来，我们可以说如果管道壁没有摩擦力，梯子将无限振荡，不会静止。同样，站上梯子也很成问题。如果问题"梯子将静止于何处？"的预期答案是这样的，我想我们会觉得自己多少受到了误导。于是我们假定管道内壁足够光滑，所以反作用力总是与管道壁垂直，但还不够光滑，梯子最终会静止下来。

解物理题时一项很重要的技巧就是找到感兴趣的基本对象，找到问题的关键，而把其他不重要的东西摈弃掉。需要摈弃的东西几乎无限多：梯子的材质——我们知道它是光滑的；空气阻力——我们考虑的是一个平衡/静态解；处理工的名字；日期，等等。如果觉得有必要考虑这些东西，那我们可能会觉得谜语比物理题更有趣。

### 3.3 污水处理工的问题★★★

一位污水处理工需要在光滑的地下管道内使用一部梯子，梯子的长度与管道截面直径相等。请画出梯子水平放置时、竖直放置时的受力图并做分析讨论。

### 解答

我们分两部分来探讨该问题的答案。先讨论竖直放置，后讨论水平放置。

1. 竖直放置。

这种情况看起来很简单，实际上也这样。作用在梯子上的外力只有两个：

• 梯子的重力 $mg$，作用于梯子的质心，方向竖直向下。

• 反作用力 $F$，作用于梯子与管道壁的接触点，方向与该点处的管道壁垂直。

如果梯子处于静止状态，则这两个力必然处于平衡状态。也就是说，$F=mg$。

2. 水平放置。

我们的第一反应可能是这与竖直放置一样简单。作用在梯子上的

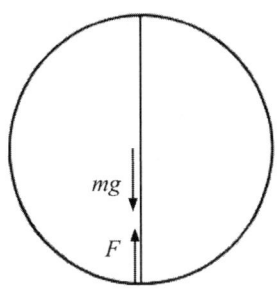

外力有 3 个，梯子的重力和分别作用在梯子两端的两个力。梯子相对于 $y$ 轴是对称的，于是我们猜想分别作用在梯子两端的两个力大小相等、方向相反。我们知道地下管道壁是光滑的，所以作用在梯子两端的力必然垂直于管壁。力的分析图如下：

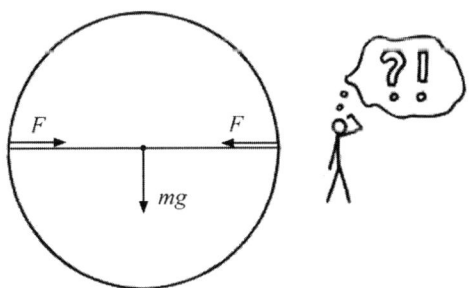

　　问题立马出现了。水平方向的力可以平衡，但竖直方向的力呢？现在看来会有一个竖直向下的净作用力 $mg$。我们需要地下管道壁施加向上的作用力来平衡梯子的重力。按前述边界条件，以及梯子在竖直方向上的厚度可忽略不计的假设，无法达到力的平衡。

　　我们有多种方式来修改边界条件，或放宽假设，让力的作用变得更为真实。

　　• 可以放宽地下管道壁光滑的条件，让摩擦系数略大于 0；

　　• 可以放宽梯子长度与管道直径严格相等的条件，让梯子长度小一点点。这样梯子就可以掉下去一点点，使得接触点的反作用力存在向上的分量。现实中梯子长度会因弯曲和压缩而变短。我们来考虑梯子长度变短一点点这种情况。一点点的压缩或很轻微的弯曲都会导致梯子长度变短，也可能是二者共同的作用。不管何种机制，梯子与管道的接触点移至管道中心线之下。如果我们仍假设管道绝对光滑，则对称的反作用力 $F$ 仍与管道壁垂直，即指向管道中心线。这样就可以获得竖直方向上的零合力。难题解决了。有意思的是，对于很小的压缩量，需要 $F \gg mg$，这就是刚度很高的梯子发生可测量压缩的机制。

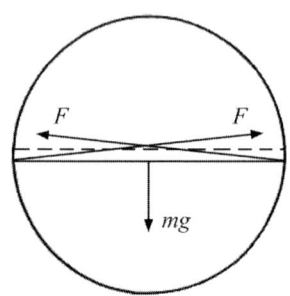

## 3.4 阿兹特克石的搬运工★★

阿兹特克人和埃及人是如何将巨石移动很远的距离来修建神庙和金字塔的尚存在不确定性，哪怕我们假设存在源源不断的奴隶。新石器时代的祖先如何完成了像巨石阵这样在现在看来都是大工程的壮举，还具有更大的不确定性。巨石阵外圈的砂岩石块每个重达 50 吨。抬起这样一块石头需要大约 1 000 人齐心协力——不幸的是每块石头周围只能站 20 个人。已知距离最近的砂岩源在 40 千米之外。而巨石阵是大约公元前 2000 年建成的。

几乎没有直接证据来证明这一壮举是如何完成的，但大多数研究人员认为这些石头是通过滑车和绳索搬运的。滑车是用树干做成的，绳索是用皮革做成的。滑车置于同样由树干做成的滚轮上。据估计采用这一相对复杂的系统，需要 500 个人推拉，另外还需要 100 个人来放置滚轮。

如果要把 2 m 长的石块搬运 1 km，需要沿路放置多少次滚轮？

## 解答

　　答案很明显，分析如下。石块 2 m 长，放在一个滚轮上的话，只有滚轮位于石块正中间位置才能保持平衡。此时可以撤下后滚轮，添加前滚轮。因此，滚轮的间距为 1 m，需要在 1 km 的路途上放置大约 1 000 次滚轮。或许你已经猜到了，这个答案是错的。真有这么简单就没意思了。

　　不过，正确的答案也复杂不了多少。关键在于沿地面滚动的滚轮与地面的接触点是瞬时静止的。如果不是，就会发生滑动。考虑下图的 $A$、$B$ 和 $C$ 点。$A$ 是与地面的接触点，滚轮看起来——瞬时地——相对于该点转动。我们有 $v_A = 0$。地面不会运动，所以也有 $v_E = 0$。$B$（圆心）和 $C$（顶点）位于 $A$ 点正上方。所以，考虑到滚轮瞬时相对于 $A$ 点转动，$B$ 和 $C$ 点**只有水平方向的速度分量**。这一点很重要，值得思考。如果滚轮相对于 $A$ 点处于刚体转动状态，则 $C$ 点的速度必然为 $B$ 点的 2 倍，即 $v_C = 2v_B$。这点很容易看出，因为 $B$ 和 $C$ 到 $A$ 的距离分别为半径的 1 倍和 2 倍。$A$ 点到 $C$ 点沿线上的速度分布是线性的；也就是说，形成了一个速度三角形。[①]

---

　　① 原文注：一个与之相关且为大家所熟知的问题是推导旋轮线的方程，或者说滚轮在平面上纯滚动时其边缘上一点的轨迹。对于一个半径为 $r$，且绕其圆心旋转了角度 $\theta$ 的轮子来说，通过简单的几何分析即能求出其参数化方程（即将 $x$ 和 $y$ 表达为 $\theta$ 的函数）为 $x = r(\theta - \sin\theta)$ 和 $y = r(1 - \cos\theta)$。消去 $\theta$，可得笛卡儿方程 $[x = f(y)]$：$x = r\cos(1 - y/r) - (2ry - y^2)^{1/2}$。该方程在 $y = 0$ 到 $y = 2r$ 之间成立，且给出了前 1/4 圈的路径（从图中的原点到 $P$ 点）。

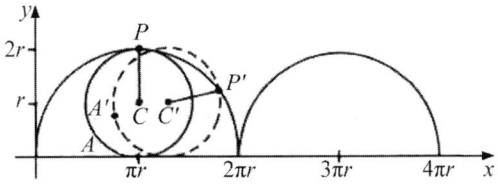

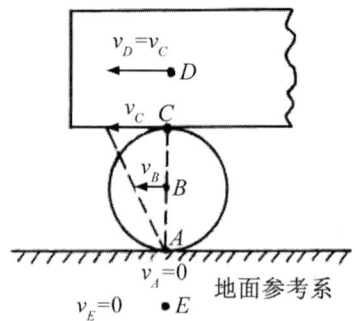

我们可以对石块做类似的讨论。如果说滚轮沿着石块表面向相反的方向做纯**滚动**，则滚轮与石头在接触点必然具有相同的速度，所以说有 $v_D = v_C$。重要的结果是，石块前进的速度是滚轮前进速度的 2 倍。待会儿我们再回来讨论这一点。

现在我们从石块参考系来考虑这一问题，亦即，石块于其中处于静止状态的参考系，$v_D' = 0$。如果我们坐在被搬运工牵着走的石块上观察，就处于这样一个参考系。在石块参考系中，我们把所有的速度均记作 $v'$，以区别于地面参考系中的速度 $v$。在石块参考系看来，好像地面在石块下面贴着滚轮运动一样，方向与石块运动的方向相反。由于接触点不存在滑动，所以有 $v_C' = v_D' = 0$。

同样，沿过滚轮中心的竖线上的速度分布是线性的，所以有 $v_A' = 2v_B'$。在本参考系中，地面运动的速度是滚轮中心运动速度的 2 倍。由于滚轮在地面上没有滑动，所以有 $v_E' = v_A'$。这并不奇怪，但有时这样换个角度来看问题以确认这一点还是有帮助的。

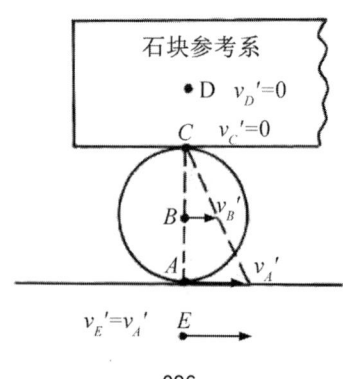

本分析的关键结果是，石块每向前拖动 1 m，滚轮就前进 0.5 m。前面我们讨论过，需要在石块下面每隔 1 m 放置 1 次滚轮。但实际上只需要在地面上每隔 2 m 放置一次滚轮，因为每把石块向前拖动 2 m，石块下面的滚轮实际上只相对于石块向后移动了 1 m。过程如下图所示。

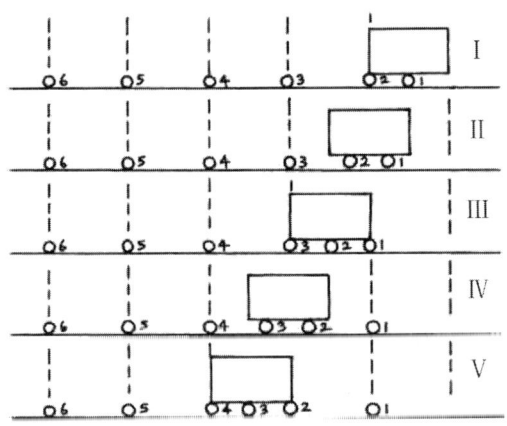

## 进一步讨论

有趣的是，本问题的答案与滚轮的直径无关。请注意，在前面的分析中我们并没有指明滚轮的直径。事实上，正如我们将在非完美滚轮相关问题中看到的那样，在光滑表面上转动非完美滚轮所需的力只与滚轮的**形状**有关[1]，而与滚轮的直径无关。不过，在非光滑表面上转动时，滚轮的直径却很重要，显然滚轮越大越好。

有证据表明，人们对滚轮与负荷间相对速度的观察，对轮子的发展具有促进作用。人们发现利用树干做成的滚轮，推拉重物会更容易，由此开启了轮子的发展史。

---

① 原文注：这里的形状是指轮子是否足够圆，我们用正 $n$ 边形来考察非圆形轮子。

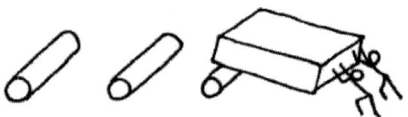

在技术发展的同时，人们也开始用原始的滑板拖拉重物，因为平滑的滑板在大多数表面上的摩擦力都小于不平整的重物。有一天，一个特别聪明的人发现，将滑板和滚轮结合起来比二者单独使用效率都更高。

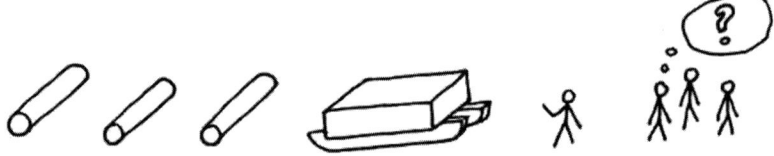

很多很多年里，人们一直在利用滚轮—滑板系统运载重物。重物拖行很长距离后，滑板会在滚轮上刻出深深的槽沟。槽沟有引导滑板的作用，这确实有用，但还有更重要的影响。槽沟越深，需要重新放置滚轮的频率就越低。比如，槽沟很深的话，需要重新放置滚轮的频率只有无槽沟时的 1/10。[①] 这样长距离运载重物的效率就会高很多。

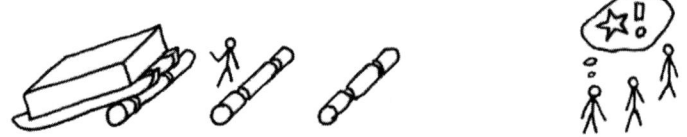

新石器时代的人们开始为滚轮预刻沟槽，制成了带有固定轮子的轴以放在重物下面。后来他们又把带有固定轮子的单根轴装在滑板的固定孔里。这时轴承与轴之间就存在相对运动，所以要用动物油脂对固定孔进行润滑。现在距离制作带运动轮的固定轴（无旋转）就只有一小步了。如他们所说，剩下的就是历史。

---

① 原文注：我们需要一张图来详细地解释这一有趣的效应，但我把它留给读者们作为练习。不过，考虑到槽沟越深，木头剩下的轴（在槽沟底）的半径 $r$ 就远小于滚轮的半径 $R$。我们记作 $r \ll R$。我们应该能证明，在地面参考系中，重物前进的进度正比于 $R+r$，而滚轮相对于重物（在重物坐标系中）后退的进度正比于 $r$。于是重新放置一个滚轮之前我们能够前进的距离就正比于 $(R+r)/r$，且随着 $r$ 的减小而迅速变大。请证明★★★！

## 3.5 轮子战争 I ★★★

大约五千年前，历时数万年且仍具有一定不确定性的史前历史突然在几乎全球各个角落都画上了句号，几乎同时拉开了青铜时代、黄铜时代和铁器时代的大幕。考古证据证明，冶炼技术最早于公元前5500 年出现在普洛奇尼克（Plocnik），即今天的塞尔维亚。仅仅 3500年后，即到了公元前 2000 年，冶炼技术已经传到了南美洲，那里印加之前的文明开始利用冶炼技术冶炼金银。这一相对来说比较迅猛的技术发展标志着新石器时代的结束，而后者又宣告了历时数百万年的旧石器时代的终结。想想我们的人类祖先居然发展了如此高度的智慧潜力，在之后几千年时间里突然呈现为各种伟大发明也蛮奇怪的。

与生火工具（火自身则一直存在）及晚得多的印刷术和青霉素一样，轮子也是人类历史上最重要的一项发明。

似乎多个地方几乎同时都发明了轮子：美索不达米亚（底格里斯河和幼发拉底河之间的一片区域，包括今伊拉克的大部）、印度河谷（今阿富汗和巴基斯坦）、北高加索（迈科普文化的故乡）和中欧。据信，最古老的完整轮子是 Ljubljana Marshes 轮，已有 5 150 年的历史。有人认为已知最古老的有轮载具为 20 世纪 70 年代于波兰出土的布罗诺西陶罐（Bronocicepot）上的绘图，可追溯至公元前 3500 年。

正像所有有趣的历史话题一样，有一些怀疑论者认为这一屡被提起的图案画的根本就不是一辆货车。你可以自己判断。不过，有越来越多的证据表明，自公元前 3500 年前后以来，人们在制陶、运输及其他很多领域均用到了轮子。穴居人使用石轮的卡通片讲的就是这些。不过，奇怪的是，有些雅蒲岛（位于密克罗尼西亚）上的居民仍在把巨型石轮当作一种流通货币使用。轮子确实存在着广泛的应用。

轮子转动的能力与其圆滑度——与完美圆形的偏离度——有很大关系。当然，也与路面的平整度有关——在古代这也是一个问题。

在轮子战争史上，1 000 001 年前到 1 000 000 年前的旧石器时代一个很短暂的时期——具体日期科学家们还在争论——轮子研究突然有了飞跃，轮子制作者在出售 3 边、4 边、5 边，甚至特别定制的 n 边形轮子。轮子出售者声称，花更多的穴居人流通货币（可能是猛犸象牙及诸如此类的东西）买更多边的轮子是值得的，而且看起来大的 n 边轮子滚动的阻力确实更小。不过数学能给出证明还要等到 100 万年之后。

对于质量为 $m$ 的正 $n$ 边形来说，需要在其无摩擦的轴上施加多大的水平力 $F$ 才能让其做无滑动滚动？[①] 如果我们乐意，可以把轴到多边形顶点的距离记作 $r$，这样当 $n \to \infty$ 时，$r$ 就成了圆形轮子的半径。

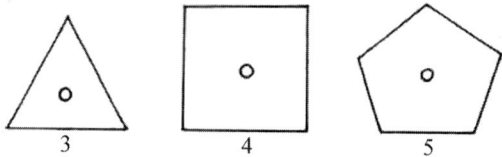

## 解答

这道题可能超出了新时期时代普通人的能力范围，但实际上还是相当简单的。我们先来考虑任意边数的正多边形：比如 $n = 4$（正方形）。待会儿我们将看到，将这一答案推而广之很简单。首先我们考虑正方形绕其旋转的点。如果我们向左对正方形施加一个力，导致该正方形做无滑动转动，则正方形绕其旋转的点为左下角的顶点。当正方形处于超平衡状态时——也就是说就要转动时所有来自地面的作用力均通过该旋转点传递。如果说这并不容易看出，我们待会儿再回过头来考查这一点。

---

① 原文注：这里我们必须假设摩擦系数足够高，保证能够做这种运动。

如果我们在正方形的中心(轴)施加一个水平方向的作用力 $F$，则该力必然为作用在正方形将绕其转动的点上的力所抵消，后者与 $F$ 大小相等方向相反。同样，方向向下的重力 $mg$，也必然为作用在正方形将绕其转动的点上的力所抵消。这两个条件是正方形处于静止平衡状态所要求的，即在水平和竖直方向上都没有加速度的状态。当施加的作用力 $F$ 大到足以使正方形开始转动时，该力相对于支点的力矩与重力 $mg$ 产生的力矩必然大小相等方向相反。

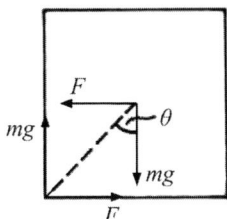

我们有

$$F r \cos \theta = m g r \sin \theta$$

其中 $r$ 为轴到正多边形顶点的距离。两边消去 $r$ 并做运算可得

$$F = m g \tan \theta$$

对于正方形来说，$\theta = 2\pi/8$。对于正 $n$ 边形来说，有 $\theta = 2\pi/2n = \pi/n$。所需要的力为

$$F = m g \tan(\pi/n)$$

随着 $n$ 的增大，正多边形每条边所对应的以轴为顶点的夹角越小，所需要的力也迅速减小。当 $n \to \infty$ 时，$\theta \to 0$，故所需要的力也趋于 0。完美圆形轮子(轴上无摩擦力)无需外力就可以在平地上旋转。一百万年后我们证明了穴居人是正确的——花更多的猛犸象牙购买多边形轮子是值得的。

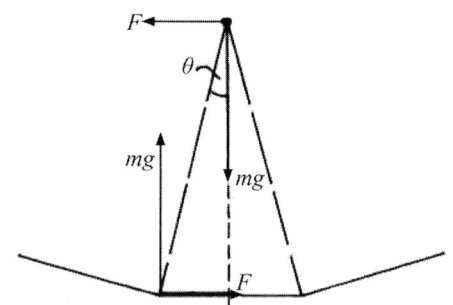

进一步考查该解我们发现，$n=4$ 时转动正方形所需的力等于 $mg$。对于正二十边形来说，$F=0.16mg$。$n\to\infty$，即正多边形呈完美圆形时，该解**渐近于** $0$。

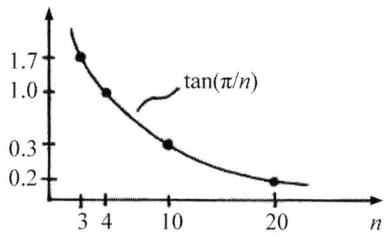

## 进一步讨论

你可能已经注意到了，前面的分析表明，转动轮子所需的力与轮子的直径无关。然而根据实际经验，大的轮子滚起来比小的更顺畅。自行车比滑板车稳当。其中的原因如下：

• 地面的不平整与轮子上平面一样，会增大轮子的启动力；同样，也会导致颠簸。

• 轮子越小，对制造精度的要求就越高。

• 大轮子通常装有降低峰值作用力的结构，包括充气轮胎、某种形式的悬架，或轮子整体结构的**协调性**。[①]

---

① 原文注：协调性与一结构的刚性，或者说在给定载荷下的形变相反。一结构的协调性通常起到应力再分配的作用，以降低结构内部的峰值应力。

## 3.6 轮子战争 Ⅱ ★★

做这道题之前你得先把轮子战争 Ⅰ 给做了，了解转动正 $n$ 边形所需要的力的通解。

到了我们如今所谓的轮子战争这一特殊时期末尾，定制 $n$ 边形轮子的市场达到新低。制作者保持有限的库存，靠直接解决新石器时代人们的问题才能卖出轮子，保证轮子不会**在冰面上打滑**是一个常用的理由。

如果轮子在冰面上的摩擦系数为 $\mu = 0.5$，计算对正多边形轮子轴施加缓慢增加的水平作用力 $F$ 时，能保证轮子做**无滑动滚动**的最小边数。

### 解答

我们可以用与轮子战争 Ⅰ 中非常类似的手法来解这道题，但需要放宽作用力可以取任意值的条件。在摩擦系数 $\mu = 0.5$ 和重量为 $mg$ 的条件下，作用在地面上的最大水平力为

$$F = \mu mg = mg/2$$

为了防止打滑，作用在地面上的水平力需满足条件 $0 \leqslant F \leqslant mg/2$。

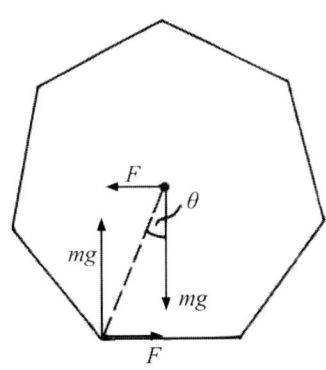

前面我们已经求得

$$F = mg\tan(\pi/n)$$

于是有

$$mg/2 = mg\tan(\pi/n)$$

由此可得

$$n = \pi/\tan^{-1}(1/2) \approx 6.78$$

$n$ 必须为整数，于是有 $n \geqslant 7$。所以为了防止在冰面上打滑，我们的轮子必须至少是正七边形。

## 3.7 方尖碑建造者★★

埃及人、亚述人和罗马人都热衷于建造方尖碑。在古埃及，按照法老的指示，人们将基岩雕刻成大量的这种巨型构造，经由陆路、水路的运输后做庙宇进口的装饰石。它们似乎与太阳崇拜仪式有关——很多学者认为它们是石化的阳光，旨在向拉神致敬。拉神法力无边，不但创造了各种形式的生命，也创造了无数的其他神。拉神确实值得尊奉。太阳崇拜的中心位于黑利奥波利斯（Heliopolis），辛努塞尔特一世在这里建造了雷一阿图姆（与拉神相当的另一个神）神庙。辛努塞尔特一世是埃及第十二王朝的第二位法老：古埃及历史的确非常复杂。在大部分现在已经深埋在开罗繁华街道地下 15 米处的雷一阿图姆神庙，辛努塞尔特一世竖立了 2 座 21 米高的花岗岩方尖碑，每座重达120 吨。时间大约在公元前 1950 年。特别要提到的是，近 4000 年过去了，其中一座方尖碑还竖立在原位置。

最大的方尖碑是位于罗马拉特兰圣约翰大教堂（Archbasilica of St. John）的拉特兰方尖碑。它高达 37 m，重量据估有 450 吨。罗马皇帝渴望获得这些古代纪念碑，用特制的方尖碑船将很多方尖碑经尼罗河和广阔的地中海运至罗马。这是一项非凡的浩大工程。

似乎这些从埃及掠夺过来的方尖碑是在复杂的木质脚手架的辅助

下，花费了大量的人力和马匹才在罗马竖立起来的。

有很多雕刻描绘了 1586 年在圣彼得广场竖起方尖碑一事。这一工程动用了 900 人力和 100 多匹马。可能以罗马的标准来看，这个工程队规模很小，以古埃及的标准看可能更小，因为布置在绞盘周围的大铁杠杆放大了该工程队的人力。没有证据表明，法老采用了这一复杂的技术。

与很多古埃及之谜和很多古代之谜一样，关于古埃及人是如何竖起这种大石块存在很多猜测。可悲的是，古埃及人对统治阶层琐事的记录比对工程方法的记录更优秀，对工程方法的记录似乎大多数已经消散在风沙中了。不过，仍有一些线索保留了下来。古埃及每座方尖碑的基石，或者说底座，都有一道深度至少为 10 cm 的辐射状沟槽。沟槽靠近底座的一边，长度与底座的宽度相等。基本可以确认，该沟槽所起的作用是在将方尖碑升至所需高度时对方尖碑的底后方进行定位。在一大批人拉起系在方尖碑顶处的架子上的绳索之前，方尖碑的底后方将落在沟槽内——稍后我们来讨论这一点。

"专门讨论信仰之科学"的月刊《公开法庭》(*The Open Court*) 1912

年 12 月刊登了一篇引人入胜的文章，名为"一道古埃及力学题。纸卷轴 I。约公元前 1300 年"，作者是 F. M. 巴伯(F. M. Barber)。文章的开头如下：

> 据我所知，迄今发现的古埃及莎草纸中，这是唯一一份简单提到过建造巨型纪念碑时所用到的器械或方法的，且即便这份文献中的解释也非常零碎，乍看上去只能激起人们的好奇心，却给不出令人满意的解释。

考虑到方尖碑对古埃及人的重要性，以及建造过程中所耗费的大量人力物力，关于建造方法的文献记录的缺乏已不是一个小小的智力题。在这篇 11 页的文章中，巴伯检查了对纸卷轴 I 的解释，时至今日，这些解释似乎都是最明确的。纸卷轴 I 似乎记录的是某一辩论的主题，很多人认为它是一个文学作品而非行政记录。不过，它在某些细节处描写了对巨型方尖碑的切割和运输。

> 以上帝之名，雕刻一座方尖碑，高度为 110 肘尺……底部每边宽 7 肘尺……汝已命我为众牵引者之首……

也就是说这块石头高 59 m，底边宽 3.8 m。巴伯进一步估算出它的重量约为 1 400 吨。仍未脱离阿斯旺的"未完成方尖碑"，如果完成的话重为 1 200 吨，会是古代最大的(未完成)方尖碑，远远大于 37 m高、450 吨重的拉特兰方尖碑。纸卷轴之后描述了用 120 个大沉箱建造一条坡道的工作。内容表明，人们可能把方尖碑拖上坡道，直到将其高高地坐落在深埋在大片沙地 20～30 m 之下的基石上。纸卷轴 I 中最明显的线索如下：

> 汝称我需一大箱子，箱中装有沙子和来自红山的汝主上

帝之巨像……于汝主巨像之下将装有沙子的箱子清空……

　　人们将用于敬拜上帝的巨像，或者说方尖碑，从阿斯旺（红山）运来并拖上斜坡（无疑是花费了巨大的代价建造而成的），以放置在沙箱顶上。之后他们清空沙箱，上千人辛辛苦苦把搬运过来的方尖碑降落至合适的位置。这是解开方尖碑建造之谜的唯一线索。巴伯还配了一张图。

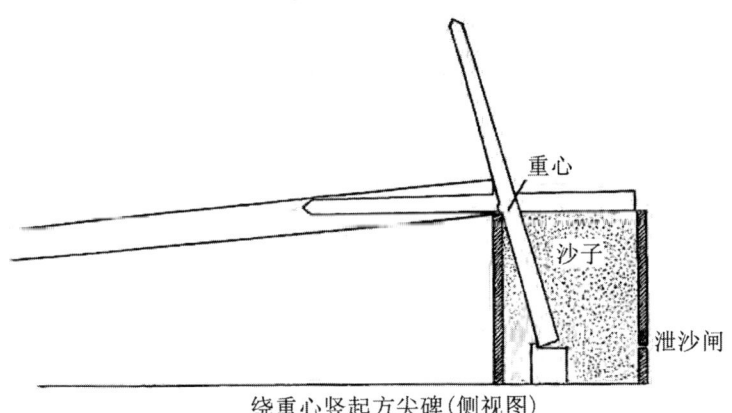

绕重心竖起方尖碑（侧视图）

　　在缓慢清空沙箱的过程中，方尖碑绕其质心旋转，碑底因而落向基石上的凹槽。这一操作成功的机会只有一次。经过多年的努力，他们就这样成功竖起了方尖碑，或者将方尖碑损毁了。巴伯假设利用这种方法，可以将方尖碑竖立至 75°倾角的位置。完全竖起的最后一步需要数组人力通过绳拉实现。在现存的古埃及文字中，鲜见有反映工程方法的。不过，托勒密十二世[①]装饰的一座庙里有一处浮雕，用符号描绘了一位法老在将一座倾角不大的方尖碑竖立起来。这表明，至少竖立方尖碑的最后过程与巴伯的说法相同。

　　现在我们将注意力转至根据巴伯的方法，最后的竖立过程所需要的人力。

――――――――――

　　① 原文注：Dieter Arnold, 1997，"Building in Egypt：Pharaonic Stone Masonry"，Oxford University Press，ISBN 0195113748.

对于一根质量为 $m$、高度为 $l$、底部宽为 $d$ 的正方尖碑（即从头到尾都具有相同截面），计算其与竖直方向夹角为 $\theta$ 时，将其拉起所需要的力 $F$。

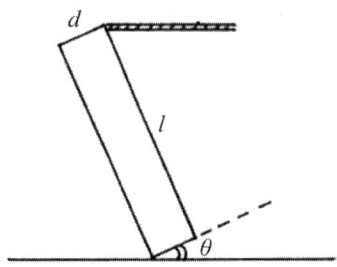

**解答**

我们要从标出了参数 $l$、$d$ 和 $\theta$ 的示意图开始。$\theta$ 是方尖碑与竖直方向的夹角，也就是方尖碑底面与水平面的夹角。

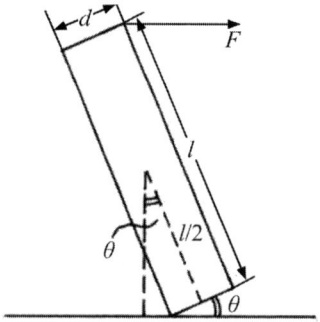

显然，只有作用于方尖碑的最上端时，拉起方尖碑所需要的水平力才最小。为了严格沿水平方向将该力施加于方尖碑，需要一根很长的绳索，或一个架子将该力按合适的角度作用于方尖碑之上。我们假设能够做到这一点。这样一来，作用在方尖碑上的力共有 4 个[①]：

• 重力 $mg$，作用于质心 $C$，方向竖直向下。

• 绳子的拉力 $F$，沿水平方向作用于方尖碑的最上端 $D$。

———————————

① 原文注：为简化起见，我们将向上的作用力和摩擦力区别对待。显然，由于二者作用于相同的点，如果我们愿意，可以将它们表达为同一作用力。

• 地面的反作用力 $R$，作用于方尖碑与地面的接触点 $A$，方向竖直向上。该力的大小必然与 $mg$ 相等，以保证竖直方向力的平衡。

• 作用于 $A$ 的地面摩擦力。方尖碑处于平衡状态时，该力与绳子的拉力 $F$ 大小相等方向相反。如果假设方尖碑的底座落在一个转动槽里，则无须考虑摩擦系数的大小。

现在来考虑该问题的几何分析。我们通过相对于 $A$ 的力矩来确定使得方尖碑在某一角度 $\theta$ 下处于转动平衡状态 $F$ 的大小。由下图可以看出，绳子拉力的作用点位于支点 $A$ 上方 $y_1 + y_2$ 距离处，其中 $y_1 = l\cos\theta$，$y_2 = d\sin\theta$。

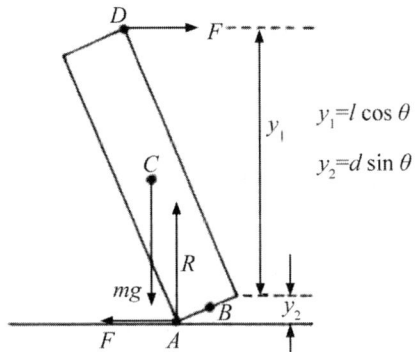

由图可见，重力 $mg$ 相对于 $A$ 的等价力臂为 $x_1 = x_3 - x_2$，其中 $x_3 = (l/2)\sin\theta$，$x_2 = (d/2)\cos\theta$。

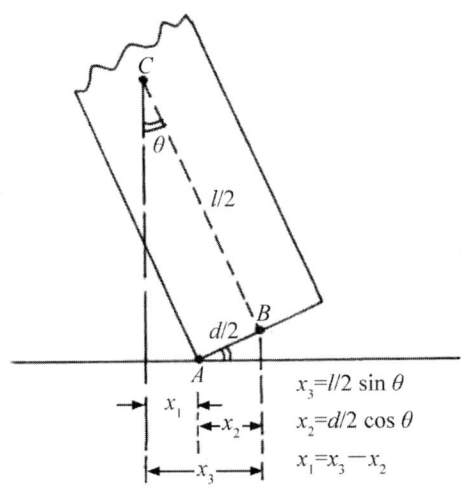

考虑相对于 $A$ 点的力矩，我们有

$$mg(x_3-x_2)=F(y_1+y_2)$$

其中，

$$x_3-x_2=(l/2)\sin\theta-(d/2)\cos\theta,$$
$$y_1+y_2=l\cos\theta+d\sin\theta$$

代入前式，可得：

$$F=mg\left[\frac{\dfrac{l}{2}\sin\theta-\dfrac{d}{2}\cos\theta}{l\cos\theta+d\sin\theta}\right]=\frac{mg}{2}\left[\frac{\dfrac{l}{d}\tan\theta-1}{\dfrac{l}{d}+\tan\theta}\right]$$

可见，我们很容易就得到了答案。现在我们要检验该答案，看它是否正确。有个特殊情况，即 $\theta\rightarrow0°$ 你可能立刻看出，这种情况下方尖碑地面将要与下面的基石持平，所需的力却并不趋于 0。实际上该力变成了负值：想要把方尖碑轻轻地放在合适的位置，我们需要从另一边施加一个拉力。考虑支点的位置就明白了。我们需要制动绳索。现来计算 $\theta\rightarrow0°$ 时制动绳需要施加的拉力：

$$F_{\theta=0°}=-\frac{mgd}{2l}$$

现在来考虑拉特兰方尖碑，有：$m=450\times10^3$ kg，$l=37$ m，$d=2.5$ m。我们可以取 $g\approx10$ m·s$^{-2}$，可得 $F_{\theta=0°}=1.52\times10^5$ N。如果每个人工的拉力相当于20 kg或者说200 N，则需要760人才能拉住制动绳。要把倾角为 $\theta=15°$ 的方尖碑拉到竖直，需要 2 234 人，从工程上和后勤保障上来讲都是一大壮举。还有一个特殊情况，即 $\theta=\tan^{-1}(d/l)\approx3.865°$ 时，拉住方尖碑所需的力为 0。考虑到支点的位置，这点显而易见。此时，方尖碑的质心位于支点的正上方。

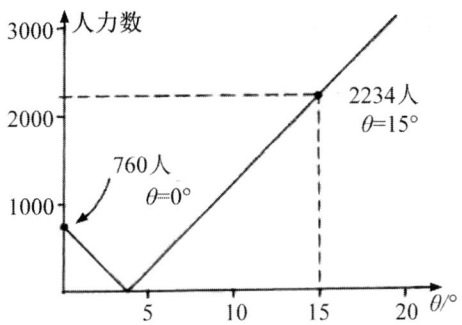

古埃及的诸多遗产均表明，古埃及人是出色的会计师兼后勤专家。有趣的是，尽管他们的工程学和会计学相对成熟，但他们的数学水平却还达不到现在普通中学生的水平。3300 年后，人们出了一个智力题，让纸卷轴 I 的记录者计算出运输并竖起方尖碑所需要的人力。完成这一工程需要相当丰富的实践经验。今天，有了一定的静力学和代数学基本知识，我们可以避开数年的实践，就任何这类工程做出精确计算。纸卷轴 I 的记录者在天有灵，看到中学生在做他曾经做过的计算也会高兴的。

巴伯估计，需要 21 600 人力将纸卷轴中所提到的方尖碑拖曳至沙箱顶上。他推测这种规模的人力物力基本上无法实现，并提出古埃及人利用的是像滑轮这样的技术。这一想法很有吸引力，但如果接受这一假设，我们就要面对还没有发现任何支持证据的问题。不管怎样，都还有谜题有待解决。我将把这最后的话留给巴伯来说，并留给读者来确定这两种都不圆满的方尖碑历史哪个更具有说服力。

我曾计算过拖曳 374 吨重的卡纳克神庙方尖碑需要多少人力。结果是需要 5 585 人排成 2 到 4 列来拖曳，队伍长 430 米。而纸卷轴所记载的方尖碑则需要 21 600 人力，队伍有 1 千米长。没有人能号令这么多人同时用力。所以说他们一定用到了滑轮。畜力萨奇亚（sakiya）或者说齿轮及水桶便采用了滑轮原理，而威尔金森和大多数其他古埃及学家均猜测，公元前 527 年波斯人入侵时将滑轮技术传入了埃及；但该技术必然早在纸卷轴时代便已得到应用。

## 3.8 方尖碑拆除者★★★★

方尖碑拆除者所做的工作自然与建造者相反，是想把所有方尖碑摧毁在地。在大多数古埃及方尖碑从建造到现在的三四千年时间里，几乎所有这些壮观的纪念碑均已倒塌。其中大多数毁于地震，或者在冲突中被蓄意毁坏，或者为入侵者——包括罗马时期及近代的殖民时期——所掠夺。据信有少部分为当地居民所推倒。

20世纪20年代，多产的英国古埃及学家恩斯特·阿尔弗雷德·沃利斯·巴奇（Ernest Alfred Wallis Budge）爵士猜测，倒下的赫里奥波里斯方尖碑（另一座仍在矗立）是寻找藏在碑顶的宝藏的人们蓄意推倒的。[1] 当然，在这一版本历史中，方尖碑内并没有藏有宝藏，幸存的方尖碑证明了这一点。

一位方尖碑拆除者想推倒一座方尖碑。该方尖碑高度为 $L$，基座的宽度远小于 $L$。拆除者有一根长度也为 $L$ 的绳索，该绳索坚韧，质轻，无弹性，一端带有长度不计算在 $L$ 内的套索。拆除者可将套索套在距离底部任何高度 $h$ 的位置。我们假定套索一旦套住就不会滑动。方尖碑和拆除者均自由站立在地面上，且与地面之间的摩擦系数相同。我们假定方尖碑远远高于拆除者，且重量也远远大于后者。请给出成功拆除方尖碑概率最大的 $h$ 值。[2]

---

① 原文注：Wallis Budge, E. A., 1926, "Cleopatra's needles and other Egyptian obelisks; a series of descriptions of all the important inscribed obelisks, with hieroglyphic texts, translations, etc. ", Religious Tract Society, (OCoLC) 614632306.

② 原文注：值得注意的是，本题的答案比本书中大多数题目都更具开放性，可能本题更适于围绕解题方法和假设展开讨论，而不是盲目地尝试。为了计算最佳 $h$ 值，我们需要做一些近似和简化。所以说，本题并不是一道纯粹的教科书式问题。

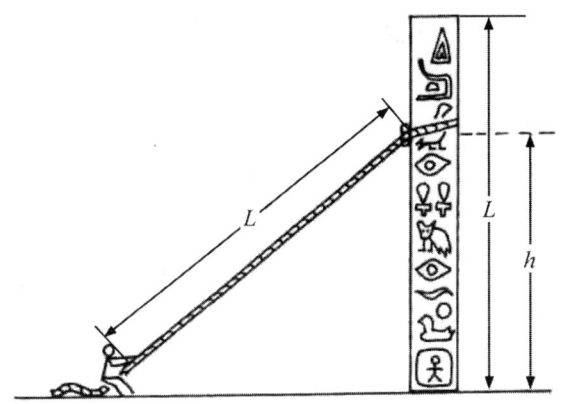

## 解答

如果已经尝试过方尖碑建造的问题，你就知道需要很多人把一座略微倾斜的方尖碑拉至竖直位置。本题与其相反，但更为复杂。实际上，四千年过去了，另一座赫里奥波里斯方尖碑仍矗立在原来的位置。它为推倒这样一座建筑所需要的外力提供了线索。

首先要注意的是，题中并没有给出方尖碑底座的宽度，人及方尖碑的重量也没有给出。实际上无须给出，因为这是一道求**最优解**的题目，我们要求的是 $h$ 的**最优值**。当然，$h$ 与 $L$ 量级相同，我们可以视 $L$ 为本题的**特征长度**。我们更进一步来看**为什么**可能存在这么一个最佳拉倒 $h$ 值。

如果把套索套在接近碑底的位置，即 $h/L = 0$，会怎么样？作用在方尖碑上的拉力实际上成了水平方向的力（尽管绳索有稍微的倾斜）。拆除者所能施加的拉力将等于自身与地面之间的最大摩擦力。地面对拆除者的支撑力为 $mg$，所以拆除者所能施加的最大水平拉力为 $\mu mg$，其中 $\mu$ 为拆除者与地面之间的摩擦系数。解题并不需要我们知道这些新变量的具体值。稍后我们会进一步讨论这一点。方尖碑也竖立在平地上。它远比拆除者更重，所以——留意拆除者和方尖碑与地面的摩擦系数相同——在这样一个水平力的作用下，它根本不会滑动。

我们来考虑将套索套在方尖碑最顶部，即 $h/L=1$ 的情况。由于绳索的长度与方尖碑的高度均为 $L$，所以绳索几乎垂向地面，拆除者只能将其自身的重力 $mg$ 作用于方尖碑，方向几乎完全竖直向下。这样只会导致方尖碑站得更稳当。拆除者所能施加于方尖碑的扭矩或力矩实际上非常小。

或许某种**最优解**存在于中间区域——$h/L$ 的某个值可使拆除者拉倒方尖碑的可能性最大化。拆除者所能施加的拉力似乎为滑动摩擦系数和其自身重量所限。显然拉力与角度存在某种关系，我们要找到的正是这种关系。我们要将相对于碑底的扭矩（或有效力矩）最大化。这意味着将作用力的水平分量与作用力施加点（相对于碑底）的高度 $h$ 的乘积最大化。我们已经看到，在 $h/L=0$ 和 $h/L=1$ 这两个极限情况下，扭矩均为 $0$。现在我们来计算扭矩是如何随 $h/L$ 变化的。

首先考虑绳子的拉力，可以从作用在拆除者身上的反作用力入手。这两个力大小相等，方向相反，因为绳子上的张力是恒定的，但拆除者处于静态平衡这一条件也限制了拉力的大小。为了计算作用在方尖碑上的扭矩，我们需引入一个新的变量 $\theta$，即绳索与地面之间的夹角。我们通过 $\sin\theta=h/L$ 来定义 $\theta$。我们假设拆除者的身高相对于绳长可忽略不计，所以**终端效应**也可忽略。这些近似虽然在教科书题目中不多见，但在现实世界的计算中却很常见。习惯于取这些近似很重要，但这也是经验积累而成的。我们将方尖碑视为细杆，这样就不用考虑套索与碑体相互作用的细节了。当然，我们也可以更严密地讨论该问题，将端点效应和套索与碑体的相互作用都考虑进来，或者在接下来的讨论中将它们考虑进来。果真这样做，我们会发现，二者对简化问题的答案的影响非常小。

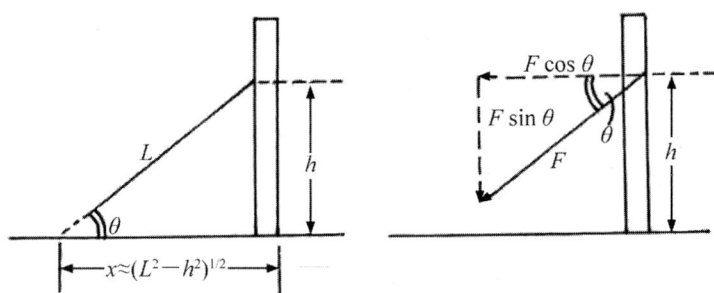

现在来考虑作用在方尖碑上的扭矩 $T$。如前所述，它等于水平方向作用力分量与高度 $h$ 的乘积，记作 $T=(F\cos\theta)h$。现在要求 $T$ 的最大值。

考虑作用在拆除者身上的力：

• 自身的重力 $mg$，作用于质心，方向竖直向下。

• 绳子的拉力 $F$，方向斜向上，与水平面的角度为 $\theta$。

• 地面的支撑力，作用于接触点，方向竖直向上。该力需等于 $mg-F\sin\theta$，以保证竖直方向的作用力平衡。

• 地面的摩擦力，作用于接触点，方向水平。为了平衡水平方向的力，该力需与绳子拉力的水平分量 $F\cos\theta$ 大小相等，方向相反。摩擦力小于或等于摩擦系数乘以支撑力，不然拆除者将会向前滑动。我们可将其表示为一个不等式：$F\cos\theta\leqslant\mu(mg-F\sin\theta)$。当达到**极限摩擦力**时——即拆除者处于将要滑动的状态，静态摩擦力达到最大值时——我们有 $F\cos\theta=\mu(mg-F\sin\theta)$。这样，我们就求得了 $F$ 所能取的最大值：

$$F=\frac{\mu mg}{\mu\sin\theta+\cos\theta}$$

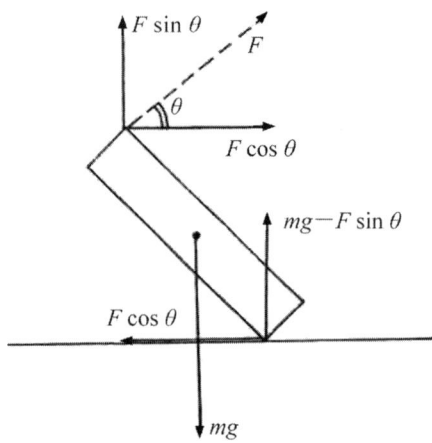

我们已经讨论了所有的力,那么剩下的就是解方程求出拆除者所能作用于方尖碑的最大扭矩了。首先我们通过 $F$ 的表达式求出 $T$ 的表达式:

$$T = F \cdot \cos \theta \cdot h = \frac{\mu mgh}{\mu \tan \theta + 1}$$

为了求出任意 $h$ 值所对应的最大 $T$,我们将上式表达成一种可微分以求最大值的形式。仔细观察,我们发现 $\theta$ 和 $h$ 是相互关联的。具体来讲我们有:

$$\tan \theta = \frac{h}{\sqrt{L^2 - h^2}}$$

这只是一种近似,因为存在前文分析中已忽略的拆除者身高带来的微弱终端效应。代入前式,可得函数表达式 $T = f(h)$:

$$T = f(h) \approx \frac{\mu mgh \sqrt{L^2 - h^2}}{\mu h + \sqrt{L^2 - h^2}}$$

现在 $T$ 成了纯粹的 $h$ 的函数,其他项均为常量($\mu$、$m$、$g$ 和 $L$)。所以我们将 $T$ 相对于 $h$ 做微分以求最大值。令 $\mathrm{d}T/\mathrm{d}h = 0$ 即可求得。我们可以运用链式法则相当容易地求出其微分,尽管这需要不少演算步骤。最终我们有:

$$\frac{\mathrm{d}T}{\mathrm{d}h} \approx \frac{\mu mg \left( X - \dfrac{h^2}{X} \right)}{X + \mu h} - \frac{\mu mgh X \left( \mu - \dfrac{h}{X} \right)}{(X + \mu h)^2}$$

其中 $X=(L^2-h^2)^{1/2}$。这里我用了一点在这类问题中喜欢用的小技巧，即将通用变量组合用一个新变量来表示（这里用的是 $X$），这样方程式更好写。这意味着我想少犯错误并加快运算速度。你会惊讶于很多学生坚持从头到尾都使用给定的变量，哪怕有些变量组合频繁出现；甚至大学生也这样。我要指出这种简化的潜在危险，即 $X$ 仍是 $h$ 的一个函数，$X=f(h)$，如果要进行二次微分之类的操作，一定要记得这一点。

我们要求的是 $\mathrm{d}T/\mathrm{d}h=0$ 时 $h$ 的值。在此条件下，重新组合上式可得：

$$X-h^2X^{-1}=\frac{hX(\mu-hX^{-1})}{X+\mu h}$$

由此可得：

$$X^3=h^3\mu$$

再由 $X=(L^2-h^2)^{1/2}$ 可得，获得最大扭矩的条件是：

$$h=\frac{L}{(\mu^{\frac{2}{3}}+1)^{\frac{1}{2}}}$$

这一结果对 $\mu$ 的依赖关系很有意思。如果考虑 $\mu=1$ 的特殊情况，我们有

$$h=\frac{L}{\sqrt{2}}$$

根据本题的几何条件，有 $\theta=45°$，或者说 $\pi/4$。在推倒方尖碑时这个结果非常好记，但仅仅适用于绳索长度与碑高相等的情况。

对于 $\mu=1$ 的特殊情况，计算拆除者在最大扭矩时所能施加的拉力也很有趣。将 $\mu=1$ 和 $h=\dfrac{L}{\sqrt{2}}$ 代入 $T$ 的表达式，得 $T=mgh/2$。

扭矩为 $T=(F\cos\theta)h$，所以有 $F=\dfrac{T}{h\cos\theta}=\dfrac{mg}{\sqrt{2}}$。

所以在扭矩最大的情况下，拆除者可以施加的最大拉力为自身重力的 $\dfrac{1}{\sqrt{2}}$。

## 进一步讨论

在画拆除者的受力图时，我们忽略了一个小细节。注意到这一点，你就连最细微的细节都注意到了。没注意到这一点当然也无可厚非。这里的讨论会鼓励你将来检查问题的这些细节。最初的问题(什么高度 $h$ 最适于拉倒方尖碑?)问得很开放。我们要明白我们的目的是让作用在方尖碑上的扭矩最大化。我们也要认识到，对于一个给定的摩擦系数，拆除者在不产生滑动的情况下，可施加于绳索的水平拉力存在一个最大值，且这个力与绳索的角度有关。问题在于，在施加在绳子上的拉力不变的情况下，地面对拆除者的支撑力随 $\theta$ 的增大而变小。我们没有考虑的是对于解 $h = \dfrac{L}{\sqrt{2}}$ 或者 $\theta = 45°$ 来说，拆除者是否会发生转动。我们现在来考虑。

在上述解中，拆除者在水平和竖直方向上所受到的力得到了平衡，但我们并没有考虑其所受到的净扭矩。现在我们就来做计算。我们记其脚底为 $A$，质心为 $C$，头顶为 $B$。根据普通人的质量分布，可以认为拆除者的质心位于身体中间位置，所以有 $AC = CB = l/2$。这里我们只关心拆除者的转动稳定性，所以只需考虑绳子的张力 $F$ 和重力 $mg$。我们忽略作用于支点 $P$ 的力。我们现在假设拆除者与水平面成夹角 $\beta$ 时处于**转动稳定**状态，通过求解 $\beta$ 来检验这一假设。拆除者受力情况如下图所示。

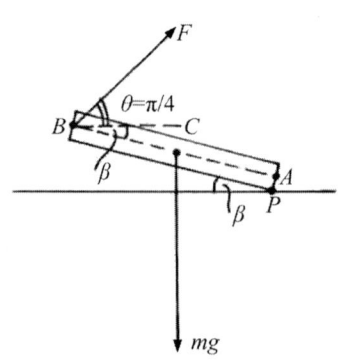

只有相对于点 $P$ 的净扭矩为 0 时, 拆除者才会处于转动稳定状态 (即角加速度为 0)。设 $AP$ 远小于 $AC$ (即 $AP \ll AC$), 并令相对于 $P$ 的力矩平衡, 我们有:

$$mg\frac{l}{2}\cos\beta \approx Fl\cos\left(\frac{\pi}{4}-\beta\right)$$

最大扭矩条件下拆除者所能施加的拉力为 $F=\dfrac{mg}{\sqrt{2}}$。我们有

$$\cos\beta \approx \sqrt{2}\cos\left(\frac{\pi}{4}-\beta\right)$$

$\beta=0$ 满足该条件, 此时拆除者达到与地面平行的极限。我们可以画出 $\beta \to 0$ 时的受力分析图, 由图可知, $\theta=\pi/4$ 且 $F=\dfrac{mg}{\sqrt{2}}$ 时相对于点 $A$ 的净扭矩为 0。如果你觉得该图不直观, 我们可以再做一遍分析来确认。

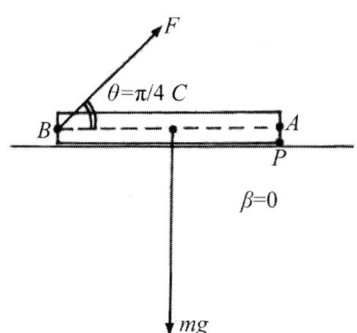

我们的结论是, 拆除者可以施加最大扭矩所需的拉力, 同时自己又不会被绳子拉倒。不过, 整个系统既受制于拆除者所受的拉力, 也受制于其与地面的摩擦力。

## 3.9 (非必死) 死亡谷★★★

电影《巨蟒与圣杯》(*Monty Python and the Holy Grail*) 中有一段著名的情节, 亚瑟王带领五骑士行走在陡峭的悬崖边上, 锁子甲和剑

在薄雾中叮当作响。不远处的峡谷上架有一道破旧不堪的索桥，一位老人在把守。他们来到了死亡桥。"哦，这下可好，"罗宾爵士说。

他们正要过的是"没有人能穿过的"绝险谷（The Gorge of Eternal Peril），所以罗宾爵士看到这道索桥有点不开心。活下来的可能性从一开始就不大。亚瑟王解释说，只有回答了守桥人的三个问题才能过这道索桥。罗宾爵士仍有点不自在，问答错了会怎样。说话很直的亚瑟王回答说："你会被扔进绝险谷。"听到这话后罗宾爵士脸色有点发白。这有其原因，他是最终被扔进绝险谷的两个骑士之一。然后守桥人问了亚瑟王一个问题："无负载燕子的飞行速度是多少？"

听了这个问题亚瑟王有点困惑，努力回忆不同种类燕子的精确速度。最后他反问道："你说的是哪种燕子？非洲燕子还是欧洲燕子？"守桥人被扔进了绝险谷。幸存的两位其中之一问亚瑟王怎么对燕子这么了解，亚瑟王回答说："这样，作为一位国王，你要知道这些知识。"

亚瑟王超前了很多。直到 2001 年，这一科学之谜的解开之路才开启。最早带来曙光的是瑞典隆德大学生物科学院的帕克博士（Dr. Park），他对家燕做了风洞试验。[①]

用高速同步相机拍摄两只家燕在隆德风洞中飞行，以获得其在水平扑翼飞行中的后部、腹部和侧面图像。

后来，泰勒博士（Dr. Taylor）在牛津大学领导进行了理论计算。[②]我曾与泰勒博士吃过几次饭，所以对他的工作有些了解。近来我了解

---

① 原文注：Park, K. J., Rosén, M., Hedenström, A., 2001, "Flight kinematics of the barn swallow(Hirundo rustica) over a wide range of speeds in a wind tunnel", The Journal of Experimental Biology, 204, pp. 2741—2750.

② 原文注：Taylor, G. K., Nudds, R. L., Thomas, A. L. R., 2003, "Flying and swimming animals cruise at a Strouhal number tuned for high power efficiency", Nature 425, pp. 707—711.

到，他基于飞行动物的最优斯特劳哈尔数[①]飞行特征对非洲燕子和欧洲燕子的飞行速度进行了理论预测。

结果是，两种燕子在无负载的情况下飞行速度均约为 8.9 m/s。尽管我确信当时并没有受巨蟒的启发，但现在很难看出下述问题与电影里的情景没有直接关系。所有尝试过该问题的学生看似都很喜欢这道题，而且它讨论的范围较广，但所用到的仅仅是相对简单的数学知识。出这道题时，我明确指出它是一道简单的静力学问题（也就是没有花招），不是狼、羊或白菜之类的过河谜题。[②] 问题如下：

质量均为 $m$ 的两个人，分别位于宽度为 $w$ 的山谷两侧，每人都有一根长度为 $l$、质量为 $5m$ 的树干。二人之一能通过的最宽山谷的宽度为多少（即通过后二人位于山谷同一侧）？

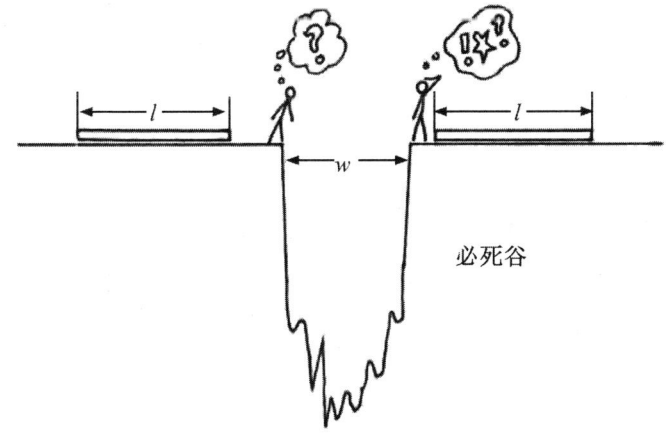

必死谷

---

① 原文注：Strouhal number，衡量物体在流场中的涡旋脱落频率的一个无量纲量（由一组变量给出）。

② 原文注：运输谜题，或者说过河谜题，是最古老的流行逻辑谜题之一，可追溯至 9 世纪或更早。其中最著名的一个例题是狼、羊和白菜问题。你可能已经听说过这道题，它实际上是这样的：农夫需要带一只狼、一只羊和一筐白菜过河。他的小船只能搭载他自己外加狼、羊、白菜三者之一。不过，将羊和白菜留下来，羊会吃白菜；将狼和羊留下来，狼会吃羊。农夫应该如何安全地把狼、羊、白菜都带过河呢？

## 解答

解答本题的方法原则上有多种。现在给出的是最简单的解答，也是我最喜欢的解答。在讨论过程中，我们会引入一些复杂分析。

我们分两部分来考虑该问题。我们假设右边的人（R）将前往左边与左边的人（L）会合。先来考虑右侧的人 R。他要把树干伸出去尽可能远，同时保证站在树干另一端时树干还能支撑自己的重量。我们记这个伸出的距离为 $x$，并通过相对于峭壁边缘的力矩计算出 $x$。该系统共存在两个力，人的重力 $mg$ 和树干的重力 $5mg$。树干处于平衡状态时，顺时针力矩等于逆时针力矩。力矩方程如下：

$$mgx = 5mg\left(\frac{l}{2} - x\right)$$

由此可得

$$x = \frac{5l}{12}$$

现在来考虑 L 一侧。当 R 踏上 L 一侧的树干时，需由 L 来平衡其重量。根据对称性原理，L 侧的树干可以伸出 $l/2$。

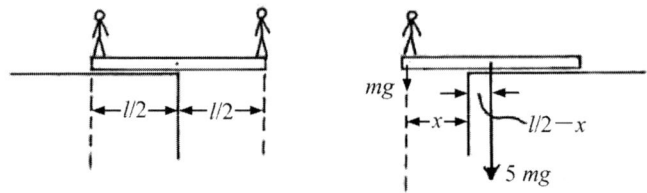

所以，二人之一所能跨过的最宽山谷的宽度为 $w = l/2 + 5l/12 = 11l/12$。

## 进一步讨论

构思这道题时，我有点担心有的学生可能会想出更复杂的方法，所以便想出了另外一些解法。实际上我无须担心。我曾把这道题交给一些学生去做，只有一个人给出了不同的答案。我觉得这是个好事。一般说来，我们应当用最简单的方法解答问题，不必考虑我现在要讨论的复杂因素。不过，另有两种方法可供消遣，也很有趣，能给该题稍微增添一点色彩。

• 树干可以交叠。如果允许树干交叠（需要某种形式的搭接），显然可以跨过一道宽度 $w=l$ 的山谷。我们注意到，右侧的人 R 向左侧前进时，L 可以提供一个平衡力矩，随着 R 从峭壁边缘的 $x=0$ 走向 $x=l/2$ 时，平衡力矩线性地从 0 增加到 $mgl/2$。

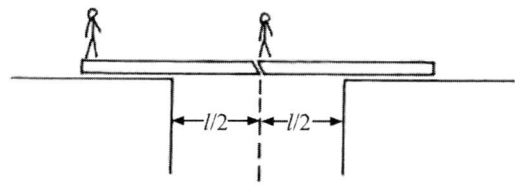

• 树干刚性连接。这里我们假设可以将两树干刚性连接，使得连接起来之后的树干可以承受载荷。这样山谷的最大宽度就有了一个新的值：$w=(14/12)l$。要想检查这一结果，你需要考虑相对于两侧峭壁的力矩，并考虑树干不发生倾翻时所能伸出峭壁（静态平衡）的最远距离。考虑到人的重力所能产生的平衡力矩，每根树干所能伸出峭壁的最远距离为 $(7/12)l$。

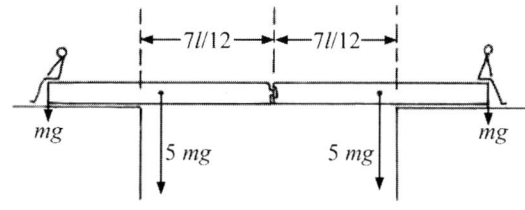

# 第4章
# 动力学与碰撞

本章我们将讨论动力学和碰撞。我们通过碰撞中相互作用的物体的速度、所受到的力，以及碰撞前后的能量来研究碰撞。最简单的情况是对正碰撞——亦即一维碰撞。二维和三维碰撞的数学模型并没有复杂很多，但解方程时我们要考虑($x$、$y$、$z$ 方向的，或极坐标)矢量分量。基本的原理相同。

为了解动力学或碰撞问题，我们需要先了解一些概念。这里我们并不会对所有的方程都做详细推导，因为你在解题时应该能够推导出它们。如果我们的基本原理是正确的，那么后面的推导自然而然也是正确的。我们来考虑动力学问题中的一些概念和要用到的一些符号。如果其中有些内容你不熟悉，建议你在尝试这些问题之前先阅读一下教课书。

• 速度。考虑相互作用的物体时，我们通常对其**初始**速度和**最终**速度，也就是说碰撞前后的速度感兴趣。我们需要一些标志来区分这些速度。比如，我们可以用 $v_1$ 和 $v_2$ 表示初始速度，用 $v'_1$ 和 $v'_2$ 表示最终速度。对应的标量**速度**分别为 $v_1$、$v_2$、$v'_1$ 和 $v'_2$。通常我们用角标($'$)表示碰撞后的状态。

● 能量。一物体的动能为 $K_E = mv^2/2$(见证明[1])。

● 线性动量。一物体的动量为 $\boldsymbol{p} = m\boldsymbol{v}$。由于速度是矢量，动量也是矢量。根据动量守恒定律，在所有的碰撞中，系统的线性动量均守恒，不管碰撞是弹性碰撞还是非弹性碰撞。对于二体碰撞我们有：

$$m_1\boldsymbol{v}_1 + m_2\boldsymbol{v}_2 = m_1\boldsymbol{v}'_1 + m_2\boldsymbol{v}'_2$$

$$\boldsymbol{p}_1 + \boldsymbol{p}_2 = \boldsymbol{p}'_1 + \boldsymbol{p}'_2$$

● 弹性碰撞与非弹性碰撞。**弹性**碰撞是指碰撞物体总动能**守恒**的碰撞：碰撞后的动能之和相等。**非弹性**碰撞中，动能会**流失**，即由动能转化为其他形式的能量，而我们所感兴趣的正是动能这种有用的能量，而不是像热能之类其他较无用的能量。[2] 对于二体碰撞，我们有

$$m_1{v_1}^2 + m_2{v_2}^2 \geqslant m_1(v'_1)^2 + m_2(v'_2)^2$$

其中等号适用于弹性碰撞。

● 恢复系数。恢复系数 $e$ 为碰撞前后的相对速度之比，即：

$$e = \frac{|\boldsymbol{v}'_1 - \boldsymbol{v}'_2|}{|\boldsymbol{v}_1 - \boldsymbol{v}_2|}$$

一般说来，$0 \leqslant e \leqslant 1$。[4] 稍后我们将在本章证明，对于弹性碰撞

---

①　原文注：动能公式的证明是一道常见的题目，能加深学生对通常视之为理所当然的方程的理解。根据定义，对一物体所做的无限小功 dW 等于作用在该物体上的力 F 乘以该物体沿该力方向的位移 ds。用矢量来表示我们有：$W = \displaystyle\int_{S_1}^{S_2} F \cdot ds$，其中我们用到了 F 和 s 的点乘。如果仅仅考虑一个方向上的运动——比如说 x 方向——则该方程将简化为 $W = \displaystyle\int_{x_1}^{x_2} F_x dx$。根据牛顿第二定律，质量为 m 的物体的加速度与所受力 $F_x$ 的关系为 $F_x = ma_x$，于是我们有 $W = \displaystyle\int_{x_1}^{x_2} m\frac{dv_x}{dt}dx = \int_{x_1}^{x_2} m\frac{dv_x}{dx}\frac{dx}{dt}\,dx = \int_{x_1}^{x_2} m\frac{dv_x}{dx}v_x dx$。简化可得 $W = \displaystyle\int_{v_1}^{v_2} mv_x dv_x$，其中我们将积分的起点和终点改成了我们要积分的变量，即速度。积分后我们有 $W = \frac{1}{2}mv_2^2 - \frac{1}{2}mv_1^2$，我们将等号右侧的两项分别定义为终态和初态的动能。

②　原文注：某种形式的能量是否有用指的是它转化为另一形式的能量的容易度。这里动能轻易就能转化为热能，但热能转化为动能却不容易。

③　译注：原文 $\dfrac{|\boldsymbol{v}'_1 - \boldsymbol{v}'_2|}{|\boldsymbol{v}_1 - \boldsymbol{v}_2|}$ 前有负号，现根据上下文将负号删除。

④　原文注：对于超弹性碰撞，或者有储存能量释放的碰撞来说，可能会出现 $e>1$ 的情况。

来说，零动能损失就意味着 $e=1$。

• 冲量与力。牛顿第二定律告诉我们，物体所受到的力等于其动量的改变率。我们记作 $\boldsymbol{F}=\mathrm{d}\boldsymbol{p}/\mathrm{d}t$，其中 $\boldsymbol{p}=m\boldsymbol{v}$。这样就有

$$\boldsymbol{F}=m\,\frac{\mathrm{d}\boldsymbol{v}}{\mathrm{d}t}+\boldsymbol{v}\,\frac{\mathrm{d}m}{\mathrm{d}t}=m\boldsymbol{a}\,,\ \left(\frac{dm}{dt}=0\right)$$

冲量的定义为某段时间内的总作用力，所以对上式做积分，即可求得该力作用于物体的冲量：

$$\boldsymbol{I}=\int_{t}^{t'}\boldsymbol{F}\,\mathrm{d}t=\int_{p}^{p'}\mathrm{d}\boldsymbol{p}=\boldsymbol{p}'-\boldsymbol{p}$$

如果力在积分时间段内恒定，则有

$$\boldsymbol{I}=\boldsymbol{F}\Delta t=\Delta\boldsymbol{p}=\boldsymbol{p}'-\boldsymbol{p}$$

所以为了实现一物体动量的改变——比如让其静止下来——我们需要一定的冲量。而实现这一冲量所需要的力则与力的作用时间有关。如果我们摔倒在水泥地板上，让我们静止下来的碰撞发生的时间很短，冲击力很大。所以很疼。如果摔倒在弹性面上，则碰撞发生的时间较长，冲击力较小。[①] 但两种情况下的冲量相等。

• 参考系。根据**伽利略不变性**原理，牛顿定律适用于所有的惯性参考系。惯性参考系指加速度为 0 的参考系。这意味着（对于弹性碰撞来说）动量守恒定律和能量守恒定律适用于所有的非加速参考系。1632年，伽利略曾利用了平稳航行船只船舱里的观察者的事例。根据不变性原理，该观察者做实验时无法分辨出船只是处于静止状态还是匀速直线运动状态。出于实用目的来说，这一说法是对的，但我们应该注意，地面并不完全是一个惯性参考系，因为它相对于地球自转轴在旋转，同时也相对于太阳做转动，而太阳又相对于银河系中心做转动，如此等等。我们将忽略这些很小的，不重要的非惯性效应。

为便于计算，除观察者于其中处于静止状态的实验室参考系之外，我们还会采用另外两种特殊的参考系，但不管采用何种参考系，结果

---

① 原文注：弹性/可形变物体之间发生碰撞时，峰值压力也会降低，因为作用力分布的面积更大了。

都是一样的。它们分别是：

①一物体于其中处于静止状态的参考系，这样可以简化问题。

②**动量中心参考系**，在该参考系中，碰撞前后的总动量均为 0（因为动量守恒）。在处理物体以大小与碰撞前相同的速度（但方向相反）反弹的弹性碰撞问题时，该参考系特别有优势。

## 4.1 滑轮★

很多学生发现这道直接的问题（也就是说没有什么弯绕）做起来却比他们想象的更难。

一条两端分别系有 5 kg 和 10 kg 的物体的轻质、无延展性绳索挂在一个轻质、光滑的滑轮上。该系统刚刚从图中所示静止状态释放，请回答下述问题：

1. 张力 $T_1$ 和 $T_2$ 是否大小相同？

2. 作用在滑轮上的力的大小和方向。

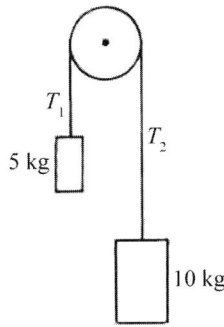

**解答**

我们依次来讨论这两个问题。

1. 张力 $T_1$ 和 $T_2$ 是否大小相同。

简单的答案是二者大小相同。二者必须相同，因为绳索和滚轮都是**轻质**的，没有惯性。[①] 而且，绳索**没有弹性**，无法存储能量，从一端施加拉力，必然会传至另一端。

2. 作用在滑轮上的力的大小和方向。

这里我们需要求解作用在各个对象上的力，为此我们需要画出所有 3 个对象的自由体受力图。为简单起见，我们记较小的质量为 $m$，较大的质量为 $M$。我们已经明确，绳子上的张力是相同的，先将其记作 $T$。

我们首先来考虑滚轮。显然，为了保证滚轮的加速度为 0，我们需要一个向上的作用力以抵消作用在滚轮轴上的作用力 $2T$。现在我们需要求 $T$ 的大小：

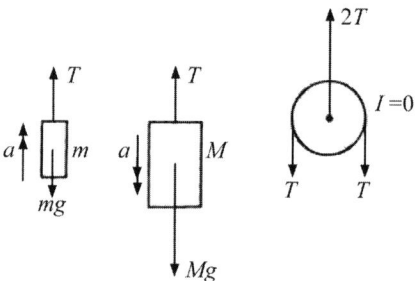

考虑较小的质量 $m$。以方向**向上为正**，记该质量有**向上的正加速度** $a$，我们有：

$$T - mg = ma$$

考虑较大的质量 $M$。以方向**向下为正**，记该质量有**向下的正加速度** $a$，我们有：

$$Mg - T = Ma$$

将上述两方程相加，可得：

$$(M - m)g = (M + m)a$$

从而可得：

$$a = \frac{M - m}{M + m}g$$

---

① 原文注：我们可以将质量视为平动惯量。滚轮的转动惯量为 $I = \sum mr^2$，即质量元与其到转动中心距离平方的乘积之和。

将具体数值代入上式($m = 5$ kg, $M = 10$ kg)，我们有 $a = (1/3)g$。现在我们可以解任何一个方程求出 $T$，得 $T = (20/3)g$。作用在滑轮上的向上的作用力为 $2T$，即 $(40/3)g$。取 $g \approx 10$ m/s$^2$，可得滑轮受到的力约为 133 N。

我们可以将该值与防止系统转动(且绳索不会在滑轮上滑动)所需要作用在滑轮上的向上的作用力做个比较。这种情况下我们需要支撑两个质量，所以向上的作用力是 15 kg，或者说近似为 150 N。允许整个系统(包括两物体和滑轮①)的质心向下加速，所需作用在滑轮上的力就减小了。

## 4.2 光速博士的弹力网球赛★★

光速博士和拖后腿教授组又在弹力网球赛场上相遇了。从远处看，很像好手在打一个丑丑的很像网球的东西。他们看起来很厉害的秘密在于弹力球和弹力球拍弹性都非常好。这是一场徒劳的仪式，每一分都为光速博士所赢取。幸运的是，仪式通常只持续几个回合，之后他们的黄瓜三明治就到了，二人开始讨论一些数学问题。

拖后腿教授说："你反击过来的速度快得惊人。我敢打赌，球离开球拍的速度大于球撞击球拍与球拍自身速度之和。这不可能。"光速博士沉思了一会儿后，回答说："亲爱的教授，您说反了。弹力球离开球拍的速度不可能**不大于**二者速度之和。"之后二人又回到比赛中来，光速博士仍赢得了所有的分数。

吃了更多的三明治之后，拖后腿教授非常泄气。他们默默坐着，轻轻咀嚼着三明治。终于拖后腿教授忍不住了："光速博士，我仍不明白，你反击的球速怎么会这么快。你一定要解释给我听。"

---

① 原文注：请注意，这里滑轮的转动惯量为 0。

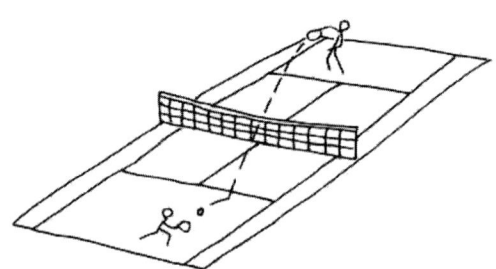

在弹力网球赛中(网球和球拍均是完全弹性的),用反击前的球速和球拍速度来表示的话,反击后的球速最大可达多少?

## 解答

首先我们采用标准方法强力攻破该题。我们将在地球参考系(网球场参考系)中解动量方程和能量方程。我也给出了另外一种采用动量中心参考系的解法,该解法更为优雅。

在地球参考系中,我们分别用 $v_1$ 和 $v_2$ 表示网球和网球拍的速度。

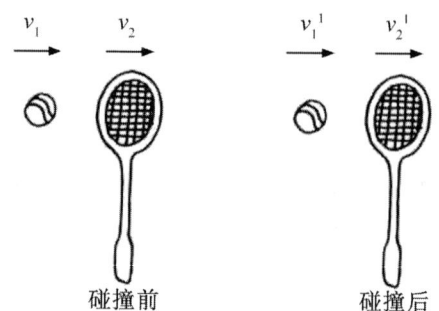

我们定义运动方向向右为正,向左为负,并分别用 $m_1$ 和 $m_2$ 表示球和球拍的质量,于是就有动量方程:

$$m_1 v_1 + m_2 v_2 = m_1 v'_1 + m_2 v'_2$$

或

$$v_1 + r v_2 = v'_1 + r v'_2$$

其中 $r = m_2/m_1$。对于完全弹性碰撞来说,我们有:

$$e = \frac{|\,\boldsymbol{v}'_1 - \boldsymbol{v}'_2\,|}{|\,\boldsymbol{v}_1 - \boldsymbol{v}_2\,|} = 1 \text{ 或 } v_1 - v_2 = v'_2 - v'_1 \text{①}$$

其中 $v'_1$ 和 $v'_2$ 表示碰撞后的速度。消去 $v'_2$ 可得：

$$v'_1 = \frac{v_1(1-r) + 2rv_2}{1+r}。$$

取 $v_1$ 为正（球向右飞去），$v_2$ 为负（球拍向左迎击），我们希望取负值的 $v_1'$ 越小越好。我们先考虑 $\lim\limits_{r \to 0} v'_1$ 和 $\lim\limits_{r \to \infty} v'_1$ 这两个极限，并研究所有可能的极小值。我们依次讨论它们：

• 考虑极限 $\lim\limits_{r \to 0} v'_1$。由上式得 $\lim\limits_{r \to 0} v'_1 = v_1$。这是因为 $m_1$（相对于 $m_2$）太重了，碰撞后不受阻挡原速前行。

• 考虑极限 $\lim\limits_{r \to \infty} v'_1$。由上式得 $\lim\limits_{r \to \infty} v'_1 = 2v_2 - v_1 < 0$。这种情况下，$m_2$（相对于 $m_1$）太重了，碰撞后不受阻挡原速前行。② 而较小的质量 $m_1$（球）被未受影响的较大质量 $m_2$（球拍）反弹回来。

• 考虑所有可能的极小值。我们首先做微分求 $\dfrac{\mathrm{d}v'_1}{\mathrm{d}r}$，得

$$\frac{\mathrm{d}v'_1}{\mathrm{d}r} = \frac{2(v_2 - v_1)}{(1+r)^2}$$

不过 $v_1 > 0$，$v_2 < 0$，所以 $v_2 - v_1 < 0$。对于有限的 $m_1$ 和 $m_2$ 来说，不可能有 $r = \infty$。对于有限的 $r$ 来说，$\dfrac{\mathrm{d}v'_1}{\mathrm{d}r} \neq 0$，所以不存在极小值或极大值。

考虑了两种极限情况，并证明了不存在极小值或极大值之后，我们得出结论：$\lim\limits_{r \to \infty} v'_1 = 2v_2 - v_1$ 就是所求的解。而 $v_1 > 0$，$v_2 < 0$，所以反击后的最大球速 $v_1'$ 等于初始球速加两倍初始球拍速度：

$$|\,v'_1\,| = 2\,|\,v_2\,| + |\,v_1\,|$$

---

① 译注：原文 $\dfrac{|\,v'_1 - v'_2\,|}{|\,v_1 - v_2\,|}$ 前有负号，现根据上下文将负号删除。

② 原文注：为证明这一点，我们可以考虑该问题的对称性（亦即在分析中交换角标 1 和 2）。我们也可以直接求出。

光速博士是对的。弹力球离开球拍的速度不可能**不大于**二者速度之和。[①] 难怪拖后腿教授老是接不到球。

## 更优雅的解法

我们现在来考虑动量中心参考系解法。

我们感兴趣的是球被反击后的**最大速度**。这一结果只有在球的速度改变量达到最大时才会出现,无论我们采用何种惯性参考系。现在来考虑球拍处于静止状态的参考系。显然在弹性碰撞中,只有球拍速度的改变量趋于 0 时球速的改变量才会达到最大。只有球拍的质量远大于球的质量($m_2 \gg m_1$)时才会出现这种情况。如果你觉得不对,甚至在球拍参考系下也这样,可以尝试一些事例证明自己错了。[②] 现在我们讨论更一般的问题($m_1$ 和 $m_2$ 具有相同的数量级[③])。

因为我们可以在任意惯性参考系中进行计算,且由于 $m_2 \gg m_1$,球拍在碰撞中不会发生速度变化,我们将在球拍参考系中考虑该问题。该参考系以速度 $v_2$ 在运动。地面参考系中的 $v_1$ 和 $v_2$ 在本参考系中分别变成了 $v_1 - v_2$ 和 0。我们用下图将两个参考系中的速度以及各自参考系相对于地球参考系的速度均表示出来。

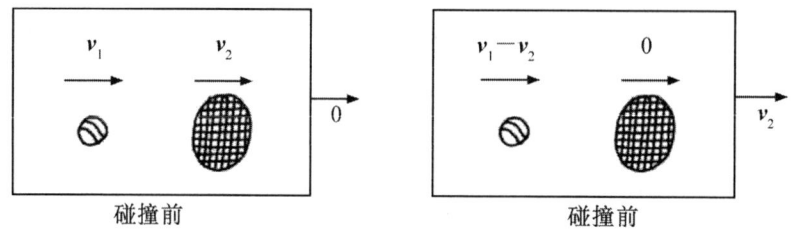

碰撞前　　　　　　　　　　　碰撞前

---

① 原文注:即便对于现实中的单次击球来说,这一结论也是成立的。

② 原文注:考虑在空间站中飘浮着一个超弹力球(弹性非常好的玩具球)和不同厚度的硬铁板。把球掷向某一块静态飘浮的钢板。如果钢板非常重,球将以与初始速度相同的速度被弹回来。这就像把球掷向一堵厚墙一样。钢板轻点的话,球的反弹速度就会小一点。钢板远远轻于球的话,将无法阻碍球前进,球不会被弹回去。

③ 原文注:某个数的数量级是指距离它最近的 10 的幂,常用于对两个数值做近似比较。数字 $a$ 的数量级为距离 $\log_{10}(a)$ 最近的整数。数字 $a$ 和 $b$ 具有相同的数量级记作 $a \sim b$。

考虑 $e=1$，$m_2 \gg m_1$ 情况下球拍参考系中的碰撞，碰撞前后球的速度大小相同方向相反。碰撞前的速度 $v_1 - v_2$ 在碰撞后变成了 $v_2 - v_1$。由于 $m_2 \gg m_1$，碰撞后球拍的速度依然为 0。我们现在给球拍参考系中二者的速度分别加上球拍参考系自身的速度 $v_2$，得到地面参考系中的速度：$v'_1 = 2v_2 - v_1$ 和 $v'_2 = v_2$。

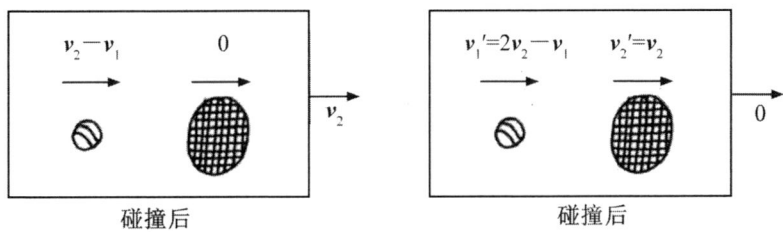

可以看出，运用这一方法，我们得到了相同的结果，但过程却简单很多。有时候动量中心参考系可以是一种强有力的工具。

## 一个实例★★★

或许你不太相信，但确实存在大量的学术论文讨论网球的物理机制，特别是球－拍相互作用、球－面相互作用的物理机制。[1] 两种相互作用中的恢复系数类似，均为冲击速度的函数。而冲击速度决定了网球的形变，后者又是碰撞过程中能量损失的主要原因。低冲击速度（$10 \text{ m} \cdot \text{s}^{-1}$）时的恢复系数在 $e=0.7$ 左右，高冲击速度（$45 \text{ m} \cdot \text{s}^{-1}$）时的冲击系数约为 $e=0.4$。

我们现在引入各种实际值来重新考虑上述问题。网球弹跳后较快的前进速度为 $v_1 = 20 \text{ m} \cdot \text{s}^{-1}$。较快的正手拍的速度为 $v_2 = -40 \text{ m} \cdot \text{s}^{-1}$。典型网球的重量为 $m_1 = 60 \text{ g}$，典型球拍的重量为 $m_2 = 300 \text{ g}$。假设恢复系数为 $e = 1/2$。

---

[1]　原文注：更进一步的讨论见 Miller S., 2006, "Modern tennis rackets, balls, and surfaces", British Journal of Sports Medicine, May 2006, 40 (5), pp. 401 − 405, doi: 10.1136/bjsm.2005.023283; and Brody H., 1997, "The physics of tennis—Ⅲ—The ball-racket interaction", American Journal of Physics, 65, pp. 981 − 987.

我们采用相对于网球场以速度 $V$ 运动的动量中心参考系。球和球拍相对于动量中心参考系的速度分别为 $u_1=v_1-V$ 和 $u_2=v_2-V$。根据定义，在动量中心参考系中，总动量为 0。亦即：$m_1u_1+m_2u_2=0$。将球和球拍速度代入本式，有：

$$m_1(v_1-V)+m_2(v_2-V)=0,$$

可得

$$V=\frac{m_1v_1+m_2v_2}{m_1+m_2}=-30 \text{ m}\cdot\text{s}^{-1}$$

从而有 $u_1=50 \text{ m}\cdot\text{s}^{-1}$，$u_2=-10 \text{ m}\cdot\text{s}^{-1}$。在动量中心参考系中，球和球拍的相对速度为 $u_2-u_1=-60 \text{ m}\cdot\text{s}^{-1}$。恢复系数为 $e=1/2$。我们记碰撞后球和球拍在动量中心参考系中的速度分别为 $u'_1$ 和 $u'_2$。于是就有：碰撞后的相对速度 $u'_2-u'_1=-0.5(u_2-u_1)=30 \text{ m}\cdot\text{s}^{-1}$。在动量中心参考系中，碰撞后的总动量必然为 0。亦即：$m_2u'_2+m_1u'_1=0$。解这两个方程可得：$u'_1=-25 \text{ m}\cdot\text{s}^{-1}$，$u'_2=5 \text{ m}\cdot\text{s}^{-1}$。我们需要加上动量中心参考系自身的速度才能回归球场或者说地面参考系。计算可得球场参考系速度：$v'_1=u'_1+V=-55 \text{ m}\cdot\text{s}^{-1}$，$v'_2=u'_2+V=-25 \text{ m}\cdot\text{s}^{-1}$。

在这个更实际的事例中，初速为 $20 \text{ m}\cdot\text{s}^{-1}$ 的球被初速为 $40 \text{ m}\cdot\text{s}^{-1}$ 的球拍击打后，速度变为 $55 \text{ m}\cdot\text{s}^{-1}$(123 mph)。而对于完全弹性碰撞来说，碰撞后的球速为 $80 \text{ m}\cdot\text{s}^{-1}$，球拍速度为 $20 \text{ m}\cdot\text{s}^{-1}$。

过去几年里，网球速度的纪录在稳步提升。2010 年的最高纪录为大约 140 mph。到了 2012 年该纪录提升至 163.4 mph，这异常有力的一记击球是由澳大利亚选手塞缪尔·格罗斯(Samuel Groth)在举办于韩国的一场比赛中打出的。但即便这一速度，也远远赶不上全球速度最高的球类运动——巴斯克回力球的速度。选手们用弯曲的柳条篮筐将小羊皮球猛力掷向墙壁(很像壁球)，曾创下了 188 mph 的球速纪录接球！

## 4.3 加速火柴盒 ★★★

一只高度为 $h$、密度一致的火柴盒立在桌子上，其与桌面之间的摩擦系数为 $\mu$。我们希望以初始水平加速度 $a$ 移动该火柴盒，那么为了让火柴盒保持直立，加速度施加点的高度 $y$ 应取何值？

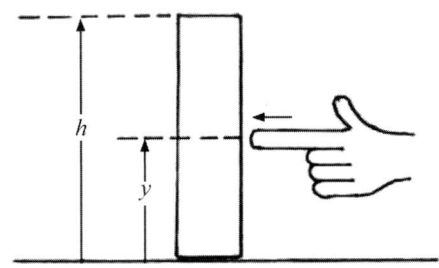

### 解答

这道题虽然看起来很简单，但我敢肯定多数高中生乍见之下做起来还是要下一番功夫的。在学校里遇到的很多需要求力的问题，往往要求的是保持一物体处于静态平衡所需要的力。通常给定了几何关系，解也就是唯一的。本题中，保证火柴盒滑动且不倾倒所要求的 $y$ 值取决于我们所选取的 $a$。为了帮助读者理解这一点，着手解题之前我们先考虑一些极限情况。如果我们的直觉是正确的，后面可以用极限情况来验证我们求出的解。

• 情形 1：加速度略大于 0，即 $a=0+\delta a$。为做到这一点，我们施加的作用力要稍稍大于作用于桌子接触面上的水平摩擦力。感觉在火柴盒尽可能靠下的位置轻轻地水平推动火柴盒直到其刚要开始滑动就可以了。如果你并不这么认为，我希望你也不要觉得在中间位置或顶部轻轻推火柴盒才是正确的选择。我觉得显然这两种举动都会把火柴盒推倒。

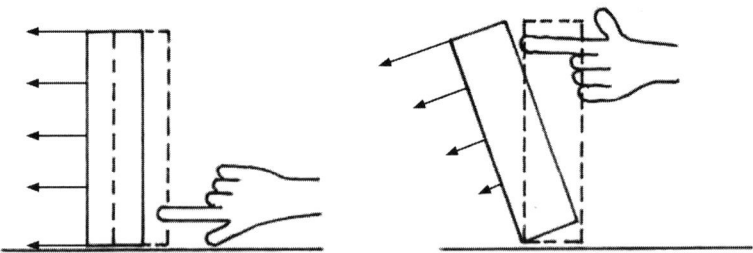

• 情形 2：加速度趋于无穷大，即 $a \to \infty$。为做到这一点，我们要施加极大的作用力，比如用气枪对着火柴盒发射一颗子弹。为了防止火柴盒倾倒，感觉应该把这一巨大的作用力施加于火柴盒的质心。设想如果你把子弹射向火柴盒的顶部或底部，子弹穿过火柴盒时也会给后者带来瞬间的冲击力。两种情况下火柴盒都将凌空飞起并翻滚。所以直觉告诉我们这两种情况都是错的，就像打乒乓球时不想要转球却又削球一样。

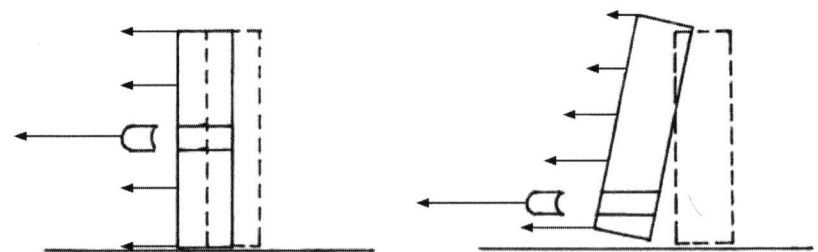

现在我们开始正式解题，看看我们的直觉是不是正确的。正如你将要看到的那样，这道题确实很简单，解题步骤与我们已经考虑过的诸多静力学问题相同。不过，尽管前面已经做过了不少这类例题，我仍相信，大多数高中生依然会觉得这道题不好解。这与普通学生的解题能力无关，而是更多反映了鲜有高中习题考查到学生对简单概念的基础性理解。

与往常一样，我们先分析作用在火柴盒上的力并作图。

• 重力 $mg$，作用于火柴盒的质心，方向向下。

• 地面的支撑力 $R$，作用于接触点，方向向上。该力需等于 $mg$ 以平衡竖直方向上的力，所以 $R = mg$。

- 水平方向上的推力 $F$，作用于待定高度 $y$，导致加速度 $a$。
- 与地面的摩擦力 $\mu R$，[1] 水平作用于与地面的接触点，方向与推力 $F$ 相反。

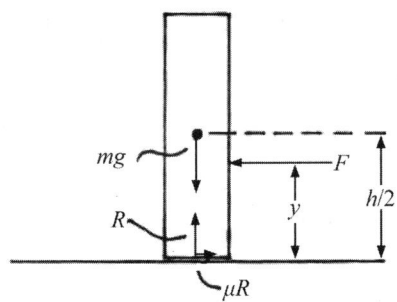

为获得水平方向的加速度，我们需要水平方向上的净作用力 $F_{net}$ 等于火柴盒的质量乘以我们期望的加速度，即：

$$F_{net} - F = \mu mg = ma$$

我们希望火柴盒滑动而不倾倒，就需要相对于质心的静扭矩为 0。重力和地面的支撑力均通过质心，贡献的扭矩为 0。所以只需要考虑摩擦力和推力带来的扭矩。我们有：

$$\mu mg \frac{h}{2} = \left(\frac{h}{2} - y\right)F$$

将上述两方程结合，消去 $F$，得到关于 $y$ 的方程：

$$\frac{y}{h} = \frac{1}{2\left(1 + \dfrac{g}{a}\mu\right)}$$

这个答案很简洁，且正是我们期望的形式：[2] $y/h = f(\mu, g/a)$。

---

① 原文注：静力学的很多问题中我们均取摩擦力 $\leqslant \mu R$，其中 $\mu R$ 为物体即将产生滑动时的极限摩擦力。这种情况也适用于运动中的物体。对于很多物体来说，动摩擦系数小于静摩擦系数。本题中我们不考虑这种复杂性。

② 原文注：之所以期望结果具有这种形式，是因为 $\mu$、$y/h$ 和 $g/a$ 均为无量纲量。用无量纲量（或常说的有量纲变量的无量纲组合）之间的关系来描述物理系统是最简洁的。比如本题，我们无须明确问题中所涉及量（亦即 $h$）的大小就能确定获得稳定加速度时施加推力的作用点。我们也不需要明确 $g$ 的值。这是因为系统的行为由 $y/h$、$\mu$、$g/a$ 这三个值决定。这三个值可视为一个高度比（几何相似条件）和两个力比率（动力学相似条件）。将问题化解为无量纲组合之间的关系作用很强大，很多大一课程都会讲到，特别是工程科学专业的课程。

现在回到我们直觉给出的答案，看看与推导出来的结果是否相符。

• 情形 1：加速度略大于 0，$a = 0 + \delta a$。由前面的推导可得 $y \rightarrow$ 0。亦即，尽可能靠近底部来推或拉火柴盒，与我们的直觉相符。

• 情形 2：加速度趋于无穷大，$a \rightarrow \infty$。由前面的推导可得 $y \rightarrow h/2$。亦即，尽可能靠近质心来推或拉火柴盒，与我们的直觉相符。

正如所期望的那样，关于物体的运动方式我们有良好的直觉。就本节讨论的情况来说，推导出来的结果告诉了我们物体在理想情况下的运动方式，与我们的直觉符合得相当好。

## 4.4 鸭先生的最后一次飞行★★

2007 年 1 月中，我与几位同事参加一次欧盟会议后，回家路上在法国比利牛斯山波城机场的餐馆吃饭，点了青豆牛排。但这种青豆只有法国才有——比我们在英国吃的青豆要扁一些。我记得很清楚，因为我们两天里吃了三餐青豆牛排。这可能是一种奇怪的巧合，也可能是欧盟委员会的特意安排。或许这也是对英法协约的重复。当天碧空万里，但很冷，吃饭时我们看到偶尔有飞机起飞。我注意到跑道上有鸟群，便说："奇怪，跑道上居然有鸟。还以为他们有什么驱鸟措施。"之后我揣测机场方面怎么会容忍这些鸟的存在，最终得出的结论是这些鸟会为噪音很大的飞机让路，所以不是个问题。过去还不到一周，一位从罗尔斯－罗伊斯回来的同事(也在法国一起吃过饭)用电邮给我发了一篇文章。[1]

> 波城机场一架法航福克 100 冲出跑道撞上一辆卡车，导致卡车司机丧生。昨天法航子公司欧洲地区航空公司的一架福克 100 在法国波城机场起飞时冲出跑道，撞上在附近道路上作业的一辆工作车，工作车的司机在此次事件中丧生。之

---

[1] 原文注：Stuart Todd 所著，2007 年 1 月 26 日发布于 www.flightglobal.com。

后调查人员进行了调查。

　　这场事故本来还可能会更严重——不过飞机上的 50 名乘客和机组人员都没有受伤，真是一个奇迹。法国民航局对这次事故进行了调查，并于 2007 年 4 月 18 日给出了初步报告。

　　　　事故的原因是机翼表面的冰导致操控不灵、中途停留时
　　对恶劣天气考虑不足，以及为躲避飞鸟而做的快速转向动作。

　　与众多此类报告一样，调查人员列出了多个事故原因。不过，我对于飞鸟出现于其中并不感到奇怪。之后我再没有从波城机场飞过，但我希望那里的鸟群问题已经得到解决。

　　每年鸟击都会给飞机带来大量的损害。据中心科学实验室防鸟击小组（Central Science Laboratory Birdstrike Avoidance Team，位于英国的 Sand Hutton）提供的数据，每年鸟击事故（Bird Aircraft Strike Hazard，简称 BASH）光给商业飞机带来的维修费用就高达 12 亿美元。[①] 而且，平均来讲，每年有 10 人在鸟击事故中丧生。鸟击是一件很严肃的事。大多数鸟击发生在飞机起飞和降落阶段，此时飞机距离地面只有几千米，飞行速度也相对较慢。但似乎我们无法摆脱这些会飞的朋友的影响。根据当前记录，鸟击最高发生在 11000 米的高空，是一架飞机在象牙海岸上空撞上了一只兀鹫。[②] 你可能会问，飞机的飞行速度高达 600 mph，怎么能从这么惨烈的残骸中准确辨别出飞机撞上的是什么鸟？有人就从事从飞机上收集鸟击痕迹并呈报给 DNA

---

　　[①]　原文注：Allan, J. R., Orosz, A. P., 2001, "The costs of birdstrikes to commercial aviation", Bird Strike Committee Proceedings, 2001, Bird Strike Committee—USA/Canada, Third Joint Annual Meeting, Calgary.

　　[②]　原文注：Laybourne, R. C., 1974, "Collision between a vulture and an aircraft at an altitude of 37,000 feet", The Wilson Bulletin（Wilson Ornithological Society）, 86（4）, pp. 461 – 462, ISSN 0043–5643.

分析部门的倒霉工作(我没有开玩笑)。[①]

现在来考虑飞机与野鸭。一架波音 747 从法国巴黎戴高乐机场起飞。"机长，有只野鸭!"副机长眼瞅前面一只野鸭就要与飞机发生正面碰撞，喊道："机长，有只野鸭!"尽管飞机很大，碰撞仍很严重。机长拥有法国人特有的机智，回应说："是的，一只死野鸭。"他们汇报了事故情况，返回机场紧急降落以检查损坏情况。当然，机鼻上有一个很大的红色凹陷，导致飞机只能趴在地上。

事后副机长在飞行员休息厅边吃青豆牛排边反思，野鸭居然正好在正前方航线上，真倒霉。他把原因归结为野鸭朝飞机正向飞行，相对速度增加了，导致撞击的平均作用力比野鸭垂直于飞机切向飞行时更大。"你个傻瓜!"机长骂了他一句。机长认为野鸭飞行方向与飞机航行垂直的话，会导致更大的平均作用力，因为虽然相对速度小了，但撞击的作用时间却更短了。

考虑飞行速度为 180 mph 的飞机和 20 mph 的野鸭之间发生的碰撞。野鸭在飞机航线方向上的长度为 50 cm，与航线垂直方向上的宽度为 20 cm(这里忽略了野鸭的翅膀)。如果野鸭的质量为 1 kg，请估算正向碰撞和切向碰撞的平均作用力。

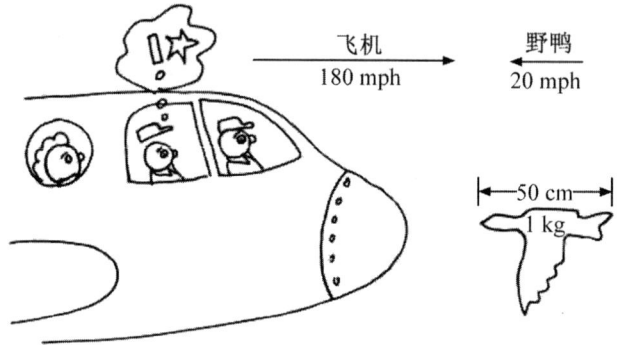

---

① 原文注：Dove, C. J., Heacker, M., Weigt, L., 2006, "DNA identification of birdstrike remains— progress report", Bird Strike Committee—USA/Canada, Eighth Annual Meeting, St. Louis.

## 解答

我们首先应该把速度单位转换为国际标准制。$1 \text{ mph} \approx 1.6$ $\text{km} \cdot \text{h}^{-1}$，即 $1600/3600 \text{ m} \cdot \text{s}^{-1}$。正向碰撞情况下野鸭相对于飞机的速度为 200 mph，或者说 $88.9 \text{ m} \cdot \text{s}^{-1}$。在较大的对象，即飞机的参考系下考虑该问题更为简便。

为了让野鸭在机鼻处静止下来[①]，野鸭的动量需要改变 $\Delta p = m \Delta v = m v_r$[②]，其中 $m$ 为野鸭的质量。由牛顿第二定律有 $F = \dfrac{\mathrm{d}p}{\mathrm{d}t}$，所以有 $F_{avg} = \dfrac{\Delta p}{\Delta t}$，其中 $F_{avg}$ 为野鸭在 $\Delta t$ 的碰撞时间里所受到的平均作用力。所以我们有 $F_{avg} = \dfrac{m v_r}{\Delta t}$。

我们需要知道作用力的持续时间 $\Delta t$。对于这类一物体撞上后平贴于另一物体上的高速碰撞来说，可用前者的长度除以二者的相对速度来简单估算碰撞时间，于是我们有

$$\Delta t = \frac{L}{v_r}$$

其中 $L$ 为野鸭的长度。于是有

$$F_{avg} = m \frac{v_r^2}{L}$$

其中 $m = 1.0 \text{ kg}$，$v_r = 88.9 \text{ m} \cdot \text{s}^{-1}$，而对于正向碰撞来说有 $L = 0.5 \text{ m}$，从而我们有 $F_{avg} \approx 15.8 \text{ kN}$。作用力约等于 1.6 吨。

现在来考虑切向碰撞。

---

① 原文注：在飞机参考系中。

② 原文注：我们通常称该动量改变量为所需冲量 $I$，$I = \int_{t_1}^{t_2} F \mathrm{d}t = F_{avg}(t_2 - t_1) = F_{avg} \Delta t = \Delta p$。

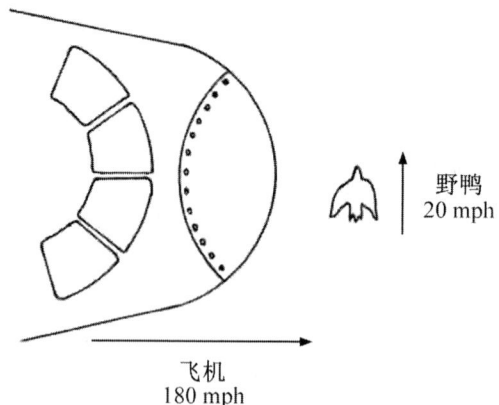

野鸭
20 mph

飞机
180 mph

通过飞机和野鸭的速度三角形来求二者的相对速度。飞机的速度为 180mph，即约 80.0 m · s$^{-1}$。野鸭的速度为 20 mph，即约 8.9 m · s$^{-1}$。二者的速度成直角，所以相对速度 $v_r \approx 80.5$ m · s$^{-1}$，与飞机飞行方向的夹角为 $\theta = \tan^{-1}\dfrac{8.9}{80} \approx 6.3°$。

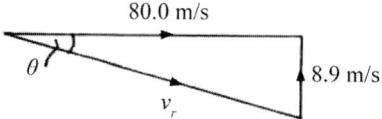

80.0 m/s

$\theta$

8.9 m/s

$v_r$

由条件 $m = 1.0$ kg，$v_r = 80.5$ m · s$^{-1}$，以及切向碰撞条件下的 $L = 0.2$ m，我们有 $F_{avg} = \dfrac{mv_r^2}{L} \approx 32.4$ kN。该作用力约等于 3.2 吨。

机长是对的。因为碰撞的作用时间更短，切向碰撞的平均作用力更大，尽管相对速度更小。对于本题所考虑的情形来说，切向碰撞作用力是正向碰撞作用力的 2 倍。

## 4.5 水力索道★

发明家认真地说："在这个科学的年代，我们一定能用水力驱动索道。如果除了附近的溪流我们不再需要其他能量源，想想这是一个多大的成就吧。"

勒德分子[1]回答说："我表示怀疑。所有能用的载货箱质量都很大。"

"利用平衡货箱，且货箱的载货量均相同，我就只需要克服阻力就行了，"发明家回应说，"用油脂润滑索道，阻力可忽略不计。"发明家在一张纸巾上描绘了他的构想。

倾角为 $\theta$ 的无摩擦平衡索道连着质量分别为 $M$ 和 $M+m$ 的货箱。该系统的加速度 $a$ 和绳索上的张力 $T$ 分别是多少？绳索无弹性，无质量。

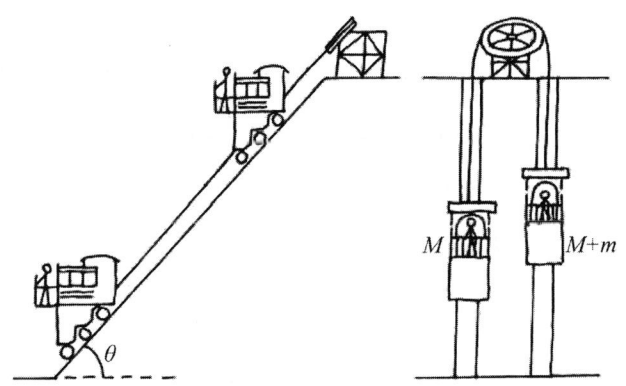

## 解答

这是所谓的倾斜版阿特伍德机的一个简单示例。大多数高中教学大纲中均出现过某种形式的阿特伍德机，且阿特伍德机也是我过去数年里听说过的诸多常见智力题的基础。上次我让学生做这类题目时他们确实表现不错。

---

① 原文注："勒德分子"一词可能由内德·勒德（Ned Ludd）得来，后者是英国莱斯特郡的一位工人，最早提出了工业革命中机器的兴起会导致城市工人失业的概念。1811 年到 1817 年间，认为技工将会消亡的工人组织了破坏这类机器的暴动。据说 1779 年内德·勒德破坏了两台织袜机，这是历史上的首次破坏机器行为。"勒德分子"一词现指反对改变的人，尤其是反对技术上或工业上的改进的人。

阿特伍德机是阿特伍德牧师发明的，用于说明经典力学中的一些定理。它由 5 个轻铜轮构成，每个铜轮上均可用无弹性绳索悬挂物体，这样通过不同的组合可实现物体的加速。阿特伍德在他的书[1]中描写了一些展示实验，实验中借助计时工具的帮助可以确定物体的加速度。并不是所有的结果都一目了然，这也是这本书近 200 年以来一直为学生们所钟爱的原因。悲哀的是，我觉得大多数学校的物理教研组都无力承担这些精巧实验设备的费用，所以对大多数人来说这些实验更像是想象实验[2]而非展示实验。我拥有物理学位，却从未亲眼见过阿特伍德机。

现在来考虑该问题。我们将会看到，尽管被包装得与阿特伍德机大不相同，但本题仍比较简单明了。

可以将本题简化为由一根绳索相连的两个质量分别为 $M$ 和 $M+m$ 的质点，绳索跨过一个光滑滑轮，质点分别位于倾角均为 $\theta$ 的两个相对斜面上。

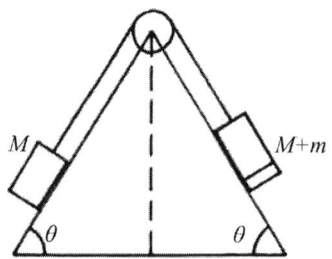

作用在质点上的力分别为：

• 重力 $Mg$ 和 $(M+m)g$，方向均竖直向下；

• 反作用力 $R_1$ 和 $R_2$，方向垂直于光滑斜坡；

• 绳子的拉力 $T$，沿绳子作用于质点上。

<hr>

① 原文注：《论物体的直线运动与转动，及与之相关的实验》Atwood, G., 1784, "A treatise on the rectilinear motion and rotation of bodies; with a description of original experiments relative to the subject", printed by J. Archdeacon, Printer to the University of Cambridge.

② 原文注：思想实验是研究论证逻辑的一种方法，即用假象实验的方式来提出某种论证，通过透彻的思考得出实验的逻辑结果。

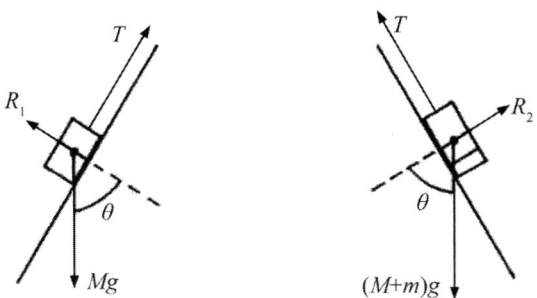

我们需假设货箱不会脱离绳索。所以，为保证反作用力垂直于斜面，需要有

$$Mg \cos \theta = R_1$$

$$(M+m)g \cos \theta = R_2$$

之所以指明这一点主要是为了完整性，实际上解题并不需要这两式。[①] 我们主要关注的是平行于绳子的力，这些力可以用一种简化的形式来表达。

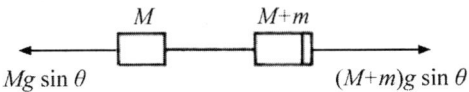

我们注意到，绳子有一个内部张力，但如果我们将系统视为由**两个质点**组成的，就可以暂时忽略绳子的张力。[②] 只考虑总质量和作用于其上的净作用力，可以进一步简化该系统。

现在确定系统的加速度就很简单了。总质量为 $2M+m$，净作用力为 $mg \sin\theta$。运用牛顿第二定律我们有：

$$mg \sin\theta = (2M+m)a$$

---

① 原文注：尽管如果引入摩擦力的话，我们需要求出这些力。如果你想求解难度更大的一道题，不妨把摩擦力考虑进去，定出你想要的变量并进行求解。提出你自己的问题是一种很好的练习——通常比解答同类问题难度更大。

② 原文注：显然当且仅当系统中所有部分加速度的大小都相等时适用该技巧。如果系统各部分加速度的大小并不相等，那么作用于该系统的净外力则决定了系统质心的加速度。

所以系统的加速度为

$$a = \frac{mg\sin\theta}{2M+m}$$

质点 $M$ 的加速度向上，质点 $M+m$ 的加速度向下。加速度的方向与斜坡平行。答案的形式正是我们所期待的。加速度与净作用力成正比，与系统的总质量成反比。毫无疑问。

绳子上的张力又如何？我们可以考虑导致两个质点加速所需要的张力。首先考虑质点 $M$。与坡面平行的力为重力沿坡面向下的分量（亦即沿加速度方向的分量） $Mg\sin\theta$ 和张力 $T$。因此净作用力为 $T-Mg\sin\theta$。该力导致了质点 $M$ 产生加速度 $a$。运用牛顿第二定律我们有：

$$T-Mg\sin\theta = Ma = \frac{Mmg\sin\theta}{2M+m}$$

由此可得绳子上的张力：

$$T = 2Mg\sin\theta\left(\frac{M+m}{2M+m}\right)$$

现在我们可以用极限情况来检查一下结果是否正确。亦即， $m \ll M$ 和 $m \gg M$ 两种情况：

• 当 $m \ll M$ 时有 $a \to 0$。在这种情况下，由于不存在净作用力，系统没有加速度。而绳子的张力则变为 $T = Mg\sin\theta$，亦即，张力等于重力沿斜面方向的分量。

• 当 $m \gg M$ 时有 $a \to g\sin\theta$。在这种情况下，系统的加速情况犹如较重的货箱沿斜面做受限自由落体运动一样。较轻的货箱以同样大小的加速度做向上加速运动。较轻的货箱受较重的货箱的影响（即后者决定了前者的加速度），但较重的货箱实际上却不受较轻的货箱的影响。我们看到，此时张力 $T \to 2Mg\sin\theta$。稍做考虑我们就知道这是有道理的。此时张力只取决于较轻的质量 $M$，而不是较重的质量 $m+$

$M \approx m$。张力不仅仅抵消了较轻的质量的重力分量 $Mg \sin \theta$，还赋予了它一个向上的加速度 $a = g \sin \theta$。所以总的张力是较轻质量的重力分量的 2 倍。

## 进一步讨论

本节导言中提到的发明家为乔治·马克斯（George Marks），而索道则是林顿和林茅斯悬崖铁路（Lynton and Lynmouth Cliff Railway）。该铁路 1890 年启用，一直运营至今，是工程发展和可持续发展（这几年的一个流行词）一项重要的壮举、特例。我想，对那些认为"可持续性"是一个新词的人，乔治·马克斯一定有话说。实际上，简单回顾一下工业革命（Industrial Revolution，1760—1840 年）[①]和技术革命（Technological Revolution，1860—1910 年）[②]的历史，你会发现当时的科学家已经有了节约能源的意识。只有到了近一段时期，能源富足且廉价（至少在发达国家）之后，我们才开始挥霍能源。

在 120 多年的时间里，林顿—林茅斯索道（Lynton and Lynmouth funicular）缆车一直只靠附近一条河流的水力驱动来安静地来回运送人和货物。林顿—林茅斯索道缆车位于德文郡北海岸，现在的埃克斯穆尔国家公园（Exmoor National Park）正中。地理位置也部分解释了人们为什么要出资修建索道。19 世纪初叶后期，林茅斯已经成为一个大港口，源源不断的煤、石灰及其他必需品由海路运来。货物卸船后，由驮马运上 150 米高的悬崖，再运往镇里，之后再运往林顿以及更远的地方。船运繁荣起来是因为沿埃克斯穆尔崎岖的海岸运输货物难度较大。索道绕开长路，将两镇直接连接起来，人和货物都能在短短数分钟内输送至对方。

---

　① 原文注：用于规模化制造的机器，最初是由水力驱动的，后来由蒸汽驱动，再后来烧木柴的锅炉又变成了更大的燃煤锅炉。
　② 原文注：期间工厂开始电气化，且出现了第一批用于大规模生产的生产线。

270 米长的索道高度 150 米，坡度约为 1：1.5。每个缆车都有一个水箱，在上面的车站装上大约 3 吨的水。一旦缆车装上了货物或人（每个轿厢一次装 40 人），下面的缆车开始排水，直到两部缆车在重力的作用下开始移动。移动的速度通过释放缆车上的一系列刹车来控制。在长期的使用中，该线路从未出过事故。只要西林河（West Lyn River)不断水（只要去过德文郡，你就知道这很有可能），林顿—林茅斯索道缆车将会持续运转。

## 4.6 夏洛克·福尔摩斯与贝拉·菲奥雷绿宝石★★★

夏洛克·福尔摩斯与华生医生正在阿加特庄园（Agate Manor），那里来自佳士得（Christie's)的一位不知名客户正要将贝拉·菲奥雷绿宝石卖给阿加特勋爵，却意外被一颗精准的来复枪子弹打断了。福尔摩斯提前派华生前去进行调查，等他自己到达那里时，华生正在房间一个小角落检查地毯绒头。

"亲爱的华生，你发现了什么?"福尔摩斯问道。

"子弹是从西边的窗户射进来的。就在那，玻璃破了的地方。绿宝石放置在桌子上的一块玉里。绿宝石完全给打没了，子弹正好击中阿加特太太的膝盖。我是说，阿加特太太的画像的膝盖上。幸运的是，阿加特勋爵和佳士得的人都没有受伤。看来宝石窃贼错过了预谋的目标，空手走了。"

"他预谋的目标?"福尔摩斯扬起一条眉毛问道。

"为什么这么问，阿加特勋爵，福尔摩斯先生?"

"我们先不做假设，华生，我们先搜集点什么。我们需要的是数据。这是什么，华生?"福尔摩斯把一颗大黄铜弹壳拿到灯底下照着看。

"一个弹壳……但刚才我们没看到它!"

"我亲爱的华生，那是因为你看了，但看得不仔细。它就在矮墙边的草地上。想找弹壳的人首先会找那里，我敢肯定你也这么认为。"

"我懂了，"华生说，"这是哪种弹壳呢？"

"你在军队应该学过吧，华生！"福尔摩斯将弹壳递了过来。

华生仔细查看了这枚弹壳。"拉制黄铜。点五四口径。黑火药填料。打有'Kynoch'标志。基本可以肯定是一颗博克瑟－亨利子弹。"华生考虑了一会儿又说道："十有八九是一支 1877 年马丁尼－亨利步枪，在埃及用的那款。子弹重 480 格令。"[①]

"击中阿格特太太的那颗呢？"福尔摩斯问道。

"重量一样。"

"绿宝石呢，华生？"

"恐怕丢了。整个房间我都搜过了。"

"重量，亲爱的华生，重量！我担保你懂得比弹道学更多。"

"156 克拉。"[②]

"正是子弹的重量，华生，这意味着你搜索的地方完全错了。刚才那一小时里你有没有看到过一位园丁？"

"园丁？"

"华生，任何玩过弹子的聪明孩子在这节骨眼上都不会对地毯进行系统的搜索。这个孩子会朝你右侧的窗户望去，现在看过去的话你会看到珠宝窃贼装作园丁翻找东西的那种混乱。看来他们不仅得手了，而且在离开前还有时间整理好篱笆。"

"太厉害了，福尔摩斯，"华生边观察窗外边说，"我不知道你是怎么想到的。真的不知道。"

"这是基本的弹道学，华生。如果一个移动的物体与一个等质量静止物体发生弹性碰撞，二者总会成直角散射开去。玩弹子时也一样，

---

　①　原文注：Grain，历史上曾采用过的一种重量单位，根据单粒谷物的重量得出。该度量单位用于贸易长达数个世纪。今天一些特殊的场合仍采用格令这一单位——比如用于度量发射药和子弹的重量——以及用来开处方。现在 1 格令等于 64.8 mg。

　②　原文注：Carat，珠宝行业采用的一种重量单位，用于度量宝石（尤其是四大珍贵宝石——钻石、红宝石、蓝宝石和绿宝石）和珍珠的重量。自 1907 年采用公制克拉以来，1 克拉就等于 200 mg(0.0071 盎司)。

但你没有意识到这一点。"

我们现在来解福尔摩斯和华生的这道智力题。等质量的两个物体发生弹性碰撞，其中一个物体碰撞前处于静止状态，证明碰撞后二者将成直角散开去。

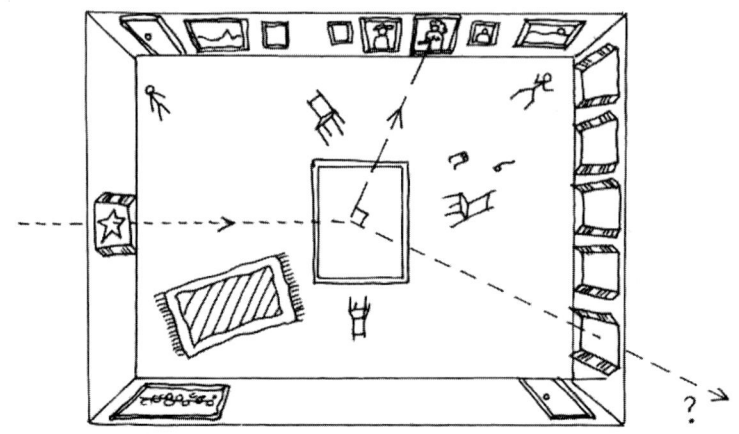

## 解答

这道题给了我们一个引入质心惯性参考系作为解题方法的机会。最终我给出了一个更简短更优雅的解答。考虑两个物体 1 和 2，质量分别为 $m_1$ 和 $m_2$，速度分别为 $V_1$ 和 $V_2$（其中 $V_2=0$）。为简化分析，我们采用质心惯性参考系。定义该参考系以速度 $V_{CM}$ 相对于**实验室参考系**（我们进行观察的参考系）运动。两物体相对于质心参考系的速度分别为 $v_1=V_1-V_{CM}$ 和 $v_2=|-V_{CM}|$。质心参考系的速度 $V_{CM}$ 由零动量这一条件确定。我们有

$$m_1(V_1-V_{CM})-m_2V_{CM}=0$$

由 $m_1=m_2=m$ 可得 $V_{CM}=\dfrac{1}{2}V_1 \Rightarrow v_1=\dfrac{1}{2}V_1$，$v_2=\dfrac{1}{2}V_1$。

在这种等质量且一物体静止的简单案例中，对称性并不奇怪。如果我们愿意，可以很容易外推出更常见的 $m_1 \neq m_2$ 情形的分析。为便于理解，可画出速度分析图，以图示方向为正：

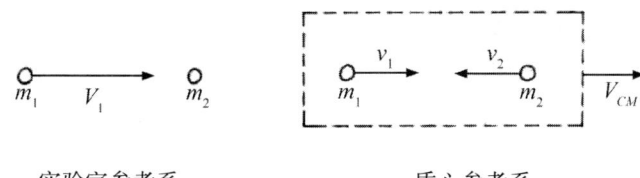

実验室参考系　　　　　　　　　质心参考系

对于初始速度相等且质量相同的物体之间的弹性碰撞(恢复系数 $e=1$)来说，很容易(根据动量和能量守恒)证明碰撞后的速度 $v'_1$ 和 $v'_2$ 大小并没有发生改变。前述质心参考系中两物体的碰撞即属此种情形。对于这种简单的情形我们有 $v'_1=v'_2=v_1=v_2$。令 $\theta$ 表示反射角，考虑以下几种特殊情形：

- $\theta=0$，两物体没有撞上；
- $\theta=\pi/2$，两物体相当于受到侧击，沿与初始速度垂直的方向飞去；
- $\theta=\pi$，两物体被沿原路反弹回来。

可以证明，上述所有解及中间情形均可能出现。根据对称性，$v'_1$ 和 $v'_2$ 的方向相差 $\pi$，亦即 $v'_1=-v'_2$。

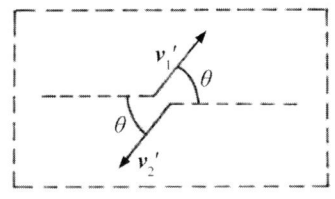

质心参考系

现在来考虑质心参考系和实验室参考系中碰撞后的速度，即 $v'_1$ 和 $v'_2$、$V'_1$ 和 $V'_2$。

- 碰撞后的物体 1。在质心参考系中，$v'_1$ 的轨迹是一个半径为 $V_1/2$ 的圆，见下页图，圆心位于 $O$，代表 0 速度。我们选取 $v'_1$ 的一些**任意解**，分别记作 $A_1$，$B_1$，$\cdots$，$E_1$。选取这些点的目的是方便我们找到实验室参考系中相应的点，并找到物体 2 相应的点。现在我们任意选取解 $B_1$ 来讨论，相应的反射角有 $0 \leqslant \theta \leqslant 2\pi$。实验室参考系中的速度 $V'_1=v'_1+V_{CM}$，给出的轨迹(相对于实验室参考系中的 0 速度)

是圆心为 $V_{CM}$ 的圆。记该圆心为 $O$。下图给出了实验室参考系中的解 $A_1$，$B_1$，$\cdots$，$E_1$ 所在的位置。可以看出，在实验室参考系中 $A_1$ 对应于零反射（未撞上），或者有 $V'_1 = V_1$。$E_1$ 对应于迎面碰撞。由于两物体质量相同，物体 1 在碰撞中停了下来，于是 $E_1$ 与 $O$ 重合，表示 $|V'_1| = 0$。

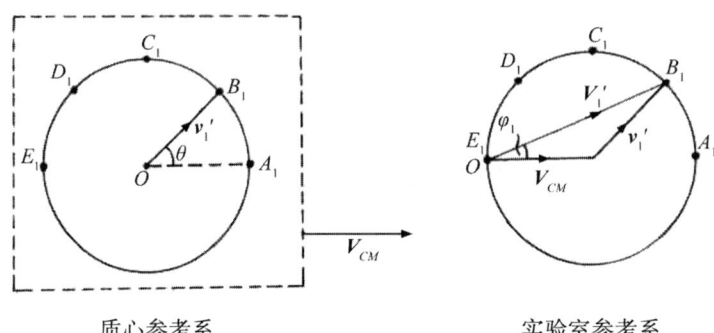

质心参考系　　　　　　　　　实验室参考系

• 碰撞后的物体 2。在质心参考系中，$v'_2$ 的轨迹是一个半径为 $V_1/2$ 的圆，见下图，圆心位于 $O$，代表 0 速度。我们选取的一些**任意解** $A_2$，$B_2$，$\cdots$，$E_2$，分别对应于物体 1 的 $A_1$，$B_1$，$\cdots$，$E_1$。我们注意到 $V'_1$ 和 $V'_2$ 相差角度 $\pi$。实验室参考系中的速度 $V'_2 = v'_2 + V_{CM}$。记 $V'_2$（相对于 $V_1$ 的方向）的角度为 $\varphi_2$。实验室参考系中 $V'_2$ 的轨迹（相对于 0 速度）是圆心为 $V_{CM}$ 的圆。记该圆心为 $O$。可以看出，在实验室参考系中 $A_2$ 对应于零反射（未撞上），或者有 $V'_2 = V_2 = 0$，于是 $A_2$ 与 $O$ 重合。$E_2$ 对应于迎面碰撞。由于两物体质量相同，物体 2 在碰撞中获得了在碰撞中静止下来的物体 1 的初始速度，可以看出 $E_1$ 表示 $V'_2 = V_1$。

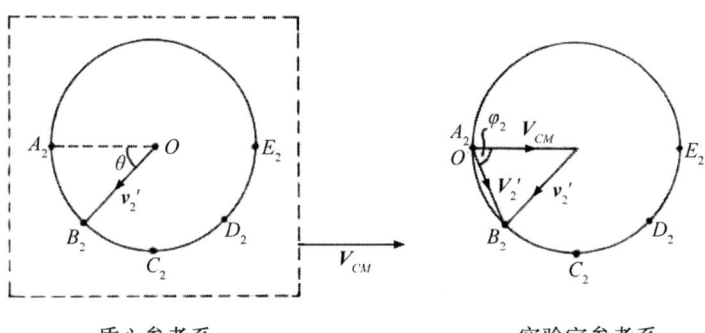

质心参考系　　　　　　　　　实验室参考系

现在来考虑实验室参考系中碰撞后的速度 $\boldsymbol{V}'_1$ 和 $\boldsymbol{V}'_2$ 之间的关系。$\boldsymbol{V}'_1$ 与 $\boldsymbol{V}_{CM}$ 的夹角为 $\varphi_1$，$\boldsymbol{V}'_2$ 与 $\boldsymbol{V}_{CM}$ 的夹角为 $\varphi_2$。$\boldsymbol{V}'_1$ 与 $\boldsymbol{V}'_2$ 的夹角为 $\varphi_T = \varphi_1 + \varphi_2$。根据点积的定义有 $\boldsymbol{V}'_1 \cdot \boldsymbol{V}'_2 = |\boldsymbol{V}'_1||\boldsymbol{V}'_2|\cos\varphi_T$。如果二者垂直，则点积等于 0，$\boldsymbol{V}'_1 \cdot \boldsymbol{V}'_2 = 0$。而根据定义有 $\boldsymbol{V}'_1 = \boldsymbol{v}'_1 + \boldsymbol{V}_{CM}$ 和 $\boldsymbol{V}'_2 = \boldsymbol{v}'_2 + \boldsymbol{V}_{CM}$。又由 $\boldsymbol{v}'_1 = -\boldsymbol{v}'_2$，我们有 $\boldsymbol{V}'_1 = -\boldsymbol{v}'_2 + \boldsymbol{V}_{CM}$。于是就有 $\boldsymbol{V}'_1 \cdot \boldsymbol{V}'_2 = (\boldsymbol{V}_{CM} - \boldsymbol{v}'_2) \cdot (\boldsymbol{V}_{CM} + \boldsymbol{v}'_2) = \boldsymbol{V}_{CM} \cdot \boldsymbol{V}_{CM} + \boldsymbol{V}_{CM} \cdot \boldsymbol{v}'_2 - \boldsymbol{v}'_2 \cdot \boldsymbol{V}_{CM} - \boldsymbol{v}'_2 \cdot \boldsymbol{v}'_2$。

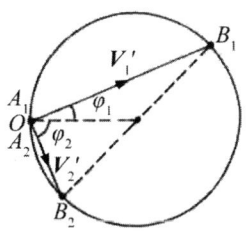

实验室参考系

化简后有：$\boldsymbol{V}'_1 \cdot \boldsymbol{V}'_2 = |\boldsymbol{V}_{CM}|^2 - |\boldsymbol{v}'_2|^2$。

由于 $|\boldsymbol{V}_{CM}| = |\boldsymbol{v}'_2| = V_1/2$，我们有 $\boldsymbol{V}'_1 \cdot \boldsymbol{V}'_2 = 0$。

这意味着三种可能：

$\cos\varphi_T = 0$，一般情形；

$|\boldsymbol{V}'_1| = 0$，迎面碰撞；

$|\boldsymbol{V}'_2| = 0$，未能撞上。

注意到迎面碰撞和未能撞上为特殊情形，可以看出一般情形要求 $\varphi_T = \pi/2$。所以 $\boldsymbol{V}'_1$ 和 $\boldsymbol{V}'_2$ 成直角。我们已经证明，等质量物体发生弹性碰撞，且其中一物体碰撞前处于静止状态的情况下，碰撞后两物体**确实**成直角散开去。[①]

根据子弹击中阿加特太太的画像，福尔摩斯得出贝拉·菲奥雷绿宝石(重量与子弹相同)飞行路线与子弹垂直，飞出了他所说的窗户的正确结论。打台球时(台球的碰撞几乎就是弹性碰撞)你会更容易注意到这一点。

---

① 原文注：迎面碰撞除外。迎面碰撞中 $|\boldsymbol{V}'_1| = 0$，所以 $\boldsymbol{V}'_1$ 的方向没有定义。

### 一种优雅的解法

两物体碰撞的线性动量守恒的通用矢量方程为：

$m_1\mathbf{V}_1 + m_2\mathbf{V}_2 = m_1\mathbf{V}'_1 + m_2\mathbf{V}'_2$。

对于等质量物体 $m_1 = m_2$，且第二个物体碰撞前处于静止状态 $\mathbf{V}_2 = \mathbf{0}$ 的情形来说，上式简化为

$$\mathbf{V}_1 = \mathbf{V}'_1 + \mathbf{V}'_2$$

对于两物体的完全弹性碰撞（$e = 1$）来说，总能量守恒：

$$\frac{1}{2}m_1\mathbf{V}_1^2 + \frac{1}{2}m_2\mathbf{V}_2^2 = \frac{1}{2}m_1\mathbf{V}'^2_1 + \frac{1}{2}m_2\mathbf{V}'^2_2$$

由于两物体质量相等，且第二个物体碰撞前处于静止状态，上式简化为

$$\mathbf{V}_1^2 = \mathbf{V}'^2_1 + \mathbf{V}'^2_2$$

运用勾股定理，能保证上述两个矢量方程均成立的条件只能是 $\mathbf{V}_1$、$\mathbf{V}'_1$ 和 $\mathbf{V}'_2$ 三者构成一个直角三角形，其中 $\mathbf{V}'_1$ 和 $\mathbf{V}'_2$ 成 $90°$ 角。

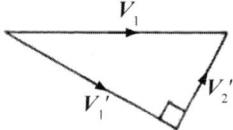

我想，你也会认为这种解题方法更灵巧、优雅。

### 4.7 线性碰撞的等效表述 ★★★

本题我们将探讨一个著名的结论，出乎意料的是，它可以用代数的方法来证明。

质量分别为 $m_1$ 和 $m_2$，初始速度分别为 $v_1$ 和 $v_2$ 的两个球发生迎面（一维）碰撞后，速度分别为 $v'_1$ 和 $v'_2$。我们可以将弹性碰撞定义为无动能损失的碰撞，或者恢复系数为 1 的碰撞：

$$e = |v'_1 - v'_2| / |v_1 - v_2| = 1$$

证明二者的等效性在所有惯性（无加速）参考系中均成立。

## 解答

我们先考虑碰撞中动能守恒这一表述：

$$\frac{1}{2}m_1 v_1^2 + \frac{1}{2}m_2 v_2^2 = \frac{1}{2}m_1 v_1'^2 + \frac{1}{2}m_2 v_2'^2$$

令 $r = m_2/m_1$，并对上式进行简化，我们有：

$$v_1^2 - v_1'^2 = -r(v_2^2 - v_2'^2) \tag{1}$$

该系统的一维动量守恒方程为

$$m_1 v_1 + m_2 v_2 = m_1 v_1' + m_2 v_2'$$

该式可以写作

$$v_1 - v_1' = -r(v_2 - v_2') \tag{2}$$

我们先来证明这两个方程在所有的惯性参考系中均成立。考虑以速度 $v$ 相对于当前参考系运动的另一惯性参考系，我们有初始速度 $v_1 + v$ 和 $v_2 + v$，以及碰撞后速度 $v_1' + v$ 和 $v_2' + v$。能量守恒方程（1）变为 $(v_1^2 + v^2 + 2v_1 v) - (v_1'^2 + v^2 + 2v_1' v) = -r[(v_2^2 + v^2 + 2v_2 v) - (v_2'^2 + v^2 + 2v_2' v)]$。

化简后我们有

$$v_1^2 - v_1'^2 + 2v(v_1 - v_1') = -r(v_2^2 - v_2'^2) - r \cdot 2v(v_2 - v_2') \tag{3}$$

可以看出，式（3）相当于式（1）加上 $2v$ 乘以式（2）。这样我们就证明了方程（1）和（2）在所有惯性参考系中均成立。

利用这一结果，为了简化讨论，我们选取 $v_2 = 0$ 的参考系，于是方程（1）和（2）分别变成

$$v_1^2 - v_1'^2 = r v_2'^2 \tag{4}$$

$$v_1 - v_1' = r v_2' \tag{5}$$

方程（4）和（5）有两个未知量 $v_1'$ 和 $v_2'$，重组方程（5）得出 $v_1'$ 的表达式并代入方程（4）得：$v_2'^2(r^2 + r) - v_2' \cdot 2r v_1 = 0$。

这是关于 $v_2'$ 的一元二次方程，求解可得：

$$v'_2 = \frac{2rv_1 \pm \sqrt{4r^2 v_1^2}}{2(r^2+r)} = \frac{v_1 \pm v_1}{r+1}$$

这就给出了两个解：

$$v'_2 = 0$$

$$v'_2 = v_1 \frac{2m_1}{m_1+m_2}$$

前一个解表示无碰撞。将后一个解代入式(5)可得

$$v'_1 = v_1 \frac{m_1-m_2}{m_1+m_2}$$

现在弹性碰撞的解 $v'_1$ 和 $v'_2$ 都有了，我们再回过头来看恢复系数的定义：

$$e = \frac{|\, \boldsymbol{v}'_1 - \boldsymbol{v}'_2 \,|}{|\, \boldsymbol{v}_1 - \boldsymbol{v}_2 \,|}$$

考虑一维碰撞且 $v_2 = 0$，并将 $v'_1$ 和 $v'_2$ 的表达式代入，我们有：

$$e = -\left(\frac{v'_1 - v'_2}{v_1 - v_2}\right) = -\left(\frac{m_1-m_2}{m_1+m_2} - \frac{2m_1}{m_1+m_2}\right) = 1$$

这样我们就证明了，在任何惯性参考系中，零动能损失（$\Delta K_E = 0$）都意味着恢复系数等于 1。为了使该证明完整，我们还需要进行反向证明，即由 $e=1$ 可推导出 $\Delta K_E = 0$。我将该证明留给你做练习。[①]

---

① 原文注：你可以利用上述证明中的一部分，但顺序要反过来。

# 第5章
# 圆周运动

本章我们将讨论**圆周运动**，或者说转动动力学。从某方面来讲将其与其他动力学问题分别开有点奇怪。不过，圆周运动常常作为高中课程中的一个独立主题来教授，而且在它这片肥沃的土地上还成长出了不少几乎不需要数学知识就能解答的概念性智力题。浏览旧问题目录时我发现，圆周运动每隔 2 到 3 年就会出现一次。似乎我经常将圆周运动与能量守恒定律（比如悠悠球、过山车等）或涉及极限摩擦力（limiting friction，比如汽车做圆形转弯）的问题结合在一起。我们先来回顾两道基本问题。

- 向心加速度。以速度 $v$ 沿半径为 $R$ 的圆做匀速圆周运动的物体的加速度为：

$$a = \frac{v^2}{R}$$

- 加速度指向圆周运动的圆心。速度 $v$ 与角速度 $\omega$ 之间的关系为 $v = \omega R$，从而有

$$a = \omega^2 R$$

- 向心力。如果一质量为 $m$ 的物体做圆周运动，有指向圆周圆心的加速度 $a = \omega^2 R$，则该物体需受到一个满足牛顿第二定律的外力，我们称这个力为**向心力** $F = ma = m\omega^2 R$。该力的产生取决于系统，通过下例可以进行最佳说明。绳端的小球在做转动时向心力由绳子的张

力提供。过山车过急弯转动时向心力（通常）由轨道的反作用力提供。汽车在水平路面绕一角转动时，向心力由轮子与地面之间的摩擦力提供。飞机做水平偏航时，向心力由机翼升力的**分量**提供。向心力是很简单的某个力或力的分量，存在于产生我们可见的向心加速度的系统中。

## 5.1 超级摩托车赛中的摩擦力★

2011 年我曾参加了在温哥华召开的一次会议，得以穿过边界（从加拿大到美国）去拜访住在西雅图附近雷德蒙德市的弟弟。当时他正在微软工作。我已经几年没见他了，也没见他的太太和两个女儿，当年我这俩侄女大概三四岁大。美国西北角的气候与英国很像，多雨的天气意味着我们大部分时间都在屋里。与大多数小孩子一样，我的两个侄女似乎也对在线游戏很着迷。但不寻常的是，她们喜欢玩的都是数学智力题。我猜可能是我弟夫妻二人一个是数学家一个是经济学家的原因。

最终雨停了，我提议去爬华盛顿州最高的山。我有个习惯，就是要登上当地的最高点。看到弟弟穿着凉鞋，我就应该认识到登顶的期望根本就是幻想。我提醒他最上面一千米会覆盖有很厚的积雪。弟弟拿出两个塑料袋，告诉我他准备到时候套在脚上当鞋穿。[①]

前往该山的路很长。路上我回想起弟弟一直都是一个不怎么稳定的司机，在两种大不相同的开车风格间来回摆动。一种风格是极为悠闲，能在靠人行道的标识和路边的响带（他用来告诉自己什么时候回到

---

① 原文注：可能有读者感兴趣他怎么个穿法，我来介绍一下。他打算把塑料袋套在袜子外面再穿凉鞋，形成一种半露的防水套。他的理论是热量的主要损失途径是低温的水和空气的进出，而不是热传导，有效的密封可以保护脚不受怕深厚积雪的伤害。到达雪线后，防水套只起了5分钟的作用，之后弟弟双脚就冻得发麻，失去了知觉。我们又回到车上。值得指出的是我们爬的是雷尼尔山，其为冰雪覆盖的山顶海拔 4392 m。所以说我认为登顶是个幻想，原因并不仅仅在于弟弟穿了凉鞋。

道路上来)间温柔地来回。他在脑海中思考问题时开车是这种风格。另一种风格更像是赛车手，包括猛踩油门，过红绿灯时快速换挡，在拐角处走精确的赛车路线。他不解方程时开车就这种风格。两种风格都需要他集中注意力，所以我有大量的时间思考自己的事。在快速拐上高速公路时我都能感到车在漂移，便问了他一个直白的问题：

"你是不是经常被警车拦下？"

"啊不，并不经常，"他随口答道。

"那被拦下后你都怎么跟警察讲的？"

弟弟的语气暗示，他认为我的问题有点不知所以。

"我说我只遵守摩擦定律。"

我在美国有过一次被警察拦下的经历（当时我是乘客），可以保证在美国与警察打交道并不是什么开心事。警察的配枪多少会破坏现场的轻松气氛。我怀疑甚至最漫不经心的违章者也会为自己的屡次违章狡辩。但我弟弟却未必。

相当多知名的智力挑战题是关于道路的极限摩擦力的。我知道很多汽车或摩托车在平坦路面或倾斜路面上做圆形运动相关的问题。下面这道题是其中最简单的一道，也是一道标准的高中物理题。如果你觉得它太容易，可尝试倾斜圆形轨道的情形，难度为★★。

一辆超级摩托车在平坦路面上沿半径为 $r$ 的圆形轨道奔驰。轮胎与路面之间的摩擦系数为 $\mu$。超级摩托车应该与竖直方向成多大的夹角 $\theta$，才能跑得最快？

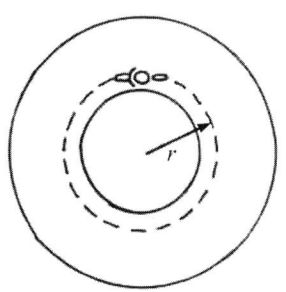
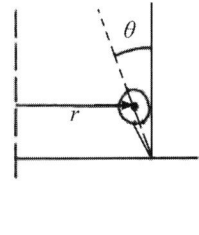

## 解答

车轮与地面的摩擦力达到最大时摩托车的速度最快。通常摩擦力满足 $F \leqslant \mu R$，但达到极限摩擦力时有 $F = \mu R$。作用在摩托车上的外力有三个：

- 重力 $mg$，作用于质心，竖直向下；

- 地面的反作用力 $R$，作用于接触点，方向竖直向上。因为竖直方向上没有加速度，所以该力必然等于 $mg$。根据牛顿第二定律这两个力必须平衡。

- 地面的摩擦力，对于极限摩擦力情形来说等于 $\mu R$。

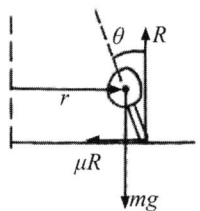

圆周运动是在水平面上进行的，加速度指向圆周运动的圆心。对于极限摩擦力情形来说，产生加速度的作用力大小为 $\mu R$。摩托车又在做稳定圆周运动（$\theta$ 保持不变），作用于摩托车的净力矩为 0。考虑相对于质心的动量：

$$RL \sin \theta = \mu RL \cos \theta$$

其中 $L$ 为质心到车轮与地面接触点的距离。化简后我们有：

$$\mu = \tan \theta$$

于是有：

$$\theta = \arctan \mu$$

对于 $\mu = 1$ 我们有 $\theta = 45°$。下次你看到摩托车与竖直方向的夹角远大于 $45°$，就知道车轮与地面的摩擦系数非常大。黏性橡胶决定了这一切。

## 5.2 超级摩托车赛中的出前位置★★

在超级摩托车大赛中，三辆相同的摩托车 1、2、3 分别以不同的半径相对于同一圆心环绕 100 圈，其中 $r_1 < r_2 < r_3$，哪辆摩托车将赢得比赛？

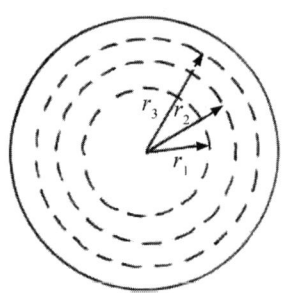

## 解答

前一节我们讨论了极限摩擦力情形中作用于摩托车上的外力。本节我们将讨论同一组力，同时也将讨论一辆摩托车所能达到的极限速度。

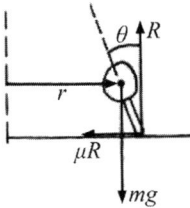

对于极限摩擦力情形来说，指向圆周运动中心的向心力 $\mu R$ 导致了向心加速度 $a = v^2 / r$。根据牛顿第二定律，我们有：

$$F = ma = \frac{mv^2}{r} = \mu R$$

将 $R = mg$ 代入上式并化简，得：

$$v = \sqrt{\mu g r}$$

摩托车行驶的路程与其各自圆形路径的周长 $c=2\pi r$ 成正比。行驶一周所需时间为距离与速度之比：

$$t_{lap}=\frac{c}{v}=\frac{2\pi r}{\sqrt{\mu gr}}$$

所以有：

$$t_{lap}\propto\sqrt{r}$$

1 号摩托车的轨道半径最小，所以会胜出。将半径最小化，并考虑总行驶路程，就有了赛道（racing line）。

## 5.3 过山车★★★

我真的喜欢这道题。几年前我想出了这道题，之后就一直用它来测试学生。我把它打造成一个纯粹的讨论题，无需纸笔来解方程，尽管通常我会要求学生画出过山车在轨道上不同位置的力线。我发现大多数同学都需要至少某个环节上的帮助，也需要鼓励去彻底检验他们的答案。问题如下：

一辆 7 节车厢（图中以 1 到 7 标记）的无动力过山车被缓慢推至无摩擦轨道的下落边缘。轨道由圆弧和直线构成。车上有 7 个体重相同的乘客。图中标出了我们感兴趣的点 $p_0$ 到 $p_{11}$。过山车的轮子是锁在轨道上的，所以不会脱离轨道。回答下述问题：

1. 在哪些位置座位与乘客之间的作用力达到最大？
2. 在哪些位置肩带与乘客之间的作用力达到最大？
3. 在哪些位置车厢与乘客之间的作用力达到最小？
4. 在问题 1～3 中的位置，乘客 1～7 所受到的力是否相同？如果不同，请指明哪位乘客受到的力最大，哪位最小。

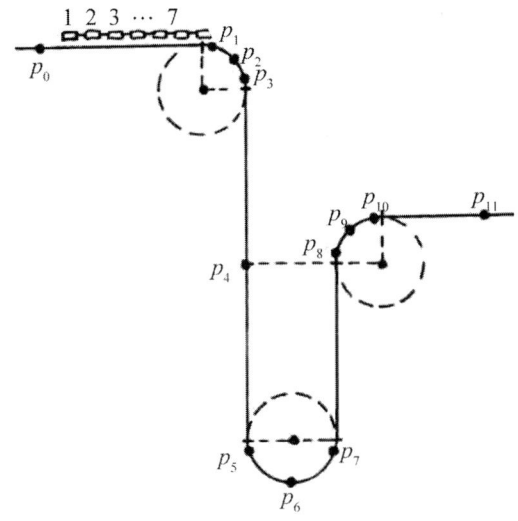

## 解答

我们将依次讨论上述问题，但首先我们要探讨一下总的解题方法。我们关注的是两个基本的东西：能量守恒、圆周运动方程。我们不需要将方程写出来（这不是一个定量方程），只需要理解其中的原理。

首先来考虑能量守恒。过山车下降时，势能减小，动能增加；上升时势能增加，动能减小。过山车任何时刻的速度由此刻与起始位置 $p_0$ 之间的势能差决定。势能差正比于与起始位置 $p_0$ 之间的**高度差**。所以过山车在 $p_6$ 的速度最大。这里我们很随意地用到了"高度差"这个词。过山车沿轨道运行时形状会发生改变。这里"高度差"指的是**重心的高度差**。考虑两种情况：

• 过山车经过点 $p_0$，重心的高度与 $p_0$ 相同（忽略车厢在轨道上的高度）。1 到 7 号车厢均如此。

• 过山车经过点 $p_6$ 的过程中，重心总是在 $p_6$ 之上（忽略车厢在轨道上的高度）。对于 1 到 4 号车厢来说，重心与 $p_6$ 的高度差不同：4号车厢经过 $p_6$ 时高度差最小，1 号（或 7 号）车厢经过 $p_6$ 时高度差最大。1 号与 7 号、2 号与 6 号、3 号与 5 号分别有相同的解。所以 4 号

车厢经过 $p_6$ 时过山车的速度高于其他车厢经过 $p_6$ 时的速度，而 1 号和 7 号车厢经过 $p_6$ 时过山车的速度低于其他车厢经过 $p_6$ 时的速度。

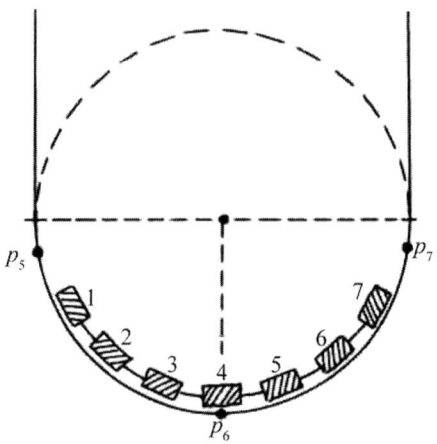

我们现在来考虑圆周运动。一物体做圆周运动时，需要有一个指向运动中心（圆心）的净作用力。力的大小与加速度成正比，而后者又正比于该物体运动速度的平方。现在我们再回答上述问题就比较简单了。我们依次回答问题 1 到 3，在这个过程中问题 4 也得到了解答。

1. 在哪些位置座位与乘客之间的作用力达到最大？

在 $p_6$ 点达到最大。此处作用于质量 $m$ 上的力不仅仅抵消了重力 $mg$，还提供了朝向运动圆心的加速度。因为此处的速度大于其他任何地方，所以指向圆心的加速度也最大。作用于质量 $m$ 上的力为：

$$F_6 = mg + m\frac{v_6^2}{r}$$

根据经过 $p_6$ 点的车厢不同，$v_6$ 可以取四个值。4 号车厢里的乘客感受到的作用力最大，因为 4 号车厢经过 $p_6$ 点时过山车的速度达到最大。

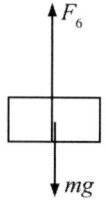

2. 在哪些位置肩带与乘客之间的作用力达到最大？

乘客位于过山车弯道外侧时，他们会受到肩带而非座椅的作用力。**原则上讲**，乘客在 $p_1$、$p_2$、$p_3$ 点和 $p_8$、$p_9$、$p_{10}$ 点可能会受到肩带的作用力。[1] 其中高度最低的点为 $p_8$，所以过山车经过此处时速度最快（$v_8 > v_1$，$v_2$，$v_3$，$v_9$，$v_{10}$）。此外我们还注意到，在 $p_8$ 处重力基本上垂直于轨道与车厢之间的作用力。[2] 我们记作

$$F_8 \approx m\,\frac{v_8^2}{r}$$

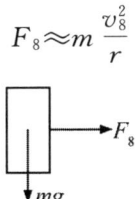

其中根据车厢不同，$v_8$ 可以取**七个**不同的值。7 号车厢里的乘客感受到的作用力最大，因为它经过 $p_8$ 时的速度大于其他车厢经过该点时的速度。同理，1 号车厢里的乘客感受到的作用力最小。

3. 在哪些位置车厢与乘客之间的作用力达到最小？

过山车经过 $p_4$ 时处于自由落体状态，车厢与乘客之间没有作用力。这对于所有的乘客均成立。

## 5.4 脱轨过山车★★

我一直很喜欢过山车类题目，几年来自己也构想了几道。过山车确实是高中物理智力题中最受欢迎的主题之一。这可能是因为它具有几乎无限可变性，且能引起众多讨论。学生们对它们上手也快，不仅仅因为其中所涉及的物理知识，也因为它们可以与实际情况进行比对验证，对于动力学问题来说这一点很重要。当然，尽管大多数学生觉

---

① 原文注：如图所示，并不一定所有的乘客在 $p_1$ 点都会受到肩带的作用力，因为重力足以产生指向圆心的加速度。如果有乘客感受到了肩带的作用力，那最有可能是 1 号车厢里的乘客，他经过 $p_1$ 点的速度大于其他乘客经过该点的速度。类似的结论也适用于 $p_2$ 点，只不过感受到肩带作用力的乘客可能会更多。在 $p_3$ 点可能大多数乘客都会感受到肩带作用力，其中 1 号车厢里的乘客感受到的作用力最大。

② 原文注：肩带、乘客之间力的作用方式与轨道、车厢之间的作用方式完全相同。

得自己对过山车并不陌生，但这类问题的设计往往是为了真正检验他们的理解。过山车问题会把学生分为两种类型：一类是记住了类似问题的解的学生，另一类是真正掌握了解答类似问题的工具并乐于将其应用于新题的学生。过山车问题是我特别喜欢的一个问题。

将一辆无摩擦过山车从高度 $h$ 处由静止状态释放，之后它自行沿 45°斜坡下行，并经过圆环上点 $a$、$b$、$c$、$d$、$e$。该圆环的半径为 $r$，且与斜坡相切。之后过山车驶上同样与圆环相切的水平轨道。回答下述问题：

1. 何处车厢与轨道之间的作用力达到最大？给出其表达式。

2. 何处作用力达到最小？给出其表达式。

3. 如果车厢的轮子是普通轮子[①]，求车厢脱轨的最小高度 $h$。

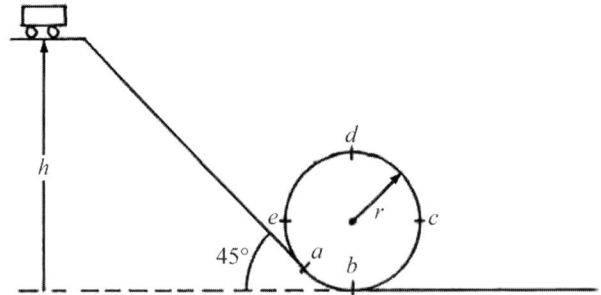

## 解答

对于这类问题，一个很好的解题思路就是考虑能量守恒——势能与动能的相互转换。过山车在一点的速度取决于初始状态（此时车厢的速度为 0）与考查点之间的高度差。[②] 我们还要牢记，如果车厢以某一速度做圆周运动，就需要一个外力提供相应的加速度。这个外力可以是车厢的重力，也可以是轨道的作用力。我们要考虑的是后一种力。

---

① 原文注：就像普通货车的轮子一样，没有防脱轨的卡轮。

② 原文注：有些问题可能还要求考虑摩擦力的效应，这就增加了问题的难度。

　　在深入讨论这类问题之前，我让学生画出车厢位于 45° 斜坡半路处所受的外力。这是为了测试他们对基本的力的分解的熟悉度——如果不能做力的分解，你也就很难进行深入的讨论。我见过不少学生进行力的分解都比较吃力。

　　考虑车厢在斜坡上加速下滑的过程。车厢受到竖直向下的重力 $mg$，其中 $m$ 为车厢的质量，$g$ 为单位质量所受的重力。车厢还受到一个反作用力，方向与光滑的轨道垂直。车厢在垂直于轨道的方向上并没有加速度，所以这个方向上的净作用力为零。我们记作 $F = mg\cos\theta$。在平行于轨道的方向上有一个净作用力 $mg\sin\theta$，导致车厢在该方向上有一个加速度 $a = g\sin\theta$。力线图并不是用来回答上面的问题的。只是有时候在讨论一些不熟悉的问题之前，先参考一下完全熟悉的问题会有所帮助。

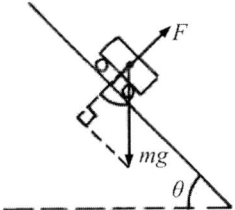

　　我们现在来考虑能量守恒。本题中势能 $P_E = mgh$ 与动能 $K_E = \dfrac{mv^2}{2}$ 之间存在相互转化，其中 $v$ 为车厢的速度，$h$ 为车厢相对于任意基点的高度。对于无摩擦的系统来说，$P_E + K_E$ 是恒定的。

　　考虑我们特别感兴趣的三个点 $b$、$c$ 和 $d$。$b$ 点处的速度应该最大，而 $d$ 点处的速度应该最小。$b$ 点和 $d$ 点处过山车与轨道之间的作用力方向也相反。所以这些点对于我们的解答很重要。我们之所以要考查 $c$ 点，是因为此处轨道的反作用力与重力垂直。后面我们将进一步讨论这一点。$e$ 点与 $c$ 点类似，而 $a$ 点的意义则不大。

　　我们注意到 $b$、$c$ 和 $d$ 点距离地面的高度分别为 0、$r$ 和 $2r$。从起始点到 $b$、$c$ 和 $d$ 点势能分别损失了 $mg(h-0)$、$mg(h-r)$ 和 $mg(h-2r)$。由 $\Delta P_E = \Delta K_E$ 可以得出过山车的速度：

$$v_b = \sqrt{2gh} , \quad v_c = \sqrt{2g(h-r)} , \quad v_d = \sqrt{2g(h-2r)}$$

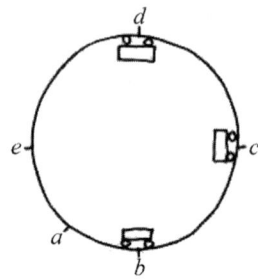

与前面的猜测一致，$b$ 点处的速度最大，$d$ 点处的速度最小。现在来考虑过山车在半径为 $r$ 的圆形轨道上以速度 $v$ 运动时的（或向心）加速度。加速度的公式为 $a = \dfrac{v^2}{r}$，且指向运动的中心，本题中即指向圆形轨道的圆心。本题中向心力由重力或轨道提供，或兼而有之。根据加速度的公式，可得到所需的向心力 $F = \dfrac{mv^2}{r}$，方向指向圆心。

现在我们依次来考虑 $b$、$c$ 和 $d$ 三个点。

• $b$ 点。重力 $mg$ 方向向下，轨道的反作用力 $F_b$ 方向向上。所需要的向心力为 $mg$ 与 $F_b$ 在竖直向上方向的矢量和，于是我们有：

$$F_b - mg = m\frac{v_b^2}{r}$$

• $c$ 点。重力 $mg$ 方向向下，轨道的反作用力 $F_c$ 方向向左。所需要的向心力为 $mg$ 与 $F_c$ 在左向上的矢量和，于是我们有：

$$F_c = \frac{mv_c^2}{r}$$

• $d$ 点。重力 $mg$ 方向向下，轨道的反作用力 $F_d$ 方向向下。所需要的向心力为 $mg$ 与 $F_d$ 在竖直向下方向的矢量和，于是我们有

$$F_d + mg = \frac{mv_d^2}{r}$$

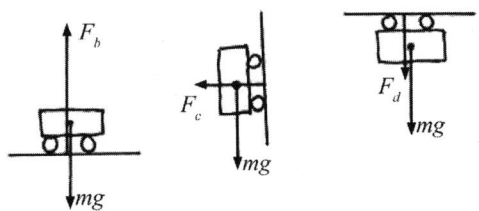

将上述方程重新组合，并将 $v_b$、$v_c$ 和 $v_d$ 的表达式代入其中，可得轨道作用力方程：

$$F_b = mg + \frac{mv_b^2}{r} = mg\left(\frac{2h}{r} + 1\right)$$

$$F_c = \frac{mv_c^2}{r} = mg\left(\frac{2h}{r} - 2\right)$$

$$F_d = \frac{mv_d^2}{r} - mg = mg\left(\frac{2h}{r} - 5\right)$$

跟我们设想的一样，$F_b > F_c > F_d$。我们现在要回答前面提出的问题。

1. 何处车厢与轨道之间的作用力达到最大？

在 $b$ 点处达到最大，此处车厢与轨道的作用力为 $F_b = mg\left(\frac{2h}{r} + 1\right)$。作用力在此处达到最大的原因是：i) 此处过山车的速度最大，因此加速度也最大，所以需要一个更大的轨道作用力；ii) 重力作用的方向背离圆周运动的圆心，所以它不但不会对向心力做出贡献，还要求更多的轨道反作用力来抵消自己。

2. 何处作用力达到最小？

在 $d$ 点处达到最小，此处车厢与轨道的作用力为 $F_d = mg\left(\frac{2h}{r} - 5\right)$。作用力在此处达到最小的原因是：i) 此处过山车的速度最小，因此加速度也最小，所以需要一个更小的轨道作用力；ii) 重力作用的方向指向圆周运动的圆心，构成了向心力的一部分，相应地轨道反作用力就更小了。如果过山车的速度足够低，重力可能会大于所需要的向心力，轨道的作用力将为 0（下一段讨论会包含这一点）。

3. 如果车厢的轮子是普通轮子，求车厢脱轨的最小高度 $h$。

轨道的作用力降为 0 时(亦即，过山车与轨道之间不存在接触力)，过山车将会脱轨。随着 $h$ 的减小，首先 $d$ 点的轨道作用力会降为 0。考虑 $F_d = mg\left(\dfrac{2h}{r} - 5\right)$，可知当 $h = 5r/2$ 时，$F_d = 0$。这是脱轨的临界最小高度。

## 5.5 懒教授最后一次滑雪★★

"半球山结冰了，"懒教授说，"这是测试我那无摩擦雪橇的终极场所。"

"但你没有刹车!"他同事喊道。"你会很惨的!"

"老伙计!"懒教授说，"半球山完全光滑，我为啥需要刹车？这次会是个大胜利。"

于是他们穿上靴铁[①]，爬上了半球山山顶。据说，晴天从山顶能将整个谜郡尽收眼底。

"你真的需要保护措施，"明白教授说。"到达某个临界角度后，你就会飞起来。"

"没有的事，明白教授!"懒教授说，斜坡让他咬紧了牙关。

同事们看着懒教授慢慢滑过半球山边缘都吓得尖叫起来，并挥舞起他们的手臂，但除此之外他们也做不了什么。懒教授已经滑入了他的最终轨道。

如果你坐在一个无摩擦的雪橇上，并从半球山的顶点直朝下滑下，是否存在一个你会离开坡面的临界角度？如果存在，这个角度是多少？

---

① 译注：爬雪山或攀冰时为防滑而装在鞋底上的器材。

半球山

## 解答

这个可爱的小问题，通常是以球上的珠子[①]问题或类似的形式提出，是一个很经典的问题。多年来它已经在很多地方出现过。我们首先来考虑基本的原理。

懒教授从坡上滑下时，部分势能转化成了动能，滑动速度增加。通过能量守恒，我们能计算出他的速度 $v_\theta$ 与坡面角度 $\theta$ 之间的关系。对于某一速度 $v_\theta$，如果雪橇沿半球曲面滑行，就需要一个指向圆周运动圆心的向心力，以保证雪橇附着在曲面上。作用在雪橇上的作用力有两个：重力，以及垂直于坡面（方向背离圆周运动的圆心）的反作用力 $R_\theta$。注意没有摩擦力。向心加速度由重力的一个分量提供。随着雪橇速度的增加，所需的向心力也在增大。但是，随着坡面角度的增加，重力在向心加速度方向上的分量却在减小。在临界角度，重力的分量不足以支持圆周运动的向心加速度，$R_\theta = 0$，雪橇脱离斜坡。

我们来更详细地讨论这些原理。首先考虑能量守恒。雪橇下滑至坡面角度 $\theta$（从半球顶点测量）时，从几何图上可以看出，雪橇的高度已经下降了 $r(1-\cos\theta)$，势能损失了 $mgr(1-\cos\theta)$。此时的动能为 $\frac{1}{2}mv_\theta^2$。令两式相等，可得：

$$v_\theta^2 = 2gr(1-\cos\theta)$$

---

① 原文注：小球静置于无摩擦球体上，且允许从球的顶点滑下来。

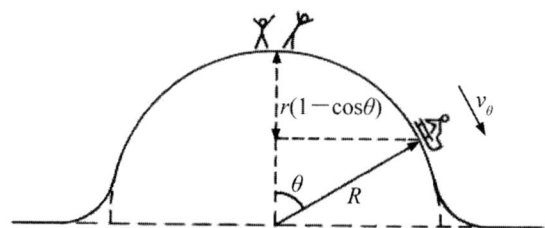

现在来考虑作用于雪橇上的两个力：重力 $mg$ 和半球的反作用力 $R_\theta$。为突出二者与坡面角度之间的关系，我们画出两个普通位置上的力线。首先我们画出半球顶点附近某位置的力线，之后是雪橇离开半球球面处，即 $R_\theta = 0$ 处的力线。由于向心加速度为 $a = \dfrac{v_\theta^2}{r}$，所需指向运动中心的向心力为 $\dfrac{mv_\theta^2}{r}$。于是 $mg$ 和 $R_\theta$ 之间的关系为：

$$mg\cos\theta - m\,\frac{v_\theta^2}{r} = R_\theta$$

在雪橇离开半球坡面那一点，$R_\theta = 0$。在临界点处将两个方程结合起来我们就有：

$$\cos\theta = 2(1 - \cos\theta)$$

求解 $\theta$ 可得：

$$\theta = \cos^{-1}\frac{2}{3}$$

懒教授将在 $\theta \approx 48.2°$ 处离开坡面，之后将自由飞行。明白教授的担忧是有道理的，因为这将是懒教授的最后一次无摩擦滑雪。

## 5.6 飞车走壁：汽车★★★

飞车走壁为一种古老的杂技，即汽车或摩托车在立壁围起来的圆桶状的内轨道上行驶。1911 年第一座飞车走壁设施在纽约的科尼岛建立，之后迅速传至英国和印度及其他很多地方。汽车或摩托车在圆桶的中心发车，沿一段倾斜的墙壁加速，速度足够大时再转至竖直墙壁上行驶。观众站在圆桶顶部观赏下面的车手，可能也在揣测后者是如何贴在墙壁上飞驰的。现在美国和英国的飞车走壁基本已绝迹，不过印度还有几十处。在最惊险的表演中，汽车或摩托车在墙壁上飞驰时车两侧还会有杂技表演。有很多这种表演的视频，都很刺激。如果说这种桶式飞车走壁对你来说还不够刺激，还有球式的，即摩托车在钢网制作的球里飞驰。最多有 10 辆摩托车在一个球里做飞车走壁表演，该纪录是一个中国杂技团在 2010 年创下的。

考虑一辆汽车在一个直径为 12 m 的立式圆桶里做飞车走壁。假设汽车的质心距离桶壁 1 m，汽车的轴距为 2 m。计算静摩擦系数分别取下述值时汽车的最低速度：

1. $\mu = 1$。

2. $\mu = \dfrac{1}{2}$。

3. $\mu = \dfrac{3}{2}$。

分别画出各个解的力线图。

## 解答

首先我们画出汽车的结构图。我们记汽车与立壁的接触点（在轮子上）为 $A$ 和 $B$，并记汽车的质心为 $C$。我们知道质心到立壁的距离为 $x=1$ m。$C$ 在竖直方向上距离 $A$ 点和 $B$ 点的距离均为 $y=1$ m。我们依次考虑 $\mu=1$、$\mu=\dfrac{1}{2}$ 和 $\mu=\dfrac{3}{2}$ 这三种情况。

1. $\mu=1$。

我们现在来考虑最普通情况下作用在汽车上的力。共有 5 个力：

- 汽车的重力 $mg$，作用于 $C$ 点，方向竖直向下；
- 反作用力 $R_1$ 和 $R_2$，分别作用于 $A$ 点和 $B$ 点，垂直于立壁；
- 摩擦力 $F_1$ 和 $F_2$，分别作用于 $A$ 点和 $B$ 点，方向竖直向上。

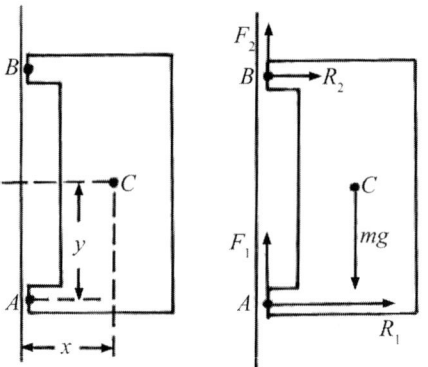

现在我们来分析这些力之间的关系。我们要做的是求解竖直方向和水平方向上的力，并求相对于质心的力矩之和。

首先考虑竖直方向上的力，并注意该方向上的加速度为 $0$，于是我们有：

$$mg=F_1+F_2$$

再来考虑指向圆桶中心（$R_1$ 和 $R_2$ 所指向的地方）的力，并注意到朝向中心的加速度为 $\dfrac{v^2}{r}$，其中 $v$ 为汽车沿立壁的切向速度，$r$ 为汽车

174

质心行进轨道的半径（这里 $r=\dfrac{12}{2}-1=5$ m），我们有：

$$R_1+R_2=m\,\frac{v^2}{r}$$

在考虑相对于质心的扭矩之前[1]，我们先考虑竖直方向上的极限摩擦力。通常情况下，摩擦力小于或等于摩擦系数乘以局部反作用力，亦即：

$$F_1\leqslant\mu R_1,\ F_2\leqslant\mu R_2$$

在极限摩擦力情况下，有

$$F_1=\mu R_1,\ F_2=\mu R_2$$

于是竖直方向上的平衡条件可化为：

$$mg=\mu(R_1+R_2)=\mu\,\frac{mv^2}{r}$$

极限摩擦力情况下的最小速度为：

$$v=\sqrt{\frac{rg}{\mu}}$$

取 $r=5$ m，$\mu=1$，可得 $v=\sqrt{50}\approx7.1$ m/s。这个速度看似很容易实现，且与飞车走壁视频中汽车的速度相当地一致。当然，车手会开得更快，以确保汽车附着在立壁上。不过，我们求得的速度是在合理范围的。

质心在水平方向上到与立壁的接触点（$A$ 和 $B$）的距离为 $x=1$ m。反过来说，接触点处向上的反作用力（保持汽车在竖直方向上平衡的力）产生了相对于质心的力矩，后者有将汽车倾斜的趋向。该力矩总是等于汽车的重力乘以作用距离，即 $x=1$ m。如果汽车处于平衡状态，则该力矩必然为作用于 $A$ 和 $B$ 点的大小不等的反作用力所抵消。如果对于给定条件，可以解出值为正的 $R_1$ 和 $R_2$，则可知转动平衡可以满足。如果得到了负的 $R_2$"解"（$B$ 点处的反作用力为负），则可知旋转平衡条件物理上是无法满足的。

––––––––––––––––––––

[1]　原文注：这么做是为了确保转动稳定性。

考虑相对于质心的力矩，我们有：

$$(F_1 + F_2)x = (R_1 - R_2)y$$

在极限摩擦力情形下，$F_1 = \mu R_1$，$F_2 = \mu R_2$，我们有：

$$R_1\left(1 - \mu\,\frac{x}{y}\right) = R_2\left(1 + \mu\,\frac{x}{y}\right)$$

这是极限摩擦力情形下的转动平衡条件。对于 $\mu = 1$，$x = y = 1$ m 来说，方程的左侧等于 0。只有 $R_2 = 0$ 方程才能得到满足。在极限条件下，这是一个可以接受的条件。所有的重量均压在了下面轮子上的 $A$ 点。反作用力与摩擦力相等，且产生了相对于质心正好相反的力矩。这个解很简单：

$$F_1 = R_1 = mg，\quad R_2 = 0$$

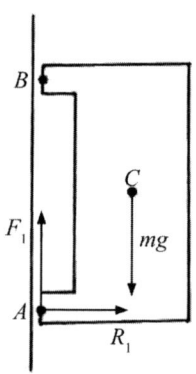

$2.\ \mu = \dfrac{1}{2}$。

回忆一下极限摩擦力情形下的最小速度条件 $v = \sqrt{\dfrac{rg}{\mu}}$，取 $r = 5$ m，$g \approx 10$ m/s$^2$，$\mu = \dfrac{1}{2}$，可得 $v = \sqrt{100} = 10$ m/s。如我们所设想，摩擦系数减小则速度上升。速度的上升并不大，因为速度的平方与反作用力正相关——极限摩擦力正比于这一反作用力。

我们也要检验转动稳定性条件：$R_1\left(1 - \dfrac{\mu x}{y}\right) = R_2\left(1 + \dfrac{\mu x}{y}\right)$。对于

$\mu=\dfrac{1}{2}$，$x=y=1$ m 来说，我们有 $R_1=3R_2$。或许我们能够想象出这样一个结果。摩擦系数降低后，为了获得所需要的摩擦力，我们需要增加反作用力。摩擦力带来的力矩与 $\mu=1$ 时相同，所以反作用力需要重新分配以实现相对于质心的零净力矩。这通过在 $B$ 点施加正的反作用力来实现。解方程可得反作用力：

$$R_1=\frac{3}{2}mg，R_2=\frac{1}{2}mg$$

以及摩擦力：

$$F_1=\frac{3}{4}mg，F_2=\frac{1}{4}mg$$

3. $\mu=\dfrac{3}{2}$。

尽管可能不太现实，但 $\mu=\dfrac{3}{2}$ 却是一个很有趣的案例。再次考虑极限摩擦力情形下的最小速度条件 $v=\sqrt{\dfrac{rg}{\mu}}$，取 $r=5$ m，$g\approx10$ m/s$^2$，$\mu=\dfrac{3}{2}$，可得 $v=\sqrt{\dfrac{100}{3}}\approx5.8$ m/s。有了超级黏的橡胶，我们只需要很低的速度即可满足竖直方向上的平衡条件。现在来检验转动稳定性条件：$R_1\left(1-\dfrac{\mu x}{y}\right)=R_2\left(1+\dfrac{\mu x}{y}\right)$。对于 $\mu=\dfrac{3}{2}$，$x=y=1$ m

来说，我们有 $-\dfrac{1}{2}R_1=\dfrac{5}{2}R_2$。需要对这个结果做点解释。为了满足转动稳定条件，我们看似需要在 $B$ 点施加一个负的反作用力。这当然是不可能实现的。在较低速度下，满足摩擦力条件远比满足转动平衡条件容易。在这个速度下，汽车将跌落立壁。此时最低速度不是由竖直方向上的平衡而是由转动平衡来决定。我们看到，在 $\mu=1$ 的情况下，$v=7.1$ m/s 时转动平衡得到满足，同时有：

$$F_1=R_1=mg，R_2=0$$

我们注意到转动条件得到满足时，摩擦力不受限制。我们的解要求 $F_1=R_1$，比限制条件 $F_1\leqslant\dfrac{3}{2}R_1$ 小了不少。我们只需要跑得足够快就可保证不会侧翻跌落——没有滑落的危险。

## 进一步讨论

在上面的分析中，我们说（水平方向上的）反作用力与（竖直方向上的）摩擦力之间存在关联：$F_1\leqslant\mu R_1$，$F_2\leqslant\mu R_2$，却没有说摩擦力是怎么来的。如果我们将方向盘打至中心位置，汽车将盘旋而下，很危险。可能会要了我们的命！我们打偏方向盘，试图让汽车沿圆桶内壁向上攀爬来产生摩擦力。这与在水平路面上行驶时产生侧向力的机制相同。力的大小取决于打偏方向盘的程度。[1]（约翰·卡罗尔大学的）克劳斯·福里奇(Klaus Fritsch)在 1998 年的一封信"更多飞车走壁中的物理学"[2]中讨论了这个问题。

> 浏览一下互联网，你会发现不同半径、速度、角度的飞车走壁。Ringling Brothers and Barnum & Bailey 的飞车走壁

---

[1]　原文注：接触点的详细物理机制很复杂，且取决于轮胎的形变。

[2]　原文注：Fritsch K., 1998, "More physics on the Wall of Death", The Physics Teacher, 36, p. 390，http://dx.doi.org/10.1119/1.879902.

直径为 16 m，速度可至 27 m/s，Fusion Riders 的飞车走壁
的直径只有 4.1 m。假设静摩擦系数为 $\mu = 0.7$，则在水平中
心圈上表演的最低速度为 7.6 m/s，过载为 1.7 g，倾角为
35°（对于摩托车来说；相对于水平面的角度）。

　　另一个网站上的飞车走壁照片显示的是一个半径为 12 m
左右的木质圆柱状结构。照片上摩托车的倾角约为 30°，一些
车手举起了双手，表明过载可忽略不计。另一张照片显示了
卡丁车的飞车走壁。有意思的是，摩托车手身子倾斜，但前
轮与行进方向一致，而卡丁车必须始终将前轮向右打（朝上），
以防卡丁车盘旋而下，因为卡丁车不能倾斜。

## 5.7 飞车走壁：摩托车★★或★★★★

高中物理教科书中的解释鲜有能令人满意的。有些解释忽略了太
多东西，将物理原理简化了，有些解释直接就是不正确的，或应用错
误。我最喜欢的一个例子（因为我给研究生教授相关内容）是利用伯努
利方程来解释机翼的升力。讨论大致如下：

1. 机翼是弯曲的，所以气流通过上表面时行经的距离大于下
表面；

2. 由于上表面距离较长，一粒子必须运动得更快才能与相应从下
表面过来的粒子相遇。

3. 伯努利方程告诉我们，静压与动压之和是恒定的：$p + \left(\frac{1}{2}\right)\rho v^2 = C$。所以速度高则压力小。

4. 所以机翼上表面所受的压力小于下表面，由此产生了升力。

我最喜欢这个例子是因为它显然不合逻辑，荒谬。直到我们想起
问一个非常显眼的问题"为何从上面和下面流过机翼的粒子必须再次相
遇"时，上述解释才看似可行。答案是根本就没有理由。事实上，实验
中它们并不相遇！然而奇怪的是，大多数高中物理教科书中给出的都

是这一解释，至少我上学时是这样的。我手里的一本研究生水平的热动力学书中甚至还有这一解释的变体，这本书现在还在刊印，从其他方面来讲它也是一本很好的书。探索这一解释的起源及它为何流传至今你会发现很有意思，因为还有其他非常简单但又正确的解释，只是后者需要稍微复杂一点的数学知识。[①]

纯粹主义者会说这样的例子是对我们学生的犯罪。我相信有些时候给出简化的讨论有其道理。对于任何例子来说，待学生们接触了更高深的数学工具后，会有大量的时间去优化解释。我的看法相当实用主义，即老师的一些不准确解释可让学生们认识到，老师也并不总是正确的。我们应该对自己严苛。纯粹主义者可能会被吓到。

1998 年，《物理教师》(*The Physics Teacher*)刊登了一篇文章，题名为"教科书错了吗?"(Don't the Texts Have it Wrong?)。文章讨论了众多高中物理教科书不断出现的一个类似错误。作者写道:[②]

> 在我看来，有一个问题所有的教科书都错了。一座普通的游乐园里有一个车手骑着摩托车在下图所示的竖直圆桶内壁上做飞车走壁表演。

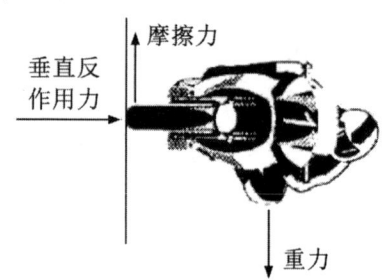

> 教科书中提出了问题: 求摩托车保持在立壁上所需要的最小速度。传统上讲，我们令 $N$ 等于 $\dfrac{mv^2}{r}$，令 $F$ 等于 $mg$，

---

① 原文注: 其中一个解释是流线曲率法，只需要我们推导径向平衡方程，一般的高中生都能做到。

② 原文注: Webb, J., 1998, "Don't the texts have it wrong?", The Physics Teacher, 36, p. 184, http://dx.doi.org/10.1119/1.879999.

并考虑到 $F=\mu N$ 得到 $v=\sqrt{\dfrac{gr}{\mu}}$。将当前教科书中的值($r=$ 15 m，$\mu=1.1$)代入其中，得到所需的最小速度 $v=12$ m/s。

这一分析不可能正确。力 $F$ 和 $mg$ 一起会导致车手顺时针旋转。

之后文章从分析这对竖直方向上的力出发，(通过严谨的逻辑)得出了保持在立壁上所需的最小速度为 54 m/s。我们现在从基本原理出发考虑该问题，并就轨道的直径取一个更符合实际的值。考虑一辆摩托车在一个直径为 12 m 的立式圆桶的水平圆形轨道上行驶。假设车手—摩托车系统在水平路面上行驶时质心距离地面 1 m 高，并将系统作为该高度上的一个**质点**来处理。

• 难度★★，静摩擦系数 $\mu=\dfrac{1}{2}$ 时所需的最小速度为多少？画出此时摩托车的力线图，并计算摩托车与水平面之间的夹角。

• 难度★★★★，画出同等条件下速度加倍后摩托车的力线图，并计算摩托车与水平面之间的夹角。本题可能需要用到近似。

## 解答

我们先画出摩托车的力线图。首先需要注意的是，摩托车需要倾斜。这样才能抵消相对于质心的力矩，旋转稳定性要求净力矩为 0。记摩托车与立壁的接触点为 $A$，摩托车的质心为 $C$。前面已知，$A$ 与 $C$ 之间的距离为 1 m。记摩托车与水平面之间的夹角为 $\theta$。考虑 $\mu=\dfrac{1}{2}$。我们的目的是求出最小速度，以及角度 $\theta$。我们先画出摩托车的力线图。共有三个力：

• 重力 $mg$，作用于 $C$ 点，方向竖直向下；

- 反作用力 $R$，作用于接触点 $A$，方向与墙壁垂直；
- 摩擦力 $F$，作用于接触点 $A$，方向竖直向上。

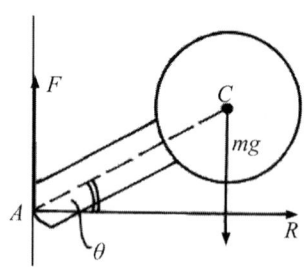

现在来考虑这些力之间的关系。解析竖直方向上的力，并注意到竖直方向上的加速度为 $0$，我们有：$F = mg$。

下面我们考虑垂直于立壁的力。摩托车在该方向上有加速度 $\dfrac{v^2}{r}$，其中 $v$ 为切向速度，$r$ 为代表车手－摩托车系统的质心的运动轨道半径：$r = \dfrac{12}{2} - \cos\theta = 6 - \cos\theta$。在该方向上我们有：$R = m\dfrac{v^2}{r}$。

一般地，摩擦力 $F \leqslant \mu R$。在极限摩擦力条件下，有 $F = \mu R$。对于本题情形我们有：

$$F = \mu R = \mu\,\frac{mv^2}{r} = \frac{\mu mv^2}{6 - \cos\theta} = mg$$

所以我们有：

$$v = \sqrt{\frac{g}{\mu}(6 - \cos\theta)}$$

考虑相对于质心的力矩以确保转动稳定性，我们有：

$$F\cos\theta = R\,\sin\theta；$$
$$\mu R\cos\theta = R\,\sin\theta；$$
$$\mu = \tan\theta$$

由 $\mu = \dfrac{1}{2}$ 可得，$\theta = 26.6°$。该角度为摩托车手做飞车走壁表演的典型角度，它使得接触点反作用力带来的力矩与摩擦力的力矩相互抵消。在角度为 $0$ 时摩托车将会从立壁上跌落。

将 $\theta$ 代入前式求 $v$，并取 $g \approx 9.81 \text{ m/s}^2$，得 $v \approx 10.0 \text{ m} \cdot \text{s}^{-1}$。如果愿意的话，我们还可以求出车手－摩托车系统的质心的运动轨道半径：$r = 6 - \cos\theta \approx 5.1 \text{ m}$，稍大于摩托车不倾斜时 $r = 5 \text{ m}$ 的半径。

### 扩展至难度系数★★★★

现在我们来考虑两倍速度，即 $v \approx 20 \text{ m/s}$ 的情形。2 倍速度条件下，反作用力增大为原来的 4 倍。极限摩擦力条件不再满足。摩擦力依然等于重力，竖直方向上的力达到平衡。为达到转动平衡，摩托车的倾角比极限摩擦力条件下更小。$R$ 相对于质心的**作用距离**[1]更小了。

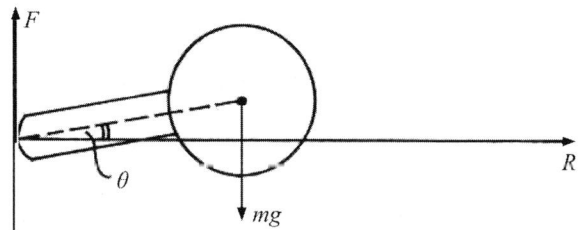

解析竖直方向上的力我们有 $F = mg$。解析水平方向上的力，并注意指向圆心的加速度为 $\dfrac{v^2}{r}$，我们有 $R = \dfrac{mv^2}{r}$。考虑力矩，转动平衡条件为：

$$F\cos\theta = R\sin\theta$$

$$mg\cos\theta = \frac{mv^2}{r}\sin\theta$$

而 $r = 6 - \cos\theta$，于是我们有 $\tan\theta = \dfrac{g}{v^2}(6 - \cos\theta)$。

我们要在 $v = 20 \text{ m/s}^{-1}$ 的条件下解该方程。设 $\cos\theta = c$，并利用三角等式 $\tan^2\theta = \dfrac{1-c^2}{c^2}$，可得：

$$\frac{1-c^2}{c^2} = (6-c)^2\frac{g^2}{v^4}$$

---

① 原文注：质心到作用力 $R$ 的力线的垂直距离。

183

$$1-c^2=c^2(36-12c+c^2)\frac{g^2}{v^4}$$

$$0=c^4-12c^3+\left(36+\frac{v^4}{g^2}\right)c^2-\frac{v^4}{g^2}$$

从代数上讲该一元四次方程有四个根，但求解需要太多的代数演算。用迭代法解该方程更简单。我们要求的是实数解。我们预计 $\theta$ 很小，从而 $c=\cos\theta$ 很接近于 1。为了保持完备性，这里我将四个根全部给了出来[①]，但一次迭代只能给出第一个解。这也是唯一在物理上有意义的解，因为我们期望 $c\in\mathbf{R}^+$。

$$c\approx\begin{cases}0.9926\\-0.9857\\5.997+40.855\mathrm{i}\\5.997-40.855\mathrm{i}\end{cases}$$

取 $c\approx0.9926$，则有 $\theta\approx6.98°$，确实是相对于水平面的一个很小的角度。

## 进一步讨论

如果对飞车走壁做更详尽的分析，我们会发现摩托车与汽车之间有一个相当有趣的差别。这一差别与陀螺效应有关。由于摩托车在圆桶立壁上行驶时是倾斜的[②]，角动量矢量在围绕自己的轴旋转[③]，车轮的角动量矢量也在不断变动。要改变这些角动量矢量就需要一个扭矩。该扭矩必须通过改变摩托车的质心位置来提供。这样做的机制与前面描述的相同，但附带的陀螺效应改变了系统的稳定点。根据我的粗略计算，该效应不能忽略，在典型的飞车走壁中会给所需要的扭矩带来5%的改变。

---

① 原文注：作为练习，你可以验证这些根均能满足方程。

② 原文注：如刚刚进行的分析，倾角为 θ。

③ 原文注：摩托车绕自己质心的旋转速率与绕圆桶旋转的速率相同。

# 第 6 章

# 简谐运动

　　本章我们来讨论简谐运动(SHM)，最简单的振荡运动。钟摆、弹簧上的物体、漂浮在水面的物体[①]、电感－电容回路(LC 回路)，都是小幅振荡近似 SHM 系统的例子。这些系统有一个共同点：当它们偏离静止位置时，会产生一个指向平衡位置的恢复力。这一恢复力 $F$ 正比于相对于平衡位置的偏移距离 $x$。这就是简谐运动的定义。亦即，系统必须满足公式：

$$F = -kx$$

　　其中 $k$ 称作**弹性系数**，或更一般地称作系统的**阻尼**。引入牛顿第二定律 $F = ma = \dfrac{m \, \mathrm{d}^2 x}{\mathrm{d}t^2}$，我们就得到了运动方程：

$$m \frac{\mathrm{d}^2 x}{\mathrm{d}t^2} = -kx$$

　　现在我们来解方程[②]以得到 SHM 的通用解。首先我们注意到：

$$\frac{\mathrm{d}^2 x}{\mathrm{d}t^2} = \frac{\mathrm{d}}{\mathrm{d}t} \frac{\mathrm{d}x}{\mathrm{d}t} = \frac{\mathrm{d}x}{\mathrm{d}t} \frac{\mathrm{d}}{\mathrm{d}x} \frac{\mathrm{d}x}{\mathrm{d}t} = v \frac{\mathrm{d}v}{\mathrm{d}x}$$

　　所以有：

---

　　① 原文注：这里考虑的是物体振荡时，与水面在同一水平面上的横截面面积不发生改变的情形。

　　② 原文注：我们这里利用了一阶微分方程，还将用到变量分离法，但并不需要给出方程的显式解。这或许并不是标准方法——你可以参考教科书上给出显式解的标准方法。

$$v\frac{\mathrm{d}v}{\mathrm{d}x}=-\frac{k}{m}x$$

积分，可得：

$$\int_{v_0}^{v}v\mathrm{d}v=-\frac{k}{m}\int_{x_0}^{x}x\mathrm{d}x$$

其中 $x_0=x(t=0)$，$v_0=v(t=0)$。可得：

$$\left[\frac{v^2}{2}\right]_{v_0}^{v}=-\frac{k}{m}\left[\frac{x^2}{2}\right]_{x_0}^{x}$$

$$v^2=\frac{k}{m}(x_0^2-x^2)+v_0^2$$

$$=\frac{k}{m}\left(x_0^2+\frac{m}{k}v_0^2-x^2\right)$$

令 $x_0^2+\frac{m}{k}v_0^2=a^2$，可得 $v^2=\frac{k}{m}(a^2-x^2)$，或 $v=\frac{\mathrm{d}x}{\mathrm{d}t}=\pm\sqrt{\frac{k}{m}}$ ·

$\sqrt{a^2-x^2}$。积分，可得：

$$\int_{x_0}^{x}\frac{\mathrm{d}x}{\sqrt{a^2-x^2}}=\pm\sqrt{\frac{k}{m}}\int_{0}^{t}\mathrm{d}t$$

$$\left[\sin^{-1}\frac{x}{a}\right]_{x_0}^{x}=\pm\sqrt{\frac{k}{m}}\left[t\right]_{0}^{t}$$

$$\sin^{-1}\frac{x}{a}=\pm\sqrt{\frac{k}{m}}t+\sin^{-1}\frac{x_0}{a}$$

$$x=a\sin\left(\pm\sqrt{\frac{k}{m}}t+\sin^{-1}\frac{x_0}{a}\right)$$

$$=a\sin\left(\pm\sqrt{\frac{k}{m}}t+\phi\right)$$

其中**相位常数** $\phi=\sin^{-1}\frac{x_0}{a}$。这是 SHM 的通解。其中 $a$ 为振荡的

**振幅**，$w=\left(\frac{k}{m}\right)^{\frac{1}{2}}$ 为振荡的**角频率**，单位为 rad/s。如下图所示，共有

四种特殊情况：$t=0$ 时位置分为 $A$、$B$、$C$、$D$。我们依次来考虑这四

种情况：

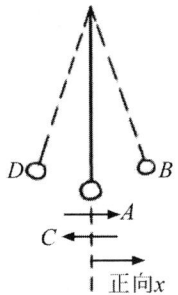

- A：$x_0 = 0$，向正的 $x$ 方向运动。因为 $x_0 = 0$，所以 $\phi = \sin^{-1} 0 = 0$，于是有 $x = a \sin[+wt + 0] = a \sin wt$。

- B：$x_0 = +a$，运动速度为 0，$x$ 取最大值。因为 $x_0 = +a$，所以 $\phi = \sin^{-1} 1 = \dfrac{\pi}{2}$，于是有 $x = a \sin\left[+wt + \dfrac{\pi}{2}\right] = a \cos wt$。

- C：$x_0 = 0$，向负的 $x$ 方向运动。因为 $x_0 = 0$，所以 $\phi = \sin^{-1} 0 = 0$，于是有 $x = a \sin(-wt + 0) = -a \sin wt$。

- D：$x_0 = -a$，运动速度为 0，$x$ 取最小值。因为 $x_0 = -a$，所以 $\phi = \sin^{-1}(-1) = -\dfrac{\pi}{2}$，于是有 $x = a \sin\left(-wt + \left(-\dfrac{\pi}{2}\right)\right) = -a \cos wt$。

对于其他情形，我们计算出相位常数 $\phi$，给出初始条件。本书不讨论涉及非标准初始条件的问题。

为了解决 SHM 问题，我们需要记住以下几点。对于已经更正式地学过 SHM 的同学来说，只需将这一简单的总结当作备忘录，不应将其当作教科书来用。

- SHM 的系统方程。具有 SHM 性质的系统的系统方程具有 $F = -kx$ 的形式。当考虑的对象位置发生偏移，则会受到一个作用力，该作用力具有下述性质：i) 与偏离平衡位置的距离 $x$ 成正比；[1] ii)

---

① 原文注：这点对于大多数位移很小量的系统来说都是正确的。考虑一个依赖于位移量 $x$ 的恢复力 $F$。一般来说，$F$ 可以是 $x$ 的非线性方程 $F(x)$。当偏移量足够大时，即便对于一个单摆（比如弹簧上的一物体）来说方程也会变得很复杂。我们可以将 $F(x)$ 在 $x = 0$ 附近做泰勒展开，有：$F(x) = \sum\limits_{n=0}^{\infty} a_n x^n = a_0 + a_1 x + a_2 x^2 + \cdots$。$F(0) = 0$，所以有 $a_0 = 0$。所以，不管任何系统，只要 $x$ 足够小（"足够小"意味着什么，视我们的系统而定），都有 $F(x) \approx a_1 x$。

方向指向平衡位置——亦即，该力为恢复力。比例系数通常称为系统的阻尼，在有弹簧的系统中也被称为弹性系数。

• SHM 的通解。利用牛顿第二定律，我们可以由系统方程推导出 SHM 的运动方程：

$$m\,\frac{\mathrm{d}^2 x}{\mathrm{d}t^2} = -kx$$

解该方程可以给出 SHM 系统的通解：

$$x = a\sin(\pm wt + \phi)$$

其中共有四个特殊解：零速度最大位移解：$x = \pm a\cos wt$；零位移最大速度解：$x = \pm a\sin wt$。

• 恢复力。恢复力 $f = -kx$ 取决于系统的类型，可以呈现多种形式。比如：i) 单摆的弹性力的一个分量，前提是振荡的最大角度很小；ii) 携带一质量的线性弹簧（或者说胡克式弹簧）的弹性力；iii) 上下位移很小的漂浮物体，且其横截面积保持不变，这样其浮力就等于平衡位置与非平衡位置所排开的液体的重力之差。SHM 的例子还有很多，只是其中的平衡力可能较难以与某一物理量对应起来。

• 重力和加速度的影响。在有些系统中，恢复力正比于重力。比如单摆，这是因为其弹性张力正比于重力。如果我们移民到一个重力比地球上更大的行星，则恢复力将增加，单摆的周期将缩短。我们可以构建重力相同，但恢复力不同的系统，就**好像**重力发生了改变一样。对于这样的系统，我们有时候会用到**表观重力**这个词，目的是为了与实际重力发生了改变的系统区别开来。这里我们指的是**加速参考系统**。如果你处在一部向上加速的电梯里，则表观重力会增加——单摆的弹性力会增加以提供所需的向上加速度。如果你从一架飞机上跳下，则表观重力会减小（至少有一小会儿是这样）——弹性张力会减小，因为部分或全部重力用来产生加速度了。可见，对于一些系统来说，表观重力发生改变，恢复力也发生改变。

• 运动周期。对于单摆来说，运动的角频率为 $w = \sqrt{\dfrac{k}{m}}$ rad/s。运

动的周期 $T$，是系统完成从 $wt=0$ 到 $wt=2\pi$ 这样一个循环所用的时间。我们记 $wT=2\pi$，从而有 $T=2\pi\left(\dfrac{m}{k}\right)^{\frac{1}{2}}$。

• 能量。在简谐振荡子系统中，能量是守恒的。有两种形式的能量：动能 $\left(K_E=\dfrac{1}{2}m\dot{x}^2\right)$ 和势能[①] $\left(P_E=\displaystyle\int_0^x F\,\mathrm{d}x=\int_0^x kx\,\mathrm{d}x=\dfrac{1}{2}kx^2\right)$。在整个循环中的任何一点，总能量 $E$ 均等于动能与势能之和。我们记

$$E=K_E+P_E=\frac{1}{2}m\dot{x}^2+\frac{1}{2}kx^2$$

当位移达到最大时，所有的系统能均为势能，所以速度为 0。当位移为 0 时，系统相对于平衡位置的势能为 0，速度达到最大值。系统振荡时动能与势能之间相互转化。

## 6.1 振荡球★★

你可能见过小船或其他物体在港口里上下振荡。航海学上有特殊的术语来描述它们的运动。水手们称之为船的横摇（左右运动）、纵摇（前后运动）和垂荡（上下运动）。或许你也注意到了，运动的周期与船的大小有关。比如，如果你曾在大型渡轮旁边站过，你就会看到别的船经过后它会缓慢地上下垂荡一会儿，周期为几秒钟。相反，海鸥落在小渔船上会导致小渔船产生一个周期小于一秒的振荡。对于大多数机械系统的振荡运动来说，周期都是质量和恢复力的函数。[②]

一个半径为 $r$ 的固体球漂浮在一种高浓度液面上，正好有一半的体积位于液面以下。将其下压一个很小的距离 $y(y\ll r)$ 然后释放，求其运动周期的方程。忽略液体的运动。

---

① 原文注：这里我们考虑的只是最简单的弹簧储能。在更普遍的情形中，我们可以将弹簧储能与重力势能结合起来。比如，在竖直方向上振荡的弹簧。

② 原文注：有些特殊的情况，比如单摆，恢复力正比于质量，周期与质量无关：$T=2\pi\sqrt{\dfrac{l}{g}}$。

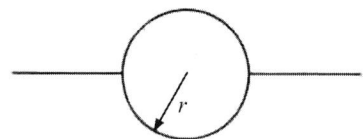

## 解答

多年来我一直喜欢问学生这个问题。它简单易懂。大多数学生在没有太多帮助的情况下都能有所进展。很多人都能凭直觉看出，位移很小$(y \ll r)$时该题就是一道 SHM 题。我一开始并没有讲这个，所以同学们指出这一点我还是蛮高兴的。我之所以喜欢这道题是因为，乍看上去好像有些信息没给出，这就让学生们做题之前就得认真思考一番，避免了直接埋头演算然后摸不着头绪。

那么，我们该怎样入手？当然要先理解题目中的信息。我们知道固体球漂浮在高浓度液面上，正好有一半的体积位于液面以下。所以，如果液体的密度为 $\rho_f$，固体球的密度为 $\rho$，则必有：

$$\rho = \frac{1}{2}\rho_f$$

我们已经忽略了液面以上另一半固体球所处的第二种有限密度流体(假设为空气)所产生的浮力。亦即，我们假设 $\rho'$ 很小($\rho' \ll \rho$、$\rho_f$)。

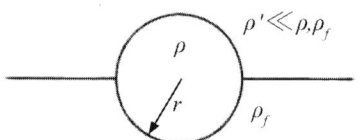

到现在为止情况还不错。现在我们需要将固体球的质量以及作用于固体球的力用已知量表达出来。我们的目的是推导出形式为 SHM 运动方程的表达式。首先我们来考虑固体球的质量：

$$m = \frac{4}{3}\pi r^3 \rho$$

现在我们要考虑作用于固体球上的力。首先有方向向下的重力 $mg$。重力的反作用力为浮力，等于固体球所排开液体的重力。处于平衡状态时，浮力与重力大小相等方向相反，净作用力为 0。

现在我们将固体球从平衡位置向下移动很小一个距离，然后再将其释放。这里"**很小**"意味着 $y \ll r$。此时会有一个向上的净浮力 $F_{net}$，等于因下移而多排开的液体的重力。该力等于多排开的液体体积乘以液体的密度再乘以单位质量所受的重力。对于小位移来说，多排开的体积近似于一个薄盘，体积为 $\pi r^2 y$。于是我们有：

$$F_{net} = -y\pi r^2 \rho_f g$$

其中的负号表示力的作用方向与位移矢量的方向相反——是一种恢复力。我们注意到，该表达式只在 $y \ll r$ 的条件下成立，此时排开的面积为常量。

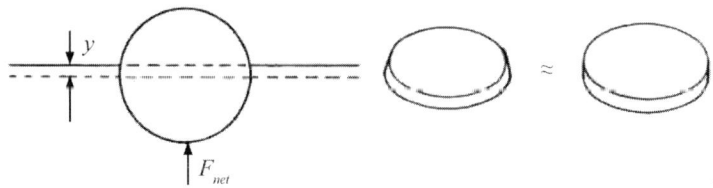

利用牛顿第二定律，替换 $m$，并注意到 $\rho = \dfrac{1}{2}\rho_f$，我们可得固体球的加速度：

$$a = \ddot{y} = \frac{\mathrm{d}^2 y}{\mathrm{d}t^2} = -\frac{3g}{2r}y$$

它具有 SHM 运动方程的形式。我们用标准方法来解方程（比如，本节开头提到的方法），得到该振荡子的角频率：

$$w = \sqrt{\frac{3g}{2r}}$$

周期 $T$ 为完成一个循环所用的时间：$T = \dfrac{2\pi}{w}$。所以有：

$$T = 2\pi\sqrt{\frac{2r}{3g}}$$

这就是我们要求的表达式。其单位当然是秒。有意思的是，周期

$T$ 与质量无关，这可能有点令人吃惊。[①] 其中的道理很简单。由于固体球漂浮在液面上，一半在上一半在下，恢复力实际上正比于固体球的质量。这与单摆类似，后者的周期也与质量无关。当然，在任何真实(非理想化)的系统中，我们还需要考虑液体的运动(会使处于运动中的质量增加)和液体黏性的阻尼效应等其他因素。

## 进一步讨论

我们来计算一下周期为 1 s 和 10 s 的球的大小。重组前面求得的公式，有：

$$r = \frac{3g}{2}\left(\frac{T}{2\pi}\right)^2$$

$T = 1$ s 时，我们有 $r = 0.37$ m，相等于一个大的鱼漂。$T = 10$ s 时，我们有 $r = 37$ m，相当于一块典型的冰山。接下来我们将就冰山给出正确的计算，因为刚才的计算只适用于固体球密度为液体密度一半的情形。首先我们来了解一下冰山会有多大。

从南极罗斯冰架上脱离开来的冰山非常大。2000 年 3 月，有一块 11 000 平方公里的冰山离开了罗斯冰架，成为有记录以来最大的冰山。这座冰山被称为 B-15[②]，存在了数年，最终为风暴所摧毁。这些扁平的大家伙的典型出水高度为 30～40 m，据此估算其厚度为 300～400 m(淡水冰的密度约为 920 kg·m⁻³，而海水的密度约为 1 025 kg·m⁻³)。通过与前面类似的方法，我们可以计算出这些大块头的周期。现在就来尝试一下。设扁平冰山的截面积为 $A$，厚度为 $h$，冰的密度为 $\rho_{ice}$，水的密度为 $\rho_{H_2O}$。

---

① 原文注：注意，我们不需要给出固体球或液体的具体密度。

② 原文注：1995 年美国国家冰川中心成立，目的是监测全球最大的冰川。他们给尺寸大于 10 海里(水手们就是与众不同!)的冰山进行编号，编号中的字母表明冰山诞生的地方，数字表明冰山诞生的次序。

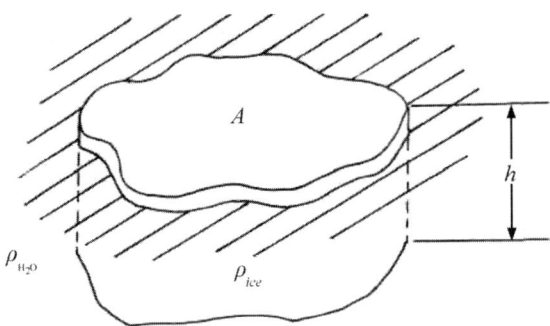

对于小位移 $y$，我们有

$$F = -Ay\rho_{H_2O}g = Ah\rho_{ice}\frac{\mathrm{d}^2y}{\mathrm{d}t^2}$$

所以有

$$\frac{\mathrm{d}^2y}{\mathrm{d}t^2} = -\frac{\rho_{H_2O}g}{\rho_{ice}h}y$$

可得

$$w^2 = \frac{\rho_{H_2O}g}{\rho_{ice}h} \text{ 或 } T = \frac{2\pi}{w} = 2\pi\sqrt{\frac{h\rho_{ice}}{g\rho_{H_2O}}}$$

取 $\rho_{ice} = 920\ \mathrm{kg \cdot m^{-3}}$，$\rho_{H_2O} = 1\,025\ \mathrm{kg \cdot m^{-3}}$，$h = 300\ \mathrm{m}$，$g \approx 9.81$ $\mathrm{m \cdot s^{-2}}$，可得 $T = 32.9\ \mathrm{s}$。跟我们设想的一样，结果与截面积无关。

## 6.2　止钟教授的时间操控器★★★

　　止钟教授相信自己发现了时间的秘密。确切地说，他相信可以用自己著名的时间操控升降机来加快或减慢时间流逝的速度。他在止钟家族的住所——拖曳塔的地下室里特制的塔和竖井里构建了这套设施。时间操控升降机有两个连在一起的轿厢，二者运动速度相同，但方向相反。这意味着二者的加速度也大小相等方向相反。

　　轿厢按下述持续循环运行：

　　• 第一阶段：轿厢 A 和轿厢 B 起初处于静止状态，彼此持平。

- 第二阶段：轿厢 A(B)以 $a = \dfrac{3}{10}g$ 的加速度向上（向下）加速 7.5 s。

- 第三阶段：轿厢 A(B)以 $a = -\dfrac{9}{10}g$ 的加速度向上（向下）加速 2.5 s(亦即两个轿厢的速度慢下来，直至达到静止状态)。

- 第四阶段：轿厢 A 以一个**非常低**的速度持续下降，带动 B 上升，二者再次持平。

止钟教授声称，可以通过分别放置于 A 和 B 轿厢的两个完全相同的钟摆式古钟来展示这一神奇的机器。按照他的说法，轿厢 A 中的时钟会比正常时钟跑得快，而轿厢 B 中的时钟则比正常时钟跑得慢。他邀请一位年长的客人验证时间操控器并观察其效果，而自己则站在地板上等着。幸运的是这位客人是一位物理学家，二人来到升降机井后，他告诉了止钟教授其想法错在哪里。他要求在地板上放置第三个完全一样的时钟。他们将用这第三个时钟来校验真正的时间流逝。管家负责记录，每个循环结束时轿厢门都会打开以便记录时间。

那么，每个循环结束时这些时钟相对于彼此走得是快是慢？为什么？

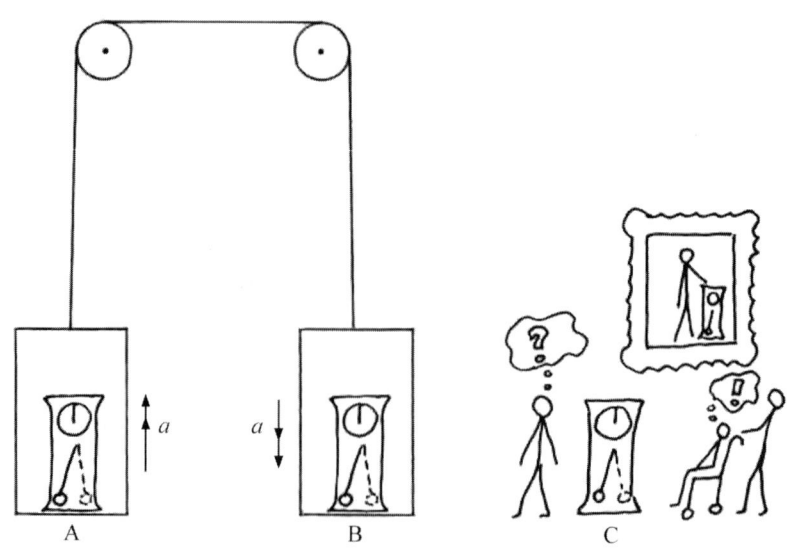

## 解答

老时钟的运行符合简谐运动原理。对于臂长为 $L$，一致重力场的重力系数为 $g$ 的单摆来说，SHM 控制方程 $\ddot{x} = -w^2 x$ 中的 $w = \sqrt{\dfrac{g}{L}}$。[①] 在一个恒定加速度为 $a$ 且方向与重力相反的加速参考系中，恢复力为 $m(g+a)$。振荡的频率增加。对于定加速度为 $a$ 且方向与重力相同的加速参考系来说，恢复力为 $m(g-a)$。振荡的频率降低，在自由落体的极限情况下，$|a| = |g|$，恢复力为 $0$，钟摆不再振荡，频率为 $0$。

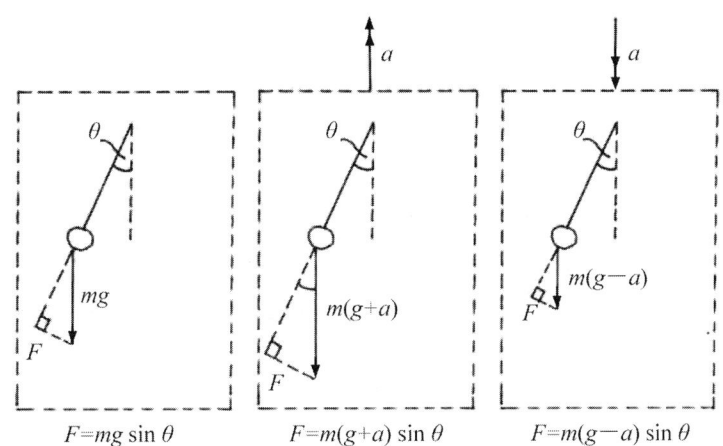

$$F=mg\sin\theta \qquad F=m(g+a)\sin\theta \qquad F=m(g-a)\sin\theta$$

回到控制方案，简单的结论就是，三种情况下周期都正比于恢复力的平方根，而恢复力又为正（向上）加速度所加强，为负（向下）加速度所减弱。考虑时钟 A、B 和 C 在时间间隔 $\Delta t_1 = 7.5$ s 和 $\Delta t_2 = 2.5$ s 里的运动。振荡总次数 $h$ 等于每个时间间隔中的频率（单位为 Hz）$f = \dfrac{w}{2\pi} = \left(\dfrac{1}{2\pi}\right)\sqrt{\dfrac{g}{L}}$ 与时间间隔的乘积之和：$n = f_1\Delta t_1 + f_2\Delta t_2 = \dfrac{w_1}{2\pi}\Delta t_1 + \dfrac{w_2}{2\pi}\Delta t_2$。我们忽略循环中两时钟以持续速度回归原位那一段（第四阶

---

① 原文注：公式中出现 $g$ 是因为恢复力为重力 $mg$ 的分量。

段）。将时钟减速至这种低速所需的加速度的影响也忽略不计。在明显加速的 10s 时间里（第二和第三阶段），时钟运行情况如下：

时钟 A：$n_A = \dfrac{1}{2\pi} \sqrt{\dfrac{g}{L}} \left[ \sqrt{\left(1+\dfrac{3}{10}\right) \Delta t_1} + \sqrt{\left(1-\dfrac{9}{10}\right) \Delta t_2} \right]$

时钟 B：$n_B = \dfrac{1}{2\pi} \sqrt{\dfrac{g}{L}} \left[ \sqrt{\left(1-\dfrac{3}{10}\right) \Delta t_1} + \sqrt{\left(1+\dfrac{9}{10}\right) \Delta t_2} \right]$

时钟 C：$n_C = \dfrac{1}{2\pi} \sqrt{\dfrac{g}{L}} \left[ \sqrt{1}\, \Delta t_1 + \sqrt{1}\, \Delta t_2 \right]$

所以，在这 10s 时间里，三者振荡的次数之比 $n_A : n_B : n_C$ 为：9.34：9.72：10。

所以在该机器的每个运行周期内，时钟 A 和 B 相对于放置于地板上的 C 分别慢了 0.66 s 和 0.28 s。这是一个真实发生的效应，因为钟摆 A 和 B 的时间平均频率均低于钟摆 C。这是钟摆式时钟在各种加速（或引力作用）条件下运行的一个局限性。[①]

年长的物理学家解释说："止钟教授，你觉得由于时间平均加速为零，时间平均频率将保持不变。你错就错在这里。显然，不管时钟经历什么样的循环，频率控制方程中的平方根关系都会导致时间平均频率的降低。"

"我弄糊涂了，你是对的，"止钟教授说，"但如果我们能永远加速它，就一定能成功……"

好一阵沉默。止钟教授似乎陷入了迷惑。年长的物理学家露出了失望的表情。管家则好像置身事外。

"先生，来点雪利酒?"管家问道。

"非常好!"物理学家回答说，"我们走楼梯?"

―――――――――――

① 原文注：给人印象更深刻的实验是用加农炮将一只老式时钟打上天。忽略空气阻力后时钟处于自由落体状态（加速度 $a=g$），钟摆根本不会摆动，（时钟测量出来的）表观时间处于停止状态。时钟在上升和下降状态均如此。只是在加农炮发射瞬间及时钟与地面的碰撞瞬间表观时间会慢下来。这两个瞬间都极短，可以忽略不计。如果止钟教授将老式时钟发射到一个巨型弹道上，并在时钟落地瞬间再次将其发射，忽略空气阻力，则他可以有效地将（时钟测量的）表观时间迟滞到几乎静止状态。

## 6.3 弹簧迷博士的振荡子 ★

一个悲哀的事实是，在整个人类历史上，人们想出了最可恶的伤害、杀戮彼此的方式，通常将科学知识用于这一目的。我们曾运用科学知识开发出了更复杂的武器来施行暴力。确实，很多技术突破是出于开发比敌人更先进的武器的目的而实现的。

考虑下述发展历程：石矛和石矢弓箭（约公元前 20000 年）；马的驯化（约公元前 4000 年）；打造坚硬而轻便的剑器所需冶金学的发展（公元前 5000 年—公元前 1000 年）；火药和第一批炸弹的发明（约公元 1000 年）；高速火器（约公元 1200 年以前）；爆炸式火箭（19 世纪初）；潜艇（1775 年）；高强度外壳（1800 年）；机关枪（1884 年）；坦克（1914 年）；原子弹（1945 年）；微波激射器和激光发射器（1960 年）；泰瑟枪，或者说电击枪（1974 年）；机载激光武器（2008 年）。这些，以及航空航天和造船技术方面的诸多进展，均是在空天或远洋战场上竞争的驱动下才实现的。当然，相应的科技不只是用于伤害，也为我们带来了很多益处。核时代及军备竞赛给我们带来了核反应堆，后者目前是全球相当重要的能量之源，而聚变反应堆的发展则可能会解决我们日益增长且不可持续的能量需求。

甚至单摆也成了一种折磨工具。从中世纪末（1500 年前后）直至近来的 19 世纪，西班牙宗教裁判所（Spanish Inquisition）一直用它来逼供，逼供不成也会用它来处死被逼供者。他们将（加固）长单摆末端的重物换成斧头。斧头在受害者上方上下伸缩，一个特制的机构保证它每次下降一点点。裁判所的秘书让·安东尼·洛伦特（Jean Antoine Llorente）在 1826 年所著的一本书[1]的前言中写下了这样一段让人揪心的内容：

---

① 原文注：Llorente J. A.，1826 年，"西班牙裁判所的历史——从建立到费迪南七世统治时期"，伦敦 Geo. B. Whittaker 出版社.

一位被囚者经宣判，将在次日受刑。对他的处罚是用弹性伸缩斧处死，具体方式如下：将受刑者仰面绑在一张桌子上的凹槽里；在他头上悬挂一具下边缘锋利的伸缩斧，且伸缩斧每伸缩一下就会变长一些。可怜的受刑者眼睁睁看着这一要命的刑具在自己脑袋上方上下跳动，每跳动一下斧刃就离自己更近一分；终于，斧刃切开了鼻子的皮肤，并一步步向下切，直至死去。慈悲的宗教法庭是否曾发明一种更人道更快速的异端处决方式（或者说确保籍没的方式）值得怀疑。让历史记住吧，公元1820年秘密法庭的这种行刑方式！

这一概念既恐怖又鲜活，文学作品中曾多次引用，其中最著名的当数美国悬疑作家埃德加·爱伦·坡1842年创作的短篇小说《陷坑与钟摆》（*The Pit and the Pendulum*）。之后这篇小说曾被无数次引用，且以其故事为基础拍摄了不少同名电影（多种语言）。我并不喜欢这类小说，但这篇经典我们应该都读过。

考虑原理相同的另一种不那么恐怖的装置。我们将剔除裁判所刑具那些瘆人的特征。

弹簧迷博士有一种奇怪的拷问方式。这一装置位于他芝加哥公寓的地下室里，名叫弹簧迷振荡器。它吊着一个筐，受审者就困在里面。整个装置的质量为 $M$（包括受审者），通过一个弹性系数为 $k$ 的无质量弹簧吊在天花板上。弹簧迷博士将该装置启动（拉开一定距离并从静止状态释放），直到受审者开口说话。画出作用在 $M$ 上的力线，并计算被拉离平衡位置很小一段距离后从静止状态释放后的运动周期。

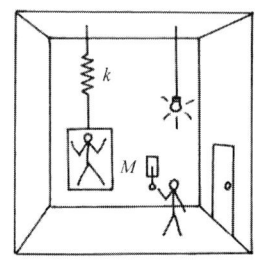

## 解答

这是一道纯粹的 SHM 题，并没有什么弯弯绕。如果我出这道题，我会希望看到对力的清晰的解释，包括它们是如何产生的，又是如何作用的。一般说来，甚至对于这类比较简单的问题，我都觉得需要给点提示，并鼓励学生在描述作用力时做到精确。比如，很多高中生会本能地从物体底部画重力力线，而不是从重心处画。同样，很多同学从质心处画弹簧的作用力，而不是从作用点处画。我不知道他们为什么会这么做——可能大多数高中并没有要求那么精确。如果你在想为什么这很重要，我又为何会温和地纠正力线没画对的同学，那么我现在就告诉你原因。在大多数简单的问题中，力均平行于同一个轴，但在我们考虑的问题中，某一作用力相对于质心的扭矩（或动量）也很重要。

我们回到原问题。质量 $M$ 悬挂在弹性系数为 $k$ 的无质量弹簧上。处于平衡位置时，速度将为 0，所以净作用力 $\sum F = F_{net}$ 等于 0。向上（弹力）与向下（重力）的作用力大小相等，方向相反。重力作用于质心处（至少可以这么处理）[①]，方向向下；而方向相反的弹性力则作用于接触点上。如果我们取方向向下的力和位移为正，则有：

$$F_{net} = -kY + Mg = 0$$

其中，$Y$ 为弹簧的伸长量，$F_{net}$ 为作用于质量上的净作用力。我们考查的对象处于平衡状态，作用力彼此抵消。

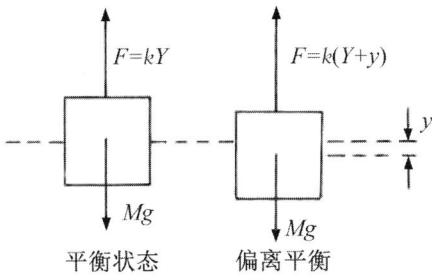

## 

① 原文注：在一致引力场中，质心与重心重合。

我们将该质量从平衡位置向下移动一个小位移 $y$（此时相对于弹簧自然长度的偏移为 $Y+y$），释放后，弹性作用力增加至 $k(Y+y)$。现在未被抵消的力，或者说净作用力为 $F_{net}=-ky$。运用牛顿第二定律，有：

$$F_{net}=-ky=M\ddot{y}$$

该方程的通解为：

$$y=a\sin(\pm wt+\phi)$$

其中相位常数 $\phi=\sin^{-1}\dfrac{y_0}{a}$，振荡的角频率为 $w=\left(\dfrac{k}{M}\right)^{\frac{1}{2}}$（单位为 rad/s）。其中 $a$ 为振荡的振幅。对于起始位移量 $y_0=y(t=0)=a$，$v_0=v(t=0)=0$，来说，有 $\phi=\sin^{-1}(1)=\dfrac{\pi}{2}$，从而有 $y=a\sin\left(wt+\dfrac{\pi}{2}\right)=a\cos wt$。

其中振荡的角频率为 $w=\left(\dfrac{k}{M}\right)^{\frac{1}{2}}$，而我们要求的振荡周期 $T=\dfrac{2\pi}{w}=2\pi\left(\dfrac{M}{k}\right)^{\frac{1}{2}}$。

该系统与我们可以构想出来的最简单的质量—弹簧振荡子——水平面上的振荡子之间唯一的区别是，$M$ 既拉低了平衡位置（即增大了 $Y$），又增大了振荡周期。[①] 水平面上质量与弹性系数均相同的质量—弹簧振荡子具有相同的运动周期，但没有弹簧的预拉伸。

## 6.4 弹簧迷博士的地狱振荡子★★

弹簧迷博士对自己的弹簧迷振荡子并不满意，便开发了他所谓的地狱振荡子。受审者被绑在一张桌子上，桌子的轮子与地面之间没有

①　译注：原文如此。事实上，质量和弹性系数均相同的话，竖直的质量—弹簧振荡子与水平的质量—弹簧振荡子振荡周期相同。

摩擦力。整个装置(包括受审者)的质量为 $M$。桌子被连接在两个相同的弹簧之间,弹簧的弹性系数为 $k$。该装置放置在水平面上。请画出作用在装置上的力,并计算将其偏离平衡位置并从静止状态释放后的运动周期。

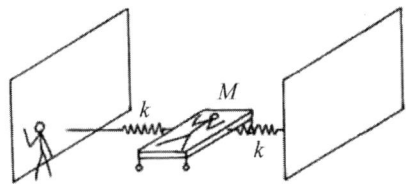

## 解答

这是标准 SHM 问题的一种最简单的变体。与高中生讨论该问题时我发现,很多学生觉得它都比想象中更难解,这出乎我的意料。有些学生弄错了力的符号,还有一些学生觉得在任何偏离位置力都会彼此抵消,不会发生振荡。我相信他们都是聪明的学生,所以我只能假定他们还不习惯解非标准问题。所需要的只是一点小技巧,而将他们所知道的关于 SHM 的一切抛诸脑后!所以要考虑一些标准 SHM 的变体,以期能将我们知道的原理应用于不熟悉的场合。

现在来解题。

质量 $M$ 与两个弹性系数为 $k$ 的弹簧相连。我们并不知道弹簧是处于拉伸状态还是压缩状态,抑或处于放松状态。不过,考虑到弹簧是线性的,处于什么状态并不重要。在前面的竖直单弹簧题中我们已经证明了这一点。不过我们要画力线,所以拉伸、压缩这两种初始状态都要考虑。在平衡位置,这两种情况的作用力如下图。

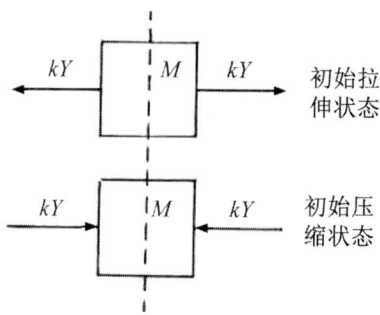

该图表示的弹簧相对于自然状态有长度为 $Y$ 的拉伸量和压缩量，两侧弹簧的拉伸量或压缩量相同。两种情况下处于平衡位置时的净作用力均为零。

现在考虑另外增加一个小的位移 $y$。两侧的作用力分别变为 $k(Y+y)$ 和 $k(Y-y)$。也就是说，一侧的作用力增加了，另一侧的作用力减小了。对于向右的位移来说，如果弹簧起初处于拉伸状态的话，则现在左侧的作用力更大；如果弹簧起初处于压缩状态的话，则现在右侧的作用力更大。这两种情况的作用力见下图。我们关心的是净作用力，两种情况下的净作用力均为 $-2ky$，方向与位移方向相反。

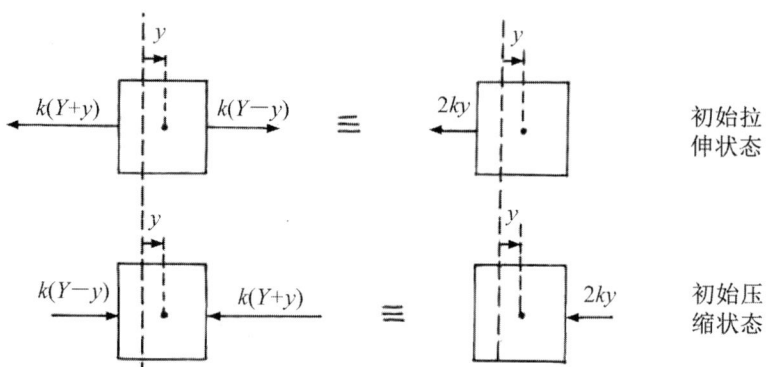

可能你会觉得这无关紧要，但我还是要将其讨论透彻。再想一下，有些我拿这道题测试的高中生都画不出这样的力线图，解释不了力从何而来。实际上，相当一部分学生怀疑两个弹簧正中间为平衡位置的可能性，而另外一部分学生则认为在所有偏离位置弹性力都会彼此抵消。把所有的力考虑清楚需要费点脑子。

回到前面的讨论，即偏离量 $y$ 导致的弹性力为 $-2ky$。我们按解答前面那道简单的 SHM 变体的步骤解答这道题。运用牛顿第二定律得 $F_{net} = -2ky = M\ddot{y}$，该方程的解为：

$$y = a\cos wt$$

其中振荡的角频率为 $w = \left(\dfrac{2k}{M}\right)^{\frac{1}{2}}$，初始位移量 $y_0 = y(t=0) = a$，而振荡周期 $T = \dfrac{2\pi}{w} = 2\pi\left(\dfrac{M}{2k}\right)^{\frac{1}{2}}$。所以说，两弹簧振荡子的周期是单弹簧振荡子的 $\dfrac{1}{\sqrt{2}}$。

## 6.5 弹簧迷博士的改进版地狱振荡子 ★ ★ ★

弹簧迷博士对自己的地狱振荡子仍不满意，便开发了他所谓的改进版地狱振荡子。该系统有 6 个相同的弹簧，弹性系数均为 $k$，对称地分布在受审者四周，而受审者被绑在一张桌子上，桌子的轮子与地面之间没有摩擦力。整个装置(包括受审者)的质量为 $M$。该装置放置在水平面上。整个系统处于平衡状态时弹簧的长度为 $L$。请画出作用在 $M$ 上的力，并计算将其沿某根弹簧的作用力线偏离平衡位置一个很小的距离($\Delta x \ll L$)并从静止状态释放后的运动周期。

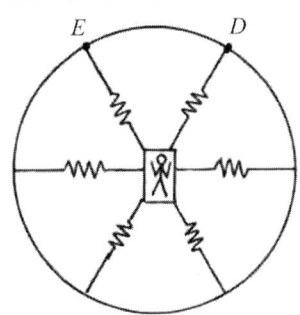

## 解答

我还没敢让中学生试过这道题。双弹簧系统已经够他们迷惑的了，可以设想，大多数学生在没有足够帮助的条件下是很难解答这道题的。不过，这道题与其他 SHM 题的差别并不大，希望本书会向读者证明，它并没有那么可怕。下面的解答尽管正确，数学上却有点草率，因为从一开始就做了几何近似。更正式的方法（难度至少为★★★★）是求出完整的运动方程，再用多项式近似展开，之后对于 $\Delta x \ll L$ 的特殊情况取一阶近似。如果你喜欢挑战，可以试一下这种正式的解法！由对称性可知，6 个弹簧初始的拉伸或压缩状态在平衡位置均相同，从而加速度和净作用力也一定为 0。

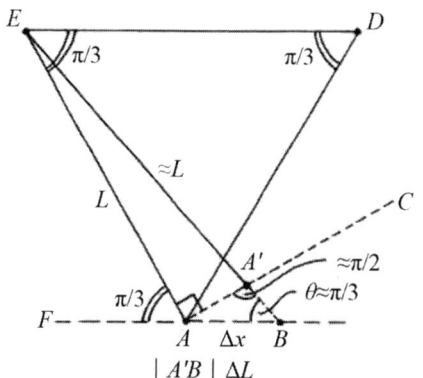

我们首先要做的是，确定沿某根弹簧的作用力线偏离平衡位置一个很小的距离后所有弹簧的拉伸（压缩）情况。假设我们考虑的质量（按前图）向右移动了很小的距离 $\Delta x$。前题中我们已经处理了拉伸（扩张）与位移 $\Delta x$ 方向平行的那两个弹簧。现在我们来考虑其余四个弹簧。

考虑上面的两个弹簧 $DA$ 和 $EA$，其中 $A$ 表示质量的平衡位置。$B$ 表示偏离后的位置，$|AB| = \Delta x$。三角形 $ADE$ 为等边三角形，所有的内角均为 $\dfrac{\pi}{3}$。当质量处于平衡位置 $A$ 时，弹簧 $DA$ 和 $EA$ 的长度

均为 $L$。[①] 构造线 $AC$ 垂直于 $EA$。对于很小的位移 $\Delta x$ 来说，弹簧的角度的变化也很小;[②] 亦即，$\angle AED \approx \angle BED$。所以有 $\angle EA'C \approx \angle EAC = \dfrac{\pi}{2}$，$\angle EBF \approx \angle EAF = \dfrac{\pi}{3}$。由近似为直角三角形的 $AA'B$ 的几何特征$\left(\angle AA'B = \dfrac{\pi}{2}，\angle A'BA = \dfrac{\pi}{3}\right)$可知，我们定义 $\Delta L$（弹簧长度的改变量）：$|A'B| \equiv \Delta L \approx \Delta x \cos \dfrac{\pi}{3} = \dfrac{1}{2}\Delta x$。对于很小的位移 $\Delta x$ 来说，弹簧的新长度为 $|EB| \approx L + \Delta L = L + \dfrac{1}{2}\Delta x$。通过类似的分析可以证明，将质量由 $A$ 点移动到 $B$ 点后，弹簧 $DA$ 的长度由 $L$ 压缩至 $|DB|$，$|DB| \approx L - \Delta L = L - \dfrac{1}{2}\Delta x$。所以，对于 $A$ 点移动到 $B$ 点的小位移 $\Delta x$ 来说，两个弹簧被压缩/拉伸了 $\Delta x$，而另外四个弹簧则被压缩/拉伸了 $2\Delta x$。现在可以画力线图了。我们考虑的是正负位移（亦即拉伸/压缩）弹簧的弹性力均为线性，且处于平衡位置时各弹簧均为自然长度这一特殊情况的力线图，如下：

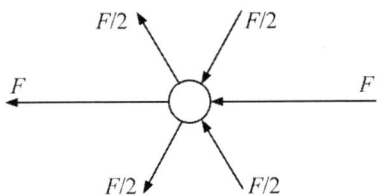

其中 $F = -k\Delta x$。作用力对称地分布在质量的四周。通过基本的几何运算可以求出水平方向上的净作用力：

$$F_{net} = 3F = -3k\Delta x$$

现在令 $x$ 表示很小的可变位移量，则我们有

$$F_{net} = -3kx$$

---

① 原文注：通常 $L$ 并不等于弹簧的自然长度。前题中已经证明，分析中我们不需要考虑这一点。

② 原文注：图中将角度的变化放大了很多。

运用牛顿第二定律，则有 $F_{net}=-3kx=M\ddot{x}$。该方程的解为：

$$x=a\cos wt$$

其中振荡的角频率为 $w=\left(\dfrac{3k}{M}\right)^{\frac{1}{2}}$，初始位移量 $x_0=x(t=0)=a$，

而振荡周期 $T=\dfrac{2\pi}{w}=2\pi\left(\dfrac{M}{3k}\right)^{\frac{1}{2}}$。所以说，这种构型的六弹簧振荡子的

周期是单弹簧振荡子的 $\dfrac{1}{\sqrt{3}}$。

# 第7章
# 疯狂的发明与永动机

可以说，教育最重要的功能之一就是赋予你分辨他人所说的话有无道理的能力，一种可以化繁为简，抓住刻意含糊其辞的话语或论证的重点，并认识到一种想法有无价值的能力。能够在某一非自己专业的领域做到这一步说明我们学会了如何思考。不过，当希望做一些严密的物理论证时，我们可能要依靠科学的训练。理解物理系统最好的方法通常是透过现象看到本质。反过来，一些疯狂的发明家却往往想得过于复杂。过度的复杂性是疯狂发明家的标志，会让其错误地认为自己的想法具有价值，事实上这些想法根本不值一提。尤其是**永动机**的概念。

永动机是一种（假想的）永恒运动，速度不会降低的装置。当然，我们是不可能造出这种装置的。热力学第二定律告诉我们，任何系统中能量的**质量**都随时间缓慢降低（度量系统中能量的**质量**之衰减的**熵**随时间增加）。甚至热心于永动概念的人引以为例的行星，其运行速度也因潮汐效应和内部机械压力的影响而减缓。还有所谓的**超能机**，即（通常指）吸收一定的能量，却释放出更多能量的装置。它们源源不断地产生能量。这些装置违反了热力学第一定律[①]，因为它们无中生有地创

---

[①] 原文注：能量守恒定律。

造能量。任何含有这种装置的闭系统都是不守恒的。

多少年来，曾出现过无数的永动机发明家。永动机的专利抽屉中锁满了行星齿轮和复杂的机械。任何名副其实的永动机，都由足够多的球轴承、弹簧、齿轮构成，足以让最理性的人费上一些心思。永动机的发明者太多了，美国专利局只得要求所有的所谓发明者制作一个模型来展示这种永恒运动。专利局规章里只对永动机提出了这种要求。这让专利局检验人员的日子好过了不少——没有谁曾成功地展示过这种机器。

本章我们将批判性地考查一些发明，包括一些永动机。我们从根本上来考查它们是否有道理。如果没有道理，我们将试着寻找它们的缺陷，并用简单的语言将其明确起来。我们尽量不借助于热力学定律来否定这些发明。相反，我们会看看每种永动机都违反了哪种更简单的物理学原理。

## 7.1 史蒂芬双斜面球串★

西蒙·史蒂芬(1548—1620)是一位弗兰芒数学家兼工程师，曾在三角函数学、力学、建筑学、音乐理论、防御工事和导航方面做出过重要贡献。当时显然是博学者的时代！除了发展欧几里得和亚里士多德的几何学之外，史蒂芬还向欧洲引入了十进制系统(中国、阿拉伯和印度均已使用了一段时间)，给出了二次方程的常用解法，统一了实数的概念(当时平方根和无理数，以及其他分类均被视为不同的)，发展了力学和静力学(最重要的是发展了求解力的方法)，而且——根据一些说法——从根本上开创了一个新领域，即**流体静力学**。他还首次注意到加速度与质量无关——他曾描述过从教堂塔顶丢下两个不同质量的铅球(比伽利略进行他著名的假想实验早 3 年①)。他的一件最古怪的创新就是一种能迅速水淹荷兰低地以迟滞敌军入侵的系统。

他在力学方面最重要的贡献可能就是提出了球链的概念，或者叫**双斜面球串**(clootcrans)。这是一个想象实验，用来分析作用于系统上的力以判断运动是否可能发生。后来人们也用同样的方法分析机械，该方法也是力学发展史上一个重要的里程碑。史蒂芬的出发点是先断定系统的永恒运动是不可能的，之后再讨论相应的结果。据信他的这一先决条件源于后来所谓的**史蒂芬定理**，或者叫**虚功**定理。该定理关注的是在有限运动后系统的物理变化。如果考虑将系统转动一个等于两球球心间距的距离，我们就会发现，转动后系统并没有发生改变。对于无摩擦系统来说，该转动不需要做功(外界对系统做功或是系统对外做功)。② 我们可以将其视为系统的平衡原则。

---

① 原文注：这个故事讲的是，伽利略·伽里雷(1564—1642)为了验证亚里士多德重球下落速度快于轻球的理论，从比萨斜塔上丢了两个球下去(一重一轻)。按照这个故事的说法，伽利略注意到它们同时落地，证明了重力加速度(在无摩擦的情况下)与质量无关，证伪了亚里士多德的理论。这个故事不足为信，但真实故事更有趣。在伽利略的最后一部书，即 1638 年写就的《关于两门新科学的对话》(其中一个译本是 Henry Crew 和 Alfonso de Salvio 于 1914 年从意大利语和拉丁语译成英语的)一书中，他借三人(辛普里西奥、萨格雷多和萨尔维亚蒂)的对话道出了自己对科学的理解。先是辛普里西奥概括了亚里士多德的理论。

辛普里西奥：(亚里士多德)……设想在同一种介质中运动的不同质量的物体，其运动速度与质量成正比，所以，举个例子，重 10 倍的物体运动速度也快 10 倍。

萨尔维亚蒂：如果取两个自然速度不同的物体，那么显然将它们拴在一起后，快的会被慢的拖后腿，慢的则会被快的带着走。你同不同意我的观点？

辛普里西奥：你绝对是正确的。

萨尔维亚蒂：但如果是这样的话，那么假设一块大石头的运动速度为 8，另一块小石头的运动速度为 4，将它们拴在一起后，整体的运动速度应该小于 8；但拴在一起后的两块石头重量大于大石头。这样就会出现较重物体运动速度小于较轻物体的局面。这与你说的设想相矛盾……

亚里士多德理论的矛盾暴露无遗。后面的对话中的解决如下：

萨尔维亚蒂：……所以我们推断，如果大小物体具有相同的比重，则它们的运动速度相同。

② 原文注：值得注意的是，如果这种假想的无摩擦系统处于持续运动状态，且每隔一小段时间就观察一次，我们就会发现其运动速度(小球经过的速度)会围绕一个平均值上下波动。这是因为动能和势能间的周期性相互转换。

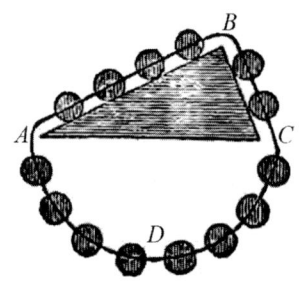

这一简单的定律很能迷惑人，众多永动机的概念均是基于带有旋转球和倾斜面的系统的能量转化构思出来的。确实，珀西·佛伦斯[①]在 1916 年那篇关于永动机的评论中用了一整章的篇幅来讨论该题目。他说："斜面加旋转球是永动机追求者的一片荒唐的多产之地。"我们来考查一下其中涉及的原理，并从基础原理出发证明像史蒂芬双斜面球串这样的系统总是处于平衡位置，没有势能来做功。

考虑倾角分别为 $\theta_1$ 和 $\theta_2$ 的双斜面，上面放置有完全弹性（零刚度）的均质光滑绳索。证明系统处于平衡状态。假设绳索位于斜面以下的部分呈对称的曲线。[②]

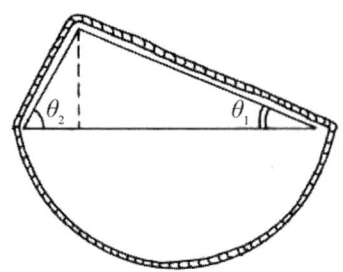

---

① 原文注：Verance, P., 1916, "Perpetual motion: comprising a history of the efforts to attain self—motive mechanism... collection and explanation of the devices whereby it has been sought and why they failed"（"永动机：人类追求永动机的历史……人类曾尝试过的永动机之小结，以及为何失败之解释"），20th Century Enlightenment Specialty Co.

② 原文注：实际上求该曲线（称作"悬链线"）的形状也是一个很有意思的问题。尽管我觉得这道题相当难，但听说它曾经是大学的入学考题。悬链线是指理想绳索两端被悬挂起来后在自重作用下形成的曲线。它很容易让人想起抛物线，但实际上并不是。具有弹性且单位长度承担相同重量的轻型悬索桥即具有这种曲线。锚索也是，还有两根电线杆之间的电话线。悬链线在笛卡儿坐标系中具有双曲余弦形式 $y = a\cosh\dfrac{x}{a} = \dfrac{a}{2}(\mathrm{e}^{\frac{x}{a}} + \mathrm{e}^{\frac{-x}{a}})$。不同的线长与悬挂宽度比导致的不同弯曲程度通过参数 $a$ 来衡量。

## 解答

题目告诉我们悬垂线（平面以下的部分）是对称的。因此我们可以假设，如果系统处于平衡状态，则悬垂线作用于两个端点处绳子上的力大小相等，从而我们考查非平衡作用力时它们的作用可以忽略不计。这里我们将采用史蒂芬的另一种方法，在悬垂线与绳子在斜面上的交点处对绳子做假想切割，取代绳子的是刚才我们忽略不计的两个大小相同的作用力。

我们现在考虑在斜面上的绳子所受到的作用力。分别用 $\theta_1$ 和 $\theta_2$ 表示斜面 1 和斜面 2 与水平面之间的夹角。设斜面 1 上的绳子质量为 $m_1$，斜面 2 上的绳子质量为 $m_2$。现在来更直观地考查该系统，我们将两段绳子分别用两个质点来代替，而这两个质点又通过一根无质量刚性绳子跨过一个无摩擦轻质滑轮连接起来。以质点 1 为例来考虑作用于两质点上的力，具体如下：

- 重力 $m_1g$，方向竖直向下；
- 垂直反作用力 $R_1 = m_1g\cos\theta_1$，方向垂直于斜面向上，大小等于重力在垂直于斜面方向上的分量；
- 绳子的张力 $T_1$。由于质点 1 处于平衡状态，要求 $T_1 = m_1g\sin\theta_1$。

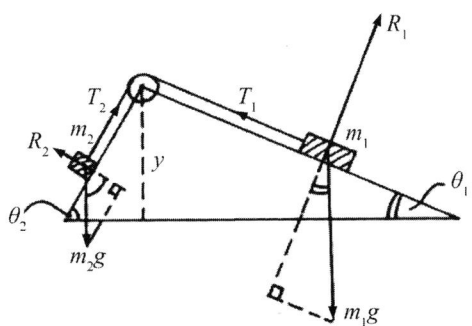

质点 2 所受到的力与质点 1 类似。将上述表达式中的角标 1 换成 2 就得到了质点 2 的相关表达式。由于质点 2 处于平衡状态，要求 $T_2 =$

$m_2 g \sin \theta_2$。而无质量刚性绳则意味着 $T_1 = T_2$。因为两个由无质量刚性绳连接的质点均处于平衡状态，必然要求 $m_1 g \sin \theta_1 = m_2 g \sin \theta_2$。重组后我们有

$$\frac{m_1}{m_2} = \frac{\sin \theta_2}{\sin \theta_1}$$

从系统的几何结构可知，绳索 1 和绳索 2 的长度分别为 $L_1 = \dfrac{y}{\sin \theta_1}$

和 $L_2 = \dfrac{y}{\sin \theta_2}$，其中 $y$ 为斜面的高度。于是就有二者的长度比

$$\frac{L_1}{L_2} = \frac{\sin \theta_2}{\sin \theta_1}$$

如果绳子是均质的，就有 $m \propto L$，从而几何条件与平衡条件相同。以及，对于任意一对斜面，像前述那样布置的绳子均处于平衡状态。

佛伦斯描述了一些通过重物和斜面实现永恒运动的发明：

  ……受过教育且力学入门学得很好的人……应该立刻就能意识到这些发明者的梦想是完全的荒谬且不可救药。所有这些依赖于斜面和滚动质量的所谓发明所涉及的原理都基本相同……

## 更优解答

有次我跟朋友讨论这道题，他提供了一个更简单的解答，该解答无须对悬垂线的形状和行为做出假设。其解答如下：

系统里的作用力与该系统各部分的相对速度无关。所以，如果系统处于非平衡状态，它将具有转动加速度。由于发生转动后的对称性，系统必然无限制地顺时针或逆时针地加速旋转。这完全不可能，因此，系统必然处于平衡状态。

## 7.2 发电路拱 ★★

一位发明者产生了一个灵感，即用路拱发电。有风险投资人正在考虑投资这一想法，邀你作为科学顾问参加一个会议。你的工作是独立评估这一想法，并就支持或反对意见给出你的理由。你应该怎么告诉他们？

**解答**

首先我们要清楚，路拱只能通过奔跑的汽车发电，而不能通过空气。路拱获取的能量必然小于或等于汽车损失的能量。那么，你该如何告诉风险投资人？可能你脑海里会涌现多种答案，但你应该说的是：

• 路拱获得的能量不是以其他方式浪费掉的自由能，除非汽车减速至跨过路拱所需要的速度。这是将汽车的一小部分能量转移给路上装置的一种方式。

• 在大多数有路的地方，也会有电力供应，特别是在城市或人口聚集区。只有在十分偏远的地方这种装置才有用武之地。比如，用路拱发电装置为冰箱或发光路标供电。但在偏远的地方也不会有太多汽车。

• 感觉与所发的电量相比，这种装置过于昂贵。如果某个偏远的地方需要不多的电力，为什么不用太阳能呢，或者小型发电机，或者电池？

　　为了更深入地讨论该问题，我们需要做些计算，以评估可以从汽车转移给路拱的能量有多少。原理很简单。如果路拱被汽车压下去，产生位移过程中就发生了能量转移。所做的功 $\delta W$ 等于作用于路拱上的力 $F_h$ 乘以位移 $\delta y$，记作

$$\delta W = F_h \delta y$$

　　那么，转移的能量有多少？回答这个问题之前我们需要先估算汽车施加给路拱的作用力 $F_h$ 和可能产生的位移 $\delta y$。假设小汽车的质量近似为 $m = 1000$ kg。取 $g \approx 10$ m/s$^2$，汽车的重力为 $mg \approx 1 \times 10^4$ N。抵消汽车重力的支撑力分别作用于前后轮上。如果重力是平均分配的，则道路施加给前后轮（前后轴）的作用力分别为 $F = \dfrac{1}{2} mg \approx 5 \times 10^3$ N。假设路拱受到每对轮子作用力的一半（$F_h = 2.5 \times 10^3$ N）就会被压下，而车轮的直径约为 0.5 m。压下高度超过 0.2 m 的路拱会很困难，所以我们就取 $\delta y = 0.2$ m。前轮驶过路拱时所做的功为

$$\delta W = F_h \delta y = 2.5 \times 10^3 \times 0.2 = 500 \text{ J}$$

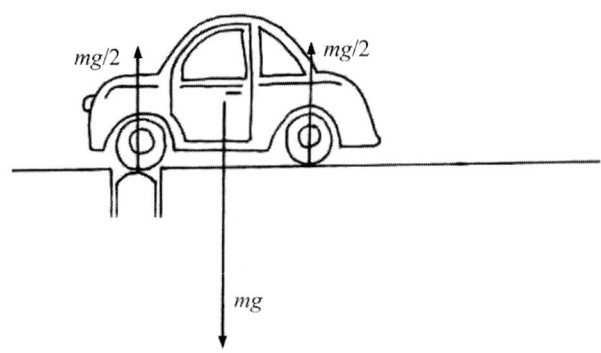

　　而汽车有前后轮，于是所做的总功为 $\Delta W = 2\delta W = 1000$ J。1000 J 的能量有多大？现在将其转换为我们熟悉的物理量。普通的冰箱耗电 $P = 100$ W。要维持这样一台冰箱的正常供电，途经的两辆汽车最大时间间隔 $\delta t$ 为多少？利用能量方程有 $P = \dfrac{\Delta W}{\delta t}$ 或 $\delta t = \dfrac{\Delta W}{P} = \dfrac{1000}{100} = 10$ s，每 10 s 就要有一辆汽车经过！也就是一分钟 6 辆车，一个小时 360 辆，或者一天 8 640 辆。任何一天能吸引 8 640 辆汽车的村庄都能找到别的

方式为一台冰箱供电。再来算一下经济账,当前英国的一度电(1 kW·h,或 $3.6 \times 10^6$ J)价格约为 10 便士。冰箱一天耗电 2.4 度,也就是一天的电费为 24 便士。先不说实施路拱发电的成本及维护的成本,我们来算算其经济效益,每辆车产生的收益约为 0.003 便士。我们可以放心地告诉投资者这个项目根本不可行。[①]

## 7.3 过平衡轮 ★★

早在 1870 年,亨利·德克斯(Henry Dircks)就世人对永动机的执着追求写了一篇出色的历史回顾。这种非常诱人而又徒劳无功的追求至少可以追溯至 13 世纪。德克斯这部书的名字叫作《永恒运动(或从 13 世纪到 19 世纪的自驱动力追求史)》,[②] 他在前言中写道:

1861 年《永动机第一系列》出版时,我们觉得无疑已经穷尽了这方面的所有可能;不过 9 年后的今天,我们又能贡献出《永动机第二系列》了,其中有不少旧资料,还有 80 多项专利,一众准发明家坚持为他们古怪的机械发明打包票,尽管有违常识和科学定律。

工程考古学没有一个持续且不折不挠的追寻期,却有相互矛盾的证据,以及大量屈辱的失败事例……没有足够多的

---

① 原文注:不过,有不少公司目前正在生产发电减速路拱。他们都宣称对环境保护大有裨益,但措辞又含混不清,比如"收获绿色能源",等等。2009 年一些报纸报道了一些小规模试验项目。一家生产商声称单个路拱可以发电 36 kW。更让我惊奇的是,后来我了解到伦敦有一个 £150 000 的发电路拱测试项目,而且在美国和英国都有一些酒店和超市高调地安装了发电路拱。我们应该将广告里宣称的发电量与我们的计算结果做个对比,计算出所需的稳定车流量:36 kW/100 W=360。天呐!是我们算错了吗?可能并没有。我只见到过一个发电路拱应用实例,用于为一个提示你刚刚经过一个路拱的指示灯供电。显然,我们需要更多的科学而非市场营销。

② 原文注:Dircks, H., 1870, "Perpetuum mobile; or, a history of the search for self-motive power, from the 13th to the 19th century (illustrated from various authentic sources, in papers, essays, letters, paragraphs, and numerous patent specifications)", London, E. & F. N. Spon.

失望能够削弱或彻底摧毁人们重现一种所谓被历史埋没的发现的执念。

德克斯在 358 页的书中罗列了部分最离奇的所谓永动机，即各种建立在科学谬误基础上的装置。珀西·佛伦斯（Percy Verance）[①] 在 1916 年出版的一本总结中扩展了永动机的范围，收录了当代永动机追求者熟悉的所有主要类型：利用轮子和重力的装置；利用旋转重量和斜面的装置；水力和液压装置；气动虹吸和液压气动装置；磁力装置；利用毛细吸引和物理吸引力的装置；液态空气装置；镭和放射性物质装置；利用动量与能量间的错误关系的装置。

今天永动机带来的诱惑像 17 世纪一样强烈，每年都有无数的专利申请是关于这种永远不可能实现的机器的。甚至还有永动机协会。我曾碰到过两个永动机迷。他们俩，用一句俗语来说，都疯疯癫癫的。第一个是别人介绍我认识的，以期我能为他提供咨询，帮助推动他的项目。这个人比较富有，提供给我的咨询费也不少。我耐心地听了一个小时，基本上一言未发。之后我不得不尽可能客气地告诉他，我认为他的项目是一种欺骗，我不能为他提供咨询服务，而且对于任何想赚这笔钱的人，在能从基本原理上解释清楚该装置的作用机制之前我是不会相信他的。不过，这人热情蓬勃，执着战胜了理智。他继续咨询其他人。另一个永动机迷是一个朋友，我经常跟他一起划船、爬山。他是一位受过训练的工程师兼医师，在自己的专业领域备受尊重。但行星齿轮是他的弱点，有时候他会有点痴迷。看到他这样让人痛心。每个人心中都居住着自己的魔鬼。

通过研究永动机所宣称的运动机制，我们能学到很多。最初设想的运动机制所深藏的当然是对物理定论的一种简单误解。那么，我们

---

① 原文注：Verance P.，1916，"Perpetual motion：comprising a history of the efforts to attain self-motive mechanism... collection and explanation of the devices whereby it has been sought and why they failed"，20th Century Enlightenment Specialty Co.

先来研究最古老，也是最经典的永动机案例。它就是所谓的过平衡轮，最早提出这一概念的是 13 世纪的巴黎建筑师维拉尔·德·奥内库尔（Villard de Honnecourt）。过去的八百年里人们又提出了无穷无尽且各式各样的过平衡轮概念。下图中左图画的就是奥内库尔最初的概念。[1]中间的图画的是 1831 年发表于《力学杂志》（The Mechanics' Magazine）的英国版本（佛伦斯的书中也收录了它）。右图是更新的一个版本（佛伦斯的书中也收录了它），最先收录于达·芬奇的素描集。

下图所示的三种永动机方案所设想的运行方法如下。随着轮子（或鼓）的转动，一边的重力杆（或重力球）距离旋转轴更远，而另一边的距离更近。这样，由于一个方向相对于旋转轴的扭矩更大，轮子会持续旋转。在不做详细计算的前提下，以实现永恒运动的视角讨论该装置，并给出实际上的运动方式。

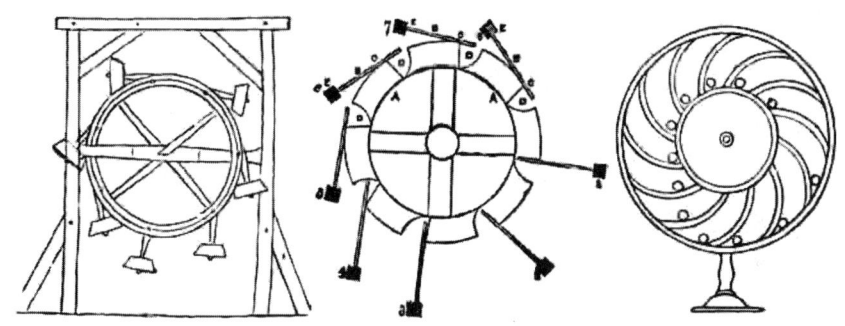

## 解答

首先我们来考虑普通轮子的绕轴转动。将轮子启动后，它会转动一段时间，且速度逐渐变慢，最终停止转动。只有完全无损失无摩擦（也就是说没有轴承摩擦或空气摩擦带来的能量损失）的轮子才会永远转动下去。当然，在现实中这是无法实现的。

---

[1] 原文注：德克斯的书中收录了这幅图。奇怪的是，这幅图没有文字解释，主要为了讲述历史才收录的。

　　我们再来考虑一个附有小质量的无摩擦轮子。将轮子启动后，其旋转速度将在一个平均值附近（随时间或角度）振荡。小质量位于底部时轮子的转速最快，位于顶部时转速最慢。在这个过程中势能与动能相互转化。如果加上摩擦效应，则可以想见，轮子的转速不会**单调**下降[①]，不过会因摩擦而持续丢失能量，最终停止转动。

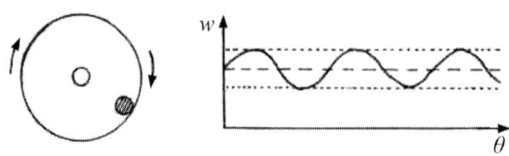

　　上述三个永动机方案都有非平衡质量挂在轮子上。不过第三个方案更复杂，因为随着配重杆的开闭，或者配重球的滚动，系统的转动惯量会发生改变。杆或球相对于轮子处于运动状态时，获得了一定的动能——这意味着系统的其他部分损失了能量。如果杆或球相对于轮子的运动瞬间被停止下来（比如到达了停止点），其一部分动能将在碰撞中永远地消失——（比如以热量的形式）离开了系统。为了保持机器运动，或抵消轴承摩擦或内部碰撞导致的能量损失，需要给轮子施加力矩。我们现在来考虑上述机器能否提供这样的力矩。

　　该问题的潜台词是："由于一个方向上相对于轴的力矩大于另一个方向，轮子将持续转动下去。"显然在第二和（更精确的）第三幅图中，尽管一侧的某些配重杆（或配重球）比另一侧的同伴们贡献了更大的力矩，但两侧的配重杆（或配重球）数量不同。在图中所画的运动状态，第二幅图中有 3 个杆对轮子施加顺时针方向的力矩，5 个杆施加逆时针方向的力矩；第三幅图中有 5 个球对轮子施加顺时针方向的力矩，7 个球施加逆时针方向的力矩。这就是所有过平衡轮谬论的核心。

　　对任何这种机械进行深入的几何分析就会发现，对于无摩擦的系统来说，在相同的形态间（亦即，配重杆和配重球之间的角度）转动时，

---

　　① 原文注：这并不是一个悖论。系统的能量可以单调下降，哪怕速度是非单调的。对于完全无损失的系统来说，系统的能量是不变的，但旋转速度却不是（不过每一圈的平均速度保持不变）。

转动方向上的平均力矩最大才是零。① 亦即，轮子在较长时间里既不加速也不减速。瞬时的力矩可以不等于零，也不会等于零，导致系统（根据配重杆或配重球的角度不同）交替加速、减速。在具有有限摩擦力和其他损失的真实系统中，伴随这种非一致运动的是系统的逐渐减速。完全可以用初等数学来求解前面所示的完美或非完美装置的运动模式。不过这样对我们理解其中蕴含的原理帮助并不大。

从能量转化的角度来研究上述机械装置也很有趣。由于这些机械装置做周期性转动，上面的重量向下运动时损失的重力势能必然在向上运动时重新获得。在一个完整的周期里，重力对任一配重杆和配重球所做的净功都恰好为零。我们再更深入地考虑一下该问题。

考虑第三种机械装置，我们绘出某个配重球绕机械重心 $O$ 的运行路线 $ABCDA$。分别考虑下降路线 $ABC$ 和上升路线 $CDA$。在下降阶段，重力对球所做的功等于球所受的重力乘以竖直距离 $AC$。不管路线 $ABC$ 如何该结论均成立，只要终点不变。上升阶段 $CDA$ 克服重力所需要做的功（由轮子提供）严格等于下降阶段重力所做的功。在没有内部损失的系统中，行程 $ABCDA$ 不需要净能量。同理，系统也无法产生能量。

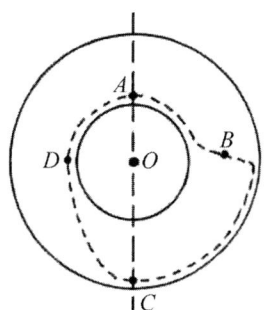

我们现在来考虑能量是否可能在内部碰撞中损失。如果能量在碰撞中损失，则轮子的转动将会缓慢下来，这就需要外部力矩。现在来

---

① 原文注：有趣的是，甚至对于没有轴承摩擦力和空气拖曳的系统来说，如果系统允许存在内部加速度或碰撞（题中所示的三种机械装置均如此），则转动方向上仍有可能存在小于零的平均力矩。换句话说，即能迟滞轮子转动的力矩。

考虑一下其中的机制。我们知道，质量为 $m$ 的物体所受重力为 $mg$。对于缓慢转动的轮子来说，可以假定在大多数运动环节球的加速度并不大。[①] 所以球施加给轮子的作用力即其重力 $mg$。考虑上升路径 $CDA$，轮子在球的整个上升过程中都需要克服球的重力做功，所做的功等于力乘以力的方向上的位移，即 $C$ 与 $A$ 之间的竖直距离。再来考虑下降路径 $ABC$。在下降过程的大部分环节，球的加速度都很小，作用于轮子的力即其重力 $mg$。不过，球突然从 $B'$ 加速运动至 $B''$ 的过程中，作用于轮子的力变小了。球从 $B'$ 降落至 $B''$ 的过程中对轮子所做的功小于上升过程中轮子将球提升同样竖直距离克服重力所做的功。不过，刚才我们已经讨论过，重力对球做的功与轮子克服球的重力所做的功是相等的，下降过程中**损失**的能量转化成了球的动能。球在 $B''$ 处与轮子发生碰撞时，这部分能量大部分都在将球沿 $B''C$ 弹回的非弹性碰撞中损失掉了。这个过程中发生了能量损失，产生了一个导致轮子减速的净力矩。重要的是，这个过程只会导致能量减少及与轮子转动方向相反的力矩。轮子的转动将经历振荡减速，最终会静止下来。

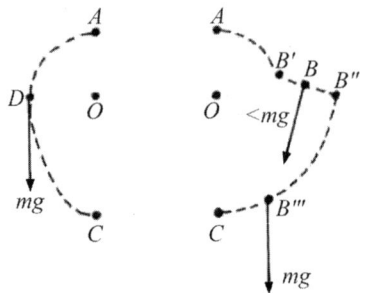

还有一件事我们没有提到，即球向轮子中心运动时轮子对球做的功，以及球向外运动时对轮子做的功。如果取轮子转动速度为某一有限值，则需要一个径向作用力维持球（以瞬时速度在瞬时半径上）做圆周运动。所有的球转动一整圈后，可以看出这一圈下来所需要的净功为 0。

---

① 原文注：为了简化讨论，我们忽略了向心力。这相当于假设转动速度非常慢。

最后，我们从另一种完全不同的角度，简短地利用史蒂芬原理来考虑一下系统的能量守恒。需要指出的是，在运动一圈中的 $n$（$n$ 为系统中配重杆或配重球的总数）等分处，系统的几何构型相同。如果我们在这些 $n$ 等分时刻冻结系统的运动，则系统的构型与初始时刻的构型并无二致。忽略内部碰撞所可能导致的能量损失，显然能量守恒原则要求系统在这些时刻具有相同的转速。

对于这些所谓实现永恒运动的装置，我们似乎有很多简单而理性的批判手段。然而即便现在，全世界仍有很聪明的人花费巨量精力在探索建造这类机械以期实现永恒运动的美梦上。无疑，他们在下一个世纪仍将继续追寻。

德克斯在书的引言中所做的讽刺可能无人能及：

> 尽管探求永动机本身并不是疯狂的证明，却无疑说明了探求者的无知，或者掌握基本知识能力的缺失……值得感到羞耻的是……执着地逆从未听说过或没有认真研究过的定律、科学道理而行，坚持挑战各种科学定理。

想要成为永动家的人，应该好好回顾一下永动机历史，并掌握基本的科学知识。

## 7.4 辛克莱教授的虹吸管★★

乔治·辛克莱（George Sinclair）教授是一位苏格兰数学家、（勉勉强强的）物理学家、水力工程师兼恶魔学家。[①] 他的很多作品似乎都有很多问题。不过，即便在当时他也是一个有着几分卓越的人。他不但

---

① 原文注：实际上，根据牛津《国家人物传记大辞典》（*Dictionary of National Biography*），（1885—1900），他最著名的书是 1685 年出版的一本恶魔学著作：《已发现的撒旦的不可见世界》（*Satan's Invisible World Discovered*）。他写这本书的目的是"证明恶魔、灵魂、巫师和幽灵的存在"。

推动了恶魔学的发展，还是首批乘坐潜水钟下潜的人，他下潜的目的是探索据说在马尔岛附近被英国舰队击沉的西班牙无敌舰队的一艘船。据信他还首次提出了基于虹吸原理的永动机。这一后至的"荣誉"尤其令人担心，因为 1673 年他受命主持一项向爱丁堡输水的大工程。他于 1669 年写就的一本拉丁语书①中收录了他的永动机虹吸管方案（包括下面这幅图），如下文所述。

图中的玻璃球部分抽真空，所以能从盘子里吸水上来。一根穿玻璃球壁而过的虹吸管以相同的速度将水引回盘子，并维持玻璃球内的低压，完成循环。从而实现水的永恒循环。水流出虹吸管时会有少量的剩余能量，可以被利用起来。这个方案错在哪里？

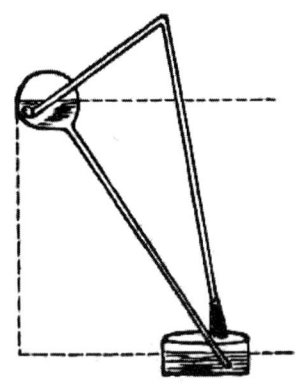

## 解答

在我看来，这是一个特别有意思的永动机。特别有意思是因为它极其简单。我曾以为任何对虹吸管有所了解的人都会很快看出该方案中的缺点。大多数永动机的发明者都可以就生产其机器的高昂费用给出合理解释（因为需要低摩擦轴承，等等），但这里却没有类似的解释——制作这一装置很简单，也很容易展示其原理或理解其失败的原

---

① 原文注：sinclair, G., 1669, "Ars nova et magna gravitatis et levitatis", pp. 418−472.

因。而且，无疑以辛克莱教授的社会关系和可动用资源，实现该装置很容易。不过，如亨利·德克斯在 1870 年的《永恒运动》中所说，辛克莱教授用了"18 页来讨论这一不可能实现的方案的优点……展示了一个通过短腿而非长腿输送水或水银的虹吸管，荒谬地竭力反转机器的基本作用原理"。这一装置确实最为特别，且展示了永动机对一些热衷者的极强诱惑力。

值得指出的是，那时候流体动力学方面的研究还处于初期阶段。这一装置显然早于丹尼尔·伯努利① 1738 年面世的名著《流体力学》（*Hydrodynamica*），直到那时才有了我们现在所谓的伯努利方程。②不过，我们不能为辛克莱教授开脱太多，因为三千多年前埃及人就利用过这种虹吸管③，而且之后科学家也在研究它，很多名著中都曾引用。简而言之，1669 年人们已经很清楚虹吸管的原理与局限了。

我们来研究一下辛克莱教授的方案。首先我们从作用于流体上的压力出发证明该方案不可行。最后我们再从流体能量的角度出发，以理解虹吸管的工作原理。

考虑一个事实：倒 V 形管及直管的两端均分别位于球和盘子里的液面之下。管子一端到液面的距离不会影响另一端处的压力。管子中液体带来的**静压力差**与进出口的高度差有关。现在我们来依次考虑这两个管子。

• 直管：液体的静压力差正比于两个**自由面**的高度差 $\Delta h_1$，等于 $\rho g \Delta h_1$。记瓶中的压力为 $p_A$，外部的大气压为 $p_{atm}$，则可以看出，为了维持液体高度 $\Delta h_1$ 须有 $p_{atm} - p_A = \rho g \Delta h_1$。若要盘子里的液体流向

① 原文注：Daniel Bernoulli（1700—1782），瑞士数学家兼物理学家，流体力学方面的成就尤为知名。可能他最因伯努利方程而知名，该方程描述的是流体的能量守恒。

② 原文注：这一著名的能量方程描述的流体沿流线（或者说描述流体单元运动路径的假想线）运动时不同形式的能量之间的转化。与离散物体交换动能、势能一样，连续体力学（将流体视为无限可分的）所考查的系统中也会发生相同的能量转化。流体可能有的能量的形式包括：重力势能；动能（动力头）；由于大气等外部介质或自身重量抑或二者共同的作用而产生的压力能（静力头）。

③ 原文注：证据见可追溯至公元前 1500 年的埃及浮雕。

球体，则须有 $p_{atm} - p_A > \rho g \Delta h_1$。

• 倒 V 形管：根据相同的分析可见，球端与较低端（处于大气压下）的静压力差，等于 $\rho g \Delta h_2$。为了维持管中的液体高度须有 $p_{atm} - p_A = \rho g \Delta h_2$。若要球体里的液体流向盘子则需要更高的 $p_A$，即 $p_{atm} - p_A < \rho g \Delta h_2$。如果 $p_A$ 低于维持倒 V 形管内液体所需的压力，则液体的流向会反转，从倒 V 形管流向球内。为了使系统维持顺时针方向的液体流，需要同时满足 $p_{atm} - p_A > \rho g \Delta h_1$ 和 $p_{atm} - p_A < \rho g \Delta h_2$，或者 $\rho g \Delta h_1 < \rho g \Delta h_2$。对于图中所示的系统来说这是不可能的，因为 $\Delta h_2 < \Delta h_1$。所以说顺时针方向的流动是不可能的。如果系统如图所示，则液体会逆时针方向流动，直至所有的液体均流入盘子。

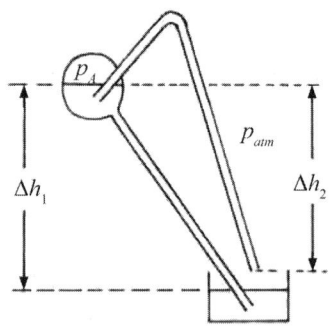

如果你觉得上述讨论不够直观，可以考虑下图所示 A 和 B 系统。A 系统本质上等同于辛克莱教授的方案。它是一个带有非等长 U 形管的单容器，顶部为气室。[1] 根据分析，气室不起作用——液体流入、流出气室的速度是一样的，气室仍充满气压低于大气压的气体。不过，储液罐的自由面低于管子的出口，所以 U 形管里的液体将逆时针流动，将所有的液体流入储液罐。系统 B 与 A 有所不同，用前图中的物理量名称来表示的话有 $\Delta h_2 > \Delta h_1$，系统里的液体顺时针流入较低的盘子里，直到上面盘子里的液面与这一侧管子里的液面持平。当然，这

---

① 原文注：实际上大型虹吸系统通常会在管子的最高点处设置一个气室，此处通常也是静压最低的地方。低压有助于析出溶解空气并积聚于最高点。通常还设置一个气泵以排出这些气体。参见 Gibson A. H., 1961, "Hydraulics and Its Applications", 3rd edition, London, Constable & Company, p. 629。

不是一台永动机。

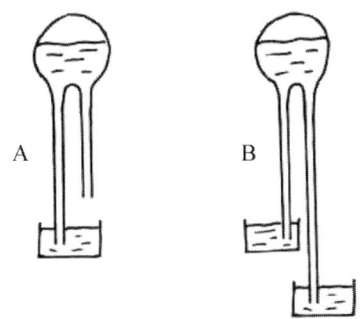

## 从能量角度讨论

从流体能量的角度来讨论虹吸管的行为也很有意思。很多人在这个题目上都会产生误解。毕竟，辛克莱教授必然是在这一点上犯了迷糊才会错误地相信自己发明了一种永动机。

水自然会流向最低能量状态。在有两个容器且一高一低的情况下，就像图 A 所示那样，水将从较高的容器流向较低的容器。这是常识。不过，这种现象之所以发生，是因为水在流向水管出口处时损失了能量。[①] 我们知道，质量 $m$ 在均匀引力场 $g$ 中高于参考基点 $h$ 时的引力势能 $P_E = mgh$。如果水从上容器流出管口损失的高度为 $h_A$，则能量的变化量为 $-gh_A$ 焦耳每单位质量。[②] 我们测量上容器表面与水管出口之间的高度差。前者定义了给定时间上容器中所有[③]液体的能量状

---

[①]　原文注：这里的"损失"是指势能转化为了最终将耗散掉的其他形式的能量。通常的结果是较低容器里的水的温度略微上升。但是，如果该过程受到阻挡，则可能转化为某种会离开该系统的能量（比如通过某种机械的轴做功）。

[②]　原文注：这是引力势能的减少量，如果水在下容器中达到静止的话，也是总能量的减少量。这种能量损失与摩擦力有关，最终会导致液体温度有一个很小的提升。

[③]　原文注：这里需要说明一下。在一个静止的容器里，所有液体的能量是相等的。以及，所有的液体单元具有相同的能量，因此也具有相同的势能来做功。我们穿过自由面向下考查时，液体会损失势能，增加静压头，前者的损失量与后者的增加量相同。可见，同一容器里的所有液体单元都具有相同的总能量，或者做功的能力都相同。

态，而后者则定义了液体落入下容器之前最后阻力点处的能量状态。[1]

如果我们考虑图 B 中的容器，相同的讨论仍会成立。如果有一根管子连通二者，则将会由二者自由面的高度差来决定相对能量状态。每单位重量的水流向下容器的过程中能量的变化量为 $-gh_B$ 焦耳。

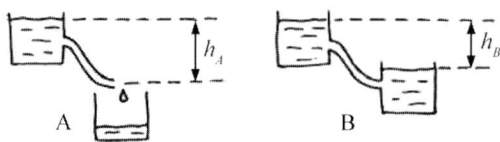

图 C 与图 A 的区别是水管在引向下容器之前高过了上容器的自由面。这是一种典型的虹吸管。每单位重量的水从进口流向出口的能量变化为 $-gh_C$ 焦耳。[2] 水流动时损失能量，系统也损失能量。在下容器离开水管时的水，能量比从上容器进入水管时的水少了 $gh_C$ 焦耳每单位质量。图 D 与图 B 的区别是水管在引向下容器之前高过了上容器的自由面。这是一种典型的虹吸管。每单位重量的水从进口流向出口的能量变化为 $-gh_D$ 焦耳。水能流动也是因为损失了能量。在所有这些实例中（A 到 D），液体能够也必然流向较低能量状态。

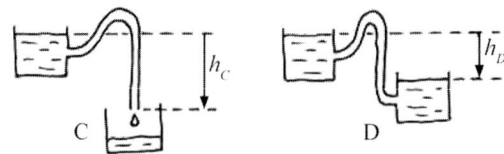

---

① 原文注：为了离开水管，液体需要有限的动能（流体力学中我们称这种动能为动力头）。在缓慢流动的系统中，这一项很小，引力势能大多数因摩擦而损失掉了。在快速流动的系统中，水管出口处动能会遭受重大损失。

② 原文注：有意思的是，图 C 中的水单元从上容器流至下容器时，能量是单调下降的。也就是说，只会损失能量，而不会获得能量，即便是流至上容器的自由面以上。这是因为静压降低了，导致总能量减少，即便引力势能的增加也不足以弥补。（这里的静压是指大气压与静压头之和，后者在管子顶部为负值。）

## 7.5 玻意耳的永动瓶 ★

我所在大学位于牛津高街(High Street)的外墙上，有一块牌子，上书：

> 罗伯特·玻意耳 1655 年至 1668 年间住在这里的一座房子里。他在这里发现了玻意耳定律，并利用助手罗伯特·胡克(发明家、科学家兼建筑师，制造一台显微镜并证实了活细胞)设计的气泵做实验。

有时候我会把自行车停在这块牌子下面，且不止一次猜想，有罗伯特·胡克(Robert Hooke)这样的助手是一种什么体验！玻意耳和胡克都是这所学校出色的科学家。二人都很博学、多产。

很多人视罗伯特·玻意耳(Robert Boyle，1627—1691)为从**炼金术**①分离出来的现代化学之父。他在滑雪、实验技术和科学方法学方面做出了很多成就，但他最著名的当属玻意耳定律，后者将气体在恒定温度下的压力与体积联系了起来。他似乎还是一位不错的预言家。17 世纪 60 年代他曾提出了 24 个重要的科学问题，他觉得这些问题值得人们关注，如果解决了会使人类受益。包括

> 延寿问题；
>
> 重回青春，至少部分重回，比如长出新牙齿，重拾年轻

---

① 原文注：炼金术探求的是贤者之石(the philosopher's stone)，一种可以将基本金属转化为金银的东西。贤者之石也是一种长生不老药。炼金术是有用的，因为炼金术已经存在了上千年。在玻意耳时代(1627—1691)，炼金术开始迅速消亡，但还不彻底。比如，比玻意耳晚了一代的艾萨克·牛顿爵士(1642—1727)就在炼金术上投入了相当的精力。*magnum opus*(杰作)一词即源于炼金术，指的就是对贤者之石的探求。尽管炼金术显然走错了方向，但它仍是现代化学的先驱，且催生了实验室器材、技术和试验方法上的重大发展。

发色；

飞行的艺术；

长时间待在水下的艺术；

可操作且可靠的经度确定方法；

在海上和旅途中使用钟摆，及钟摆在计时方面的应用；

改变或消除想象、清醒、记忆及其他机能的强效药，以

及止疼、实现无梦睡眠、无害梦等等的强效药；

以及其他 17 个问题，基本上都被科学上某个或多个突破给解决了。考虑提出这些问题时是 17 世纪，玻意耳还是挺有远见的。你可以在皇家学会看到玻意耳的这个问题名单——为纪念皇家学会成立 350 周年而进行了展出，玻意耳正是皇家学会的创立者之一。尽管如此，玻意耳仍生活在启蒙时代（the Age of Enlightenment）之初，从他名单里那些仍需科学的发展才能解决的问题就可以看出——最著名的是"金属的转化"。[①] 归根结底，玻意耳仍希望炼金术可以实现。

罗伯特·胡克（1635—1703）也是启蒙时代的一位重要人物，尽管其天赋所在可能与玻意耳并不相同。他出了名的勤奋，在伦敦大火[②]之后，同时任职格雷沙姆学院的几何教授和伦敦市测量员。在后一个职位上，据说他亲自完成了超过一半被焚毁建筑的测量工作。胡克还是一名建筑师，其他成就还包括：建造望远镜以测量火星和木星的运动，（根据其显微镜观测结果）在生物进化论方面做出过贡献，发展了光的波动理论，提出了空气的粒子模型，发展了测量学和地图制图学。他最著名的是胡克定律，即拉伸或压缩弹簧（现在我们称之为线性弹簧

---

① 原文注：我认为，从最严格的意义上来讲，一些受控核裂变或核聚变反应已经实现了这一点，这两种反应都将一种元素转化为另一种。不过，核裂变和核聚变的目的与玻意耳追寻贤者之石的出发点大相径庭，而且新元素也不是进行核裂变或核聚变的目的，而是副产品。

② 译注：指 1666 年爆发的伦敦大火灾，共有 13 200 座房屋毁于这场大火，其中包括圣保罗大教堂。几乎烧掉伦敦所有建筑的这场大火发生后，国王下令用石料、砖瓦作为建筑材料，从此伦敦告别了木质建筑。

或胡克弹簧)所需要的力与拉伸或压缩的长度成正比。[①]

罗伯特·玻意耳更稀奇的一项发明是永动瓶，或者叫自流瓶。原理很简单。瓶中液体的重量远大于颈部液体，于是就形成了一定的压差。液体受到挤压，沿瓶颈流动，并流回瓶子，形成一个永动循环。请解释其中的错误。

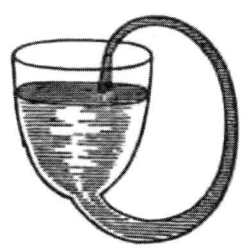

## 解答

上述对永恒流动的论证基于一个假设，即由于瓶体里的液体重于瓶颈及喷口处的液体，产生的压力差会导致液体流向喷口。显然，瓶体里的液体确实重于瓶颈及喷口处的液体。但静止液体的压强[②]只与液体的深度有关，而与瓶子的形状无关。液体的量、液体的总重，都与压强无关。这种矛盾(利用重量讨论压强与液体实际行为之间的差

———————————

① 原文注：在胡克的时代，这纯粹是一条实验定律，但后来的数学发展(得益于英国数学家布鲁克·泰勒，1685—1731)表明它也适用于大多数系统的小变化。布鲁克·泰勒最著名的是泰勒定理和泰勒展开，其中泰勒展开为用多项式序列近似方程的方法。我们可以用这些技巧来解释很多系统发生小偏移量时的近似线性行为，或者说胡克行为。论证如下：

1. 假设力 $F$ 只与位移量 $x$ 有关(亦即，不存在迟滞现象)。通常，二者的关系可以用某种复杂的方程来表示。我们定义平衡位置 $x=0$ 为 $F=0$ 的点。

2. 不管 $F(x)$ 取什么形式，只要它是连续方程(亦即，没有不连续点)，就可以利用泰勒展开将 $F(x)$ 围绕原点 $x=0$ 进行展开。亦即 $F(x)=\sum\limits_{k=0}^{\infty}a_kx^k=a_0+a_1x+a_2x^2+\cdots$，也就是说我们可以找到一个集合 $\{a_k\}$ 使得我们可以用多项式序列逼近原方程。距离原点越远，就需要越多的项来逼近原方程。

3. $F(0)=0$，所以有 $a_0=0$。

4. 对于足够小的 $x$，高阶项会很小，所以我们可以将原方程近似为 $F(x)\approx a_1x$。对于足够小的 $x$ 来说，该式对于任意集合 $\{a_k\}$ 都成立。这就是胡克/线性行为的定义。

② 原文注：通常称为流体静压。

别)被称为流体**静压佯谬**。

从压强的角度来考虑该问题的一个方法就是在最低处引入一个假想的截断面。由于要在截断面两侧施加相同的压力，就要求两侧的液体自由面高度相同。亦即，处在同一水平面上。正如很久很久以前亚里士多德[①]所说，水往低处流。但近两千年过去了，人们仍在这一自然原则上犯迷糊：很多永动机方案都基于系统中一侧液体更重会导致液体流动这一错误理念。

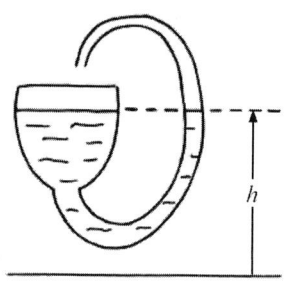

### 7.6 奇异轮★★★

我自己想出的这道题，但还没有拿来测试过任何人。说来有点难以启齿，因为我确实喜欢这道题。之所以把它放在这一章节，是因为它显然是一种**反永动机**。它是一种能迅速慢下来的机器。是这样的吗？我常常想，我应该给出一种推理，然后让学生来反驳（或者支持这种推理，如果他们能给出解释的话）。我会这样描述该问题。

图中显示的是一个空轮子，它由两个平行（且完全相同）的盘子构成，盘子竖直安装在光滑的水平支点 C 上，周边做了密封，所以这个薄薄的圆柱容器可以填充液体。轮子里没有装填水时，一旦转动起来，

---

① 原文注：亚里士多德（前384—前322），古希腊哲学家兼科学家。他的工作涵盖哲学、伦理学、形而上学、物理学、生物学、动物学、政治、政府体系、修辞学、音乐和戏剧。他一定非常繁忙。他的影响力太大了，他的名字就是一些学科的代名词，比如逻辑学中的方法学（亚里士多德逻辑）、自然科学（亚里士多德物理学）和哲学（简单说来就是亚里士多德学说，Aristotelianism）。

在不考虑空气阻力的情况下将永远转动下去。如图所示，当轮子里灌上一部分水时，可以想见，一旦转动起来后将会"因为内部摩擦力"而迅速慢下来。但是，我们知道，这意味着旋转轮的角动量减小，而这就需要外力。不过没有轴承摩擦力和空气阻力，也就没有了外力来源，这就意味着轮子跟前面一样将永远转动下去。这一推理是否正确？

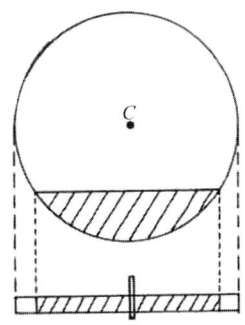

**解答**

我们的直觉显然是对的，即轮子灌上一部分水后会迅速慢下来，这也就意味着前面的推理是错的。（近似）静止的水与旋转轮的内壁之间的内摩擦在消耗系统的能量——动能转化成了其他形式的能量（主要是热能）。为了减小轮子的角动量就需要施加外部动量，（根据条件设定）这一外部动量既不能来自旋转轴，也不能来自空气阻力。在内摩擦力的作用下，旋转轴 $C$ 左侧的水量大于右侧，左侧水的重心 $G_A$ 到旋转轴的距离也大于右侧水的重心 $G_B$。这就产生了作用于轮子的一个外部动量，导致轮子转速下降。

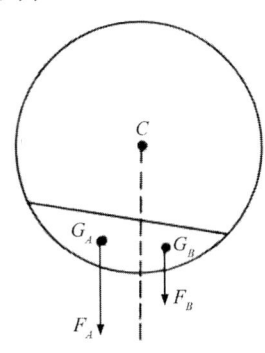

231

# 第 8 章
# 运动学

本章我们考查运动学方面的智力题。运动学是研究物体运动的学问，不涉及力和质量，所以也不涉及牛顿定律，不考查运动的原因。运动学研究的是距离、速度和加速度之间的关系，有时也称运动几何学。我们只需要很少的专业知识就能解决运动学方面的问题，下面的一些小提示会有所帮助。

- 考虑二维或三维空间时，通常用矢量来表示更方便。

- 通常需要将一个问题分解成更简单的部分，这样解题时思路会更清晰，更有逻辑性。

- 可能需要简单的微分方程将两个变量联系起来。比如，速度与位移 $v = \dfrac{\mathrm{d}x}{\mathrm{d}t}$，或加速度与速度 $a = \dfrac{\mathrm{d}v}{\mathrm{d}t}$。在这些微分方程中，变量可以是矢量。

但这些技巧没有什么特别之处——物理学多个领域都能见到。

## 8.1 懒教授★★

懒教授住在学院向西的一条笔直道路 4 km 处，且只有刮东风时他才肯去学院。东风风速为 $10\ \mathrm{m \cdot s^{-1}}$ 时他能在 300 s 内走完 4 km 全程。前面的 2 km 是一处坡度恒定的缓坡，且他骑着自己的无摩擦大

232

前轮自行车(或者按教授自己的叫法，**普通车**)以 20 m·s$^{-1}$ 的惊人速度行进。后面的 2 km 是平地，他行驶的速度正好为 10 m·s$^{-1}$。实际上，他的自行车并不普通，因为教授去除了踏板，行走全靠风力。只有刮西风，且风速达到 20 m·s$^{-1}$ 懒教授才会考虑回家。这样的话，他要多长时间才能回到家? 假设回程的每一阶段教授达到最终速度的时间与全程相比可忽略不计。也假设在平地和斜坡上风向都与地面平行。

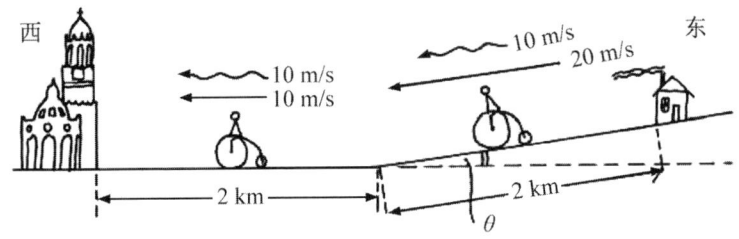

## 解答

由于懒教授的普通自行车无摩擦，所以在平路上行驶的速度与风速相同。我们可以画出相对于周围环境的参考速度分析图，亦即**实验室参考系**分析图，或者相对于自行车的参考速度分析图，亦即**自行车参考系**速度分析图。在实验室参考系中，两个速度都是 10 m·s$^{-1}$，方向向西。教授需要 200 s 才能走完那段平路。由于自行车速与风速相同，在自行车参考系里，**表观风速为零**。

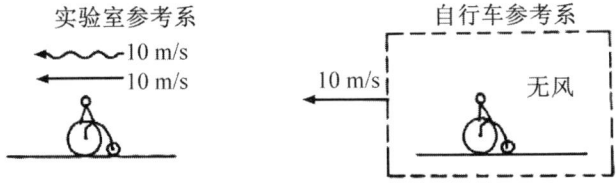

懒教授下坡时速度高达 20 m·s$^{-1}$，他只用了 100 s 就走完了下坡路全程。如果从实验室参考系的角度出发考查该问题，则懒教授比风速快了 10 m·s$^{-1}$。这是因为他所受重力的一个分量在下坡方向上起了作用。在自行车参考系里，存在大小为 10 m·s$^{-1}$ 的表观风速，方向向东。我们知道力必须平衡，不然无摩擦的自行车将会无限制加速下去，所以表观风速导致的阻力必然与重力在运动方向上的分量平衡，记作 $F_w = mg\sin\theta$。我们并不需要这一方程来解题，但提醒一下我们自己如何去画力线图还是好的。

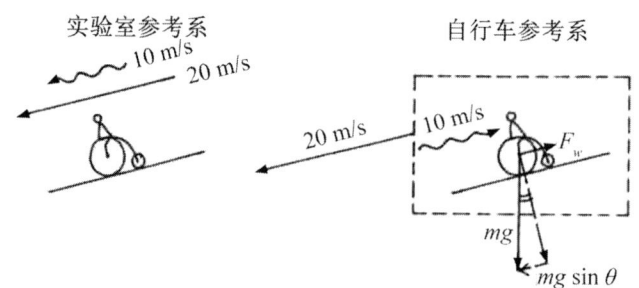

现在来考虑回程。在平路上，无摩擦自行车的行进速度与风速相同。由于是西风，速度为 $20\ \mathrm{m \cdot s^{-1}}$，自行车必然也载着懒教授以同样的速度向东行驶。在自行车参考系中风速为零。以 $20\ \mathrm{m \cdot s^{-1}}$ 的速度行驶教授需要花 $100\ \mathrm{s}$ 走完这 $2\ \mathrm{km}$ 平路。

现在自行车要上坡了。由于力必须平衡——没有加速度——我们知道在自行车参考系中必须有 $10\ \mathrm{m \cdot s^{-1}}$ 的表观风速。事实上风以 $20\ \mathrm{m \cdot s^{-1}}$ 的速度从西边吹来，所以自行车必然以 $10\ \mathrm{m \cdot s^{-1}}$ 的速度向东行驶，这样表观风速才会是 $10\ \mathrm{m \cdot s^{-1}}$。也就是说，教授以 $10\ \mathrm{m \cdot s^{-1}}$ 的速度爬坡，需要 $200\ \mathrm{s}$ 的时间才能爬完。

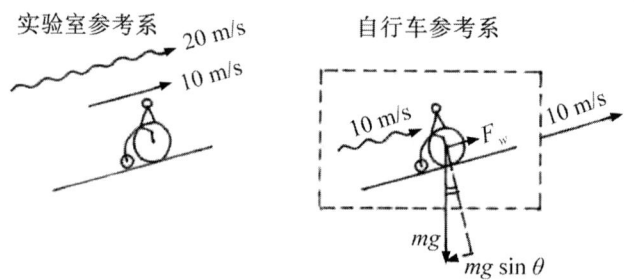

从学院到家的总时间为 300 s，与从家到学院的时间相同。懒教授利用去学院及回家行程，做了一个检验自行车完全无摩擦的实验来打发时间。逢上自家烟囱冒出的烟足够倾斜的大风天，懒教授就知道，自己的无摩擦自行车又可以完美地表现一番了。

## 8.2 勇敢的飞行员★

几年前，有时会跟我一起攀岩的两位朋友决定学开飞机。他俩是某财团成员，与他人共同拥有一架飞机。我不确定飞机的型号，但记得它是一架单引擎赛斯纳飞机，有些年头了，但能搭乘轻装的四个人，或两位携带全部装备的攀岩者。他们学开飞机是为了攀岩。开上这架赛斯纳他们就能在一个小时内从牛津赶到北威尔士(那里有最好的夏季攀岩场地)，再用两个半小时赶到凯恩戈姆斯(位于东苏格兰高地的一片山脉，因冬季攀冰而知名)。曾经开过无数个小时的车去攀岩的我非常清楚飞机的优势。"最妙的一点是，在没法开车的天气我们可以开飞机去，"他俩如此补充，并问我是否跟他们一起飞。而当时我对小飞机有一种排斥心理。

后来我听说的一件事证实了他们确实在我没法开车去的天气飞了过去。我们一位共同的朋友(也排斥小飞机)开了 8 个小时的车前往东苏格兰高地与他们会面。在约定好的时间他来到一个小机场的草地跑道上，躲在作为机场办公室的铁皮屋后面。唯一的生气来自一只山羊，即便山羊看起来也很冷。云层很低，只有几百米高，以一个恐怖的角度斜坠至草地上。就在这时他听到了引擎的声音，一架飞机在几百米外坠出云层，以一个恐怖的角度降落在草地上。他帮助两位朋友把机翼拴在硬路面上的固定桩上，发誓再也不会踏上任何一架小得没有客舱服务的飞机。

当然，即便小飞机现在也都装有 GPS 装置，但我们并不能完全依靠 GPS。飞行员在厚云层里利用**航位推算**（dead reckoning）来导航。这一方法将**风速矢量**和**空气速度矢量加法**求得飞机在地面上的投影轨迹。私人飞行员执照的教材中有大量的内容讲的是不同情况下的矢量加法。但其概念很简单，这里我就不多讲了。如果你知道什么是矢量以及矢量如何相加，并能进行基本的逻辑推理，就已经足够了。

有不少大学预科物理问题考查的是矢量加法的基本概念。有的问题很直接，有的问题还带些弯弯绕。比如，有些以最优化问题（比如求最大值或最小值）的形式出现，有些考查的是构造简单问题的代数方程的能力。有时候问题很直接——比如利用矢量加法计算特定结果。本题即属于最后一类。

勇敢的飞行员沿直线从西岛飞往东岛，在地面上投影出一个从西向东的轨迹。当天有风，风速为 $v_w$，**恒定且一致**[①]，风向为北偏东 30°。飞机的最大地速为 $3v_w/2$。整个飞行过程共耗时一个小时。如果风速不变，飞机回程需要多长时间？如果飞行员依靠航位推算来导航，他又该朝哪个方向飞行？

---

① 原文注："恒定且一致"是指在时间和空间上都不发生改变。速度矢量 $v$ 可视为所有空间坐标与时间的函数。我们可以将其表达为 $v(x, y, z, t)$。恒定意味着 $\frac{\partial v}{\partial t}=0$，其中 $\partial$ 表示对 $v$ 相对于某变量（这里指时间 $t$）取偏微分。偏微分（在大学预科阶段很少讲到）是指多个变量（这里指 $x, y, z, t$）的函数相对于其中某个变量取微分，同时其他变量保持恒定。一致意味着 $\frac{\partial v}{\partial x}=\frac{\partial v}{\partial y}=\frac{\partial v}{\partial z}=0$。

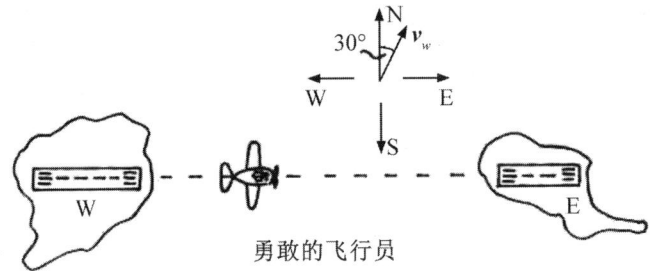

勇敢的飞行员

## 解答

本题所涉及的矢量加法非常简单，但从本题中提取所需信息却不简单。我们现在就来分析题目中隐含的信息：**地速**[①] $v_g$、**风速** $v_w$、空速 $v_p$。稍后我们会给出这些量的完整定义。对于去程来说：

• **地速** $v_g$ 表示的是飞机相对于地面的速度方向和大小。已知 $v_g$ 方向为正东方，大小为 $|v_g| = \dfrac{3v_w}{2}$。

• **风速** $v_w$ 表示的是风相对于地面的速度方向和大小。已知 $v_w$ 方向为北偏东 $30°$，大小为 $|v_w| = v_w$。

• **空速** $v_p$ 表示的是飞机**相对于空气**的速度的方向和大小，而空气自身也可能存在相对于地面的运动。$v_p$ 由方程 $v_g = v_p + v_w$ 定义。亦即，地速为空速与风速之和。速度的大小和方向由矢量加法给出。

进行矢量加法的方式有两种。我们可以将每个矢量按 $x$ 和 $y$ 分量（亦即各自的 $i$ 和 $j$ 分量）分解开来，再将它们相加（毕竟这就是矢量加法的定义）。或者，我们可以利用矢量的简单几何构型[②]——**矢量三角形法**。这里我们将采用几何法，这样我们能更简单地理解问题。根据

---

① 原文注：ground vector，这是飞行员和水手所用的一个术语，普通人不那么常用。从某种意义上来说这么叫是对的，因为通常情况下——非学术领域——speed（速率）和 velocity（速度）是通用的。所以特意用 vector 来表示矢量速度。

② 原文注：$x$—$y$ 分解法要求我们在某一可任意选取的参考系里讨论问题。矢量三角形法却不依赖于坐标系，因为它不需要我们选择特定的坐标轴。两种方法殊途同归。

题目中的信息分析出各矢量间的相互关系应该说比较简单。

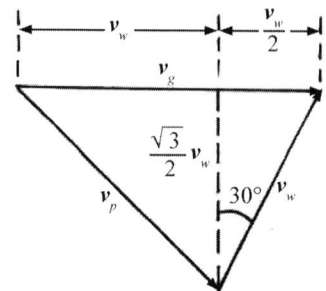

由上图我们可以解出。我们先来求空速的大小：$v_p = $

$v_w \sqrt{1 + \left(\dfrac{\sqrt{3}}{2}\right)^2} = \dfrac{\sqrt{7}}{2} v_w$。

如果想做的话，可以很容易求出空速的方向，但我们不需要。

现在来考虑关于回程我们都了解哪些信息。$v_w$ 已知，与去程相同。我们还知道地速的**方向**（朝向正西方），以及 $v_p$ 的大小，即

$\mid v_p \mid = \dfrac{\sqrt{7}}{2} v_w$。矢量加法仍然成立：$v_g = v_p + v_w$。有了这些信息我们可以画出回程的几何构型。

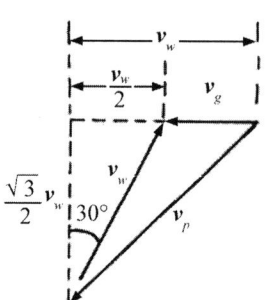

由上图可知，$\mid v_g \mid = \dfrac{v_w}{2}$。也就是说如果去程的速度为 $\dfrac{3v_w}{2}$，则

回程的速度为 $\dfrac{v_w}{2}$，所需时间是去程的 3 倍（3 小时）。由上图还可以算

出的 $v_p$ 方向：$270° - \tan^{-1}\left(\dfrac{\sqrt{3}}{2}\right) \approx 229.1°$。

无畏的飞行员现在即便在厚云层里也能飞回去，而且可以确定 3 个小时候就能在西岛降落。

## 8.3 打靶★

我实在喜欢这道简短的题目。我在参加牛津大学的物理学面试时被问到了这一问题，后来的一些同学兼好友也被问到了。一位朋友坚信这道问题是专门为他而提的。他在学校练过射击，并在申请文件中写过这方面的内容，他记得面试官说他发明了这道非常适用于面试考生的问题。本能告诉他自己理解错了，或者面试官是在开玩笑。他不可能聪明到激发面试官提出该问题的地步。但我们的物理老师极其聪明，所以这话至少有一定道理。

在一个远距离室内射击场，神枪手将一支精准的来复枪进行瞄准，确保子弹能够击中靶心。然后神枪手面朝靶牌，将来复枪绕其与靶心连线逆时针旋转了 90°。神枪手瞄准并开枪，子弹将会打在靶牌的哪个区域？

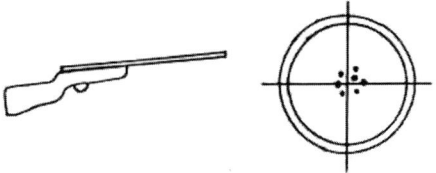

## 解答

我想本题的初衷是学生无需画图或计算就能给出答案。我所知道的所有被问到这道题的人都通过思索直接给出了答案。为了让讨论更为清晰，我画了简单的示意图。

子弹从出膛到打中靶牌（在 $x$ 方向上）需要一定的时间，这段时间里子弹受到重力和空气阻力的影响。重力导致子弹向下（沿 $y$ 方向）加速，并沿抛物线**偏离**瞄准点。空气阻力会导致子弹的速度有所降低，延长了飞行时间，并稍稍改变了抛物线。这里我们不用太在意空气阻力的影响，直接将其忽略。

我们来考虑来复枪没有转向时子弹的运动。根据定义，**瞄准器**对准了靶心。我们在来复枪枪口与靶心[1]之间画一直线，并将靶心标记为 $S$。子弹的轨迹是一个对称抛物线（不考虑空气阻力，而我们与靶牌处在同一水平面上）。我们画出抛物线并记子弹的位置为 $P$。瞄准器对准了靶心，所以 $P$ 与 $S$ 为同一点。抛物线最初的倾角来自来复枪枪管。所以枪管略微朝上。枪管的延长线与靶牌相交于点 $B$。

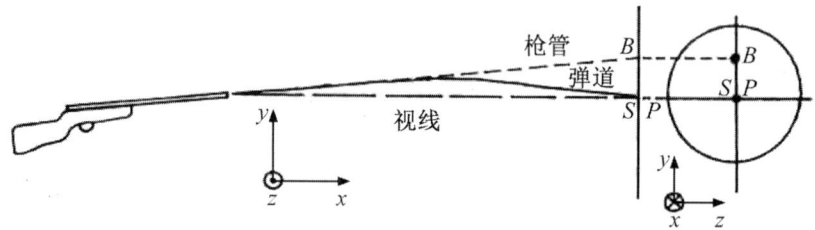

现在将来复枪相对于枪口与靶心的连线逆时针旋转 $90°$。瞄准器仍瞄向靶心。点 $S$ 仍处于靶心。对于给定的瞄准线，$B$ 与 $S$ 的相对位置由几何关系决定。几何关系由来复枪而非靶牌参考系决定，所以 $B$ 相对于 $S$ 逆时针旋转了 $90°$，与来复枪相同。而 $P$ 与 $B$ 之间的关系没有变。也就是说，子弹有与之前相同的偏移量。所以，$P$ 位于 $B$ 的正下方。

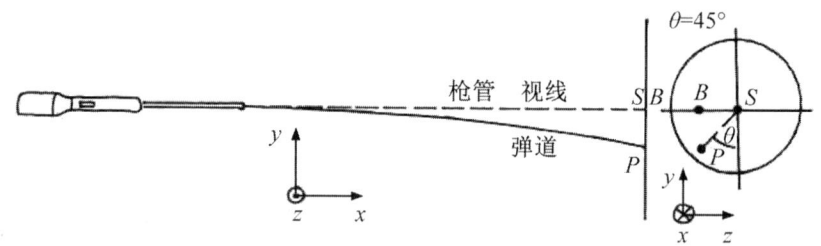

$B$ 与 $S$ 之间的距离等于 $B$ 与 $P$ 之间的距离，所以（对于非常精确

---

① 原文注：该分析并不要求来复枪的中心与靶心处在同一水平面上。不过确实要求射击的方向基本水平。

的来复枪来说)$P$ 落在左下区域与竖直方向成 45°夹角线上。如果我们想打中靶心，需要向右上区域竖直方向成 45°夹角线上瞄准。

在无法通过射击进行校准的情况下，神枪手会利用校准表进行校准。通过校准表，他们可以修正重力和风速对弹道的影响，以及目标与来复枪并非处在同一水平面上所带来的影响。

# 第 9 章
电学

　　本章我们探讨电学方面的问题。一些问题考查的是简单概念的应用，比如欧姆定律，或电能的定义。你会发现有些问题即便对于高中生来说都很简单。其实并非如此，而且惊人的是有很多学生在努力思考以给出一个可靠的答案。这些问题可以用来测试学生是否打下了良好的 GCSE[①] 水平的电学基础。我们一定不会拒绝他们的申请。

　　本章我还收录了不少**电阻智力题**，涉及按二维或三维阵列排列的电阻组，目的是计算电阻网的总电阻。多年来电阻智力题都很受欢迎。经典问题是电阻方块问题，方块的每一边都有给定电阻（比如 $R$），求两端点之间的总电阻，最常见的是求最长对角线之间的总电阻（也是最简单的一种情形）。解这类问题的规则很简单，于是它们几乎简化成了逻辑题。

　　我没有收录任何**非稳态问题**——涉及电容充放电的问题、$RC$ 电路的时间常数等——尽管它们也是很常见的大学预科问题。大多数教科书中都能找到这些题，而且还相当俗套，所以（对我来说）不那么有趣。不管怎么说，这都是学习预科物理的同学们需要熟悉的重要领域。我们先来回顾一些简单的定义，这有助于我们讨论本章的问题。

---

　　① 译注：GCSE 的英文全称是 General Certificate of Secondary Education，中文译为普通中等教育证书，简称 GCSE，是英国学生完成第一阶段中等教育所参加的主要会考。

• 电流 $I$。电流与电荷 $Q$ 有关，根据定义有 $I = \dfrac{\mathrm{d}Q}{\mathrm{d}t}$，其中 $t$ 为时间。对于恒定电流来说该方程简化为 $I = \dfrac{Q}{t}$。

• 欧姆定律。通过一导体的电流 $I$ 正比于导体两端的电压差 $V$，反比于导体的电阻 $R$[①]，记作 $I = \dfrac{V}{R}$。

• 电能。耗散在电阻 $R$ 上的电能 $P$ 正比于作用于该电阻上的电流 $I$ 和电压 $V$，记作 $P = IV$。将其与欧姆定律联系起来有：$P = I^2 R$ 或 $P = \dfrac{V^2}{R}$。

• 串联电阻。串联电阻相加。换句话说，总电阻为 $R_T = R_1 + R_2$。

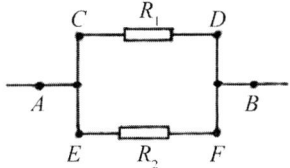

我们要给出证明，因为后面很多问题都会用到这一公式。它是欧姆定律 $I = \dfrac{V}{R}$ 的结果。$R_1$ 和 $R_2$ 的**电压压降**是连续的，所以 $A$ 和 $C$ 之间的电压压降为 $V_T = V_1 + V_2$，其中 $V_1$ 和 $V_2$ 分别是各自的压降。从 $A$ 流向 $B$ 的电流与从 $B$ 流向 $C$ 的电流相同[②]，所以我们可以将该方程写为 $IR_T = IR_1 + IR_2$。两边同除以 $I$，便得 $R_T = R_1 + R_2$。

• 并联电阻。并联电阻遵循下述定律：$\dfrac{1}{R_T} = \dfrac{1}{R_1} + \dfrac{1}{R_2}$。

为了证明这一点，我们要先指出对于给定电压压降 $V_{AB}$，$C$ 和 $D$

---

① 原文注：只有当电阻不是电流的函数时才成立，亦即，对于很多实际情形来说，该假设并不成立。

② 原文注：这是因为电荷不会离开电路，且也无处积聚。我们可以将其视为守恒量(电荷)的一维连续方程。

之间的压降必然等于 $E$ 和 $F$ 之间的压降。① 亦即 $V_{CD}=V_{EF}=V_{AB}$，或者说 $V_1=V_2=V$。而电流则相加：$I_T=I_1+I_2$。与欧姆定律相结合我们有：

$$\frac{V}{R_T}=\frac{V}{R_1}+\frac{V}{R_2} \text{ 或 } \frac{1}{R_T}=\frac{1}{R_1}+\frac{1}{R_2}$$

- 串联电容。串联电容遵守定律 $\frac{1}{C_T}=\frac{1}{C_1}+\frac{1}{C_2}$。
- 并联电容。并联电容遵守定律 $C_T=C_1+C_2$。
- 电容储能。电容储存的能量为 $E=\left(\frac{1}{2}\right)CV^2$。

现在我们可以尝试一些问题了。如前面所说，电阻方块是数十年前提出且已为大家普遍接受的问题——我至少在一本物理教材中见过这道题。其他的电阻问题是我自己提出的，是在底特律机场等飞机横跨美国的一个小时里构思出来的。服务员每次给我加咖啡时都会问我是否解出了问题。"解出来了，"我回答说，"但我继续找新的问题了。"然后她回答说："噢天呐，那您继续好了。"对于任何尝试这些题目的人来说这都是一个好建议。

## 9.1 电阻金字塔★★

电阻金字塔结构如下图所示。如果每个电阻的电阻值为 $R$，共存在 $N$ 阶，那么金字塔的总电阻是多大？无限阶金字塔的电阻又是多大？

---

① 原文注：设电线的电阻为 0，并注意到串联电压相加，我们有 $V_{CD}=V_{CE}+V_{EF}+V_{FD}$。而 $C$ 和 $E$ 之间的电阻以及 $F$ 和 $D$ 之间的电阻均为 0，所以有 $V_{CE}=0$ 和 $V_{FD}=0$。所以 $V_{CD}=V_{EF}$。

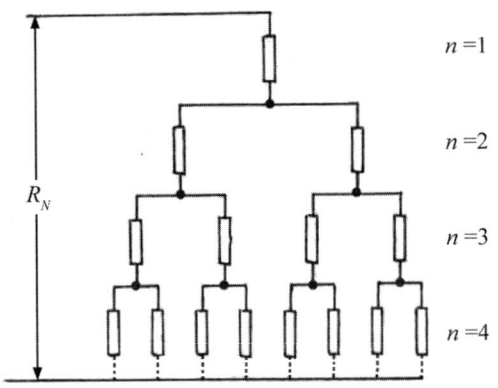

## 解答

　　我们可以将金字塔视为电阻并联和电阻串联的组合。由对称性可知，给定阶层 $n$ 上的所有节点的电压均相等。我们可以在等电压的节点之间添加**假线**（图中的假线）而不改变电路中的电流。可见，等效的电路由 $n$ 阶串联在一起，其中 $n$ 阶共有 $2^{n-1}$ 个电阻并联在一起。

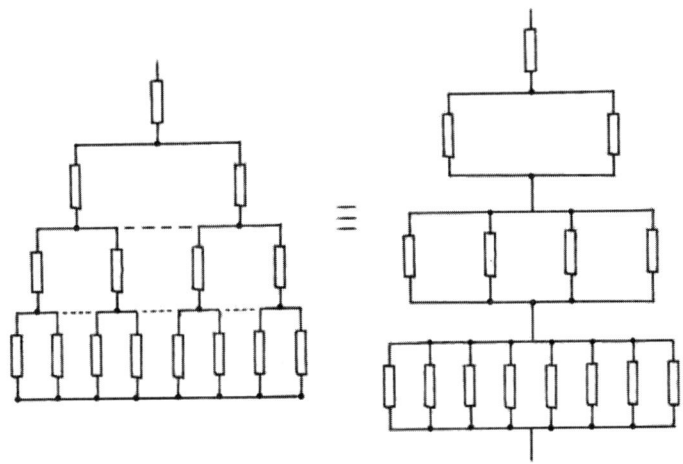

　　于是，第 $n$ 阶的总电阻为：

$$R_n = \frac{R}{2^{n-1}}$$

$N$ 阶金字塔的总电阻为 $n=1$ 到 $N$ 的所有电阻 $R_n$ 之和，即：

$$R_N = \sum_{n=1}^{N} \frac{R}{2^{n-1}} = R\left(1 + \frac{1}{2} + \frac{1}{4} + \cdots + \frac{1}{2^{N-1}}\right)。$$

上式的右边是个几何级数[①]，其和为：

$$R_N = 2R\left[1 - \left(\frac{1}{2}\right)^N\right]$$

计算无穷阶金字塔的电阻我们需要求无穷阶级数之和。公比为 $r = \frac{1}{2} < 1$，所以无穷阶级数之和收敛为：

$$R_\infty = 2R$$

看来将两个电阻串联起来更简单点。

## 电流对称性解法

解题的另一种思路是考虑金字塔每一层的电流对称性。金字塔的第 $n$ 阶共有 $2^{n-1}$ 个电阻，（由于金字塔结构的对称性）流经每个电阻的电流是相同的。如果说流经整个金字塔的电流为 $I$，那么流经第 $n$ 阶每个电阻的电流为 $I_n = \frac{I}{2^{n-1}}$。我们需要将每一阶的电势差（或者说电压）相加求出总的电势差。第 $n$ 阶每个电阻的两端的电势差为 $V_n = I_n R = \frac{IR}{2^{n-1}}$。所以 $N$ 阶金字塔的总电势差为：

$$V_N = \sum_{n=1}^{N} \frac{IR}{2^{n-1}} = IR\left(1 + \frac{1}{2} + \frac{1}{4} + \cdots + \frac{1}{2^{N-1}}\right) = 2IR\left[1 - \left(\frac{1}{2}\right)^N\right]$$

而 $N$ 阶金字塔的总电阻由公式 $R_N = \frac{V_N}{I}$ 给出，于是我们有：

---

① 原文注：$n$ 阶几何级数的通式为 $S_n = a(1 + r + r^2 + \cdots + r^{n-1})$，其中 $a$ 为首项的值，公比为 $r$。求总和步骤可以简单表达如下。方程两边同乘以 $r$ 得 $rS_n = a(r + r^2 + r^3 \cdots + r^n)$，再减去上式得 $rS_n - S_n = ar^n - a$，重组上式可得 $S_n = \frac{a(r^n - 1)}{r - 1}$。

② 原文注：取 $a = R$，$r = \frac{1}{2}$。

$$R_N = 2R\left[1 - \left(\frac{1}{2}\right)^N\right] \text{以及} R_\infty = 2R$$

## 更优解法

现在考虑一种需要更多数学思维的更优解法。是一个朋友想到了这一解法，我弟弟和我又发展了这一解法。

图中我们用双三角形 $R_\infty$ 表示无穷阶电阻金字塔。如果将金字塔增加一阶，就相当于两个并联无穷阶金字塔与一个单电阻串联。如果序列收敛，则增加一阶后的金字塔的电阻必然与增加前相同，记

$$R_\infty = R + \frac{R_\infty}{2}$$

故 $R_\infty = 2R$

这个解法很漂亮。

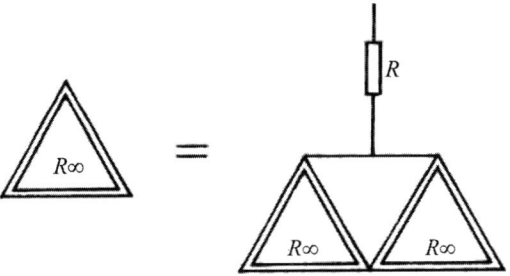

我们再来用这种方法求 $N$ 阶金字塔的电阻。图中我们用双三角形 $R_N$ 表示 $N$ 阶电阻金字塔。再将金字塔增加一阶就有

$$R_{N+1} = R + \frac{R_N}{2}$$

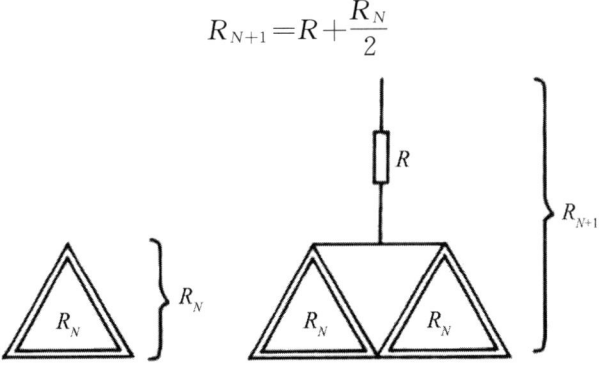

请注意，这里的 $R_N$ 和 $R_{N+1}$ 同属于我们正在求其表达式的数列。注意到无穷阶金字塔的总电阻为 $R_\infty = 2R$，我们定义一个新数列 $Q_N \equiv R_N - 2R$。数列 $Q_N$ 收敛于 $0$，亦即 $Q_\infty = 0$。将 $Q_N$ 的定义代入 $R_{N+1}$ 的表达式，有：

$$Q_{N+1} + 2R = R + \frac{Q_N + 2R}{2}$$

所以有
$$Q_{N+1} = \frac{Q_N}{2}$$

注意到 $R_1 = R$，所以 $Q_1 = -R$，于是有

$$Q_N = \frac{-R}{2^{N-1}} = -\frac{2R}{2^N}$$

再套用 $Q_N \equiv R_N - 2R$，便得 $R_N$ 的表达式：

$$R_N = -\frac{2R}{2^N} + 2R = 2R\left[1 - \left(\frac{1}{2}\right)^N\right]$$

如果说前面的解法很漂亮的话，那我们将这份漂亮推进到了第 $N$ 阶。

## 9.2 电阻四面体 ★

电阻四面体的每条边上都有电阻 $R$。那么每一对节点之间的总电阻 $R$ 是多少？

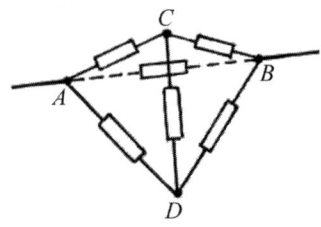

### 解答

将四面体转化为二维平面结构考虑起来最简单，有助于我们看清

问题的本质。我们来考虑 $A$ 与 $B$ 之间的总电阻。转化为平面结构之后——如图中所示——可以看出整个网络简化成了一个单电阻（最上面的 $A{\to}B$）与五个电阻组（下面的 $A'{\to}B'$）的并联。如果所有的单电阻大小均为 $R$，则下面的电阻组的总电阻也是 $R$。由其结构的对称性可以看出这一点：$C$、$D$ 处的电势相同，所以没有电流从两点间流过，所以两点间的电阻可以忽略不计。于是五个电阻组就相当于两个 $2R$ 电阻的并联，总电阻为 $R$。最上面电路 $A$、$B$ 间的电阻无疑为 $R$，所以 $A$、$B$ 间的总电阻 $R_T=\dfrac{R}{2}$。考虑到对称性，这也是任意两个节点之间的电阻。

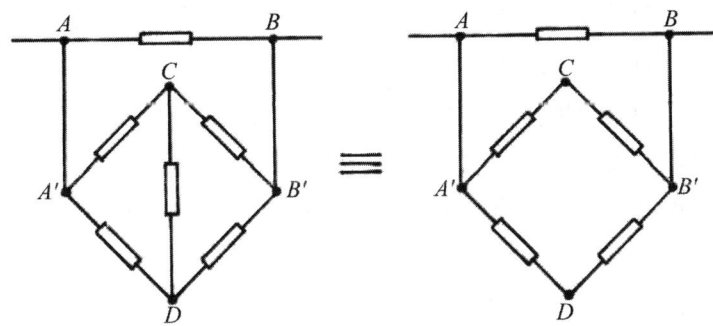

## 9.3 电阻矩阵★★★★

电阻矩阵由 $N{\times}N$ 个电阻 $R$ 组成（图中显示的是 $4{\times}4$ 矩阵），求矩阵的长对角线（$A{\to}B$）之间的总电阻 $R_N$。

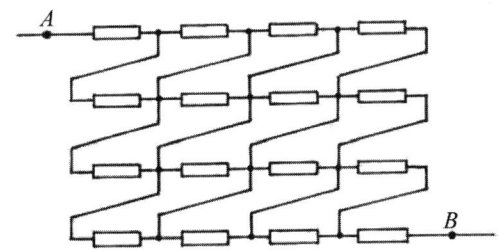

## 解答

首先我们重新排布一下 $N \times N$ 电阻矩阵，如图中 $4 \times 4$ 矩阵所示。

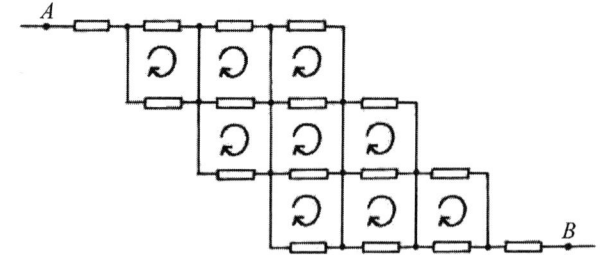

考虑每个单元格里的闭环。所有的电阻大小相同（且假定电线电阻为 0），每个闭环有两个电阻。所以每个闭环里的 $\sum IR = 0$ 条件就意味着流经同一闭环里的每一电阻的电流相等。将该原则应用于每一个单元格，可以看出，流经图中每一列里所有电阻的电流必然相等。于是我们就得出了流经每个电阻的电流，如下图所示：

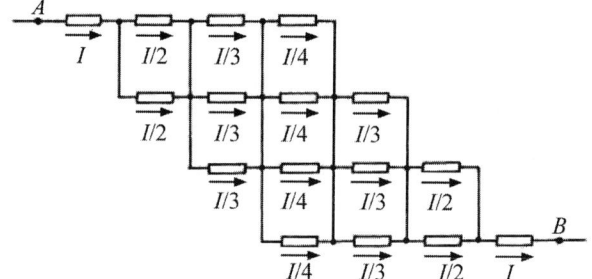

现在将 $V = IR_4 = \sum IR$ 应用于最底面的电流通道（或从 $A$ 到 $B$ 的任何一条通道），可得：

$$IR_4 = IR + \frac{I}{2}R + \frac{I}{3}R + \frac{I}{4}R + \frac{I}{3}R + \frac{I}{2}R + IR$$

$$R_4 = R\left(1 + \frac{1}{2} + \frac{1}{3} + \frac{1}{4} + \frac{1}{3} + \frac{1}{2} + 1\right)$$

其中 $R_4$ 为 $4 \times 4$ 电阻矩阵的总电阻。推而广之，可得 $N \times N$ 电阻矩阵的总电阻：

$$R_N = R\left[\left(2\sum_{r=1}^{N}\frac{1}{r}\right) - \frac{1}{N}\right]$$

该级数并不收敛，所以 $R_\infty = \infty$。

## 9.4 电阻正方体★★★

我尽量不收录那些最著名的物理智力题，因为可以轻易在别的书中找到。但这道题太过优美，不忍割舍。

电阻正方体的每条边上都有电阻 $R$。那么最长对角线两顶点之间的总电阻 $R_T$ 是多少？

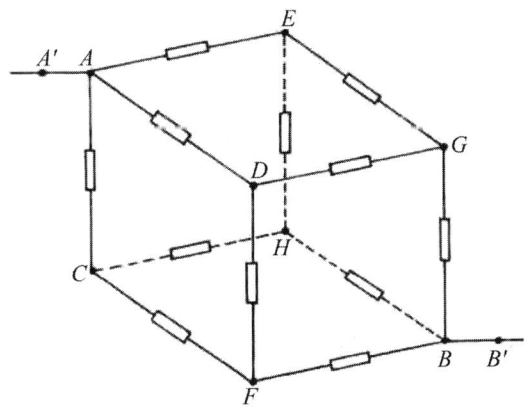

### 解答

与电阻四方体相同，我发现将问题转化为平面二维结构会简单很

①　原文注：级数 $\sum_{r=1}^{N}\left(\frac{1}{r}\right)$ 叫作谐波级数，在音乐上有其应用，代表琴弦泛音的基础波长。中世纪的法国哲学家 Nicole Oresme（约 1323—1382）第一个证明了该数的发散性，但证明结果失散了数百年，直到 17 世纪中期才有人重新给出证明。一种证明方法是将其与另一个发散级数进行对比。将该级数的前两项保持不变，然后将后面的项按 2、4、8、16、…个一组分开考虑，可以看出每一组都大于 1/2。于是有 $\sum_{r=1}^{N}\left(\frac{1}{r}\right) = 1 + \frac{1}{2} + \left(\frac{1}{3} + \frac{1}{4}\right) + \left(\frac{1}{5} + \frac{1}{6} + \frac{1}{7} + \frac{1}{8}\right) + \cdots$ $> 1 + \frac{1}{2} + \frac{1}{2} + \frac{1}{2} + \cdots$，每一项均等于 1/2 的无穷级数发散，所以谐波级数必然也发散。

多，更容易看清问题的本质。应该容易看出，电阻正方体可以转化为如图所示的平面二维结构。图中标明了各节点便于对照。这样问题看起来就很直观了。由对称性可知，$C$、$D$ 和 $E$ 处的电势相等，$H$、$F$ 和 $G$ 处的电势相等。添加假线（图中虚线）后可以将问题简化为三组并联电阻的串联。很容易看出，这三组并联电阻的大小分别为 $\dfrac{R}{3}$、$\dfrac{R}{6}$ 和 $\dfrac{R}{3}$。所以总电阻为三者之和：$R_T = \dfrac{5R}{6}$。

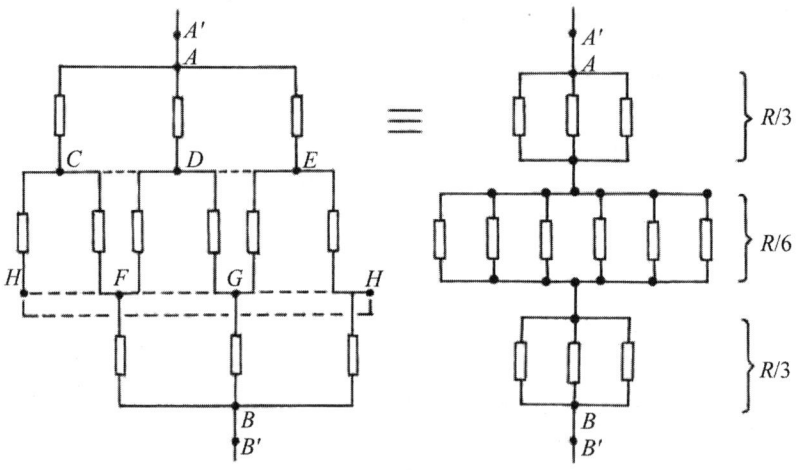

这样看的话，我不认为这道题有多么难解。不过我发现大多数同学都觉得首次碰到的问题很难。所以我觉得，很多同学做这道题时都要花上一番功夫，除非之前遇到过这道题。

## 电流对称性解法

现在我们来考虑电流对称性解法。绕对角线 $AB$ 存在三阶旋转对称性。系统围绕该轴是完全对称的，所以在第一阶分支电流必然一分为三：$I \rightarrow \dfrac{I}{3} + \dfrac{I}{3} + \dfrac{I}{3}$。同样，在第二阶分支，电流在每个节点必然一分为二：$\dfrac{I}{3} \rightarrow \dfrac{I}{6} + \dfrac{I}{6}$。在第三阶（汇合）分支，每个节点处有 $\dfrac{I}{6} + \dfrac{I}{6} \rightarrow$

$\dfrac{I}{3}$。在第四阶（汇合）分支有 $\dfrac{I}{3}+\dfrac{I}{3}+\dfrac{I}{3}\rightarrow I$。所以，无论选择哪条路

线，$A$ 点到 $B$ 点的电压压降均由下式给出：

$$V=\sum IR=\left(\frac{I}{3}\right)R+\left(\frac{I}{6}\right)R+\left(\frac{I}{3}\right)R=\left(\frac{5}{6}\right)IR$$

于是我们有 $R_T=\dfrac{5R}{6}$，与前述结果相同。

## 9.5 电能传输★

在牛津大学入学物理面试时考官问了我这道题。起初我觉得这道
题很难理清思路。

考虑下述讨论。众所周知，为了将传输电流最小化，通常采用高
压输电。这样就可以降低输电线本身的电能损耗。电能损耗 $P=I^2R$，
其中 $R$ 为输电线自身的电阻，$I$ 为我们尽可能最小化的电流。另一方
面，我们知道 $V=IR$，所以 $P=\dfrac{V^2}{R}$。所以我们可以说，应该用低压输
电以降低能量损耗，与前面结论相悖，试讨论这一悖论。

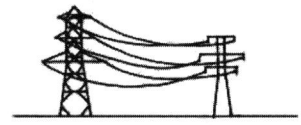

## 解答

这一问题有点小聪明在里面。实际上并不存在悖论，只不过我们
用同一个 $V$ 代表了两个截然不同的量。前半段话：

> 众所周知，为了将传输电流最小化，通常采用高压输电。
> 这样就可以降低输电线本身的电能损耗。电能损耗 $P=I^2R$，
> 其中 $R$ 为输电线自身的电阻，$I$ 为我们尽可能最小化的电流。

是对的——输电线**确实**在高压下工作。[1] 输电用的高电压是相对于**系统地线**来说的。

我们来一一进行分析：方程 $V'=IR$（欧姆定律）将流经输电线的电流 $I$ 与输电线自身的电阻 $R$ 和**输电线两端的压降** $V'$ 关联了起来。所以说公式 $P=\dfrac{V'^2}{R}$ 是正确的（尽管作用不大），只不过其中 $V'$ 的指的是输电线上的压降，而不是相对于地线的电压。亦即，如果电阻为 $R$ 的输电线的输入电压为 $V$，则输电线终点的输出电压为 $V-V'\approx V$，因为对于效率最高的输电系统有 $V'\ll V$。

## 9.6 RMS 功率★

在**负载为纯电阻**的交流电路中，电压和电流按公式 $V=V_0\sin wt$ 和 $I=I_0\sin wt$ 简化。含有电热水壶和电阻式灯泡（老式白炽灯）的电路即属此类。求峰值功率 $P_0$ 与平均功率（时间平均）$\overline{P}$ 之间的关系。

### 解答

这道题相当简单，也相当无趣，但有一个值得了解又很常见的教科书证明。瞬时功率为 $P=IV=I_0V_0\sin^2 wt$。峰值功率为瞬时功率所能取的最大值，为 $P_0=I_0V_0$。平均功率 $\overline{P}$ 为瞬时功率在一个完整的周期 $0<t<\dfrac{2\pi}{w}$ 里的平均值：

---

[1] 原文注：远距离输电采用超高压（800 kV 以上）和特高压（230 kV 以上）。城区之间输电采用中高压（1 kV 到 33 kV）。而低压（400 V 或 230 V）则用于居住区内输电。

$$\overline{P} = \frac{\int_0^{\frac{2\pi}{w}} P \, dt}{\frac{2\pi}{w}} = \frac{I_0 V_0}{\frac{2\pi}{w}} \int_0^{\frac{2\pi}{w}} \frac{1}{2}\left[1 - \cos(2wt)\right] dt$$

$$\overline{P} = \frac{I_0 V_0}{\frac{2\pi}{w}} \cdot \frac{1}{2}\left[t - \frac{\sin(2wt)}{2w}\right]_0^{\frac{2\pi}{w}} = \frac{I_0 V_0}{\frac{2\pi}{w}} \cdot \frac{1}{2} \cdot \frac{2\pi}{w}$$

$$\overline{P} = \frac{I_0 V_0}{2} = \frac{P_0}{2}$$

峰值功率是平均功率的 2 倍。作为一个小拓展，你可以将瞬时功率像电流和电压一样在坐标轴上画出来。这太简单了，留给你们作为练习。

## 9.7 烧水时间★

用 RMS[①]240 V[②] 交流电作为电源给电热水壶供电，烧开 4 杯茶的水需要 3 分钟。一位水手准备带这样一个电热水壶上船出海，并将供电电源改成船上的 24 V 直流电。请估算电热水壶在船上需要多长时间才能烧开。

## 解答

电热水壶只是一个电阻丝，与壶里的水有良好的热接触。电热水

---

① 原文注：RMS 意为均方根。

② 原文注：英国的正常用电电压为 240(1±6％)V，但（按照欧盟低压电指导书）现在改成了 230(1+10％/−6％)V。指导书是为了协调欧洲的供电电压，使得电气设备性能在更小的电压范围内达到最优化。

壶消耗的电能为 $P = I^2 R$，其中 $R$ 为电阻丝的电阻，$I$ 为电流。如果我们分别用 $I_{240}$ 和 $I_{24}$ 来表示电源为 240 V[①] 和 24 V 时的电流，由欧姆定律 $V = IR$ 可知

$$\frac{I_{24}}{I_{240}} = \frac{24}{240} = \frac{1}{10}$$

可见两种情况下电热水壶的功率比为

$$\frac{P_{24}}{P_{240}} = \left( \frac{I_{24}}{I_{240}} \right)^2 = \frac{1}{100}$$

所以在船上需要 $100 \times 3 = 300$ 分钟才能将水烧开，也就是 5 个小时。当然，功率这么低的电热水壶永远也烧不开，因为随着水温的升高，热量损失（比如通过热辐射、热传导）的速度将会超过从电阻丝获取热量的速度。显然无法在船上使用普通的电热水壶。[②]

这个问题很简单，但——至少在我看来——也相当巧妙。是一位水手朋友问了我这个问题。我不知道这是不是船上不用电热水壶的原因，但显然要在海上烧水需要特制的热水壶。

---

① 原文注：电源电压通常用 RMS 值来表示。这样直流电的功率方程 $P = I^2 R$ 和 $P = \dfrac{V^2}{R}$ 也适用于交流电。这也是采用 RMS 电压的原因之一。

② 原文注：更悲催的是，很多船上的电源电压是 12 V 而不是 24 V。

# 第 10 章

# 引力

本章我们来讨论涉及引力的问题，这是一种作用距离非常远的奇怪的相互吸引力。引力，是四种基本作用力①中最弱的一种，且比其他三种作用力弱很多，但它却是在宏观尺度上将整个宇宙约束在一起的力。没有引力，地球就不可能围绕着维系我们生命的太阳旋转。与经典物理众多基本定律相同，引力（至少对于大多数使用目的来说）的方程也很简单。相距 $r$，质量分别为 $M$ 和 $m$ 的两个物体之间的引力为：

$$F = \frac{GMm}{r^2}$$

其中 $G$ 为引力常数。引力遵守**平方反比律**，且与相互作用的物体的质量成正比。我们需要知道一系列涉及引力的常数。其中一些如下：

引力常数：$G \approx 6.7 \times 10^{-11} \ \text{N} \cdot \text{kg}^{-2} \cdot \text{m}^2$

---

① 原文注：四种基本作用力分别是：

1. 强作用力。克服质子之间巨大的排斥力而将核子结合在一起的力。强作用力，顾名思义，是四种基本作用力中最强的一种，但作用距离非常短。关于强作用力的作用机制仍存在争论。但在标准模型中，它通过在构成中子和质子的夸克之间交换胶子来实现。

2. 电磁作用力。电磁作用力是遵守库仑定律的带电荷物质间的电作用力和磁力的结合。与引力相同，它也遵守平方反比律。将原子、分子构成部分约束起来而成其原子、分子的正是电磁作用力。拍桌子时感受到的力就是你手掌上的分子与桌子的分子之间的静电排斥力。

3. 弱作用力。弱作用力的作用范围很小（约为质子直径的 $0.1\%$，即 $10^{-18}\,\text{m}$），是导致夸克从一种味转变为另一种味的作用力。解释核反应离不了弱作用力。

4. 引力。本章讨论的就是这种作用力。

半径：$\begin{cases}\text{地球半径 } R_E \approx 6.4 \times 10^6 \text{ m} \\ \text{太阳半径 } R_S \approx 7.0 \times 10^8 \text{ m} \\ \text{月球半径 } R_M \approx 1.7 \times 10^6 \text{ m}\end{cases}$

距离：$\begin{cases}\text{地球和太阳的距离 } R_{ES} \approx 1.5 \times 10^{11} \text{ m} \\ \text{地球和月球的距离 } R_{EM} \approx 3.8 \times 10^8 \text{ m}\end{cases}$

质量：$\begin{cases}\text{地球的质量 } M_E \approx 6.0 \times 10^{24} \text{ kg} \\ \text{太阳的质量 } M_S \approx 2.0 \times 10^{30} \text{ kg} \\ \text{月球的质量 } M_M \approx 7.4 \times 10^{22} \text{ kg}\end{cases}$

## 10.1 空心月亮★

质量为 $M$、半径为 $R$ 的密度一致固态球表面上的质量 $m$ 所受到的引力由牛顿万有引力定律给出：

$$F = \frac{GMm}{R^2}$$

牛顿证明了最初用于质点的这个公式也适用于质量呈球对称分布的物体。这类物体包括密度一致的实心球和密度一致的空心球。

利用固态球的结果，不通过积分证明空心球作用于表面的引力与实心球相同，只要空心球拥有和实心球相同的半径 $R$ 和质量 $M$，且二者均密度一致。并证明该结果与空心球的内半径 $r$ 无关。

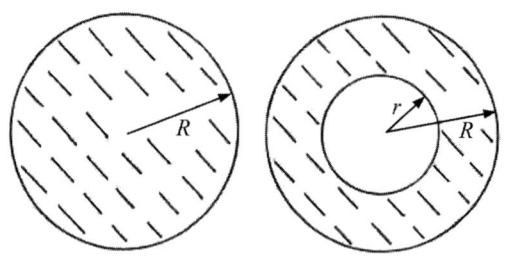

## 解答

首先考虑密度一致、半径为 $R$ 的实心球。已知，密度一致的实心

球对球面上的引力作用为：$F_{实心球} = \dfrac{GMm}{R^2}$。而实心球的质量由下式给

出：$M_{实心球} = \dfrac{4}{3}\pi R^3 \rho$，其中 $\rho$ 为实心球的密度。

　　现在来考虑外半径为 $R$，内半径为 $r$，密度为 $\rho'$ 的空心球。其质

量由下式给出：$M_{空心球} = \dfrac{4}{3}\pi(R^3 - r^3)\rho'$。由于实心球与空心球质量相

同，$M_{实心球} = M_{空心球} = M$，我们可得出二者的密度比：$\dfrac{\rho'}{\rho} = \dfrac{R^3}{R^3 - r^3}$。有

了空心球的密度，我们就可以利用牛顿万有引力定律求出空心球表面

处的引力大小。

　　我们可以将空心球看成密度为 $\rho'$、半径为 $R$ 的实心球，只是从球

心处去除了密度为 $\rho'$、半径为 $r(r<R)$ 的实心球。从而空心球对球面

处的引力就等于两个实心球的引力差：$F_{空心球} = \dfrac{GM_R m}{R^2} - \dfrac{GM_r m}{R^2}$，其中

$M_R = \dfrac{4}{3}\pi R^3 \rho'$，$M_r = \dfrac{4}{3}\pi r^3 \rho'$。请注意，小实心球的引力也是按距离

球心 $R$ 处来计算的——亦即，考虑的是我们感兴趣的空心球表面处的

引力大小。

　　将这些方程结合在一起，我们有 $F_{空心球} = \dfrac{Gm}{R^2} \cdot \dfrac{4}{3}\pi(R^3 - r^3)\rho'$。

将 $\rho'$ 的表达式代入，得：$F_{空心球} = \dfrac{Gm}{R^2} \cdot \dfrac{4}{3}\pi R^3 \rho = \dfrac{GMm}{R^2}$。亦即，

$F_{空心球} = F_{实心球}$。只要具有相同的质量、半径，且均具有球对称性，实

心球（"实心月亮"）与空心球（"空心月亮"）的引力大小相同。

　　我非常喜欢这个结果。它很简洁，证明了只要你碰到的是球对称

质量分布，空心球与实心球的引力是一样的，你还可以将结论扩展至

任何空心球与实心球甚至质点的结合（有兴趣的话不妨试一下）。这一

结果最简单的表达方式是，任意球对称物体对外部的作用力都相当于

该物体的所有质量集中于球心处。1687 年牛顿证明了这一结论。现在

我们称之为**空心球理论**（shell theorem）。空心球理论的另一个有趣的

结果就是空心球内部的净引力作用为 0。即便这一结果也可以用与前面类似的逻辑来证明。试一下！

## 10.2 最低能量环圆形卫星轨道★★

假设地球是个半径为 $R_E$ 的均一球体，对于飞行在圆形轨道上的卫星来说，若要总能量相对于地球表面上最小，飞行轨道半径 $R_2$ 应该取何值？

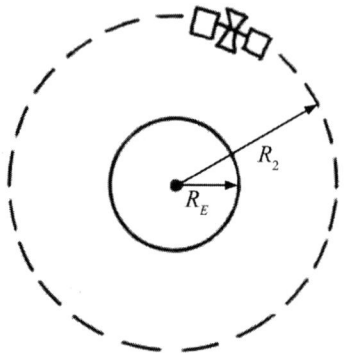

### 解答

卫星在轨道上相对于地球表面上的总能量 $E$ 为该轨道上的势能 $P_E$ 和动能 $K_E$ 之和。我们分别来考虑它们。

1. 轨道势能。

我们可以通过对从起点半径 $R_E$ 到轨道半径 $R_2$ 所需要克服的引力进行积分算出半径为 $R_2$ 的轨道上的势能：

$$P_E = \int_{R_E}^{R_2} F \mathrm{d}r = \int_{R_E}^{R_2} \frac{GM_E m}{r^2} \mathrm{d}r$$

其中 $G$ 为引力常数，$M_E$ 为地球的质量，$m$ 为卫星的质量，$r$ 为感兴趣点的半径。计算积分，得：

$$P_E = GM_E m \left( \frac{1}{R_E} - \frac{1}{R_2} \right)$$

2. 轨道动能。

现在来考虑半径为 $R_2$ 的轨道上的动能。对于稳定的圆形轨道来说，引力必然等于获取指向地心的加速度 $\frac{v^2}{R_2}$ 所需要的力：

$$\frac{GM_E m}{R_2^2} = \frac{mv^2}{R_2}$$

于是就有：

$$K_E = \frac{1}{2}mv^2 = \frac{GM_E m}{2R_2}$$

3. 轨道总能量。

轨道总能量为轨道势能和轨道动能之和：

$$E = P_E + K_E = GM_E m \left( \frac{1}{R_E} - \frac{1}{2R_2} \right)$$

由上式立刻就能看出，最小轨道总能量对应的是最小轨道半径 $R_2 = R_E$。[①] 最大轨道总能量对应的是 $R_2 \to \infty$，正好是最小轨道总能量的 2 倍。

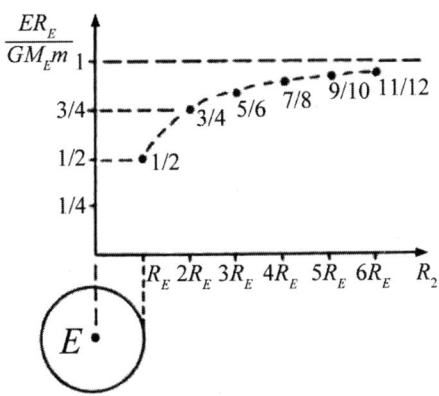

---

① 原文注：这里我们忽略了地球大气层。事实上，这是对真实卫星轨道非常合理的一阶近似。低地球轨道带起于约 160 km 高度，这一高度远超大气层，但只有地球半径的 2.5%——基本上擦着地球表面飞行。

## 10.3 太空里的失重★★

宇航员布拉斯托夫（Blastov，来自俄罗斯）与米代林队长（Medallion，来自美国)在距离地面 400 km 的国际空间站里待了一天。二人一个是医学博士，一个是物理学家，在各自的领域都很出名。米代林扭头问布拉斯托夫："看我的奖章都在飘浮着——在这微重力环境下岂不是一件很美妙的事?"布拉斯托夫困惑了一会儿，然后转向米代林回答说："重力跟飘浮有啥关系？我们在这受到的重力跟在莫斯科差不多，不是吗?"

通过计算证明，他俩谁是物理学家。

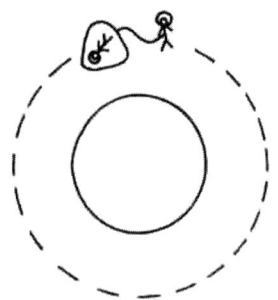

### 解答

太空中的"失重"这个词通常被误解。事实上运行在低轨道上的人所受的引力——即重力——与在地面上受到的引力差别不大。在进一步讨论之前，我们先计算一下在 400 km 高空轨道上所受的重力 $F'$，再与在地面上受到的重力 $F$ 做一下对比。

在任意半径的轨道上所受的重力为：

$$F = \frac{GMm}{r^2}$$

所以 400 km 轨道上受到的重力与地面上受到的重力之比为

$$\frac{F'}{F} = \left(\frac{R_E}{R_E + 4 \times 10^5}\right)^2 \approx 0.89$$

其中取 $R_E \approx 6.4 \times 10^6$ m。在国际空间站轨道上，受到的重力只减小了 11%。这个量很小，自然不足以让米代林队长挂在前胸的奖牌飘浮起来。所以，布拉斯托夫是对的：空间中轨道上受到的地球引力以及真实的重力（即所受到的地球的吸引力）与在莫斯科——或地面上任何地方受到的地球引力相差不大。

尽管受到误导，米代林仍在太空舱里飘浮着欣赏他的军功章，还是失重的——至少看起来这样。宇航员布拉斯托夫决定给他上一堂基础生理学课。

"米代林，你们美国的医学培训令人失望，"布拉斯托夫说，"人类的身体感受非均匀压力的能力非常强[1]，这就是我们能感受到外力作用的原因。是外力，让我们感觉到如此不同。"

布拉斯托夫是对的，一如往常。低轨道飞行是个很好的例子，解释了重力正好等于向心力的情形。所以我们可以待在恒定高度的稳定轨道上，速度与加速度也恒定。我们太空中有"失重"体验是因为没有外力（机械力）作用于我们的身体。因此身体体验不到非均匀压力，我们也可以说在某些零压力环境下我们也有这样的体验。[2] 在快速驶过路拱或从飞机上跳下时都会有类似的感受——至少有一瞬间是这样的。作用于我们身上的引力（重力）没有改变，但没有了通常让我们抵抗重力感的地面支持力。

---

① 原文注：人们常说自由落体时感受不到重力是因为身体处于无压力状态。我觉得这里我们应当强调的是没有非均匀压力，因为人体似乎对非均匀压力的变化异常敏感。比如，我们来考虑潜水。在水下 10 m 处我们感受到的压力是正常压力（大气压）的两倍，而且是均匀压力。但我们感觉与水面上一样。目前的自由潜水纪录是 253.2 m（"全世界最深的人"Herbert Nitsch 于 2012 年 6 月 6 日创下的）。这意味着 25.3 个大气压，在人体内产生巨大的均匀压力，但我们感受不到。

② 原文注：这里我们忽略了体内所有原有的并非外力导致的压力。

同样，我们可以人为地增强地面的反作用力。乘坐加速上升的电梯时就是这样的感觉。作用于双脚的反作用力不但要克服作用于身上的重力，还要提供向上的加速度。在这种情况下，只有头顶处于零压力状态，因为再往上没有什么东西，既不需要头顶支撑重量，也不需要头顶提供加速度。

所以，不管有没有受到引力作用，我们都可以有失重的感觉。只有我们距离其他质量无穷远，或者处于多个质量的引力相互抵消处，才可能出现引力为 0 的情况。事实上，人类从没有真正脱离过地球的引力场。基本上所有的载人空间飞行都发生在近地轨道，那里所受到的重力与地面差别不大。仅有的例外是阿波罗登月计划，航天员在月球上受到的重力远小于地球上，但并没有完全逃脱地球的引力场。

我们用"**G 力**"来表示重力感——G 力为我们感受到的总机械力，包括加速和重力。站在地面上感受到的 1 g 的力，源于对引力的抗阻。地球给我们一个等于引力的支持力。同样，我们可以想象远离所有引力源的深空里飞船上的人，他处于 0 g 状态。我们这里揭露的一个事实是，没有机械力引起重力感，而不一定非得是没有引力从而也没有真正的重力。为了说明这一点，现在来考虑飞船以 $9.8 \text{ m} \cdot \text{s}^{-2}$ 的加速度做加速飞行。我们说飞船里的人体验的也是 1 g，与地面上没有加速时的感受是一样的。如果飞船里的人和地面上的人都蒙上眼睛，则他们都将无法分辨这 1 g 的感觉是源于引力还是源于加速度。两种情况下 1 g 的感觉是相同的。

现在回到低轨道飞行。低轨道飞行时受到的地球引力与地面相差不大。不过，引力导致了朝向地心的加速度，所以就不需要抗阻机械力了。人感受到的是 0 g，或者所谓的"失重"。这个词太不幸了。

　　人类对短时间的大 G 力具有很强的耐受力。普通人可以忍受几秒钟的 5 g 过载而不会失去意识。我们通常认为飞行员无法忍受超过几秒钟的 6 g 过载。但现在的飞行员可以在连续转弯中承受 9 g 过载。收缩特定肌肉的训练，以及大过载时会迅速膨胀挤压腿部和腹部的抗过载服，都帮助飞行员提高了抗过载能力。训练和抗过载服的目的都是阻止大脑的血液流出，不然飞行员会出现缺氧。缺氧的症状包括灰视（视场灰暗），再进一步是黑视（完全失去视觉），接下来是过载导致的意识丧失（又称 g-LOC）。如果你正在操控一架调整飞行的飞机，这样就太危险了！另外一种极端是在太空飞船上体验的 G 力缺失（严格说来是微重力环境），或者叫 0 g，对人体似乎完全没有负面影响。主要的负面影响似乎都与缺乏训练有关。

　　几乎可以确定，自愿经受最大 G 力的人是研究极大加速度对人体影响的美国空军外科医生约翰·保罗·斯塔普（John Paul Stapp，1910—1999）。1947 年到 1951 年间他参加了一个人体减速计划，多次乘坐以极高速度沿轨道发射之后又用水来刹车的火箭滑车。虽然因乘坐这辆 Gee Whiz（"恐怖车"）受了数不清的伤（比如骨折、视网膜脱落、血管受损），但斯塔普经受住了高达 46 g 过载的考验，是通常所能接受的 18 g 极限的两倍多。这项研究的目的是开发前视座椅的保护带，但结果显示后视座椅在冲击中能给人体提供更好的保护。[①] 人类所能承受的瞬间过载远超之前的想象。

　　好像光经受大过载还不够，斯塔普还研究了极大风对人体的生理学影响，以验证喷气式飞机座舱盖受损后飞机上的人能否存活下来。在没有座舱盖的情况下，他的飞机飞到了 570 mph（917 km/h，或 255 m/s）的速度，但他活了下来。斯塔普还喜欢创造有趣的格言，最著名的一句就是墨菲定律：可能出错的事总会出错。更好的一个是斯塔普悖论："人们普遍在愚蠢上做得出色，所以人类的任何成就都是奇迹。"

---

　　① 原文注：一些军用飞机采用了后视座椅，但民航飞机没有采用，可信的说法是乘客喜欢前视座椅。

## 10.4 跳入太空 ★★★

在 $X$ 行星上，弹腿先生可以弹跳至高度 $h_X$，而 $h_X \ll R_X$，其中 $R_X$ 为行星的半径。"问题是引力，"弹腿先生说，"如果没有引力，我可以跳入太空。"设行星 $Y$ 的构成与 $X$ 相同，求能让弹腿先生完全脱离其引力场的最大尺寸。

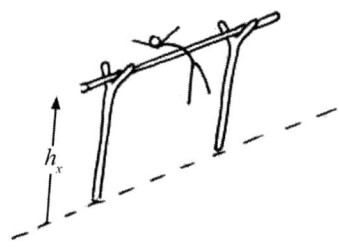

### 解答

在 $X$ 行星上，弹腿先生可以弹跳至高度 $h_X$，而 $h_X \ll R_X$。可以将弹腿先生跳跃时所克服的引力场视为一致引力场。他弹跳的高度与行星半径相比太小了，引力场在他弹跳的高度范围内基本没有变化。我们可以考虑一个与引力相反的假想力所做的功，来计算他的弹跳能量 $E$。所做的功等于假想力乘以弹跳高度 $h_X$，记作 $E = F h_X = \dfrac{GM_X m}{R_X^2} h_X$，其中 $m$ 为弹腿先生自身的质量。

现在来考虑克服半径为 $R$ 的行星逐渐变弱的引力，将质量 $m$ 从其表面移动至无穷远处（换句话说，脱离行星的引力）所需要做的总功 $W$。我们可以称之为逃逸能。

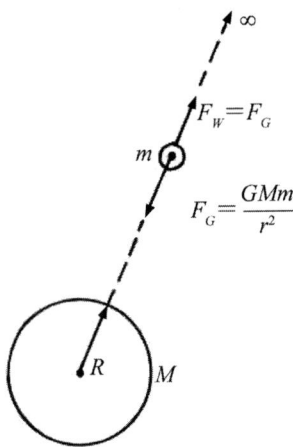

为了求出逃逸能，我们要对克服引力 $F_G$ 对物体做功的假想力 $F_W$ 进行积分。我们从行星表面一直积分到无穷远处。在同一径向位置 $r$ 处，$F_W$ 与 $F_G$ 大小相等，方向相反。于是我们有：

$$W = \int_R^\infty F_W \mathrm{d}r = GMm\left[\frac{r^{-1}}{-1}\right]_R^\infty = \frac{GMm}{R}$$

为了跳出行星 Y 的引力场，弹腿先生的弹跳能量必须等于行星 Y 的逃逸能。我们已经有了弹腿先生在行星 X 上的弹跳能，所以有：

$$W = E，\quad \frac{GM_Y m}{R_Y} = \frac{GM_X m}{R_X^2} h_X$$

如果两颗行星的构成相同——亦即密度相同，则我们可以将球体的质量方程 $M = \frac{4}{3}\pi R^3 \rho$ 代入 $M_X$ 和 $M_Y$，可求得：

$$R_Y = \sqrt{R_X h_X}$$

这就是弹腿先生所需要的答案。

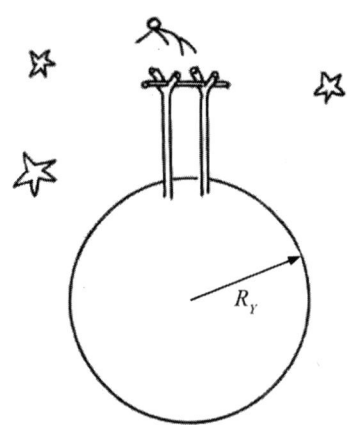

我们现在回到地球。最优秀的运动员可以跳大约 2 m 高。利用地面上 2 m 高的弹跳能可以逃离的最大行星的半径为

$$R_Y = \sqrt{2R_E}$$

其中 $R_E$ 为地球的半径（$R_E \approx 6.4 \times 10^6$ m），可得 $R_Y \approx 3521$ m，或 3.5 km。该结果如我们设想，与弹跳者自身的质量无关——如果你觉得这点不那么明显，可以琢磨一下。

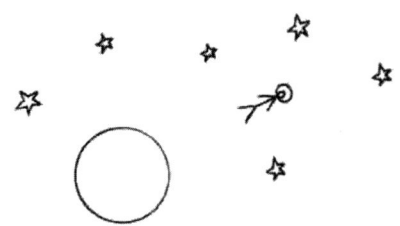

## 进一步讨论

计算弹腿先生的弹跳能时，我们略过了一个细节，这里我想回过头来讨论一下。

考虑屈膝下蹲，重心下降，然后你再蹬直双腿。当蹬直双腿时——

可以称这个过程为**能量冲击**——你在克服重力做功，可能也给了身体一个加速度。如果蹬腿太慢，可能在腿蹬直时就已经没有了动能，你只是回归站直姿势，没有向上的速度。你做的功为 $\int F_W \mathrm{d}x = mg\Delta x$，其中 $\Delta x$ 为下蹲时的重心与蹬直腿后的重心高度差。这个功并没有帮助我们逃离地球的吸引力，只是恢复了你屈膝下蹲之前的势能。而在前面我们描述的运动中，做功的力基本上等于弹腿先生受到的重力，所以有 $F_W \approx F_G$。在这个过程中加速度非常小。[①]

产生加速度的力是 $F_W$ 和 $F_G$ 之差，有：

$$F_W - F_G = m\ddot{r}$$

其中 $r$ 为径向加速度，而 $F_G = mg$。在 $F_W \gg F_G$ 的情况下，蹬腿时做的功大部分在我们离开地面时都变成了动能，这样就能获得弹跳高度。对于 $F_W$ 仅仅略大于 $F_G$ 的情况，蹬腿动作结束时基本上没什么能量能转化为动能。

这个分析部分解释了人跳跃时如何做功。我们的生理机能决定了跳跃时施加于地面的作用力的极限，以及总位移的极限。所以可以注入系统的总能量是确定的。但这种确定性只是相对于正确的**零能量基准点**而言的。这就是双腿弯曲开始蹬腿前的质心位置，而不是站立时的质心位置。

前面我们引用的人类跳高高度为相对于地面的高度：$h_X = 2\,\mathrm{m}$。现在可以看出，我们用错了**基准高度**。在两个系统中（$X$ 和 $Y$），合理的基准高度都——现在我们从系统能量出发考虑问题——应该是屈膝下蹲蹬腿前的质心高度。这样一来答案会有所改变。既然理解了其中的道理，我就把精确的计算留给你们做练习。

---

① 原文注：开始时为了启动蹬腿动作，需要 $F_W$ 略大于 $F_G$，这样才能给质心一个向上的速度。蹬腿动作末端需要 $F_W$ 略小于 $F_G$，这样才能将速度减为 0。

## 10.5 太空墓地★★★

发动机一次开启[①]带给飞船的速度改变量由齐奥尔科夫斯基火箭方程[②]给出。

---

① 原文注：这里是指火箭发动机点火，速度迅速改变的极短时间。在很多实际情况下，考虑变轨时，发动机开启可视为瞬时的。

② 原文注：下面是齐奥尔科夫斯基火箭方程的简单推导。考虑质量为 $m$，实验室参考系中速度为 $V$ 的火箭。我们也可以在火箭自身的参考系考虑问题，这样火箭的速度为 $0$。

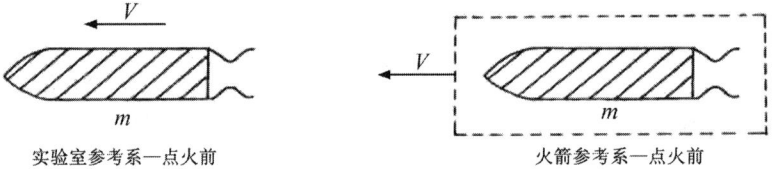

实验室参考系—点火前                                           火箭参考系—点火前

设火箭以相对于自身（亦即在火箭参考系中测量）的速度 $V_e$ 喷射出质量元 $\mathrm{d}m$，导致在实验室参考系中火箭的速度增大为 $V+\mathrm{d}V$。质量元 $\mathrm{d}m$ 在实验室参考系中的速度为 $V+\mathrm{d}V-V_e$。

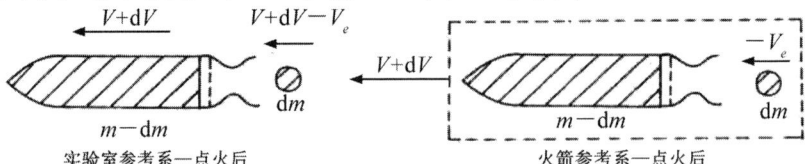

实验室参考系—点火后                                           火箭参考系—点火后

作用于火箭及质量元上的外力之和等于零，所以喷射质量元前后的总动量是不变的。在实验室参考系中有：

$$\text{喷射前动量} = \text{喷射后动量},$$

$$mV = (m-\mathrm{d}m)(V+\mathrm{d}V) + \mathrm{d}m(V+\mathrm{d}V-V_e)$$

这里我们取左向为正。将上式展开并化简，得：

$$0 = m\mathrm{d}V - \mathrm{d}mV_e$$

这就给出了一个关于 $m$ 和 $V$ 的微分方程，可以积分：

$$V_e\frac{\mathrm{d}m}{m} = \mathrm{d}V$$

不过在进行积分之前，需要指出问题中所定义的正的 $\mathrm{d}m$（亦即正值质量元离开火箭）会导致 $m$ 的减小。给出 $\mathrm{d}m$ 和 $m$ 的正确关系需要引入一个负号（亦即，将 $\mathrm{d}m$ 换成 $-\mathrm{d}m$）。然后从初态（$m_i$ 和 $v_i$）到末态（$m_f$ 和 $v_f$）进行积分，得：

$$v_e = \int_{m_i}^{m_f}\frac{-\mathrm{d}m}{m} = \int_{v_i}^{v_f}\mathrm{d}V \text{ 或 } V_e\ln\frac{m_i}{m_f} = V_f - V_i = \Delta V$$

这就是齐奥尔科夫斯基火箭方程。

互联网上有更缜密的证明，感兴趣的话可以上网查一下。

$$\Delta V = V_e \ln \frac{m_i}{m_f}$$

其中 $V_e$ 为火箭的喷气速度，而 $m_i$ 和 $m_f$ 分别为火箭的初态和末态质量。严格说来，该方程只适用于没有其他外力作用的情形，所以不适用于存在**重力拖曳**[①]或空气阻力的情况。不过，在推力远大于所有外力的情况下，齐氏方程可以看作一个很好的近似。

齐氏方程是通过考虑火箭以恒定速度喷气时的动量守恒推导出来的。火箭工程师把 $\Delta V$ 称为进行特定变轨操作所需的"德尔塔速度"。在发射计划的概念阶段，火箭工程师就要列出每次变轨所需的德尔塔速度，即**德尔塔速度规划**。这些就构成了火箭总的德尔塔速度要求。如果火箭还要携带质量为 $m_f$ 且需要特定德尔塔速度的固定载荷，则综合起来就确定了火箭所需的喷气速度和初始质量。

宇航员布拉斯托夫和米代林队长在一个环绕地球飞行的实验飞船上执行任务。飞船发生了故障，为了安全离开飞船，也为了俄罗斯和美国的荣誉，二人只有两个选择。第一个选择是飞船减速，直到二人可以垂直跳向地球的球心（路径 $A$），第二个是加速到逃逸速度，逃离地球的引力场（路径 $B$）。火箭发动机功率强大，所以开启时产生脉冲推力的速度很快。不过，燃料是有限的，所以他们不确定能够获得多大的德尔塔速度。米代林转向布拉斯托夫说："我们在地球轨道上，应该利用地球引力，实施 $A$ 选项。"

"相反，"布拉斯托夫说，"剩余推力太小，我们更应该选择路线 $B$。"

$A$ 和 $B$，哪条路径需要的燃料更少？

---

① 原文注：重力拖曳定义了在重力场中飞行克服火箭自身重量所需的推力。这一推力并不会贡献加速度。在轨道设计中会通过缩短火箭燃烧时间，以及让推力尽可能地垂直于局域重力场来实现重力拖曳的最小化。

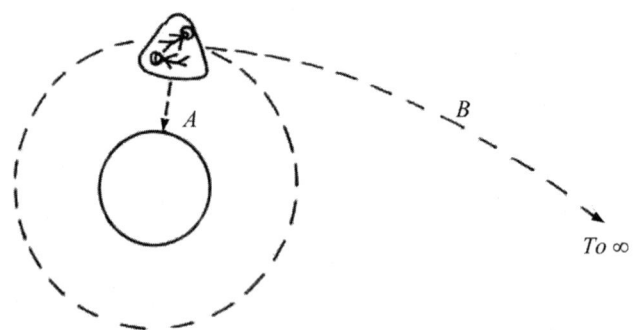

## 解答

对于半径为 $R$ 的圆形地球轨道来说，引力必然等于向心力：

$$F = \frac{GM_E m}{R^2} = \frac{mv_i^2}{R}$$

这就确定了两位宇航员所在飞船的初始速度：

$$v_i^2 = \frac{GM_E}{R}$$

现在我们依次考虑路径 $A$ 和 $B$ 所需要的德尔塔速度。路径 $A$ 是朝向地心垂直降落。为了实现垂直降落需要一个能让宇航员最终以相对于地心零速度出发的 $\Delta V$。取 $\Delta V$ 恒为**正值**（沿期望的方向给火箭推力），并记：

$$\Delta V_A = |V_f - V_i| = |0 - V_i| = V_i$$

路径 $B$ 是加速逃脱地球的引力。逃逸能为克服引力 $F_G$ 所需的假想力 $F_W$ 从 $R$ 到 $\infty$ 的积分。这里 $F_W$ 与 $F_G$ 大小相等，方向相反，记：

$$W = \int_R^\infty F_W \, dr = GM_E m \left[\frac{r^{-1}}{-1}\right]_R^\infty = \frac{GM_E m}{R}$$

结合轨道速度的表达式，可见：

$$W = mV_i^2$$

当飞船的动能等于逃逸能时才能逃脱地球的引力场：

$$\frac{1}{2}m(V_i + \Delta V_B)^2 = W = mV_i^2$$

272

而 $V_i = \Delta V_A$，所以有：

$$2\Delta V_A \cdot \Delta V_B = \Delta V_A^2 - \Delta V_B^2$$

进而有：

$$\Delta V_A - \Delta V_B = \frac{2\Delta V_A \cdot \Delta V_B}{\Delta V_A + \Delta V_B}$$

在上述分析中，$\Delta V_A$ 和 $\Delta V_B$ 都是正值。可以看出，$\Delta V_A > \Delta V_B$。布拉斯托夫是对的：路径 $B$ 所需要的德尔塔速度小于路径 $A$。换句话说，宁可将人造卫星送出地球的引力场，也不要让其垂直坠落。有趣的是，这一结论不受轨道半径的影响。

## 进一步讨论

正是由于本题所讨论的那些原因，将达到使用寿命后的卫星送进所谓的**墓地轨道**是一种相当常见的做法，而不是进行离轨操作然后让它们在大气层中烧毁。当然，卫星重返地球大气层时遇到的大气阻力也为离轨所需的德尔塔速度做出了贡献。但对于高轨道卫星来说，比如地球同步轨道[①]卫星，送入墓地轨道所需的能量远小于离轨。最近出版的《太空工程手册》（*Handbook of Space Engineering*）中有这样的内容：[②]

地球同步轨道卫星达到使用寿命且几乎耗尽了推进剂时，需要采取一种措施将其送入墓地轨道。墓地轨道比地球同步轨道高几百千米。而飞船失效后，需要确保它不会影响其他在用卫星。理想情况下，飞船将离轨，并在重返大气层的过

---

[①]　原文注：地球同步轨道中有一特殊轨道——赤道上空的地球同步轨道。该轨道的半径为42 000 km，或者说地球半径的 6.6 倍。

[②]　原文注：Darrin, A., O'Leary, B. L., 2012, "Handbook of space engineering, archaeology, and heritage(Advances in Engineering Series)", CRC Press, ISBN–10：1420084313；ISBN–13：978–1420084313.

程中燃烧，避免产生太空垃圾。不过，在地球同步轨道上的
飞船距离地球太远，若要重返大气层飞行速度改变量很大：
1 500 m/s。相反，飞船只需要加速一点点就可以进入墓地轨
道：10 m/s。进入墓地轨道后，地球大气层的阻力非常小，
只有太阳风才能产生影响。这意味着飞船将在墓地轨道待很
久，至少数百年。

为了减少越积越多的太空垃圾，避免凯斯勒综合症的出现，墓地
轨道是很必要的。凯斯勒综合症指的是某一轨道上发生的碰撞导致太
空垃圾迅速增加的失控状态(一种"雪崩")。唐纳德·凯斯勒在 1978 年
发表的论文[①]中首次提出了这种雪崩效应。凯斯勒及合著者在 2010 年
发表的一篇有趣的论文[②]中引用了最初的预测：

> "凯斯勒综合症"是一个轨道垃圾术语，研究轨道垃圾的
> 圈子经常引用这个词，但它却没有一个严格的定义。人们认
> 为这个词源于 1978 年发表在《地球物理研究》上的一篇论文，
> 后者预测，从 2000 年前后起，低地轨道上在册物体间无序碰
> 撞将成为小碎片的重要来源："……碎片流将随时间呈几何级
> 数增长，哪怕没有新的太空器发射。"这篇论文旨在澄清"凯斯
> 勒综合症"的定义，在国际科学群体进行了 30 年的研究之后
> 将其含义用于展望未来，讨论这一研究对未来的太空作业的
> 意义。结论是，尽管这一词语的通行运用夸大或扭曲了 1978
> 年那篇论文的结论，但时至今日的所有研究均证实，无序碰

---

① 原文注：Kessler, D. J., Cour—Palais, B. G., 1978, "Collision frequency of artificial sat-
ellites: the creationof a debris belt", Journal of Geophysical Research, Vol. 83, No. A6, pp.
2 637—2 646.

② 原文注：Kessler, D. J., Johnson, N. L., Liou, J. C., Matney, M., 2010, "The Kessler
Syndrome: implicationsto future space operations", 33rd Annual AAS Guidance and Control Con-
ference, PaperAAS 10—016, Breckenridge, CO, February 6—10, 2010.

撞对轨道碎片环境的控制性影响力越来越大。由于没有合适的碰撞规避手段，对未来轨道环境的控制要求我们完全执行当前的缓解措施，即将来发射的太空器和火箭在达到使用寿命后不再留在轨道上。此外，我们还需要收回已经在轨的一些太空器。

在地球同步轨道再往上 300 km 处，太阳辐射压很低，死卫星几百年后才会经过主要的卫星轨道。但低轨道上的太空器也要清除。欧空局 2005 年的一篇文章[①]提出了将低地球轨道卫星移出太空的一种折中解决方案。

低地球轨道上的解决方案更为直接。比如，欧空局的 ERS 卫星的轨道高度为 800 km。理想情况下，完成任务后降速并降轨至 200 km 的话，该卫星将在 24 小时内离轨并燃烧殆尽；但这需要大量的燃料。"不过，对于像 ERS 这种大小的太空器，如果仅仅将其降轨至 600 km，它将在 25 年内完成自然离轨，"耶恩博士（Dr Jehn）说，"所以说这一高度是一种节省燃料的折中方案。"

这是一个有意思的问题，且按照文献说法（尽管唐纳德·凯斯勒近来的文章做出了低估评论），这个问题也恶化很严重。比如说我自己，想想有大约 20 000 个大于 5 cm 的碎片、超过 300 000 个小于 1 cm 的碎片围绕地球以数万千米每小时的速度飞行，坐在国际空间站里就会特别不舒服。

2009 年 2 月 10 日发生的一件事非常直接地突出了该问题的重要性：两颗通信卫星（美国的铱星 33 号和俄罗斯的 Kosmos - 2251 号）的轨道在西伯利亚上空以几乎直角交会，导致两颗卫星以 42 000 km/h 的相对速度相撞。两颗总质量约为一吨半的卫星在大约 0.1 ms 的时间里粉

---

① 原文注：European Space Agency，2005，"Space debris mitigation：the case for a code of conduct"，European Space Agency website，15 April 2005.

碎为数千个太空碎片。NASA 跟踪了其中的大约 2000 个碎片。[①] 2012
年 3 月 24 日，其中一个碎片经过国际空间站附近，空间站上的宇航员
受命转移到一个小型对接飞船上避险。好险！

## 10.6 牛顿的加农炮★★

艾萨克·牛顿爵士无疑是最具影响力的科学家之一，他在纯粹数
学、光学、力学和引力学方面都做出了广泛的贡献。他活了 84 岁，于
1727 年在伦敦去世，是个单身汉，且据说还是个处男。就后一个话
题，伏尔泰后来曾评论说牛顿"没有激情也没有缺点"。显然他主要献
身于科学。牛顿对自己的成就出了名的谦虚，曾说"我就像一个在海边
玩耍的孩子，时不时地寻找更光滑的卵石或更漂亮的贝壳，而广袤的
未被发现的真理之海就在我面前"。牛顿出书很多，其中最著名的是
《自然哲学的数学原理》(*Philosophiae Naturalis Principia Mathemati-
ca*)，现在简称为《原理》(*Principia*)，书中他给出了引力定律，以及
现在所谓的开普勒行星运动定律。在他去世一年后的 1728 年，《论世
界的体系》(*A Treatise of the System of the World*)在伦敦出版。在这
部身后自传中牛顿描述了现在被称为**牛顿加农炮**的著名想象实验，即
从高山上以越来越大的速度发射一物体的想象实验。

设 *AFB* 代表地球表面，*C* 为地心，*VD*、*VE*、*VF* 分别
代表从山顶沿水平方向发射物体后物体的飞行轨迹，发射速
度依次增大。而且，由于天体的运动基本不会受小物体的影
响，它们运行的太空中也不存在阻力，为了模拟这一情形我
们假设地球上没有大气层，或者大气的阻力很小或没有阻力。
发射速度较小的物体，飞行轨迹为弧线 *VD*，较大速度飞行轨迹

---

① 原文注：根据报道约有 25% 的碎片在外大气层中燃烧掉了。原因有两个方面，一是碰
撞发生的轨道非常低，二是产生的部分碎片速度比卫星的速度低。

为 VE，速度继续增大，物体的落地点前移至 F 和 G；速度继续增大，最终物体会环绕地球一周，回到发射点，即山顶。

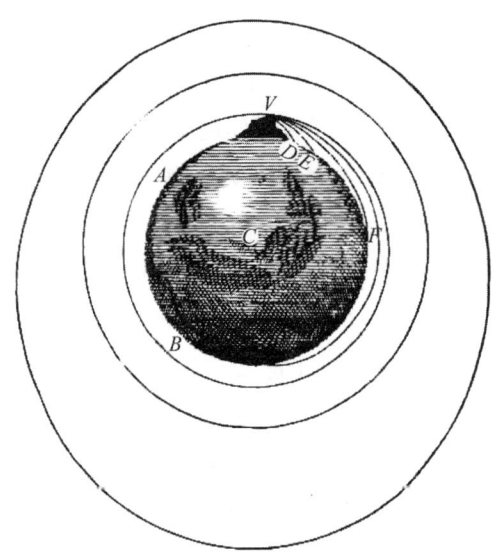

牛顿的絮叨赶得上他的聪明，他详细描述了在没有空气阻力的情况下，随着发射速度越来越高，被发射物体首先形成圆形轨道，最后会形成**离心**轨道或椭圆轨道。牛顿超越他所处的时代提出了**太空炮**的概念。直到 100 多年后才有人重新考虑这一想法。其中最著名的当数儒勒·凡尔纳（Jules Verne）1865 年出版的小说《从地球到月球》（*De la Terre à la Lune*）中的哥伦比亚太空炮——有那么一群人想用这个巨型火炮把自己发射到月球上去。儒勒·凡尔纳的科幻小说预言了很多重要的科学发展，启发一代又一代的有影响力的潜水者、飞行家和火箭工程师。据说为了给出太空炮的正确参数他还做过计算。如果你觉得他不过是异想天开，不妨考虑一下，100 年后政府研究部门还在借鉴他这个概念。1961 年美国和加拿大政府启动了高空研究计划（High Altitude Research Program，HARP）。加拿大弹道学工程师杰拉尔德·鲍尔（Gerald Bull）领导的小组建造并测试了一门旨在将载荷发射至外大气层的大炮，目的是研究洲际弹道导弹的再入过程。这门 40 m 长的大炮设在加勒比海的巴巴多斯岛，向大西洋上空发射。1966 年 11

月，这门炮发射了一个 180 kg 的"炮弹"，速度达到了惊人的 3.6 km/s。这颗"炮弹"飞出了外大气层，进行了一段高度达到 180 km 的亚轨道飞行。这一纪录至今未被打破。

不过，杰拉尔德·鲍尔的真正目的是把物体发射进入飞行轨道。HARP 计划终止后，为了进行这方面的研究他开始为南非和伊拉克设计火炮。1988 年鲍尔说服萨达姆·侯赛因（当时伊拉克的总统）启动了巴比伦计划，即一种卫星发射炮。一门 46 m 长、102 吨重的小型巴比伦炮造好了，并用铅弹测试。他还计划建造一门更大的发射炮，炮管长 156 m，总重 2100 吨，应该能够将飞行器发射进入环地球飞行轨道。不过，这门大型巴比伦炮未能实现，因为 1990 年 3 月鲍尔被暗杀了，据说凶手为以色列或伊朗的情报部门，他们担心鲍尔在伊拉克其他军事项目上的进展。另一个美国政府基金支持的计划——超高空研究计划（Super HARP），在 1985 年到 1995 年间继续进行着这方面的研究。他们计划建造的大炮炮管长 3.5 km，能够进行轨道发射。预算费用为 10 亿美元，从没有增加过。我们在实现儒勒·凡尔纳的梦想的道路上走了很远一段距离。时间将会告诉我们，太空炮是否能够成为一种可行的发射工具。[①]

对这些计划的介绍中我们没有提到弹道飞行的一个问题。在飞行中没有轨道调整的情况下，从地面上一点以低于逃逸速度的速度发射出去的物体，完成一圈可能高度很高的椭圆轨道飞行后，还会回到原来的发射点。[②] 一般说来，我们希望卫星待在天上，而不是在发射之后 90 分钟（低轨道飞行一圈所用时间）又回到地球。未来的儒勒·凡尔纳仍有可探索之处。

无论弹道发射如何进行，基本的问题都很有趣。我们可以像牛顿那样，计算将加农炮弹射入圆形绕地球轨道所需的速度——至少是理论上的

---

① 原文注：科学家推荐的应用是利用太空炮发射卫星和补给物资，而不是用它把人送上太空。在 3.5 km 长的炮管里加速到发射速度，比如说 7.5 km/s，需要 8 035 m/s² 的加速度，大约是地球引力的 820 倍——人会瞬间死亡！

② 原文注：这里的说法并不严谨，忽略了地球的自转。

速度。现在来考虑两门加农炮 $A$ 和 $B$。$A$ 放置在北极，$B$ 放置在赤道上，炮口朝向东方。假设地球是个完美球体，并忽略大气阻力，分别计算将加农炮弹发射至距离地球表面很近的圆形轨道所需的速度 $v_A$ 和 $v_B$。

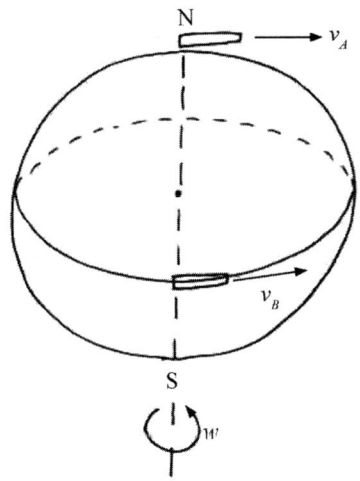

**解答**

对于半径 $R$ 近似等于地球半径($R \approx R_E$)的圆形轨道来说，地球引力必然等于轨道向心力：

$$F = \frac{GM_E m}{R_E^2} = \frac{mv^2}{R_E}$$

所以，轨道半径等于地球半径的圆形轨道所需的相对于地心的速度为：

$$v = \sqrt{\frac{GM_E}{R_E}}$$

取 $G = 6.7 \times 10^{-11} \text{N} \cdot \text{kg}^{-2} \cdot \text{m}^2$，$M_E = 6.0 \times 10^{24}$ kg，$R_E = 6.4 \times 10^6$ m，则有 $v \approx 7.93$ km/s。如果从北极发射，则无法借助地球自转的速度，所以需要的发射速度为 $v_A \approx 7.93$ km/s。再来考虑从赤道发射。我们可以从地球自转的角速度

$$w_E = \frac{2\pi}{24 \times 60 \times 60} \approx 7.27 \times 10^{-5} \, (\text{rad/s})$$

计算出赤道上地面相对于地心的速度 $v_{surf} = w_E R_E \approx 0.47$ km/s。如果用加农炮 $B$ 从赤道上向东发射，则所需的发射速度 $v_B = v - v_{surf} = 7.46$ km/s。而正比于 $v^2$ 的所需发射能则减少了将近 12%。

## 10.7 从地球到月球★★

在儒勒·凡尔纳 1865 年出版的小说《从地球到月球》中，一群热衷于火炮的人建造了一门强大的弹道加农炮——哥伦比亚特太空炮，并将自己装在一个无动力舱里，用这门炮发射到月球上。在飞往月球的旅程中他们注意到：

> 从离开地球的那一刻起，他们自己的重力，飞行舱的重力，以及舱里装的所有物体的重力，都在迅速减小……距离地球足够远后，地球的引力消失了，但月球的引力却产生了。一定在某个点，地球月球的引力彼此抵消：飞行舱不再受到重力的作用。

这群业余宇航员感觉重力正在消失，直至到达地月之间的某一点，"两个天体"的引力彼此抵消。在这一点，宇航员们感受不到重力。[①]更靠近月球后他们感觉到上下颠倒了过来，重力又开始缓慢增加了。

定性地画出单位质量所受引力沿地月之间一条直线的变化图。找出净引力（两个天体的引力和）为零的那一点（如果存在的话）。将距离按地月距离换算为无量纲量来表示可能更简单些。如果沿这么一条线将我们发射出去（忽略大气层的影响，并不考虑初始加速度将会要了我们的命），儒勒·凡尔纳对这一过程中我们感受到的重力（及零重力）的描写是否正确？

---

① 原文注："……两个天体的吸引力相同，不会一个比另一个多一点。"

## 解答

相距为 $r$ 的两个质点 $M$ 和 $m$ 之间的吸引力为 $F = \dfrac{GMm}{r^2}$，其中 $G$ 为引力常数。作用于单位质量($m = 1$ kg)上的引力，或者质量 $m$ 的加速度为 $a = \dfrac{GM}{r^2}$。如果我们取地球作用于单位质量上的引力 $F_E$ 为正(亦即，指向地心的方向为正)，而月球的引力 $F_M$ 为负，则作用于单位质量上的总力为：

$$F_T = F_E - F_M = G\left(\frac{M_E}{r_1^2} - \frac{M_M}{r_2^2}\right)$$

其中，$r_1$ 和 $r_2$ 分别为到地心和月心之间的距离。

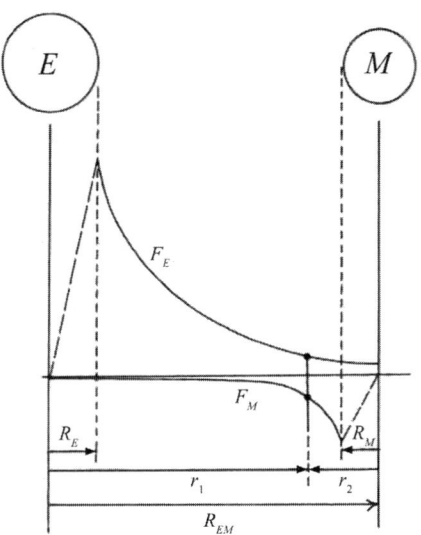

注意到，其中 $R_{EM}$ 为地月之间的距离，可得 $F_T = 0$ 或 $\mid F_E \mid = \mid F_M \mid$ 的条件为：

$$\frac{M_E}{r_1^2} = \frac{M_M}{(R_{EM} - r_1)^2}$$

281

这是一个关于 $r_1$ 的二次方程，在 $x \equiv \dfrac{r_1}{R_{EM}}$、$c \equiv \dfrac{M_E}{M_M}$ 无量纲系统中更为简洁：

$$x^2(1-c)+x \cdot 2c-c=0$$

求解 $x$，可得：

$$x=\frac{r_1}{R_{EM}}=\frac{-c \pm \sqrt{c}}{1-c}$$

由 $M_E \approx 6.0 \times 10^{24} \ \text{kg}$，$M_M \approx 7.4 \times 10^{22} \ \text{kg}$，可得 $c \approx 81.1$，从而有 $x^+ \approx 0.900$，$x^- \approx 1.125$。其中 $x^-$ 不具有物理意义（地球和月球的引力方向相同），而具有物理意义的解为 $\dfrac{r_1}{R_E}=x^+ \approx 0.900$。所以，基本上正好在全程的 9/10 处，净引力等于 0。

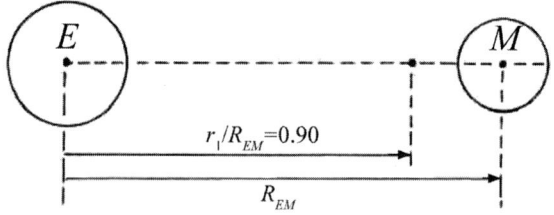

我们再回到儒勒·凡尔纳的描写。按他的描述，远离地球时有一种重力消失的感觉。之后在某一点会有失重感。再之后我们会感觉到上下颠倒了，距离月球越近重力越大。这绝不是这样一种旅程上的真实感受。在无动力飞行中，一旦离开加农炮（忽略大气的影响），整个旅程就完全处于自由落体状态，直到撞向月球表面。所以全程我们都感受不到重力，因为没有外来机械力作用于我们的身体。我们会飘浮在飞行舱里。

## 10.8 测垂教授的测垂盘★★

测垂教授发明了一种装置，他称之为测垂盘。利用这一装置，他可以非常精确地测出真实竖直（亦即，穿越地心的径向线）与用他的**测**

**垂盘**(或者叫**悬垂盘**)测出的表观竖直之间的夹角。而所谓的测垂盘为一端系有圆盘的细绳。测垂教授称这两种方法测出的竖直之间的夹角为**表观引力偏移角** $\alpha$。假设地球为一完美球体，求 $\alpha$ 与纬度 $\theta$ 之间的函数关系。

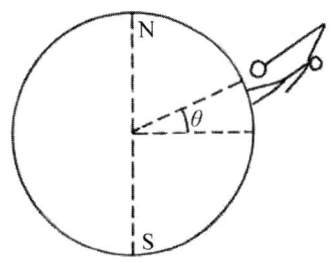

## 解答

假设地球为密度一致的完美球体，引力总是指向球心。表观引力与真实竖直之间的偏离(测垂盘与地球**表面垂线**之间的夹角)源于地球的自转。除非在两极测量，否则测垂盘必然绕地球的旋转轴旋转，而维持圆形轨道运动(有朝向旋转中心的加速度，或者说向心加速度)需要净作用力。为了提供这个净作用力，绳子的拉力不能与作用在圆盘上的重力正好大小相等、方向相反。二者之差正是向心加速度所需要的净作用力。考虑地球表面上的三个点：$A$、$B$ 和 $C$。

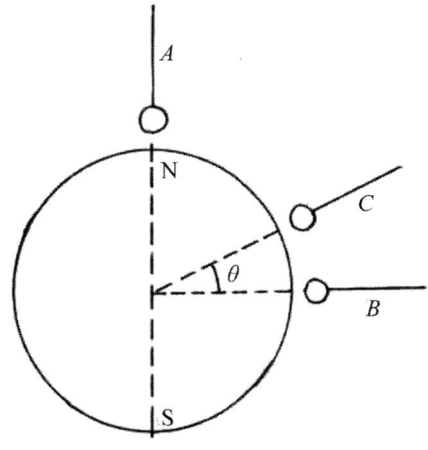

• 点 $A$，即北极，表观重力与真实重力重合，二者均指向地心，且测垂盘与真实竖直方向重合。向心加速度为零，因为地球的切向速度在北极处为零。

• 点 $B$，即赤道，（绕穿越两极的假想线旋转的）地球的切向速度和向心加速度都最大。向心加速度指向地球的自转轴。实现这一加速度所需要的净作用力为引力与绳子拉力之差。由于向心加速度与真实重力方向重合，所以也与表观重力方向重合。绳子的拉力小于作用于圆盘的重力，差值就等于向心加速度所需要的力——表观上重力减小了。所有这三个矢量均指向地心，不存在偏移角。

• 现在来考虑位于赤道往上纬度 $\theta$ 上的一般点 $C$。先考虑一下圆盘的受力和加速度情况会有助于后面的讨论。作用于圆盘上的力有两个：朝向地心的重力 $mg$，与重力成夹角 $\alpha$ 的绳子拉力 $T$，如下图所示。这两个力之差 $F$，即产生向心加速度所需要的力。

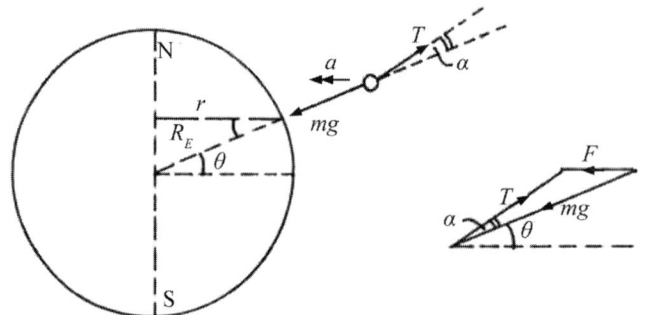

现在更深入地研究 $C$ 点的这些力。向心加速度为 $a = \omega^2 r$，其中 $r$ 为旋转的半径，即到旋转轴的距离，$\omega$ 为地球的角速度（单位为 rad/s）。根据地球的几何结构可知，$r = R_E \cos \theta$，其中 $R_E$ 为地球的半径。将这两个方程综合起来有：

$$a = \omega^2 R_E \cos \theta$$

利用牛顿第二定律可知，实现这一加速度需要作用于圆盘的净外力为：

$$F = ma = m\omega^2 R_E \cos \theta$$

现在我们来考虑，重力 $mg$ 和绳子拉力 $T$ 是如何给出作用于圆盘的净外力 $F$ 的。如果绳子拉力与重力成夹角 $\alpha$，则从矢量图（利用正弦定理）可以看出：

$$\frac{\sin[\pi-(\alpha+\theta)]}{mg}=\frac{\sin\alpha}{F}$$

重组方程，将 $F$ 的表达式代入，并注意到

$$\sin[\pi-(\alpha+\theta)]=\sin(\alpha+\theta)$$

我们有

$$\sin(\alpha+\theta)\omega^2 R_E\cos\theta=g\sin\alpha$$

利用三角函数的加法公式[①]展开，可得：

$$[\sin\alpha\cos\theta+\sin\theta\cos\alpha]\omega^2 R_E\cos\theta=g\sin\alpha$$

$$\omega^2 R_E\cos\theta\sin\theta\cos\alpha=(g-\omega^2 R_E\cos^2\theta)\sin\alpha$$

$$\frac{\omega^2 R_E\cos\theta\sin\theta}{g-\omega^2 R_E\cos^2\theta}=\tan\alpha$$

这就是偏移角 $\alpha$ 的通解，是纬度 $\theta$ 的函数。注意到 $\omega^2 R_E\ll g$，上式可化简为

$$\tan\alpha\approx\frac{\omega^2 R_E\cos\theta\sin\theta}{g}$$

利用三角函数公式之一[②]，可进一步简化为：

$$\tan\alpha\approx\frac{\omega^2 R_E\sin 2\theta}{2g}$$

最大的偏移出现在 $\theta=45°$ 处，由上式可得：

$$\alpha_{max}\approx\tan^{-1}\left(\frac{\omega^2 R_E}{2g}\right)\approx\frac{\omega^2 R_E}{2g}$$

地球的自转角速度为每 24 小时 $2\pi$，或者说 $\omega\approx7.53\times10^{-5}$ rad/s。取 $g\approx9.8$ m/s$^2$、$R_E=6.4\times10^6$ m，可得 $\alpha_{max}\approx0.10°$。如果测垂教授的测垂盘的绳子有 1 m 长（假设是手持式的），则在纬度 $\theta=45°$ 上测垂

---

① 原文注：$\sin(A+B)=\sin A\cos B+\sin B\cos A$。

② 原文注：$\sin(2A)=2\sin A\cos A$。

盘与竖直方向的偏离高达 1.74 mm，很容易测量出来。

## 10.9 喷气式飞机的日常★★

两架喷气式飞机沿赤道贴着海面飞行，地速为 1 674 km/h。其中一架向东飞行，一架向西飞行。登机前两位飞行员体重均为 100 kg（包括身上的装备）。二人以相反的方向飞过赤道上同一点时，是否会有相同的**体重感**？

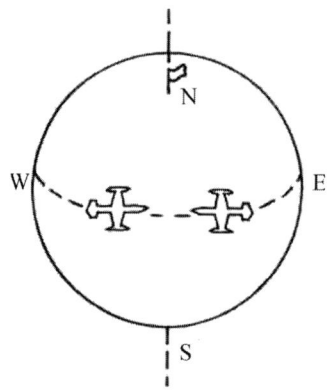

### 解答

我在那道在赤道还是在北极体重更重的知名问题的基础上进行修改给出了这道题。当然，这道题的答案取决于我们如何解释地球的自转。我从没有真正喜欢过北极问题。部分是因为，尽管通常假设地球是密度一致的固态球体[①]（因此表面上的重力都一样）是合理的，但在这个特例中，地球非均一性[②]导致的引力变化大于题目所讨论的引力差别。本题的出发点很好——只是真实世界并非如此。

---

① 原文注：毕竟，这是一道著名的球形奶牛问题，几乎可以确定是虚构了物理学家的故事给出的一道题。如果不熟悉可以查一下。你可能会认为，地球像喂养得最好的奶牛一样圆。

② 原文注：形态和密度两方面的非均一性。

我也考虑过，**"重量"**这个词在我听过的北极问题中的使用不太严谨。"重量"通常指引力导致的受力，而不是你偶尔读到的反作用力。对于反作用力，科学家（至少那些询问重力问题的迂腐科学家）会用**"重力感"**来表示。重力感是我们的感觉，由体重秤来衡量。处在自转的地球上，重力感就是重力减去产生指向地心[①]的向心加速度所需的假想力。[②] 我们记

$$F_{total} = mg - R = m\frac{v^2}{r}$$

其中 $m$ 为我们的质量，$R$ 为反作用力（或者说我们的重力感），$v$ 为相对于自转轴的切向速度，$r$ 为我们相对于自转轴的半径。所以我的重力感为：

$$R = mg - m\frac{v^2}{r}$$

假设之前看不到这一点，那么现在你既能回答北极问题，也无须考虑术语不精确就能做到这一点了。[③] 这方面的精彩讨论可以参考理查德·博因顿（Richard Boynton）的文章《质量的精确测量》。[④] 可能你从未想过，要测量一物体的精确质量需要进行多少修正。

现在回到喷气式飞机问题。首先我们将速度换算为国际单位制速度。相信读者应该能够证明 1 674 km/h 约等于 465 m/s。赤道处地球相对于自转轴的旋转速度为多少？ 该速度为地球的半径 $R_E = 6.4 \times 10^6$ m 乘以地球自转的角速度[⑤]。有了这些数据，很容易就能算出赤道

---

① 译注：原文如此。事实上，向心加速度应该是指向穿过地心的自转轴。

② 原文注：该力由引力提供。

③ 原文注：terminological inexactitude，温斯顿·丘吉尔 1906 年选举中首次使用的一个词。议员们喜欢用这个词来暗示某人可能在撒谎。现在的释义为很少说出实情。确实很英国范儿。

④ 原文注：Precise Measurement of Mass，Boynton，R.，2001，"Precise measurement of mass"，60th Annual Conference of the Society of Allied Weight Engineers，Arlington，Texas，21—23 May，2001，Paper No. 3 147.

⑤ 原文注：地球自转一圈需要 24 小时，或者说 $T = 24 \times 60 \times 60 = 86\ 400$ s。所以角速度为 $w = 7.27 \times 10^{-5}$ rad/s。

处地面（相对于地心）的速度：

$$v_{surf} = R_e w \approx 465 \ (\mathrm{m \cdot s^{-1}})$$

也就是向东飞的飞机的速度 $v_1$、向西飞的飞机的速度 $v_2$ 和地面相对于地心的速度 $v_{surf}$ 均相等：$v_1 = v_2 = v_{surf}$。

现在考虑观察者参考系中的飞机，而该观察者位于飞机同时飞过的点 $A$。该观察者看到飞机均以速度 $v_{surf}$ 相向飞行。

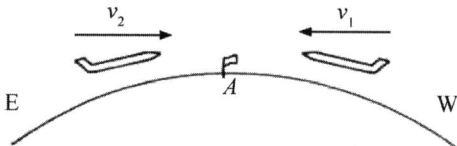

现在考虑位于北极上外太空一位非旋转观察者所处的参考系。该观察者看到点 $A$ 以速度 $v_{surf}$ 相对于地心运动，运动方向为自西向东。在该参考系中，向东飞的飞机的速度 $v'_1 = 2v_{surf}$。这是向东飞的飞机相对于地心的飞行速度。作用于该飞行员身上的力有两个。一个是方向向下的重力 $mg$。另一个是座椅向上的支撑力 $R_1$，它等于重力减去产生向心加速度所需要的力：

$$R_1 = m\left(g - \frac{v'^2_1}{R_E}\right) = mg\left[1 - \frac{(2v_{surf})^2}{gR_E}\right]$$

现在来考虑向西飞的飞机。在位于北极上外太空的非旋转观察者所处的参考系中，该飞机的速度 $v'_2 = v_2 - v_{surf} = 0$。在位于北极上外太空的非旋转观察者看来，这架飞机是静止不动的！它相对于地心的飞行速度为 0。现在方向向下的重力 $mg$ 等于座椅向上的支撑力 $R_2$。

在非旋转参考系中，该飞机的加速度为 0。我们记：

$$R_2 = m\left(g - \frac{v_2'^2}{R_E}\right) = mg$$

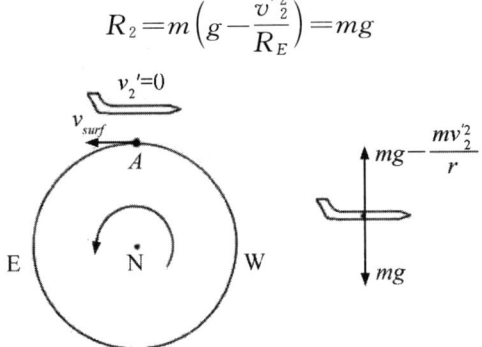

现在来对比这两个反作用力。如前面所述，是这个力给了飞行员重力感。

$$\frac{R_1}{R_2} = 1 - \frac{(2v_{surf})^2}{gR_E} \approx 0.9862$$

向东飞行的飞行员**感觉**比向西飞行的飞行员轻了 1.4%。原因是向东飞行的飞行员（相对于地心）在做圆周运动，而向西飞行的飞行员相对于地心是静止的。事实上，向东飞行的飞行员处于部分自由落体状态，座椅提供的反作用力减小了。而向西飞行的飞行员则没有这样的加速度（在外太空参考系中的观察者看来，他的加速度为 0），所以重力与座椅的反作用力相等。

## 10.10 太阳系的逃逸速度★★★

逃逸速度，是指物体完全克服大质量物体的引力所需要达到的弹道速度。在不存在任何空气阻力的情况下，逃逸速度为与克服引力吸引所需的势能改变量相等的抛射动能所对应的速度。

有人认为第一个脱离地球引力影响的物体为内华达州一处地下核实验基地被冲击波抛出井筒的一块装甲钢板。在帕斯卡 B 爆炸（1957

年 8 月 3 日爆炸，为 Plumbbob 核试验计划①的一部分）之前，美国核科学家罗伯特·布朗李博士（Dr Robert Brownlee）就曾计算，900 kg 的钢盖板将会获得大于 66 km/s 的速度，约为地球逃逸速度的 6 倍。按照他的计算，这一速度是沿井筒冲向井盖的气化混凝土高超音速气流的巨大冲击力带来的。人们对这一计算结果很感兴趣，便设置了一部高速摄像机来拍摄钢板在爆炸中的动作。录下来的视频中只有一帧捕捉到了钢板的身影，证实了钢板的速度确实很高。不用说，钢板再也找不到了。物理学家布朗李博士的研究方向是地下核试验及对井盖的冲击效应。他的计算结果——已经成为一种传奇——直观地证明了核爆炸的巨大威力。他在 2002 年撰写的一篇文章②中澄清，他和他的研究小组都不认为钢板飞向了太空。几乎可以确定，钢板气化后的残余散落在内华达沙漠一大片区域中。

脱离地球引力影响的第一个人造物体是苏联发射的"月球一号"，于 1959 年 1 月 2 日下午 4:41 在哈萨克斯坦的沙漠里发射升空。本来"月球一号"是要撞上月球的，但由于编程错误它错过了月球，在发射升空后 34 小时以 3 700 英里的距离与月球擦肩而过。在过去的 50 年里，它一直在围绕太阳飞行，轨道半径介于地球和火星之间。人们给它取了个名字叫"第一宇宙火箭"，因为它是第一个获得地球逃逸速度的人造物体。

第一个获得太阳系（对于人类来说，实际上意味着地球和太阳③）逃逸速度的太空飞船是"先驱者 10 号"，它于 1972 年 3 月 3 日在佛罗里达州的卡纳维拉尔角发射升空。1973 年 11 月"先驱者 10 号"飞过木

① 原文注：Carothers J.，"Caging the dragon: the containment of underground nuclear explosions"，Technical Report，Technical Information Centre，Oak Ridge Tennessee，June 1995.

② 原文注：Brownlee R. R.，"Learning to contain underground nuclear explosions"，June 2002（publishedonline）.

③ 原文注：计算从地球表面出发离开太阳系所需的能量时，其他行星——甚至像木星和土星这样大质量行星——的引力影响很小，可以忽略不计。这是因为从地球表面出发时，位于地球引力场势井的底部，但并非其他行星引力势井的底部。不过，太阳的质量太大了，它的引力依然很大，哪怕离它很远。

星，并在距其表面 130 000 km 处对其拍照。它与地面的联系保持了近 30 年，于 2003 年 1 月 23 日在距离太阳 120 亿千米远处发出了最后的信号。它还在继续飞向深空。据估计 2012 年 9 月它距离太阳将近 160 亿千米远，以大约 12.0 km/s 的速度飞离太阳。现在太阳光需要将近 15 小时的时间才能到达它那里。

对于地球表面上的探测器来说，要想逃离太阳系，需要考虑地球 (E) 和太阳 (S) 的引力。考虑地球的公转和自转，计算地球表面参考系中探测器逃离太阳系的最小和最大逃逸速度 $v_{p1}$ 和 $v_{p2}$。不考虑大气层的影响。

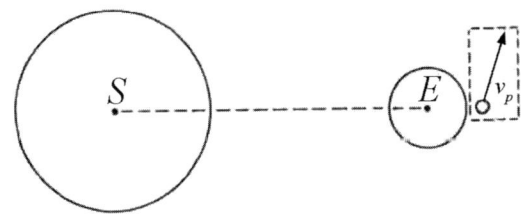

**解答**

为了理解本题所涉及的基本物理原理，我们先来考虑地球相对于太阳静止不动的系统。我们需要求出将探测器从地球表面移动至 $r = \infty$ 需要做的功 $W$。为了将探测器移出太阳系，我们需要提供一个假想力 $F_W$，它与地球和太阳的引力 $F_G$ 大小相等，方向相反。所需要做的功就是这个力从地球表面到 $r = \infty$ 的积分。为了求这一积分，我们需要考虑探测器到地心和日心的初始距离。到地心的初始距离即地球的半径 $R_E$。到太阳的初始距离为日地距离加上地球半径 $R_{ES} + R_E$。由于 $R_E \ll R_{ES}$，可做近似。于是有：$R_E + R_{ES} \approx R_{ES}$，于是积分方程变为

$$W = \int_{r_1}^{r_2} F \cdot \mathrm{d}r = GM_E m \left[\frac{r^{-1}}{-1}\right]_{R_E}^{\infty} + GM_S m \left[\frac{r^{-1}}{-1}\right]_{R_{ES}}^{\infty} = Gm\left(\frac{M_E}{R_E} + \frac{M_S}{R_{ES}}\right)$$

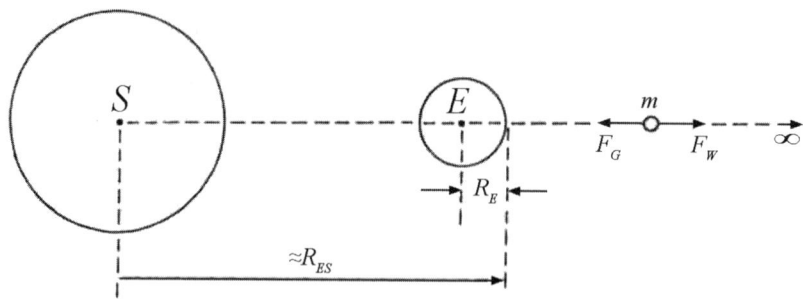

为了脱离太阳系，发射时的动能必须等于需要做的功。亦即：

$$K_E = \frac{1}{2} m v_p^2 = W$$

其中 $v_p$ 为脱离太阳系所需要的发射速度。

将两个方程结合起来，可得：

$$v_p = \sqrt{2G \left( \frac{M_E}{R_E} + \frac{M_S}{R_{ES}} \right)}$$

取 $G = 6.7 \times 10^{-11}$ N·kg$^{-2}$·m$^2$，$M_E = 6.0 \times 10^{24}$ kg，$M_S = 2.0 \times 10^{30}$ kg，$R_E = 6.4 \times 10^6$ m，$R_{ES} = 1.5 \times 10^{11}$ m，可得 $v_p \approx 43.7$ km/s。对于地球不存在自转和公转的假想系统来说，这就是在地面参考系中需要达到的逃逸速度。

现在考虑地球的公转速度 $v_E$（将轨道取圆形近似），也考虑地球表面赤道处相对于地心的自转速度 $v_{surf}$。[①] 考虑地球公转的角速度：

$$\omega_{ES} = \frac{2\pi}{365 \times 24 \times 60 \times 60} \approx 1.99 \times 10^{-7} \, (\text{rad/s})$$

由此可得 $v_E = w_{ES} R_{ES} \approx 29.9$ km/s。通过类似的步骤可求出赤道上的地面相对于地心的转速。地球相对于自转轴的角速度为：

$$w_E = \frac{2\pi}{24 \times 60 \times 60} \approx 7.27 \times 10^{-5} \, (\text{rad/s})$$

可得 $v_{surf} = w_E R_E \approx 0.47$ km/s。我们还需要知道 $v_{surf}$ 和 $v_E$ 的方向是相同还是相反。我们实在不应该不知道地球自转的方向，因为太阳

① 原文注：忽略地球旋转轴的倾角，假设旋转轴与黄道垂直。

自古以来都是东升西落。这意味着我们像图示的那样从北极上空向下看的话，地球必然绕自转轴逆时针旋转。我们在图中用一个垂直书页向上的矢量来表示——亦即一个中心为一小点的小圆位于地球的中心。[①]

但不知道地球公转的方向则情有可原。取决于我们有没有在天文学课堂上学过。地球公转的方向正好与自转相同。换句话说，如果从太阳的北极上空向下看的话，地球是逆时针旋转的，如下图所示：

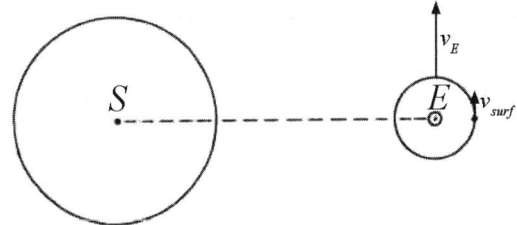

所以地面赤道上任一点相对于太阳的速度为 $v_T = v_E + v_{surf} \approx$ 30.4 km/s。

回到最初的问题，即求脱离太阳系的最小和最大逃逸速度 $v_{p1}$ 和 $v_{p2}$。我们感兴趣的是**相对于地面的速度**，因为我们要在地面发射。如果沿地球转动速度有利于我们的方向发射，则以地球为参考系的发射速度为：

$$v_{p1} = v_p - v_T \approx 13.3 \text{ km/s}$$

如果沿相反的方向发射，则以地球为参考系的发射速度为：

$$v_{p2} = v_p + v_T \approx 74.1 \text{ km/s}$$

---

① 原文注：这里采用的是右手准则。而绕北极顺时针旋转则用垂直书页向下的矢量来表示，即小圆里打叉。

如果我们想快速离开(在下一个 30 年前后),就要确保发射方向不要错了。

## 10.11 城市群先生增大月球★★★

2050 年,城市群先生买下了月球。就是围绕地球旋转的月球,夜空中视差角为 0.52°的那个天体。过不了多久就不是这个视差角了。在《月球条约》[①]散伙,在月球上开发矿产的努力失败后,破产的联合国将月球卖给了出价最高的竞标者——城市群。在投标文件中,城市群先生宣称他将用大型机械产生月球尘埃,生成特别的图标,用来做广告。[②] 所有人都认为月球太小了,不适合做广告,但城市群先生打算将月球增大。如何增大? 当然是将月球内部的物质抽出,再放在月面上。城市群月球实业在全球上市时,城市群先生告诉投资者将会把月球的全部质量均匀地分布在月球表面上,形成一个空心月球。"我会尽可能重复这一过程,"他说,"直到月球变成了夜空中一幅巨大的广告牌。"人们倒吸了一口冷气。"在城市群月球实业,我们畅想无限!"城市群先生边展示电脑生成的"新月球™"图像边说。

城市群先生有一个地震学家和地球物理学家小组可供咨询。地球物理学家有他们的疑问。首先,他们不认为空心月球的结构是稳定的。

---

① 原文注:实际上还真有一个《月球条约》,或者叫《各国在月球及其他天体上的活动规范条约》。1979 年 12 月 18 日联合国放开该条约的签署,并于 1984 年 7 月 11 日开始生效。《月球条约》规定,月球是根据国际法管理的国际领域,禁止下述行为:任何形式的军事行动;环境的改变;任何主权的声索;任何组织或个人拥有天外财产,国际性的管理组织除外;未在国际管理组织指导下的任何资源开发。20 年过去了,没有任何一个具备太空能力的国家或地区批准过该条约,所以说该条约基本上毫无意义。

② 原文注:有那么几个疯狂的太空广告计划。涉及月球的计划包括在月面上构建图像,在月球上布置太阳能载具以产生地球上可见的"影子农场"。2013 年 8 月 20 日,美国专利局授予了月球公共公司(Moon Publicity Corporation)一项专利,专利名字叫作"行星或月球表面的阴影成像(专利号为 US 8515595 B2)",摘要如下:

权利要求:在行星或月球表面形成阴影图形的一种方法,包括配备带有多种车轮的地形车,能够在行星或月球表面产生形成阴影的材料,以形成远距离外能够看到的阴影图形。

即便结构稳定，他们说，月球的引力场也会非常弱，以至于在上面作业非常危险。"但我并没有移除月球上的物质，只是挪动了一下，"城市群先生说，"你想在我这工作，你就要畅想无限！"

假设月球是个密度一致的固态球体，如果我们不断从中心处挖空并将挖出来的物质输送到表面上，直至中间的空洞达到月球原来的大小，那么如果完成了这项大工程的话，引力改变多少？如果第二次、第三次……第 $n$ 次完成这样的质量重组，引力又将如何改变？

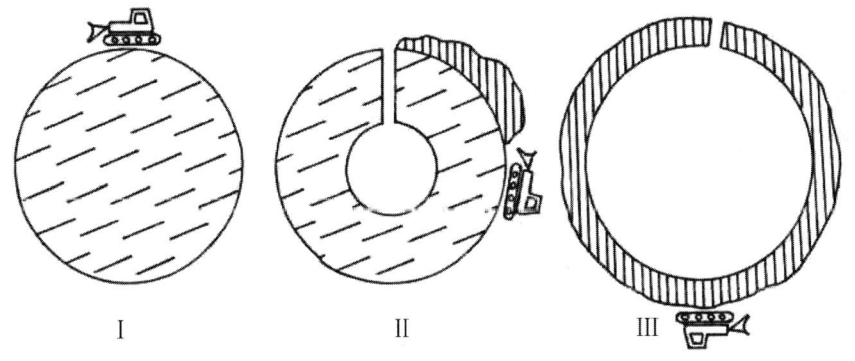

I　　　　　　　　II　　　　　　　　III

## 解答

设月球最初的半径为 $R_1$。利用球体积方程，可以求出新的半径 $R_2$。令新月球的体积为原来的 2 倍，我们有：$\dfrac{4}{3}\pi R_2^3 = 2\left(\dfrac{4}{3}\pi R_1^3\right)$。

所以有：$R_2 = 2^{\frac{1}{3}} R_1$。

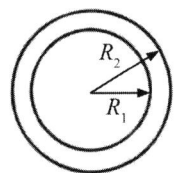

密度为 $\rho$，半径为 $R$ 的球体的质量为 $M = \left(\dfrac{4}{3}\right)\pi R^3 \rho$。半径为 $R_2$，密度为 $\rho$ 的固体球表面上的引力场大小为：

$$g_2 = \frac{GM_2}{R_2^2} = \frac{4}{3} G\pi R_2 \rho$$

同样，半径为 $R_1$，密度为 $\rho$ 的固体球表面上的引力场大小为：

$$g_1 = \frac{GM_1}{R_1^2} = \frac{4}{3} G\pi R_1 \rho$$

于是有 $g_2 = 2^{\frac{1}{3}} g_1$。

半径为 $R_1$，密度为 $\rho$ 的球体在半径 $R_2$ 处产生的引力场大小为：

$$g_{12} = \frac{GM_1}{R_2^2} = \frac{4}{3} \frac{G\pi R_1^3 \rho}{R_2^2}$$

球壳产生的引力场可视为大实心球产生的引力场减去小实心球产生的引力场。总的引力加速度为 $g_T = g_2 - g_{12}$。而 $R_2 = 2^{\frac{1}{3}} R_1$，可得：

$$g_T = \frac{g_2}{2} = \frac{g_1}{2^{\frac{2}{3}}}$$

所以说，引力场强减小了大约 $37\%$。都市群先生扩张自己的帝国时确实要多加小心。

现在来考虑第 $n$ 次将月球所有的物质转移到表面上。我们暂称之为 $n$ 次月球，其体积 $V_n$ 与原体积 $V_1$ 的关系为：

$$V_n = nV_1$$

这一点不难看出，因为我们将月球本来的体积向外移动了 $n$ 次。所以有：

$$R_n = n^{\frac{1}{3}} R_1$$

按照前面的逻辑[1]，可以看出，球对称物体在质量不变的情况下，其表面处的引力场与半径的平方成反比。所以，$n$ 次月球表面处的引力场强 $g_n$ 与初始月球表面处的引力场强 $g_1$ 之间的关系为：

$$g_n = \left(\frac{R_1}{R_n}\right)^2 g_1 = \frac{g_1}{n^{\frac{2}{3}}}$$

---

[1] 原文注：在问题"空心月亮"中有更正式的证明。

## 10.12 小行星游戏★★★

宇航员布拉斯托夫与米代林队长在玩一个追逐游戏。这并不是无聊地打发时间——下了赌注，赌将小球抛入固态小行星和中空的小行星后会如何运动。这个追逐游戏是为了解决前天他们就牛顿的壳理论产生的争论。

"非常简单，"米代林说，"如果我们能够找到两个半径和质量均相同的小行星，根据牛顿的壳理论，两颗小行星的表现就像质量全部集中在中心一样。如果我们将小球扔进小行星穿中心而过的小孔，则两个小球到达另一侧所需的时间将相同。"

"朋友，你忘了一点，"布拉斯托夫说，"壳理论说壳里面的引力为零。你会发现穿过空心行星所需的时间长很多。"

"我也知道这一理论，布拉斯托夫，而且我乐意把我的勋章赌上，赌两个时间相同，"米代林说。

"我愿意赌一瓶伏特加，赌两个时间不同，"布拉斯托夫说。

就这样，两边都下了赌注。

小行星 $A$ 和 $B$ 具有相同的质量和外径 $R_1$。$A$ 为实心球体，且密度一致。$B$ 为内径为 $R_2$ 的空心薄球壳，密度也一致。薄的概念是指 $0.9 \leqslant \dfrac{R_2}{R_1} < 1$。将小球从 $r = R_1$ 的表面上丢向穿小行星中心而过的小孔里。求小球的时间周期[①] $T_A$ 和 $T_B$，并画出 $\dfrac{T_B}{T_A}$ 随 $\dfrac{R_2}{R_1}$ 的变化图。合适的地方运用近似。并运用牛顿的壳理论：球对称物体对外的作用与其全部质量集中于中心点处相同；且球壳对壳内不存在净引力作用。

---

① 原文注：时间周期是指完成一次从 0 到 2π 的振荡所需要的时间。

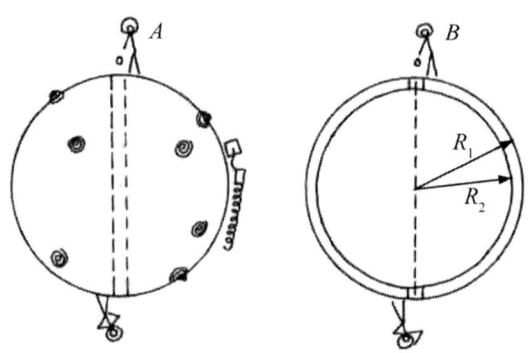

## 解答

我们可以从牛顿的万有引力定律出发来解答这道题。与质量为 $M$ 的球对称物体的中心相距为 $r$ 的质量为 $m$ 的小球受到的引力作用为：

$$F = \frac{GMm}{r^2}$$

现在依次考虑两个小行星。

1. 小行星 $A$：密度一致的实心球体。

质量为 $M$，半径为 $R_1$ 的实心球体内部 $r$ 处的一点，我们可以将该系统看作是由内引力球（$0 \leqslant r' \leqslant r$）和不产生引力的外球壳（$r \leqslant r' \leqslant R_1$）构成的。内引力球的质量 $M_{rA}$ 为：

$$M_{rA} = M \left( \frac{r}{R_1} \right)^3$$

所以半径 $r \leqslant R_1$ 处所受到的引力作用为：

$$F_A = \frac{GM_{rA}m}{r^2} = \frac{GMmr}{R_1^3} = k_A rm$$

其中 $k_A = \dfrac{GM}{R_1^3}$。用矢量来表示的话，注意到引力与以中心为基点的位移方向相反（亦即，是一种恢复力），可以记作：

$$\boldsymbol{F}_A = -k_A \boldsymbol{r} m$$

可以看出，这是一个简谐运动方程。利用牛顿第二定律（$F = m\ddot{r}$），我们有：

$$\ddot{\boldsymbol{r}} = -k_A \boldsymbol{r}$$

该方程具有简谐振动控制方程的形式，其解为 $r = R_1 \cos(\omega_A t)$，其中 $\omega_A = \sqrt{k_A} = \sqrt{\dfrac{GM}{R_1^3}}$。周期 $T_A$ 为完成一个循环所需要的时间，所以由 $\omega_A T_A = 2\pi$ 来定义。于是有：

$$T_A = \frac{2\pi}{\sqrt{k_A}} = 2\pi \sqrt{\frac{R_1^3}{GM}}$$

时间周期为完成一个循环，即从一侧到达另一侧再返回所需要的时间。

2. 小行星 $B$：$R_2 \leqslant r \leqslant R_1$ 的球壳。

现在来考虑小行星 $B$，即密度一致，外径和内径分别为 $R_1$ 和 $R_2$ 的球壳。在 $R_2 \leqslant r \leqslant R_1$ 的某一点，我们可以将系统看作是由内引力球壳（$R_2 \leqslant r' \leqslant r$）和不产生引力的外球壳（$r \leqslant r' \leqslant R_1$）构成的。而小球在 $r < R_2$ 的球壳内部则不受引力作用。

小行星 $B$ 的质量可以表达为：

$$M = \frac{4}{3}\pi(R_1^3 - R_2^3)\rho = \frac{4}{3}\pi\left[(R_2 + H)^3 - R_2^3\right]\rho$$

展开可得：

$$M = \frac{4}{3}\pi(R_2^3 + 3R_2^2 H + 3R_2 H^2 + H^3 - R_2^3)\rho$$

其中 $\rho$ 为球壳的密度，$H = R_1 - R_2$ 为球壳的厚度。对于 $H \ll R_2$ 我们可以做近似 $M \approx 4\pi R_2^2 H\rho$。可以看出，这是球壳的面积乘以球壳的厚度和密度。

内引力球壳（$R_2 \ll r' < r$）的质量为：

$$M_{rB} = \frac{4}{3}\pi(r^3 - R_2^3)\rho$$

也可以通过近似简化为：

$$M_{rB} \approx 4\pi R_2^2 h\rho$$

其中 $h = r - R_2$ 为内引力球壳的厚度。现在我们有：

$$M_{rB} \approx M \frac{h}{H}, \text{ 其中 } 0 \leqslant h \leqslant H$$

所以，$R_2 \leqslant r \leqslant R_1$ 一点处所受的引力作用为：

$$F_B = \frac{GM_{rB}m}{r^2} \approx \frac{GMm}{r^2} \cdot \frac{h}{H} \approx \frac{GMm}{R_1^2} \cdot \frac{h}{H} \approx k_B h m$$

其中 $k_B = \frac{GM}{R_1^2 H}$。我们做了近似 $r^2 \approx R_1^2$，在 $R_2 \leqslant r \leqslant R_1$ 的情况下这是成立的，因为 $R_2 \approx R_1$，或者说 $H \ll R_1$。再次用矢量表示，并注意到引力与以中心为基点的位移方向相反，可以记作：

$$\boldsymbol{F}_B \approx -k_B \boldsymbol{h} m, \text{ 其中 } 0 \leqslant h \leqslant H$$

$$\boldsymbol{F}_B = \boldsymbol{0}, \text{ 其中 } -R_2 \leqslant h \leqslant 0$$

这是在 $R_2 \leqslant r \leqslant R_1$（或 $0 \leqslant h \leqslant H$）区的简谐运动与在 $0 \leqslant r \leqslant R_2$（或 $-R_2 \leqslant h \leqslant 0$）区的匀速直线运动的结合。简谐振动的解为 $h = H \cos(\omega_B t)$，频率为 $\omega_B = \sqrt{k_B} = \sqrt{\dfrac{GM}{R_1^2 H}}$，振幅为 $H$（每 $1/4$ 圈均被行经球心的匀速直线运动所打断）。这就给出了简谐振动的周期 $T_{B1}$，由 $T_{B1}\omega_B = 2\pi$ 定义，所以有：

$$T_{B1} = \frac{2\pi}{\sqrt{k_B}} \approx 2\pi \sqrt{\frac{R_1^2 H}{GM}}$$

现在来考虑匀速直线运动部分。通过对在区间 $R_2 \leqslant r \leqslant R_1$ 或者说 $0 \leqslant h \leqslant H$ 作用于小球的力进行积分，可以求出小球到达内径 $R_2$ 处的速度。如果在 $r = R_1$ 处将小球丢入小洞时的动能为 $0$，则对区间 $R_2 \leqslant r \leqslant R_1$ 的所用力相对于位移进行积分便得 $r = R_2$ 处的动能。记：

$$\int_0^H F_B \, dh = k_B m \int_0^H h \, dh = k_B m \left[ \frac{h^2}{2} \right]_0^H = \frac{1}{2} m v^2$$

可得 $v = H \sqrt{k_B}$。小球单向匀速直线运动所需行经的距离为 $2R_2$。一个周期需要两次这种匀速直线运动，所需总时间为：

$$T_{B2} = \frac{4R_2}{v} = \frac{4R_2}{H \sqrt{k_B}}$$

总的周期 $T_B = T_{B1} + T_{B2}$，从而有：

$$T_B = T_{B1} + T_{B2} = \frac{1}{\sqrt{k_B}}\left(2\pi + \frac{4R_2}{H}\right)$$

这就是丢入小行星 $B$ 的小球的时间周期。

3. 时间周期 $T_A$ 与 $T_B$ 的对比。

现在将 $T_A$ 与 $T_B$ 做个对比：

$$\frac{T_B}{T_A} = \sqrt{\frac{k_A}{k_B}}\left(1 + \frac{2R_2}{\pi H}\right)$$

而 $k_A = \frac{GM}{R_1^3}$，$k_B = \frac{GM}{R_1^2 H}$，所以有：

$$\frac{T_B}{T_A} = \sqrt{\frac{H}{R_1}} + \frac{2R_2}{\pi\sqrt{HR_1}}$$

对于 $\frac{R_2}{R_1} = 0.9$ 这一比例来说，有 $R_2 - \left(\frac{9}{10}\right)R_1$，$H - R_1 - R_2 - \frac{R_1}{10}$，从而有：

$$\frac{T_B}{T_A} = \sqrt{\frac{1}{10}} + \frac{2\left(\frac{9}{10}\right)}{\pi\sqrt{\frac{1}{10}}} \approx 2.1$$

$\frac{R_2}{R_1} \approx 0.9$ 时，小球通过空心小行星所用时间是通过实心小行星所用时间的两倍。小球在空心小行星的薄壁区及在实心小行星内部运动时所受到的力均可近似看作线性的。但在薄壁小行星里引力的作用距离很短。布拉斯托夫又一次说对了，他对牛顿的壳理论理解得也更透彻。

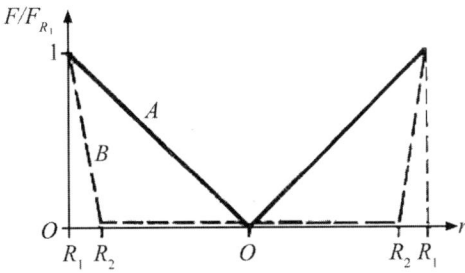

随着薄壁越来越薄，时间比$\dfrac{T_B}{T_A}$越来越大，我们所做的近似也越来越精确。对于$\dfrac{R_2}{R_1}=0.9$，$0.99$和$0.999$来说，时间比$\dfrac{T_B}{T_A}$分别为2.1、6.4和20.1。对于极薄壁来说，小球掉落时引力做功非常小。对于较厚的球壳来说——亦即$\dfrac{R_2}{R_1}<0.9$，我们所做的近似不再合理，而且我们要考虑全部积分而不只是一阶近似的积分。在$\dfrac{R_2}{R_1}\to 0$时有$\dfrac{T_B}{T_A}\to 1$。亦即，两种解殊途同归。小球在两种情况下的行为见下图。

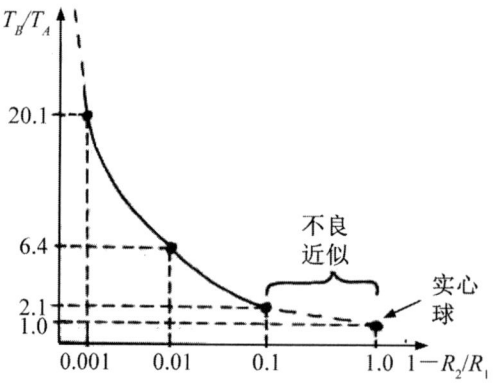

# 第 11 章
# 光学

本章我们讨论基于简单的反射和折射原理的问题。所涉及的概念在难度上不会超出 GCSE 水平，但问题却并不普通，具有一定的挑战性。有一些是知名问题，其他的是我自己构造的问题。

• 反射定律。入射光线与垂直方向的夹角等于出射光线与垂直方向的夹角。

• 司聂尔折射定律。射向具有不同折射率的两种介质的接触面的光线遵守司聂尔定律：$n_1 \sin \theta_1 = n_2 \sin \theta_2$，其中 $\theta_1$ 和 $\theta_2$ 分别为入射光线和折射光线与垂直方向的夹角。

## 11.1 球中斑点 ★

我只听过"斑点"（mote）这个词用在两个地方。第一个是圣经[①]，讲的是一个人眼中有斑点。第二个是在牛津入学物理面试上，当时面试官问了我后面所讨论的这个光学题。幸运的是，上学期间学习一定的圣经知识是不可避免的。不过此前我并没有见过任何不寻常的光学题——但我想这正是关键所在。问题如下：

---

① 原文注：出现于"山上的西蒙"一节，这是一则教导世人不要虚伪和自以为是的片段。mote 一词源于希腊语，意为"很小的干东西"。现在英语中用 speck 一词更为普遍。

完美玻璃球的正中心有一粒斑点。请问你能看到这粒斑点吗？如能，从哪里才能看到？

## 解答

当然，我们想画出光路图来说明该问题。司聂尔定律告诉我们，折射遵循定律 $n_1 \sin \theta_1 = n_2 \sin \theta_2$。由于斑点位于球的正中心，所有发出的光线与玻璃—空气接触面的夹角都是90°。所以光线通过接触面时并不会发生折射，而斑点看起来就是在玻璃球的中心。在光路图中我们用一个聚光透镜来表示眼睛，表明斑点的像投射于视网膜上一点。

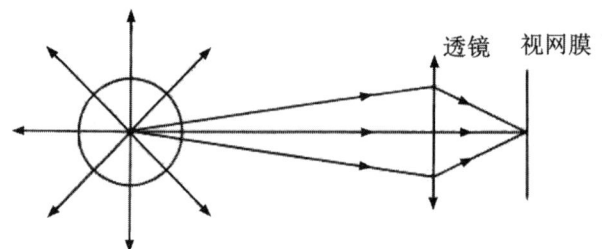

## 11.2 缩小光圈★★★

我大约15年前首次听说该问题，不过我觉得这道题流传的时间要久得多。我的博士导师也很喜欢物理智力题，这道题是他的最爱之一。我曾经觉得这道题对高中生来说太难了，但最近让几位高中生试做了之后我发现，只要有足够的线索，高中生也可以有很不错的表现，大多数人都能在一点点帮助下完成该题目。我也让一些博士生试做了该题，他们的表现并不比中学生好。我想这是因为他们忘了大部分高中物理知识：他们都成了工程师。提问他人这个问题很有意思，做个试验效果更好。在从基本原理出发推导方程之前，我会先让同学们讲一下他们对这道题的理解。他们很喜欢这样，发现自己能为有趣的光学展示推导出方程后都获得了满足感。你在做这道题时，也请注意最好与能给你提示的人一起做个试验。

给你一根细长光亮的金属管（比如用于城市供水的 1 m 长的铜管），通过这根管子看一个漫光源（比如照得很亮的墙）。你看到的是一系列光圈。中心处是一个亮光圈，它就是从管子里看到的漫光源。它外边是一个没那么亮的光圈。再往外又是一个更暗了的光圈，如此等等。光圈依次变暗，直至看到没有光亮的金属管。光圈依次变大的幅度近似相等。求第 $n$ 个光圈相对于眼睛的对角。

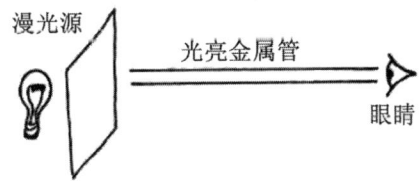

## 解答

解题之前先画出管子的示意图会有助于你理解这道题，管子的中心用虚线表示，为将来可能画光路图做好准备。首先分析从漫光源发出直接入射眼睛里的光线，之后再考虑一阶反射、二阶反射，如此等等。

首先画出相对于（位于管子中心线上的）眼睛对角最大的光线。我们看到，如果设管子的直径为 $D$，长度为 $L$，则不经反射直接射入眼睛的光线的最大对角由 $\tan\theta_1 = \dfrac{\dfrac{D}{2}}{L}$ 得到。对于长管来说，可以取**小角近似**，于是有 $\theta_1 \approx \dfrac{D}{2L}$。

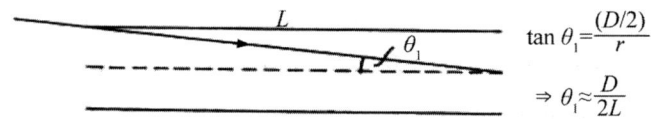

现在来考虑第一反射光。唯一需要的是我们要知道反射定律，即入射光线和反射光线与管壁的夹角相同。可以看出，相对于眼睛达到最大对角且反射了一次的光线将管子分成了三等份。于是有 $\tan \theta_2 = \dfrac{\dfrac{D}{2}}{\dfrac{L}{3}}$，亦即 $\theta_2 = \dfrac{3D}{2L}$。

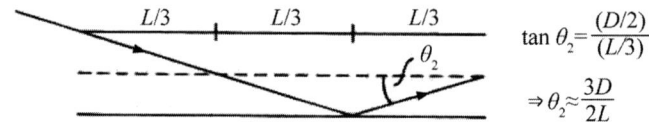

再来考虑第二反射光。相对于眼睛达到最大对角且反射了两次的光线将管子分成了五等份。于是有 $\tan \theta_3 = \dfrac{\dfrac{D}{2}}{\dfrac{L}{5}}$，亦即 $\theta_3 = \dfrac{5D}{2L}$。

很快我们就发现了第 $n$ 个光圈相对于眼睛的对角的通用公式：

$$\tan \theta_n = \frac{\dfrac{D}{2}}{\dfrac{L}{2n-1}}$$

取小角近似有：$\theta_n \approx \dfrac{(2n-1)D}{2L}$。

这个问题相当令人满意，而且与实际情况符合得很好。如果还没体验过，你可以找个一米左右的长管（必要的话可以找一下五金店）试一下。这道题确实不错。

## 11.3 飘浮的猪★★★

如果你读了本书的引言，就知道我是在大学入学物理面试时被问了这道题。这里很难重现面试官问这道题时的方式，因为这道题是作为桌面实验提出的。面试官让我解释该桌面实验产生的奇怪光学效应的机制。这确实是该问题最合理的提问方式。时至今日我仍清晰地记得这次桌面展示实验。面试官从抽屉里拿出两只碗，用手帕擦净，然后得意洋洋地——也带有点花样动作——放在我前面的桌子上。它们有麦片碗那么大，内表面是完美的镜面。上面那只碗碗底上有个直径大约 5 厘米的洞，且是朝下扣在下面那只碗上，形成一个可以从洞里往里看的镜面腔。不过，此前面试官先把一个明亮的粉色塑料小猪——大约有我小手指的最后一指节那么大——放在了下面那只碗碗底的中心。盖上上面那只碗后，一只小猪出现了，飘浮在洞口上面。非常逼真，而且还是三维的。感觉伸出手就能摸到一样。

从斜上方看时，如下图所示的光学布置会给放置在下镜面上的小物体产生一个飘浮的像。请解释其原理。

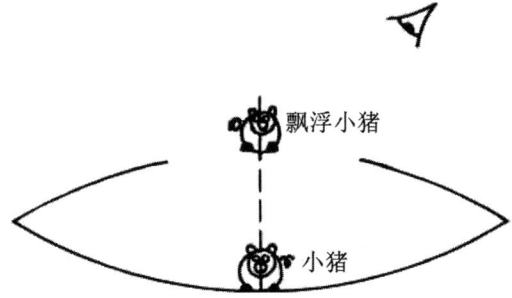

飘浮小猪

小猪

**解答**

为了回答这道题，我们需要先了解抛物线镜面的功能。抛物线镜面把平行光会聚于一点，这一点被称为**焦点**。抛物线镜面具有**抛物线**

的形式（比如弹性金属板弯曲而成的水槽），或者**抛物面**的形式（碗状或碟状）。镜面可以是这种抛物面上的任何部分，但通常包含顶点（碗的最低点），这样才相对于对称轴具有对称性。抛物面镜面可用作卫星接收天线或太阳能收集器。有时候也会反着利用其功能，以产生平行光，比如汽车车灯，其光源就放在焦点附近。

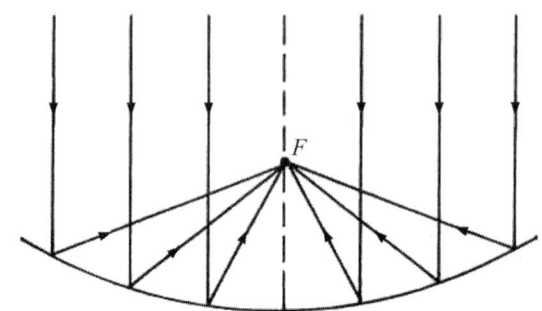

考虑两个抛物线镜面 $M_1$ 和 $M_2$，二者的焦点分别为 $F_1$ 和 $F_2$。我们假定最大间距（两顶点之间的距离）等于焦点间距的两个抛物线镜面为正确的光学系统。我们会画出光路图来验证这一点。图中上镜面的焦点 $F_1$ 位于下镜面的顶点，反之亦然。下图中我并没有画出上镜面的洞口，以便大家能够更清晰地看出系统的对称性。

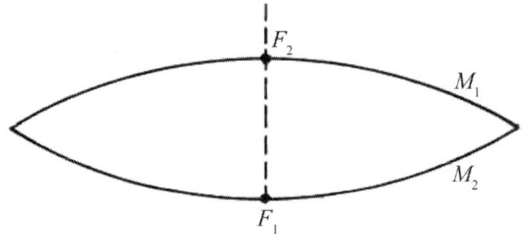

考虑位于上镜面 $M_1$ 的焦点 $F_1$ 处的一点 $A$。由点 $A$ 发出的光经上镜面 $M_1$ 反射后变成了平行光。而下镜面则相反，它将平行光重新聚焦在下镜面 $M_2$ 的焦点 $F_2$ 处，形成一个像 $A'$。$A'$ 是 $A$ 的**实像**。[1]

---

① 原文注：实像为一物体发出的光线在某处会聚所形成的像。电影屏幕或相机的感光板就是很好的例子。相反，虚像（比如照镜子时看到的像）就是看起来光线从某一点发散出来。由于光线并没有会聚到表观发散点（可能也无法穿过该点），虚像不能直接投影在表观位置处的屏幕上。不过，用眼睛可以看到虚像，用相机也能捕捉到虚像，它们具有确定的大小和位置。

亦即，$A'$ 给人的感觉就好像光线从这里发出来一样。

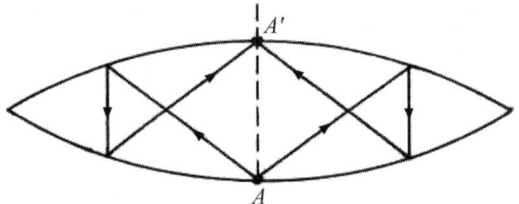

考虑镜面轴线上的一点 $B$，但比 $F_1$ 距离上镜面更近。点 $B$ 处发出的光经上镜面反射后稍稍有点发散。这些稍稍发散的光线经下镜面反射后聚焦为实像 $B'$。$B'$ 比焦点 $F_2$ 距离下镜面更远。亦即，$B'$ 看起来就像**飘浮**在镜子系统之外。光线看似从 $B'$ 发出，但只是从看起来洞口位于 $B'$ 之后的视角看上去才这样。这里我们可以回忆一下，**看起来以一定角度从 $B'$ 发出**的光线，首先要以相同的角度穿过洞口。

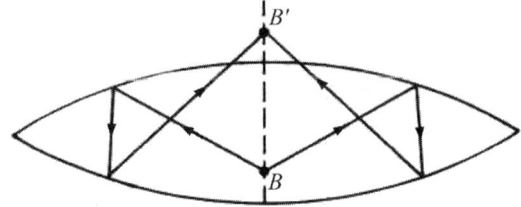

最后，考虑下镜面上不在镜子系统中轴线上的一点 $C$。$C$ 到上镜面的距离近似等于焦距，但它并不在焦点上。我们看到，从 $C$ 发出的光线经上镜面反射后形成了近似平行光，但与轴线存在一定夹角。这些平行光再经下表面反射后聚焦于点 $C'$。$C'$ 位于上镜面之上，刚过上镜面（因此也处在镜子系统之外），且偏离对称轴的方向与 $C$ 相反。$C'$ 也是 $C$ 的实像。系统相对于镜子的对称轴具有旋转对称性，从而可知，$C'$ 的位置为 $C$ 相对于对称轴旋转了角度 $\pi$。

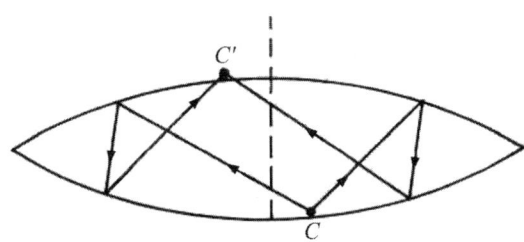

再次考虑 $A$、$B$ 和 $C$ 形成了实像 $A'$、$B'$ 和 $C'$，进一步可知，如果我们将一个实物放在下镜面的中心处（因此距离上镜面的焦点也很近），则它将会在镜子系统之外形成一个**三维实像**，就在上镜面之上。实物上距离焦点较远的点在实像中的扭曲度也较大。实像相对于对称轴旋转了角度。在二维草图中很难呈现三维旋转。对于二维镜子系统和二维物体来说，其效果相当于相对于竖直轴进行反射，距离上镜面的焦点越远则像的扭曲度越大。整体的效果如下图所示。关于这一镜子系统的成像有一批精彩的文章很值得一读。①

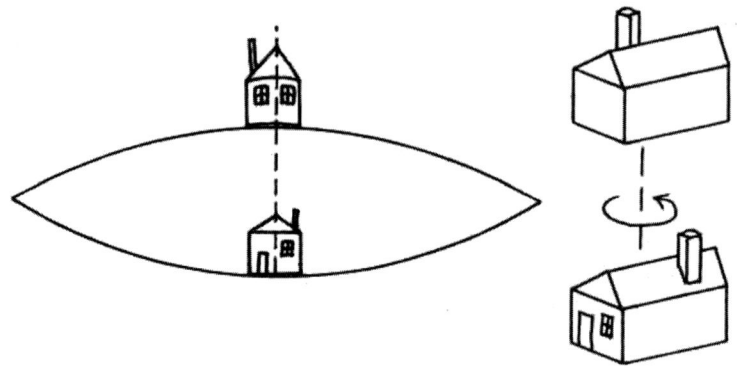

传说是加州大学的桑塔·芭芭拉（Santa Barbara）在清洁搜救灯反射器的时候首先注意到了这一现象，他发现自己试图擦拭的是一粒灰尘的像而不是灰尘自身。据说他与物理系的某人一起开发出了商业产品。这已经是 1970 年的事了，直到此时引用了这一神奇光学现象的第一份专利才得以核准。②

过去的几百年里人们发明了多种光学机构以产生各种物体的实像；亦即，在没有屏幕、毛玻璃或类似的投影装置的情况下，直接产生像。这些光学机构是中空镜子的各种组合，

---

① 原文注：Lingguo, B., 2010, "Modeling the Mirascope using dynamic technology", Loci, November 2010, DOI: 10.4169/loci003595.

② 原文注：Elings, V. B., Landry, C. J., 1970, "Optical display device", US Patent Number US3647284 A.

有时还是镜面与透镜的组合……我们发现，如果采用一个中空的镜子，可以与另一副镜子一起，透过前一面镜子的洞口生成放置在两镜子之间的物体的实像。实像可能处在洞口中，也可能处在洞口之下或之上。

到底多少发现是不经意间做出的？这个问题很有趣。现在你可以买这种产生像的装置用作玩具或者进行科学展示。博物馆、玩具店以及很多网店都有。有不少制造商生产了各种尺寸的类似产品，价格不一，有些确实很便宜也很好玩。不过，发明者心里想的看起来却完全不一样：

这种装置非常适合展示珠宝之类的贵重物品，因为被展示的对象可以放在玻璃下面，让贪心的顾客触摸不到。像把物品以三维的形式展示出来，顶部、底部、侧面均可看到。

## 11.4 火星人和穴居人★或★★★★

乍德和乌戈站在地球上的希望湖边，试图打几条鱼上来。乌戈是位穴居人，只有一支矛可用来打鱼。乍德是位火星人，只会用眼睛朝目标发射激光。二人看到了一条鱼。看起来这条鱼在水平和竖直方向上到他们的距离都是 $2d$。也就是说，在高于地面 $d$ 的二人的光学器官看来，鱼位于与水平面成 $45°$ 的方向上。取空气的折射率 $n_1 = 1$，而水的折射率为 $n_2 = \dfrac{4}{3}$。

- 难度★：乍德和乌戈应该将他们的武器瞄向鱼的上方、下方，还是应该对准鱼？
- 难度★★★★：忽略折射率随（光的）波长的变化，计算鱼的确切位置。

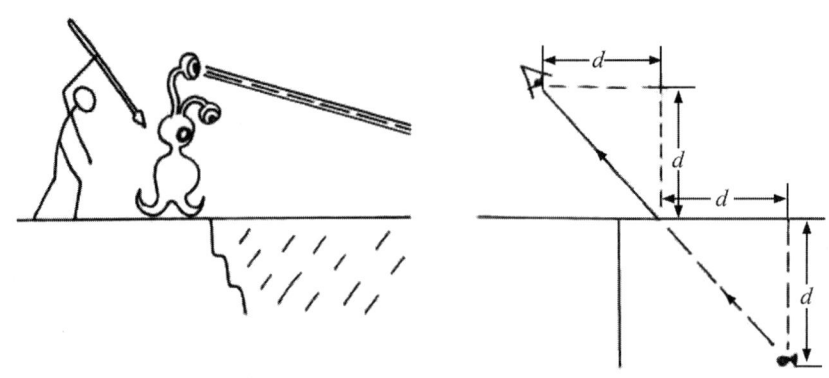

## 难度★问题的定性解答

如果从水下物体 $P$ 发出的光线穿过水面，根据司聂尔定律，该光线会偏离垂直方向。亦即，折射光与接触面垂线之间的夹角 $\theta_1$ 大于入射光与接触面垂线之间的夹角 $\theta_2$。司聂尔定律为 $n_1 \sin \theta_1 = n_2 \sin \theta_2$，其中 $n_1$ 和 $n_2$ 是两种介质的折射率。取空气和水的折射率分别为 $n_1 = 1$ 和 $n_2 = \dfrac{4}{3}$，可见，对于 $\theta_1 = 45°$，有 $\sin \theta_2 = \dfrac{3}{4\sqrt{2}} = \dfrac{3\sqrt{2}}{8}$，亦即 $\theta_2 = 32.0°$。设从 $P$ 点发出的光线与接触面的交点为 $C$，从 $C$ 看上去与竖直方向成 45°夹角的虚像 $P'$ 对应的是与竖直方向成 32.0°夹角的实物 $P$——亦即，实物的深度比看上去更深。

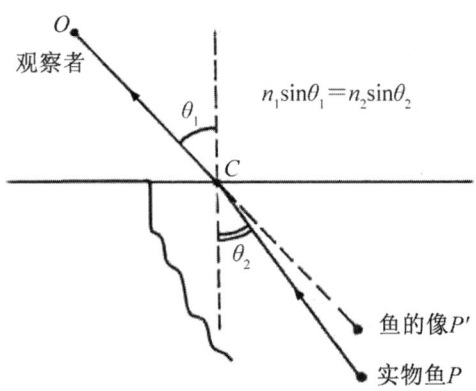

在与虚像到水面的距离相同的观察者 $O$ 看来，实物 $P$ 位于角度

$\theta_2 < \theta_3 < \theta_1$ 上，或者说位于角度 $32.0° < \theta_3 < 45°$ 上。对于粗略估计来说我们可以取 $\theta_1$ 和 $\theta_2$ 的中位数，亦即 $\theta_3 = 38.5°$。在后面的延伸题解答中我们会给出实物 $P$ 所处角度的精确计算。不过，这里重要的结果是，实物 $P$ 总是处在比看起来更深的位置上。

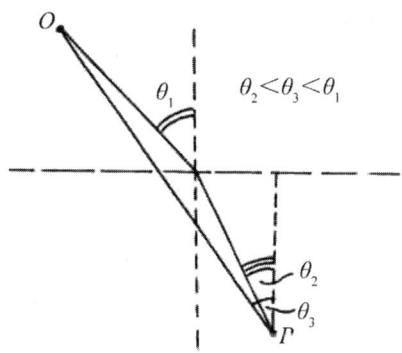

穴居人乌戈应该将手里的矛瞄向比鱼看起来所处的 $P'$ 更深的位置。他应该瞄向所看到的虚像**下方**。对于 $\theta_1 = 45°$，他应该瞄向 $\theta_3 \approx 38.5°$ 的地方。

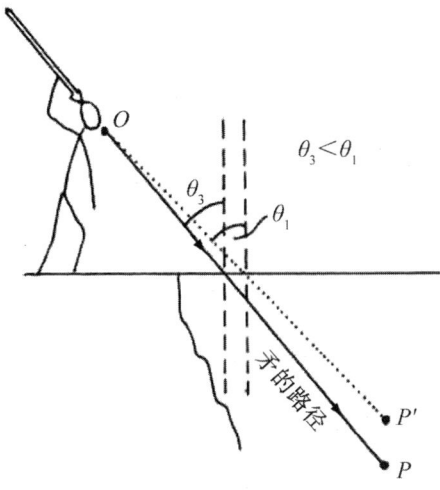

相反，火星人乍德应该将他的激光直接瞄准鱼的虚像 $P'$，这样激

光会在水面发生折射并最终击中鱼。我们不需要知道鱼的确切位置 $P$。激光会沿与鱼发出的光线相反的路径传播。乍德需要精准[①]瞄准在 $\theta_1 = 45°$ 方向上。

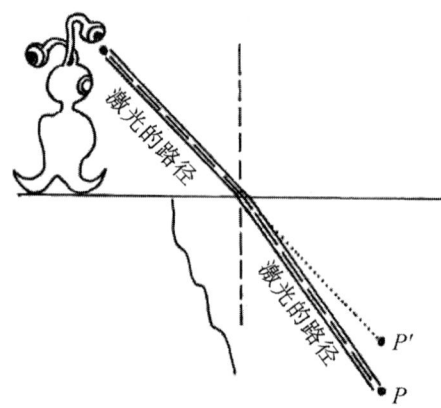

难度★★★★问题的精确解答

现在我们想确定鱼的确切位置 $P$。在前面的图中，我们将真实物体 $P$ 画在了虚像 $P'$ 的正下方。不过，这只是一种假设。从前面的分析中我们所知道的只是 $P$ 位于从出发与竖直方向成角度 $\theta_3$ 的那条线上。事实上，$P$ 位于 $P'$ 正下方是对的。在计算 $P$ 的确切位置之前，我们先来证明这一点。

由系统的对称性可知，$P$ 必然位于由右眼 $E_R$、线段 $E_R P'$ 和 $C_R P$ 决定的平面 $\pi_R$ 上，其中 $C_R$ 为从 $P$ 发出的光线与水面的交点。所以，$\pi_R$ 是竖直的。同理，我们也可以构建出对应于进入左眼的光线的平面 $\pi_L$。$P$ 必然位于平面 $\pi_R$ 和 $\pi_L$ 上，所以必然位于穿过 $P'$ 的竖直线上。

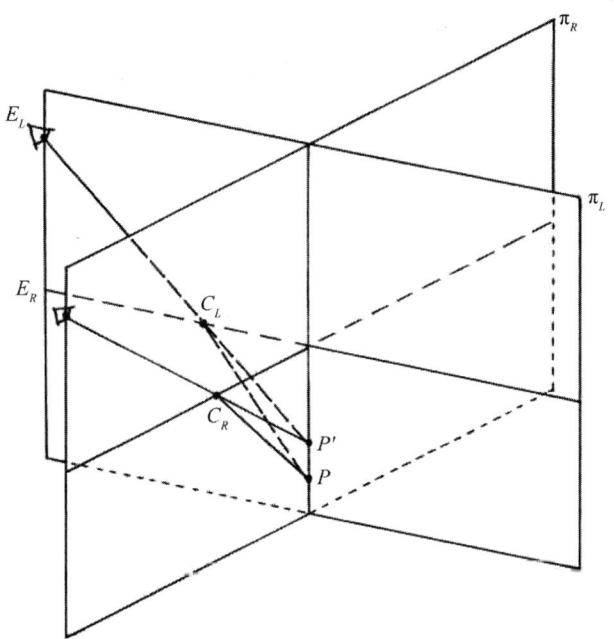

考虑 $P$ 和 $P'$ 在同一竖直线上的几何特征，设二者的深度分别为 $h$ 和 $d$。我们有：

$$\tan\theta_3 = \frac{2d}{d+h} = \frac{2d}{d+d\cot\theta_2} = \frac{2}{1+\cot\theta_2}$$

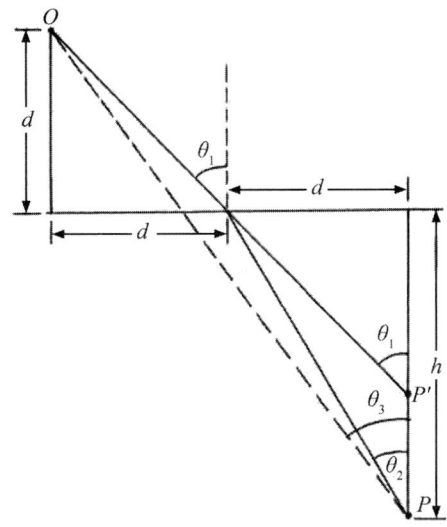

由司聂尔定律我们有：

$$\sin \theta_2 = \frac{n_1}{n_2} \sin \theta_1 = \frac{3\sqrt{2}}{8}$$

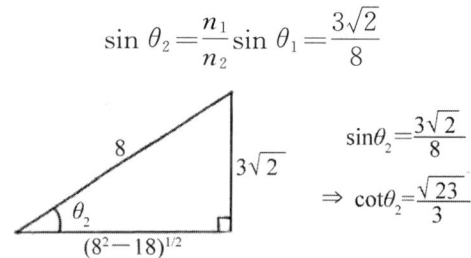

$$\sin\theta_2 = \frac{3\sqrt{2}}{8}$$
$$\Rightarrow \cot\theta_2 = \frac{\sqrt{23}}{3}$$

从一个角为 $\theta_2$ 的直角三角形的几何关系可以看出 $\cot \theta_2 = \frac{\sqrt{23}}{3}$。

所以有：$\tan \theta_3 = \dfrac{2}{1+\cot \theta_2} = \dfrac{2}{1+\dfrac{\sqrt{23}}{3}} = \dfrac{3\sqrt{23}-9}{7}$。

从而可得 $\theta_3 \approx 37.6°$，与前面的线性近似 $\theta_3 \approx 38.5°$ 相当接近。由此我们可以计算出鱼的确切位置，即水平方向上确实在 $2d$ 处，而竖直方向约在 $2.3 d$ 处（亦即在希望湖水深 $1.3 d$ 处）。尽管乍德用他的激光武器击中鱼没有问题，但乌戈还需要更精确的计算才能一击命中。

## 11.5 怪鱼★★★或★★★★

"湖里有条怪鱼，"筋斗先生说。这鱼他之前没有见过，所以无法确定它的大小。他爬上跳水板想近距离观察它，而且也能从正上方观察它。他看到鱼位于正下方一英寻处[①]，而他自己正好高过湖面半英寻。取空气的折射系数 $n_1 = 1$，水的折射系数 $n_2 = \dfrac{4}{3}$。

• 难度★★★：计算鱼的大致位置。

• 难度★★★★：考虑两眼间距 $2s = 10$ 厘米（亦即，$s$ 为两眼间距的一半），计算鱼的精确位置。

---

① 原文注：英寻是一种根据人的臂展制定的长度单位，也是一种航海术语，主要用于标度水深。最终确定下来的一英寻等于 6 英尺，或者说 1.83 m。

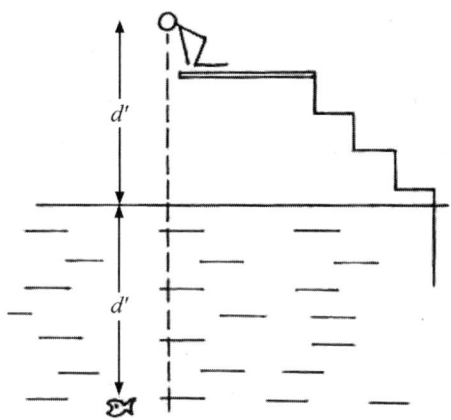

### 难度★★★问题的近似解答

显而易见的对称性告诉我们，如果筋斗先生看到鱼位于与自己构成的竖直线上，那么鱼实际上一定也位于这条线上。我们可以运用司聂尔定律（$n_1 \sin \theta_1 = n_2 \sin \theta_2$）证明这一点。对于到达水面且与竖直线间的夹角 $\theta_2 = 0°$ 的光线来说，只有 $\theta_1 = 0°$ 才能满足司聂尔定律。也就是说，与接触面垂直的光线不会发生折射。如果我们看到鱼在我们的正下方，那么它确实就在我们的正下方。不过，这并没有告诉我们鱼位于垂线上的**哪个位置**。现在我们来考虑这一点。

考虑从我们感兴趣的点 $P$ 发出的光线，它以角度 $\theta_2$ 入射水面，之后折射为更大的角度 $\theta_1$（$\theta_1 > \theta_2$）。呈扇面的二维光束，或呈锥形的三维光束，穿过接触面之后会散开。如果我们考虑的是小发散角的光束，那么其中的光线看起来就像从一点 $P'$ 发出来一样，鱼的**虚像**就在这里。

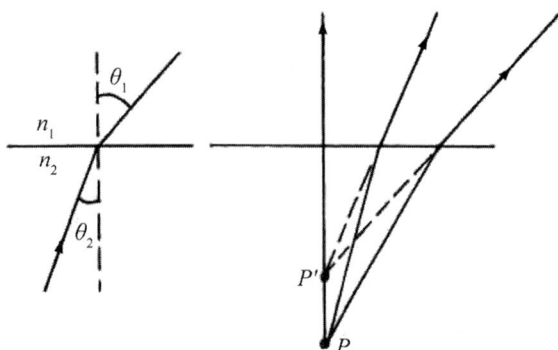

　　如果观测者并非位于水下物体的正上方，而是以大角度 $\theta_1$ 透过水面观察该物体，很难从物体的表观位置计算出其实际位置。[①] 而如果观测者位于水下物体的正上方，且两眼间距远小于眼睛到水面的距离，则该问题就变成了小角度 $\theta_1$ 问题了。对于小角度来说，可以取近似 $\sin\theta \approx \theta$，于是司聂尔定律简化为：

$$\theta_1 \approx \frac{n_2}{n_1}\theta_2$$

　　取空气的折射系数 $n_1 = 1$，水的折射系数 $n_2 = \dfrac{4}{3}$，则有 $\theta_1 \approx \dfrac{4}{3}\theta_2$。

考虑实际上从深度 $d$ 处一点 $P$ 发出且看起来从虚像 $P'$ 发出的光线。对于小角度来说，可以证明 $P'$ 的表观深度 $d'$ 由下式给出：

$$d' \approx d\,\frac{\theta_2}{\theta_1}$$

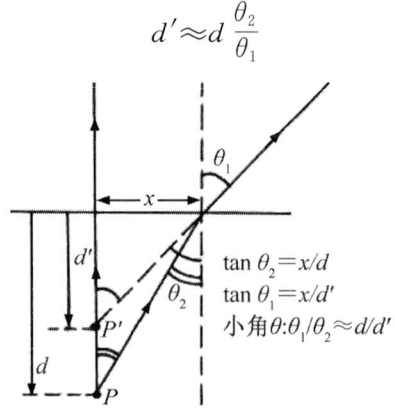

$\tan\theta_2 = x/d$
$\tan\theta_1 = x/d'$
小角 $\theta$：$\theta_1/\theta_2 \approx d/d'$

---

① 　原文注：如果感兴趣你可以试一下！

代入简化后的司聂尔定律，我们有：

$$d' \approx d\,\frac{n_1}{n_2}$$

对于从水下穿过水面射向空气的光线来说，有 $d' \approx \frac{3}{4}d$。鱼的虚像 $P'$ 的深度，是真实的鱼 $P$ 所处深度的 $\frac{3}{4}$。如果筋斗先生看到鱼位于水下 $d' = \frac{1}{2}$ 英寻处，那么鱼的实际深度为 $d = \frac{2}{3}$ 英寻（或者说 $d = 122$ 厘米①）。鱼比筋斗先生看到的更深一些。在小角度近似成立的情况下，这一结果与筋斗先生距离水面的高度无关，而且也与其两眼间距无关。在小角度近似不成立的情况下我们也可以求解该题，但如前面所说，要复杂很多。

1970 年发表的一篇文章《水下竖直平面上的尺寸与距离判断》讨论了这一问题：②

> 水下环境会从多个方面对潜水者的距离判断产生影响。其中一个最著名的效应是因光在水和空气中的折射系数不同而导致的光学畸变。潜水者通过面罩里的空气来看水里的物体，看到距离是实际距离的 $\frac{3}{4}$。

这与我们刚做的计算相符。不过，就我们的知觉来说这有点负责。作者继续道：

> ……潜水者无需对物体的光学距离的感知，因为影响距离感知的因素很多。其中最重要的一点是对比度的降低，这

———————————

① 原文注：1 英寻＝6 英尺。1 英尺＝12 英寸。

② 原文注：Ross, H. E., King, S. R., Snowden, H., 1970, "Size and distance judgements in the verticalplane under water", Psychologische Forschung (Psychological Research), 33, pp. 155—164.

会导致在水下或在雾中会觉得距离更长。低对比度不仅仅会导致误认为距离增长——还会导致立体感和线性透视能力的缺失或衰减。

和大多数与视觉系统相关的东西一样，深度感和三维感也很复杂。这些感觉都是通过众多视觉线索形成的，包括：眼动线索（通过眼睛内部肌肉的张力来感知位置和焦点的能力）、单眼线索（物体的相对尺寸、大气透视、阴影、遮挡和运动所致线索）和双眼线索（双眼相差，或者说因两眼有间距导致同一物体在两只眼睛中成像不同的效应）。

不久前我受邀前往在德文郡一偏远地方举办的奇怪聚会。为期两天的这个聚会的主要目的是解决（具有各种变体的）数学智力题和玩数学游戏。主办方邀请了一些著名的数学家、魔术师和谜题制作者，其中一些人还从遥远的他国特地飞过来参加会议。为英国提供最大规模的魔术道具、科学玩具和奇异物件且在伦敦很有名的一个人做了一篇惊人的演讲，内容是查尔斯·威斯通（Charles Wheatstone）离奇的一生及其所做的工作。威斯通（1802—1875）最著名之处可能是解释了现在所谓的威斯通桥的重要性。[①] 不过，他做过的科学实验却不局限于这一点，而是涵盖了众多领域，包括立体视觉，或者说**立体影像**。为此威斯通发明了**立体镜**，即可以将左右眼看到的（手绘在卡片上的）同一图像的像分别映射到左眼和右眼的镜子组合。这样威斯通就证明了双眼**融合**两个平面画的像并感知二者垂向间距的能力。这是理解视觉之路上的一座里程碑。威斯通 1838 年的文章《对视觉哲学的贡献》收录了他的很多成就。[②] 那是一个大发现的时代，而且这篇文章很值得一读。

①　原文注：一种电路，可以通过平衡电路桥和已知电阻来确定一个未知电阻的大小。1833 年该桥的发明被归功于塞缪尔·亨特·克里斯蒂（Samuel Hunter Christie），不过 1843 年威斯通作为其发明者为大众所熟知。

②　原文注：Wheatstone, C., 1838, "Contributions to the physiology of vision. Part the first. On some remarkable, and hitherto unobserved, phenomena of binocular vision", Philosophical Transactions of the Royal Society, London, January 1, 1838, doi: 10.1098/rstl.1838.0019.

他开篇如此写道：

> 从远距离处看一物体时，两眼的视轴自然就是平行的，且物体在两眼中的透视投影也相仿，看上去它的外观与由一只眼睛观察时相同。也就是说，这种情况下物体的视觉外观与其在平面上的透视投影没有区别；因此，远处物体的画作，在仔细去除了可能会对物体的幻象产生干扰的周边环境后，可以完美地呈现物体实物，用来代替实物；西洋景就是实例。但物体距离眼睛很近，视轴需要聚敛的话，这种相似就不复存在了；此时两只眼睛看到的是不同的透视投影，且视轴聚敛程度越高，透视投影的区别越大。这一点很容易验证：将任何三维图像，比如立方体轮廓线，放置于眼前适中的位置，保持脑袋不动，轮流用两眼来观察。

威斯通还发明了**幻视镜**。这是另一种镜子组合，可以将左右眼看到的像分别映射给对方（用五金店买得到的东西就可以很容易实现）。如果你通过这一装置看平面的图像，看到的是**空白**。而对人面部起伏的感知，则是反的，就好像从面具里面看面具一样。就这一问题吉尔·沃克(Jearl Walker)写了一篇有趣的文章：[1]

> 树后面的树枝看起来比前面的树枝更近。这种画面很怪异，因为我能看出前面的树枝部分挡住了后面的树枝。看在脑海中很容易将其反转的物品时会发现，其纵向深度也是反转的。比如，底朝外挂在厨房墙上的一口锅，看起来就是向内鼓而不是向外鼓的。

沃克还描述了使用**超视镜**（hyperscope）的情形。这一装置可以起

---

① 原文注：Walker, J., 1986, "The hyperscope and the pseudoscope aid experiments on three-dimensionalvision", Scientific American, Vol. 255, No. 3, pp. 134—138.

到增加双眼间距的效果，使得所观察物品的三维特征更为明显：

> 超视镜也能改变近处物体的表观高度和宽度……透过超视镜你会发现物体变小了，因为透过超视镜看物体所需要的聚敛角变大了。很多熟悉的物品看起来都变奇怪了。比如，人脸看起来更瘦，且鼻子更突出。

我还体验过**单视镜**（monoscope）——超视镜的一种变体，可以起到将双眼聚集到一起的效果。尽管所看到的图像的比例不变，纵向深度感知却消失了，就像是在看照片。一切都是平的。想想我们对世界的感知如此依赖于双眼的间距，还是挺有趣的。

### 难度★★★★问题的精确解答

双眼的间距为 $2s$。在筋斗先生看来，鱼位于水下 $d'$ 深处的点 $P'$ 处。筋斗先生高于水面 $d'$。由该问题的几何结构可知：

$$\tan \theta_2 = \frac{\frac{s}{2}}{D}$$

其中 $D$ 为鱼 $P$ 的深度。重组上式可得深度的表达式：

$$D = \frac{s}{2} \cot \theta_2$$

现在我们考虑系统的几何结构，求 $\cot \theta_2$。

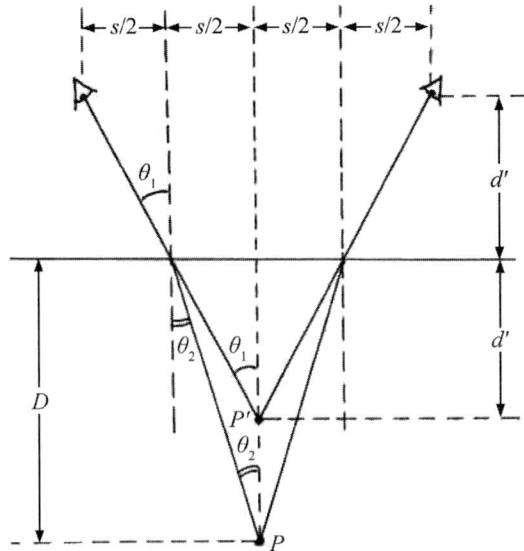

考虑一个角为 $\theta_1$ 的直角三角形，可见：

$$\sin \theta_1 = \frac{s}{\sqrt{(2d')^2 + s^2}}$$

利用这一结果，以及司聂尔定律（$n_1 \sin \theta_1 = n_2 \sin \theta_2$），其中 $n_1 = 1$，$n_2 = \frac{4}{3}$，可得：

$$\sin \theta_2 = \frac{3}{4} \sin \theta_1 = \frac{3s}{4\sqrt{(2d')^2 + s^2}}$$

利用这一结果，并考虑一个角为 $\theta_2$ 的直角三角形，可得：

$$\tan \theta_2 = \frac{3s}{k}，其中\ k = \left[(8d')^2 + 7s^2\right]^{\frac{1}{2}}$$

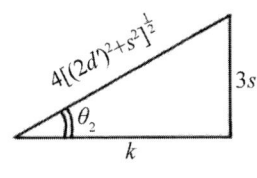

323

再考虑到 $D = \dfrac{s}{2} \cot \theta_2$，我们有：

$$D = \frac{s}{2} \cdot \frac{k}{3s} = \frac{k}{6} = \frac{\left[(8d')^2 + 7s^2\right]^{\frac{1}{2}}}{6}$$

这就是问题的精确解。现在我们可以计算出具体数值。取 $2s = 4$ 英寸，$d' = 36$ 英寸，有：

$$D = \frac{\left[(288)^2 + 7 \times (2)^2\right]^{\frac{1}{2}}}{6} = 48.0081 \text{ 英寸} \approx 122 \text{ 厘米}$$

可见我们原来的近似解 122 厘米已经非常好了。如果考虑前一节中的火星朋友乍德，并取其双眼间距英寸，即 $s = 18$ 英寸，则有：

$$D = \frac{\left[(288)^2 + 7 \times (18)^2\right]^{\frac{1}{2}}}{6} = 124 \text{ 厘米}$$

令人惊奇的是，尽管乍德双眼间距很大，等于他高出水面的距离（$2s = d'$），结果仍非常接近于 122 厘米。

# 第 12 章

## 热学

在这短短的一章中，我们将考查固体热膨胀所涉及的概念性问题，以及与时间相关或瞬态的热传导问题。为此你只需要具备一些基本的直觉性知识：热是什么，它是怎么储存的，在宏观上又是如何影响固体的。你应该也知道，热量沿温度梯度由热区向冷区传递，传递的速度正比于温度差和面积。不过，在讨论问题之前，我们应该更正式地列出一些最常用的概念。

• 热容。单位质量的热容，或者说**比热容** $c_p$，是对一种物质储存热量能力的度量。所以，将质量为 $m$ 的物质加热温度 $\Delta T$ 所需的热量为 $Q = mc_p\Delta T$。

• 傅里叶热传导定律。热量流向一物体的速度 $\dfrac{\mathrm{d}Q}{\mathrm{d}t}$，正比于接触面面积 $A$、温度梯度 $\dfrac{\Delta T}{\Delta x}$ 和热传导系数 $k$，即：

$$\frac{\mathrm{d}Q}{\mathrm{d}t} = kA\,\frac{\Delta T}{\Delta x}$$

• 牛顿对流冷却/加热定律。一物体损失或获取热量的速度，正比于物体的表面积 $A$、物体与周围环境之间的温度差 $T_1 - T_2$ 和热传导系数 $h$。对于特定的物理情形，热传导系数是一个比例常数。记作：

$$\frac{\mathrm{d}Q}{\mathrm{d}t} = hA(T_1 - T_2)$$

一般情况下，$T_1$ 和 $T_2$ 都是时间的函数。

• 斯忒藩—玻耳兹曼定律。温度为 $T_1$ 的物体与温度为 $T_2$ 的环境之间的热辐射为：

$$\frac{\mathrm{d}Q}{\mathrm{d}t} = \varepsilon \sigma A \left(T_1^4 - T_2^4\right)$$

其中 $A$ 为物体的表面积，$\varepsilon$ 为物体的**辐射系数**，而 $\sigma$ 为斯忒藩—玻耳兹曼常数。

• 热膨胀系数。长度的热膨胀与线性热膨胀系数 $\alpha_L$ 之间的关系为：

$$\alpha_L = \frac{1}{L} \frac{\mathrm{d}L}{\mathrm{d}T}$$

其中，$T$ 为温度，$L$ 为**特征长度**。

## 12.1 受热板★

这是我大学入学面试时被问到的另一道题。这个问题很简洁，可讨论的范围也有限。它的提问也很直接：

一块钢板上开有一个孔。加热钢板时，孔是变大，还是变小，还是保持不变？

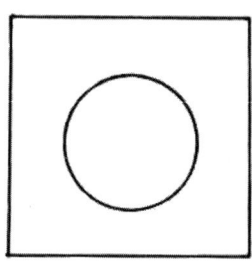

### 解答

对于**各向同性**的物品来说，受热时每个长度尺寸均等比例增大，所以整个板，包括板上的孔，都会变大。受热膨胀后的物体看起来就像未受热物体的放大版。

对于这个定性问题，或许我们做出上述回答就足够了。下面我们就某一温度差给出钢板的变化量。

## 进一步讨论

几乎所有的物质受热都会膨胀。原因在于原子的平均动能增加了，结果彼此的平均间距就变大了。物质受热后的膨胀量由线性热膨胀系数 $\alpha_L$ 来表示，其定义如下：

$$\alpha_L = \frac{1}{L} \frac{\mathrm{d}L}{\mathrm{d}T}$$

其中 $L$ 为长度，$T$ 为温度。这里 $\alpha_L$ 简单给出了长度随温度的**变化比例**。常见物质的 $\alpha_L$ 值由实验测定。

物质从根本上分为各个方向上的 $\alpha_L$ 均相同的各向同性物质（大多数物质）和在不同方向上的具有不同 $\alpha_L$ 值的各向异性物质（比如一些晶体和复合材料）。

加热后，各向同性物质会在各个方向上膨胀相同的量。如果我们给这种物质画上棋盘一样的格子，则加热后这些格子看上去就像放大版的自己。比例因子，或者说受热后的长度 $L'$ 与受热前的长度 $L$ 之比由下式给出：

$$\frac{L'}{L} = \frac{L + \Delta L}{L} = 1 + \alpha_L \Delta T$$

所以板上的所有特征，包括所有的孔，其线性尺寸均以相同的速度增大。孔变大。

当组件需要**过盈配合**①装配时，通常会通过加热或冷却以便装配。我记得在斯旺西船坞待了三天，等待一大群工程师重新调试 Tawe Lock 号。我们准备出航，但船闸闸门卸下来去维修了，我们的船困在船坞出不来。闸门是一项给人留下深刻印象的工程。它需要能够挡住高达 10 米的潮汐，这是全球最大的潮汐之一。如你所想，闸门非常坚固。它由一对具有内部结构的四分之一圆柱体构成，可绕竖直轴在船闸内转动。定位销直径约 20 cm，长度约 50 cm，由脱氧钢制成，每一根重约 150 kg。因为没有别的事可做，我便自命首席工程师，一天两次前去查看正在进行的工作。风太大，起重机无法作业，所以真正的首席工程师有充足的时间讨论作业方案。我问他们准备怎样把定位销放好。他解释说定位销和定位孔尺寸相同，他们计划用喷灯（稍稍）加热定位孔，用液氮冷却定位销，然后迅速将销插入孔中。我只能猜想，反过来的操作根本不可能。回到船上我们喝了杯咖啡，然后计算他们这样做所能获得的间隙。根据我们的简单计算②，二者在直径上获得的间隙③刚刚超过 0.6 mm，看起来很大。次日他们装上了定位销。这个方法行之有效。

## 12.2 受热立方体★

这是有孔板受热这一经典问题的变种，可用于测试学生是否真的

---

① 原文注：工程术语，指装配的组件在正常状态下会彼此干涉——亦即，存在一点点重叠的区域。为了装配过盈配合组件，需要非常大的力，进行压装或缩套。在缩套的过程中，将母配件（比如需要装入轴的转子）加热以增大体积，将公配件（比如机器的轴）冷却以减小体积。之后将二者装配起来。在正常温度下二者的接触面上可产生很大的摩擦力，可以传递大扭矩。

② 原文注：钢的典型 $\alpha_L$ 值为 $13\times10^{-6}\mathrm{K}^{-1}$，而液氮的沸点为 $-196\ ℃$，我们假设定位销冷却至这一温度。假设定位孔被加热至 50℃，即 $\Delta T=246$ K。所以，直径（$d=200$ mm）的变化量为 $\Delta d=d\alpha_L\Delta T\approx200\times13\times10^{-6}\times246=0.64$ mm。

③ 原文注：受热的定位孔与冷却的定位销之间的直径差。

理解了热膨胀的原理。它与受热板设计的概念相同，只是方式稍异。

　　一个用金属铁做成的薄壁中空立方体和一个同等材质的尺子，均经历特定的温度变化。如果尺子的长度由 $x$ 变为 $x'$，求薄壁立方体的初始体积 $V$ 与最终体积 $V'$ 之间关系的表达式。如果尺子的长度和立方体的边长均为 100 mm，而尺子膨胀了 1 mm，在不用计算器的情况下估算立方体体积的变化量。假设金属铁是各向同性的。

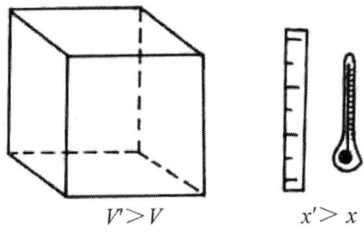

$$V' > V \qquad\qquad x' > x$$

## 解答

　　如果尺子和立方体均由相同的各向同性材料制成，则每个线性维度上的变化比例均为 $x'/x$。如果立方体的初始边长为 $L$，则新边长为 $L' = L(x'/x)$。所以体积的变化率为：

$$\frac{V'}{V} = \left(\frac{L'}{L}\right)^3 = \left(\frac{x'}{x}\right)^3$$

　　如果尺子最初为 100 mm 长，并膨胀了 1 mm（或者说 1%），取小变量近似可知，立方体的体积增大了约 3%。对上述方程进行展开就能看到这一点：

$$\frac{V'}{V} = \left(\frac{x'}{x}\right)^3 = \left(\frac{x + \delta x}{x}\right)^3 = \left(1 + \frac{\delta x}{x}\right)^3$$

　　这是一个三阶**二项式展开**[①]，其通式为：

---

　　① 原文注：二项式定理是展开二项式幂的通用方法。二项式是两个量之和或之差，比如 $(x+y)$ 或 $(x-y)$。二项式定理说的是，$(x+y)^n$ 可以展开为具有形式 $a x^b y^c$ 的项之和，其中 $b$ 和 $c$ 为非负整数，且有 $b+c=n$。系数由和决定，遵循帕斯卡三角，或者说 $a = n! / (b! \cdot c!)$。除了用于二项式展开，帕斯卡三角在组合学中也有应用，用以确定从 $n$ 个元素的集合中选取 $b$ 个元素的可能数。二项式系统的三角表示（确实有助于记住它们）归功于布莱斯·帕斯卡（17 世纪），但是艾萨克·牛顿爵士首次给出了它的通用证明（约 1665 年）。

$$(x+y)^3 = x^3 + 3x^2y + 3xy^2 + y^3$$

忽略 $n \geqslant 2$ 时的项 $(\delta_x)^2$、$(\delta_x)^3$（已经小得可忽略不计），我们有：

$$\frac{V'}{V} \approx 1 + 3\frac{\delta x}{x}$$

由 $\frac{\delta x}{x} = 0.01$ 可得：$\frac{V'}{V} \approx 1.03$。可见，体积的增量几乎为 3%。如果立方体是实心的，我们也会得到完全相同的结果，原因相同。

## 12.3 房间里的冰箱 ★★

我记不起来首次听到这道题是在哪里了，但我提问这道问题——以各种形式——的时间断断续续已有十来年了。有朋友告诉我他在 20 世纪 60 年代出版的一本流行科学书上看到过这道题——所以说这道题已经很老了。Google 上查一下，我发现很多涉及物理智力题的在线文章和博客中都有这道题。不过令人失望的是，我看到的大多数答案都不清晰，甚至还有明显的错误。这是一道有趣的问题，希望你能喜欢。我发现这道题很有用，测试了学生对一些基本原理的理解，也非常适于讨论。我采用的这个形式还能测试学生做出准确估计和画图的能力。我发现在有充分的提示时，大多数高中生都表现不错，很多人还能在第二次或第三次尝试时画出带有解题线索的示意图。

一台普通的室内冰箱放置在一个完全隔热的房间里并开启。简述接下来几个小时里（比如 4 个小时）房间里的温度变化。之后将冰箱门打开并保持打开状态。试述接下来几个小时里（比如 4 个小时）房间里的温度变化。

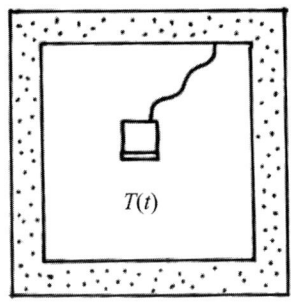

## 解答

从哪里入手呢？这里我们理解的基础是要认识到能量必然是守恒的。我们可以在房间周围设置一个**控制区**[①]，并定义能量只能通过穿越控制区边界的电线进入或离开系统。除此之外系统是孤立的。电子以一定的电势进入系统，并以较低的电势离开系统。电能由冰箱这个负荷**消耗**。[②] 经过一段时间后屋子里的温度必然上升。[③]

房间里的温度上升的速度主要由冰箱消耗的能量来决定。冰箱消耗能量的速度有个最大值，但更多的情况下冰箱的马达并不需要转那么快。还有第二种考虑，即冰箱的**热泵效应**。冰箱所起的作用就是将热量从较冷的地方（冰箱内部）转移到较热的地方（冰箱外部）。用学习热动力学的学生的话说，热量沿温度梯度向上流动，而这需要能量（这就是冰箱消耗的能量）。所以说，我们消耗能量以完成**循环**[④]，但在整

---

① 原文注：控制区是由假想面围成的区域，定义了我们要考查的系统。我们利用这一概念来考查通过控制区边界的质量流、热流和功，从而对热动力学或流体动力学系统进行分析。这种抽象化可以帮助我们将系统简化，以便更清晰地揭示它们的基本特性。

② 原文注："消耗"是指转化成了一种更加无用的能量形式，这里是指热能。在热动力学中，我们将能量转化为更为无用的形式的过程称为是不可逆的。不可逆过程伴随着熵的产生，而熵是能量的效用降低程度的热动力学度量。能量的效用的一种考查方法是看在理想系统中将能量转化为机械能的效率。

③ 原文注：如果这点对你来说并非显而易见也没什么——测试中有 1/3 的学生认为冰箱必然能降低屋子里的温度。

④ 原文注：这里我们指热动力学循环。冰箱存在的目的是吸收热量，并在持续的循环中将热量从低温区泵至高温区。

个过程中，并没有热量生成或消失，只是发生了转移。我们称之为热量被**泵走**。[1]

这个问题有意思的地方是考虑温度随时间的**定性走势图**，这也是我提问这道题的初衷。在后面的解答中，我们还将做出一些估算，这样就能画出定量走势图了。

设房间里的温度为 $T_a = 18\ ℃$。假设冰箱内部维持的温度为 3 ℃。我们可以根据冰箱降温所需要的时间（经验值）来估算冰箱的功率，或者说可以估算一下有多少能量从冰箱后部耗散掉了。最大能量 $P_{max} = 200\ W$ 可能是一个不错的估算结果。在正常情况下（即已经达到冰箱内部 3℃，外部 18℃ 的稳定状态），冰箱可能需要 50% 的时间处于开机状态，50% 的时间处于关闭状态[2]，所以冰箱的平均**稳态**功耗为 $\overline{P}_{SS} = 100\ W$。别忘了具体的数字并不重要，我们只是给个合理的估值。

房间里温度上升的速度是多少？为求该速度我们需要知道房间的热容。假设房间的体积为 $V = 5\ m \times 4\ m \times 3\ m = 60\ m^3$，取空气的密度为 $\rho = 1.2\ kg/m^3$，空气的**比**[3]热容[4]为 $c = 1000\ J \cdot kg^{-1} \cdot K^{-1}$。因此整

---

① 原文注：这一奇怪的术语源于早期的热质说（现已作废），后者认为热量通过一种被称为热质的流体实现转移。该理论似乎是法国化学家安托万·拉瓦锡（于 1783 年）最初提出的，并持续到 19 世纪末。直到近代的 1880 年，它仍出现在一部最成功流行的科学书中——布鲁尔博士（Rev. Dr. Brewer）的《常见事物的科学知识指南》（首版于 1840 年前后，47 年后仅以英文版再版）。在书中布鲁尔博士解释说：

问：从一物体流向另一物体的"热流"叫什么？

答：热质。热质，是热量的物质，从一物流向另一物；但热量只是因热质的流入而带来的一种感觉，热的感觉。

② 原文注：对于普通冰箱来说，该数据非常典型，而且大部分冰箱都只有一种功率设定，在典型的室内环境每 15 分钟开机一次。

③ 原文注：这里"比"指每单位质量。

④ 原文注：这里确实需要做些讨论。如问题所述，暗示了我们考查的是热动力学封闭系统，所以我们更倾向于考虑恒定体积下的热容，而非恒定压力下的热容。不过，很多本科一年级的学生搞不清楚这种情况下应该采用哪种热容，所以本题中过于纠结这个细节只会导致大家分心而不会有什么益处。我觉得任何一种热容都足以说明问题，所以我只是用来指代热容，并没有特指我们采用的是哪种热容。

个房间的**热质量**[①]或者说总**热容**为：

$$C=mc=V\rho c=7.2\times10^4\ \text{J}\cdot\text{K}^{-1}$$

我们也可以将冰箱的热容考虑进来，并考虑"完全绝热"墙是否具有热容。这样做是绝对正确的，但在本题中只会将问题复杂化，所以我们将二者都忽略不计。我们要求的是**概念**正确的数量级。

在**标称**稳态条件下，温度上升的速度为：

$$\frac{\text{d}T}{\text{d}t}\bigg|_{SS}=\frac{\overline{P}_{SS}}{C}=\frac{100}{7.2\times10^4}=\frac{1}{720}\text{K}\cdot\text{s}^{-1}=5.0\ \text{K}\cdot\text{h}^{-1}$$

而在冰箱功率达到最大时，$P_{MP}=200\ \text{W}$ 温度上升的速度为：

$$\frac{\text{d}T}{\text{d}t}\bigg|_{MP}=\frac{\overline{P}_{MP}}{C}=10.0\ \text{K}\cdot\text{h}^{-1}$$

是标称稳态条件下的两倍。

那么，热泵效应呢？冰箱处于开启状态时，通过冰箱后部相对温暖的热交换，有一定量的热量被从冰箱系统[②]抽走，释放到房间里。在刚开机的初始阶段，冰箱会开足马力，尽快获得冰箱内部的低温。此时的功耗为 $P_{MP}=200\ \text{W}$，而光功耗这一因素导致的房间温升速度就是 $10\ \text{K}\cdot\text{h}^{-1}$。如果设冰箱需要工作半个小时才能达到想要的内部低温，则仅仅因功耗导致的室内温升就是 $5\ \text{K}$。可以将热泵效应[③]导致的额外温升估算为 $2\ \text{K}$。那么在起初的半小时时间里，房间里的温度将由 $T_a=18\ ℃$ 升至 $T_b=25\ ℃$。

温度 $T_b$ 并不比初始温度高太多，所以我们可以说在接下来的一个小时里房间里的气温将按标称稳态速度每小时 $5\ \text{K}$ 上升。[④] 这样就

---

①　原文注：这里我希望有的同学在少许的帮助下能够推导出恰当的公式，但我并不指望他们完全熟悉这一概念（尽管我知道每个 A 级课纲中都会讲到它）。

②　原文注：这里我们指的是冰箱内部所有降温区的总热容，包括冰箱内的空气、储存的食品，以及冰箱自身的一些质量。

③　原文注：为了证明这一点，我们需要进一步做刚刚做的那种计算，这里我就不再赘述。

④　原文注：冰箱内部的温度已经达到了正常水平，即 $3\ ℃$，所以就不存在热泵效应了，而且房间里的气温也不比正常温度 $18\ ℃$ 高多少。所以可以做粗略的估计，即冰箱的功耗处在正常水平。

会上升到 $T_c = 30\ ℃$。此时导致热量流入冰箱的温差已经增大了不少——房间里已经很热了。冰箱必须更卖力地工作才能维持内部的低温。我们可以估算[①]，现在房间里的气温再升高 5 K 只需要 45 分钟。这样温度就变成了 $T_d = 35\ ℃$。

此时冰箱内外的温度差几乎是标称稳态时的两倍。此时冰箱马达需要 100% 的时间处于工作状态，而不能只工作 50% 的时间了。冰箱将在最大功率状态下工作，房间气温升高的速度将达到 10 K·h$^{-1}$。半个小时后气温就会升至 $T_e = 40\ ℃$。此后将维持线性温升趋势。冰箱将继续以最高功率工作，但将无法维持冰箱内的目标（或设定）温度，因为热量从温暖的房间里流入冰箱的速度太快了。

现在我们可以将所有这些有趣的行为在一张图上画出来。把细节都考虑进去的话，我们甚至可以将马达间歇性运行的 $a$ 到 $d$ 这一区间的非全等三角形波（频率越来越高）画出来。从 $d$ 以后，马达持续运行。

四个小时后打开冰箱门会怎么样？过不了几分钟房间内的温暖气体就会与冰箱里的低温物品平衡（内部空气、大部分内表面，以及储存的食物），从而降低了室内气温。（从 $a$ 到 $b$ 阶段）从冰箱内泵出从而使冰箱内温度降至 3 ℃ 的热量又回流至冰箱。房间里的气温会从 $T_f = 52.5\ ℃$ 小幅降至 $T_g$。（根据前面的计算）温降 $T_f - T_g$ 可能只有几度。不过显然要比 $T_a$ 到 $T_b$ 期间热泵效应导致的温升大很多。这是因为 $f$ 阶段冰箱内外的温差大于 $b$ 阶段。冰箱内外温度实现平衡后，又会回到温升趋势上来。冰箱会再次尽力实现目标温度，但因为门是开着的，不可能实现。

---

① 原文注：做精确的计算也不难，如果感兴趣你可以尝试一下，可能需要用到积分。

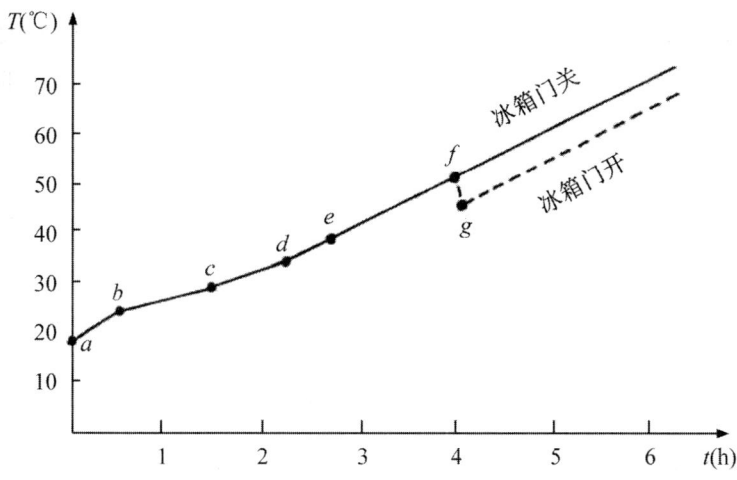

## 12.4 沙漠里的冰★★

沙漠里的冰有着很长一段迷人的历史。即使在古代，总有人能够在炎热的夏季有冰可用，即便在那些最热的国家。在炎热的天气，冰可用于保存肉类和易腐烂的蔬菜，还可以用来提神。而且，还可以用来待客。不过，古老的储冰技术已经在中世纪遗失了。据信波斯人的冰室（Yakhchāl）可追溯至两千多年前。[①] 这些巨大的锥形建筑更像是巨型蜂巢的遗迹。它们由泥巴（做的土坯）制成，或者说由更复杂的 sārooj 制成，一种由黏土、石灰、沙子、草木灰、蛋白和山羊毛混合而成的一种灰浆。晒干后的 sārooj 不但防水性很好，还有极低的导热率。有些 sārooj 还带有螺旋滑梯一样的螺旋线，可以往上面不断地浇水，以保持外表面的低温。冬天里，给冰室储存上足够的冰，够整个夏天用的。人们将附近山上的冰切成块，运入冰室，或者在现场制冰。制冰的方法体现了人们的智慧，并用到了**辐射冷却法**。

---

① 原文注：Jorgensen，H.，2012，"Ice houses of Iran：where，how，why"，Mazda Publishers，ISBN－10：1568592698；ISBN－13：978－1568592695.

古印度和古波斯都用到了辐射冷却法。[①] 在古印度，人们将薄陶瓷盘放在用来隔热的干草里，暴露在夜空下。在晴朗的夜空，即便周围的气温远高于零度，瓷盘边缘也会有冰产生，人们将它们收集起来储存在冰室里。这一过程要持续很多天或很多周，直到把冰室填满。这就保证了德里和阿格拉的蒙古侵略者在夏天也有冰供应。古波斯的技术与之类似，不过还包括拿冰室里的冰融化的冰水浇长而浅的沟槽。位置特别设定的墙壁会保护这些沟槽免受太阳的照射。

在 19 世纪初，美国商人弗里德里克·都铎（Frederic Tudor）建立了后来所谓的**冰贸易**。一开始都铎将（冬季从哈德逊河采集并整年储存在冰室里的）冰大量运往加勒比海域的马提尼克和古巴，卖给那里的欧洲贵族。冰贸易利润异常丰厚，到了 19 世纪 40 年代已经扩展到了印度、南美、中国，甚至澳洲！此时已非常富有的弗里德里克·都铎被称为冰王。

但花无百日红。到了 19 世纪末，这一产业被能实现更高效制冷循环的新技术所摧毁。该技术催生了可廉价制冰的工厂机器。到了 20 世纪初，工厂制造的冰已经多于从湖泊采集的冰。到了 20 世纪 20 年代，冰贸易土崩瓦解，20 多万人丢了饭碗。制作、运输、销售冰再也不可能像曾经的那样暴利了。

我很乐意探讨下述问题的一些变体，过去几年里我喜欢用它们测试学生。学生们解答原题都很吃力，通常还需要一定的帮助。但他们都开心并惊奇地看到，问题的演进非常容易，最终的解答也很简洁。这是其中一个（逻辑上）稍微难一点的变体，但原理是相同的。

"地球最佳冰店"的老板在沙漠中的 $A$ 点售卖冰块。"宇宙最佳冰店"的老板在沙漠中的 $B$ 点售卖冰块。从城里出发，无论售卖任何质量的冰球，到 $B$ 点所行的距离是到 $A$ 点的两倍。如果 $A$ 老板带上一

---

① 原文注：Chalom, M., Stickney, B., 2006, "Potentials of night sky radiation to save water and energy in the State of New Mexico", Governor Richardson's Water Innovation Fund, PSC ♯05−341−1000−0035.

颗 800 kg 的冰球从城市出发，到达 $A$ 点时只剩下一颗 100 kg 的冰球，那么 $B$ 老板若想到达 $B$ 点时也能剩下一颗 100 kg 的冰球，需要从城里带上一颗多重的冰球上路？两位老板均在夜间行路，所以我们可以忽略阳光的照射。我们还要假设两人的路途中经历沙漠温度相同且恒定。

## 解答

面对这道看起来很开放的问题，在列方程和解题之前，我们首先要考查的是可能涉及的物理机制。老师通常会在解题之前先讨论并理清楚其中涉及的物理原理。尽管该问题相当开放，但它并不是猜谜。在通常很愉快地教授聪明学生的过程中，少有的会激怒我的行为之一就是有些学生持续不断地引入无关的想法①，而不是去理解这道很有趣的问题。天气情况怎么样？他们有没有冰箱？有没有汽车？如此等等。希望你能看出，在我们做好准备要帮助学生理清新思路时，这样的问题真的让人很头痛。我觉得，这里要处理的是一个理想问题，冰球这个线索就足够了，足以让我们找出相当直接的答案。

热量是从四周传给冰球导致它融化的。但热流速度 $\dfrac{\mathrm{d}Q}{\mathrm{d}t}$ 取决于哪些因素？有三种机制我们可能有所了解：（冰球与沙漠之间的）热传导、对流和辐射。回想一下三者各自的方程（本章引言中已给出），我们发

---

① 原文注："天外救星"（"god from the machine"，或更常见的 deus ex machina）是指文学作品中突然出现的全新角色或事件，导致非常棘手的问题的彻底解决。在好的物理智力题中，与文学作品中一样，靠某些未提供的关键信息来解题也被视为一种很低级的做法。具体到本题中来，有学生引入汽车或冰箱来解题就属此类。相反，需要就普适常数，或方程的形式给出提示来解题的学生就做得非常好——这也是我所期望的。

现任何一种机制中热流速度均与总面积成正比：$\dfrac{\mathrm{d}Q}{\mathrm{d}t} \propto A$。这里，如题中所述，已知的条件是 $A$ 和 $B$ 两地的温度差是相同的。考虑到 $A = 4\pi r^2$，我们有 $\dfrac{\mathrm{d}Q}{\mathrm{d}t} \propto r^2$。而冰球体积缩小的速度 $\dfrac{-\mathrm{d}V}{\mathrm{d}t}$ 正比于热流速度 $\dfrac{\mathrm{d}Q}{\mathrm{d}t}$，比例系数为冰的密度 $\rho$ 和融解潜热 $L$。于是我们有：

$$\frac{\mathrm{d}Q}{\mathrm{d}t} = -\rho \frac{\mathrm{d}V}{\mathrm{d}t} L \propto -\frac{\mathrm{d}V}{\mathrm{d}t}$$

而体积与半径之间的关系为 $V = \dfrac{4}{3}\pi r^3 \propto r^3$。相对于时间做微分我们有 $\dfrac{\mathrm{d}V}{\mathrm{d}t} \propto r^2\left(\dfrac{\mathrm{d}r}{\mathrm{d}t}\right)$。注意到 $\dfrac{\mathrm{d}Q}{\mathrm{d}t} \propto -\dfrac{\mathrm{d}V}{\mathrm{d}t}$，并将 $\dfrac{\mathrm{d}Q}{\mathrm{d}t}$ 和 $\dfrac{\mathrm{d}V}{\mathrm{d}t}$ 的关系式代入，得：

$$\frac{\mathrm{d}Q}{\mathrm{d}t} \propto -\frac{\mathrm{d}V}{\mathrm{d}t}, \quad r^2 \propto -r^2\frac{\mathrm{d}r}{\mathrm{d}t}$$

所以 $\dfrac{\mathrm{d}r}{\mathrm{d}t}$ 等于一个负的常数，记作 $\dfrac{\mathrm{d}r}{\mathrm{d}t} = -c$，其中 $c$ 为正的常数。可以看出，冰球的半径以恒定的速度减小。现在我们利用这一结论来解题。

$A$ 老板带一个 800 kg 的冰球上路，到达目的地时冰球的质量只有 100 kg。冰球的体积和质量均正比于 $r^3$。如果 $A$ 老板的冰球的初始半径为 $r_{A_i}$，最终半径为 $r_A$，我们有：

$$\frac{r_{A_i}}{r_A} = \left(\frac{m_{A_i}}{m_A}\right)^{\frac{1}{3}} = \left(\frac{800}{100}\right)^{\frac{1}{3}} = 2$$

其中 $m_{A_i}$ 为冰球的初始质量，$m_A$ 为冰球的最终质量。所以 $r_{A_i} = 2r_A$。半径的缩减量为 $r_{A_i} - r_A = r_A$。我们知道 $B$ 老板的行程是 $A$ 老板的两倍，所以半径的缩减量（正比于旅程的时间）也是后者的两倍，亦即 $r_{B_i} - r_B = 2r_A$。我们还知道两位老板到达终点站时冰球的大小相同，所以 $r_B = r_A$。从而我们有 $r_{B_i} = 3r_A$。所以 $B$ 冰球的初始质量为：

$$m_{B_i} = m_A \left(\frac{r_{B_i}}{r_A}\right)^3 = 100 \times 3^3 = 2700 (\text{kg})$$

看起来 $B$ 老板出发时的载货量可不小啊。

画出半径随时间的变化图很有意思。我们会得到一条下斜直线。如果老板们到达终点站的时间为 $t = 0$，并设 $A$ 老板的出发时间为 $-t_A$，$B$ 老板的出发时间为 $-t_B$。冰球在一个共同的时间 $t_f$ 全部融化掉。可以看出，老板们有冰可卖的时间与 $A$ 老板行至其目的地所用时间相同。亦即：$t_f = t_A$。冰贸易可不容易。

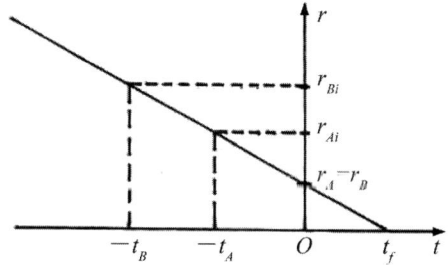

## 12.5 地球的冷却 ★★

牛顿在《原理》[1]中讨论了一个想象实验，即彗星因太阳的热量而**烧蚀**[2]，通过这一想象实验我们可以计算地球冷却的速度。实验考虑了冷却不同半径的球体所需要的时间之比。

直径为 1 英寸的烧红的铁球，暴露在空气中将会在一个小时的时间里损失几乎所有的热量；但是更大的铁球保持热量的时间会按直径的比例增长，因为相对于内含的热质，铁

---

① 原文注：艾萨克·牛顿，1687 年，《自然哲学的数学原理》，通常被简称为《原理》。

② 原文注：烧蚀(ablation)通常指物体因受热导致有物质离开表面，不过有时也指通过机械作用将物质移除。该词通常用于航天，比如，表示火箭鼻锥处或再入大气层飞行器的热防护罩的烧蚀。好的烧蚀材料应当具有低密度和低热传导率等特点，并能(通过升华和高温分解)产生气体，通过降低对流(炽热气体流向表面)和辐射热荷来保护热防护罩。酚碳热烧蚀板(PICA)就是一种烧蚀材料。这是一种浸染有酚醛树脂的碳纤维材料。另一种具有类似烧蚀性的材料为软木！

球的表面积(与周围空气的接触面积，决定了热量流失速度)等比例减小了；因此，地球大小的烧红的铁球(直径 12,000 千米)需要相应的时间来冷却，即超过50 000年。

考虑真空中的两颗热铁球，仅仅依靠辐射降温。其中一个铁球直径为 1 英寸[①]，另一个直径与地球相同：$d_E = 12.8 \times 10^6$ m。如果 1 英寸球的**时间常数**[②]为 1 小时，那么地球大小的球的时间常数为多少？假设球内部热传导率非常高，可以保持内部**实时等温**[③]。

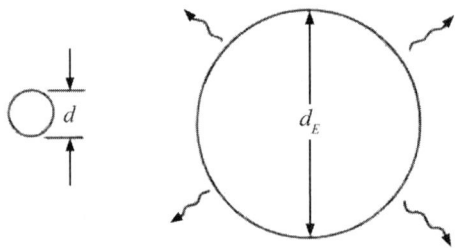

## 解答

这里我们要求的是缩放比例。换句话说，我们不必直接解题，而是要将一个时间常数与另一个关联起来。这一技巧，作为量纲分析的众多技巧之一，在理解物理系统中非常有用。

一物体的热质 $C$，或者说总热容，是其质量 $m$ 与比热容 $c$ 之积。

---

① 原文注：1 英寸约等于 2.54 cm。

② 原文注：在具有渐近行为——指数型或其他——的系统中，比如，在温度 $T_1$ 和 $T_2$ 之间，我们不能说温度降低至 $T_2$ 所需要的时间。这一时间，当然，是无限的。在这些情况下，我们会讨论时间常数，即温度降低 $t=0$ 时与 $t=\infty$ 时之间温度差的一定比例所需的时间。比如，温度变化率正比于温差的热力学系统：$\dfrac{dT}{dt} \propto T(t) - T_2$。其解即具有指数形式，即 $\Delta T(t) = \Delta T_0 e^{-t/\tau}$，其中 $\tau$ 为时间常数，而 $\Delta T(t) = T(t) - T_2$，$\Delta T_0 = T_1 - T_2$。令 $t = \tau$，则可见 $\tau$ 定义了系统温度降低了初始温差的 $\dfrac{1}{e}$ 所需时间。亦即 $t = \tau$ 时，$\dfrac{\Delta T(t)}{\Delta T_0} = \dfrac{1}{e} \approx 0.3678$。

③ 原文注：实时等温指在任意时刻，整个球体内部的温度处处相同。

对于球体来说，$m=\dfrac{\pi}{6}d^3\rho$，其中 $d$ 为球的直径，$\rho$ 为密度。所以总热质为：

$$C=\frac{\pi}{6}d^3\rho c$$

热质 $C$ 将辐射导致的热损失 $\Delta Q$ 与物体的温度变化 $\Delta T$ 通过方程 $\Delta Q=C\Delta T$ 联系起来。取微分形式，有：

$$\frac{\mathrm{d}Q}{\mathrm{d}t}=C\,\frac{\mathrm{d}T}{\mathrm{d}t}$$

热量以辐射的形式流失的速度正比于球的表面积 $A=\pi d^2$ 和温度的某个未知函数 $f(T)$。① 我们有 $\dfrac{\mathrm{d}Q}{\mathrm{d}t}=\pi d^2 f(T)$。综合起来我们有：

$$\pi d^2 f(T)=\frac{\pi}{6}d^3\rho c\,\frac{\mathrm{d}T}{\mathrm{d}t},\ \ \frac{\mathrm{d}T}{\mathrm{d}t}=\alpha\,\frac{f(T)}{d}$$

对于具有相同 $\rho$ 和 $c$ 的球来说，$\alpha$ 是相同的。如果不同球的 $f(T)$ 也相同，取 $\tau\propto\dfrac{\mathrm{d}T}{\mathrm{d}t}$，则有：

$$\tau\propto\frac{1}{d}$$

所以有 $\tau_E=\tau_{1''}(d_E/d_{1''})$。将数字代入，可得 $\tau_E=5.0\times10^8$ 小时，或近似为 57 000 年。我们的结果与牛顿的计算结果 50 000 年符合得很好。

## 进一步讨论

真实的地球冷却过程与题目中设置的情况有两个重要区别。首先，

---

① 原文注：我们不需要知道这一函数便可解题。实际上，热量损失速度由斯忒藩—玻尔兹曼定律给出：$\dfrac{\mathrm{d}Q}{\mathrm{d}t}=\varepsilon\sigma A(T_1^4-T_2^4)$，其中，$T_1$ 为物体的瞬时温度，而对于处在太空中的固态球来说（假设离辐射源很远），$T_2$ 就是宇宙的背景温度：$T_2=2.735\ \mathrm{K}$。$A$ 为球的表面积，$\varepsilon$ 为铁的辐射率（取值范围很大，从 $\varepsilon=0.2$ 到 $\varepsilon=0.8$，与表面氧化度有关），$\sigma$ 为斯忒藩—玻尔兹曼常数，近似值为 $\sigma=5.7\times10^{-8}\ \mathrm{W}\cdot\mathrm{m}^{-2}\cdot\mathrm{K}^{-4}$。

对于大的物体来说，物体内部的温度梯度很重要，物体内部的对流限制了冷却的速度。这就大大提升了大物体的冷却时间常数。开尔文勋爵①运用 19 世纪末更复杂的数学方法（特别是傅里叶分析）对此做了计算，评估出一个结论：如果引入对流模型，地球的年龄将远大于牛顿的估算结果。在 1864 年的论文"论地球的漫长冷却"②中，开尔文勋爵讨论了温度梯度问题：

> 在已经研究过的所有区域的地壳中，深度达到足以摆脱表面温度的不规则年度变动后，温度便随深度的增加而升高。

之后开尔文勋爵又讨论了傅里叶分析在地球内部热传导问题上的应用，最后给出了自己用这种分析方法得出的结论：

> 我想，我们很可能可以说地球的凝固③发生的时间不会晚于 20 000 000 年前，否则目前的地下温度不可能这么低，也不会晚于 400 000 000 年前，不然也不会有这么高的温度梯度。

有些科学家认为这些预测年龄与他们对太阳系的理解不符。直到 20 世纪早期，随着放射性科学的发展，地球的年龄这一秘密才开始揭开面纱。运用非常精确的放射性定年法，我们现在相信地球的年龄约

---

① 原文注：开尔文勋爵(Lord Kelvin，1824—1907)是杰出的英国数学家、物理学家和工程师。他对科学做出了多种多样的贡献，其中绝对温度以他的名字来命名。他还第一次以较高的精度确定了绝对零度值。每个高中生都应该知道绝对零度值(−273.15℃)，但由于我在牛津大学克拉伦登实验室的导师的办公室是 273 号，所以我对这个温度记得特别牢。记得这间办公室我只去过一次，但近 20 年后我仍记得关于它的一段对话。里斯克(Leask)博士头扭在一边，就像陷入了沉思一样，说："273……绝对零度，亲爱的伙伴。绝对零度。"从此这个数字就深深印在我脑海里了。

② 原文注：Kelvin, W. T., 1890, "On the secular cooling of the Earth", Transactions of the Royal Societyof Edinburgh, Vol. XXIII, pp. 167—169, 1864.

③ 原文注：地球的形成。

为 45 亿岁——比牛顿的估算结果大了一点。[①] 当然，这一智力题之解
是，地核储存有大量的核能。有意思的是科学通常有个渐进发展的过
程，我们无法预测未来的发展。亚瑟·斯廷纳（Arthur Stinner）在文章
《地球和太阳年龄的计算》中就该问题做了有趣的历史回顾。[②]

---

① 译注：原文如此。不过从上下文来看，这里应该指开尔文勋爵的估算结果。

② 原文注：Stinner, A., 2002, "Calculating the age of the Earth and the Sun", Physics Ed-
ucation, 37 (4), pp. 296—305.

# 第 13 章
# 浮力与水静力学

本章我们将考查涉及浮力和非常简单的水静力学的问题。这门科学可以追溯至阿基米德时代。后面我会讲到，阿基米德科学的再发现非常有趣，但首先我要讲一下当时的背景。很多著名的物理学智力题都用到了阿基米德原理。在物理面试时面试官问了我一道关于湖上船中拿砖人的经典问题。[①] 这人把砖扔进湖里，问湖面会上升、下降，还是保持不变。另一道我不怎么喜欢的著名问题是计算水对重力坝（靠自身重力拦住水的墙体）产生的压强。这道题相对简单，但需要积分。

事实上，解这一领域的问题我们所需要知道的知识并不多，但我们确实需要扎实掌握一些概念，而这需要一定的时间。实际上入门水平的水静力学和流体动力学看似都很简单。高等数学知识的缺乏让人们有一种错误的安全感，让他们忘记了还需要就原理的应用做深入思考。至少这是**我**的经验。

我想，对于本领域的大多数问题我们都只需要理解两点：

• 阿基米德原理。阿基米德是最伟大的古代数学家和物理学家之一。（根据一些资料）公元前 287 年到公元前 212 年间他生活在锡拉库扎（现在的西西里）。他在数学方面做出了很多贡献，也首次提出了浮

---

① 原文注：多年后我才发现这一点——当时我并没有听说过这道题，但它已经存在在几十年了。

力定律，并发明了螺旋泵和一些战争武器。比如，人们认为用曲面镜①聚集**热线**（heat ray）点燃来犯战舰就是他的主意。值得提及的是，现存他的唯一作品是《阿基米德重写本》②，丹麦教授约翰·海贝亚（Johan Heiberg）约 100 年前在君士坦丁堡发现的一本 13 世纪的羊皮书。他在僧侣写的一本基督教教材下面发现了多种阿基米德作品的十世纪抄本，包括已知的唯一一部讨论浮力的著作《论浮体》（*On Floating Bodies*）。托马斯·希思（Sir Thomas Little Heath）将它由希腊文翻译③成了英文，使得当代数学家都能阅读阿基米德的著作。在托马斯·希思的译本中，浮力原理是通过九个命题给出的。其中的命题五到七通常被视为我们现在所说的阿基米德原理：

命题五：任何轻于液体的固体④置于液体中时，所排开的液体的重量等于固体本身的重量。

命题六：如果将轻于液体的固体强压入液体，则固体会被一个等于自身重力与被排开液体重力之差的力推动向上。

命题七：重于液体的固体置于液体中时，会沉入液体底部，而在液体中称时，固体的重量将比真实重量轻了所排开液体的重量。

·压强与深度。液体某一深度处的压强，或者说静压，由 $\rho g h$ 给出，其中 $\rho$ 为液体的密度，$g$ 为重力加速度，$h$ 为从自由面算起的深度。压强的量纲为力除以面积，且垂直作用于所有浸在液体中的面上，相同深度大小相等。

可能这些问题中有很多你们都不熟悉，也会觉得有趣。我尝试着选了或者自创了稍微难点或不那么常见的问题，以便考查你们对这部分内容的理解。真正知名的问题很容易在互联网上找到，而且我觉得它们太知名了，不适合作为大学入学测试题。我们先来考查两道题。

---

① 原文注：似乎大多数当代学者都认为这一装置是虚构的。

② 原文注：重写本（palimpsest）指重写的（通常由羊皮或动物皮制成的）书页，即将原来的内容刮除后重新书写。这在古代很常见，因为准备动物皮很耗人力。

③ 原文注：Heath T. L.，1897，"The works of Archimedes"，Cambridge University Press.

④ 原文注：阿基米德所谓的"轻于"意指"密度小于"。

## 13.1 阿基米德的王冠和伽利略天平 ★

罗马作者马库斯·维特鲁威·波利奥（Marcus Vitruvius Pollio，约公元前 80 年－公元前 15 年）在他的十卷本著作《论建筑》①中，讲述了锡拉库扎之王西耶罗（Hiero）找阿基米德测定王冠是否由纯金打造的故事。起初，西耶罗给了珠宝商一定重量的纯金，后者给他打造成了王冠。王冠的重量与原来的金子相同，但颜色更黄。西耶罗怀疑珠宝商作假了，掺入了银子，形成了琥珀金。② 维特鲁威（人们通常这么叫他）写道：

> 就阿基米德来说，他做出了多种多样的伟大发现，其中的一个发现我觉得应该是其无穷智慧的结果。西耶罗在夺取锡拉库扎的王权之后，要向神庙供奉一顶黄金王冠，以向诸神还之前所许之愿。他与珠宝商定好了王冠的造价，并精确测量了黄金的重量。约定时间到了，珠宝商还给了国王一顶精美的手工王冠，而且重量与原来的黄金完全相同。

> 不过后来有人指控珠宝商窃取了一定的黄金，并补上了相同重量的白银。暴怒的西耶罗无法确定此事，便要求阿基米德来解决这一问题。满脑子思考如何判定皇冠有无猫腻的阿基米德正好去洗澡，进入澡盆时发现身体沉入澡盆越多，溢出的水也越多。这就为解决问题指明了方向，异常高兴的阿基米德跳出浴盆，赤身裸体跑出去，大声喊叫说自己找到了答案；他边跑边用希腊语不停喊道"Eureka，eureka!"

---

① 原文注：M. H. 摩根译，1914 年，《维特鲁威：建筑十书》（"Vitruvius: the ten books on architecture"），哈佛大学出版社，剑桥。

② 原文注：琥珀金是一种自然形成的金银合金，通常还混有像铂这样的金属。在人类历史上琥珀金曾被广泛用来铸币。很多历史证据表明，很多地方流通的纯金货币远少于琥珀金货币，表明有人故意添加白银进去以牟利。

如果你没有因这位光身子希腊人在大街上边跑边喊而笑出眼泪的话，就会认识到这个故事就是科学史上最著名的感叹语"Eureka!"的出处。穿好衣服后，阿基米德就去见了国王。他一手拿着王冠，一手拿着等重的黄金，依次将它们放入装满水的容器。当然，王冠更轻(指密度小)，因为阿基米德发现将王冠放进去后溢出的水更多。不管怎样，维特鲁威的故事流传了下来。

16 个世纪后的 1586 年，伽利略表达了对维特鲁威的故事的怀疑。伽利略热心向阿基米德学习，他认为维特鲁威所说的方法是一个远逊于阿基米德的人想出来的，既不优雅也不精确，"圣人"不会满足于这一方法的。伽利略也知道阿基米德熟悉杠杆和浮力原理(维特鲁威的解释所需的唯一准则是物体排开相同体积的液体)。于是就有了伽利略的论著《小平衡》[①]，后者给出了确定两物体密度的一种远为优雅的方式。伽利略写道：

> 有些作者写道，阿基米德将王冠浸入水中……不过这看起来很粗鲁，也远不够精确；这位圣人自己的著作中有一些非常精细的发明，阅读并理解了它们的话，你会更加坚信这一点……

伽利略继续写道：

> 最后，仔细阅读阿基米德在《论浮体和平衡》一书中列出的所有实例后，我想到了一个可以非常精确地测定王冠密度的方法。我想，这个方法也很可能正是阿基米德所采用的，因为它不但非常精确，其基础还是阿基米德自己发明的示例。

---

① 原文注：The Little Balance，完整的翻译见 Fermi, L., Bernardini, G., 2003, "Galileo and the Scientific Revolution"，Dover Publications，ISBN—10：0486432262.

　　伽利略画过一幅图来阐释现在所谓的伽利略天平，现在我们来考虑这幅图的一个改版。我听说过一些基于该原理的物理智力题，均要求学生解释其中暗含的物理原理。下面这个定量问题是我自己独创的，尽管我确信过去很多年里类似的问题已经被问过一遍又一遍。

　　固体金属块 $B$ 悬挂在天平的 $b$ 点。天平另一边是悬挂于 $a$ 点的固体平衡块 $A$。距离 $|ac|$ 是通过精确的刻度选定的，保证了 $A$ 与 $B$ 完全平衡。之后将 $B$ 浸入水中，并将 $A$ 移动至新的位置 $a'$ 使得天平再次平衡。给出两个距离之比 $\dfrac{|a'c|}{|ac|}$ 与空气、水和金属块 $B$ 的密度之间的关系。估算 $B$ 为纯银或纯金时的距离比。

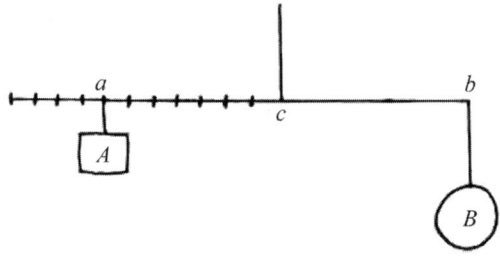

## 解答

　　该问题实际上要我们考虑的是金属块 $B$ 从浸没在空气中到浸没在水中 $b$ 点所受的向下作用力的变化。

　　金属块 $B$ 浸没在空气中时，$b$ 点所受的向下作用力为 $F_B = (\rho_B - \rho_a)V_B g$，其中 $\rho_B$ 和 $\rho_a$ 分别是金属块 $B$ 和空气的密度，$V_B$ 为 $B$ 的体积，$g$ 为每单位质量所受到的重力。根据阿基米德定律，存在一个等于所排开空气重量的向上的推力，所以就有了方程中的密度差。而当金属块 $B$ 浸没在水中时，$b$ 点所受的向下作用力为 $F'_B = (\rho_B - \rho_w)V_B g$，其中 $\rho_w$ 为水的密度。

　　现在来考虑另一侧的平衡重量。金属块 $B$ 在空气中时，平衡块 $A$ 所处的位置为 $a$。金属块 $B$ 浸入水中时，平衡块 $A$ 所处的位置为 $a'$。

两种情况下 $A$ 导致的向下作用力均为 $F_A = m_A g - \rho_a V_A g$，其中 $m_A$ 为平衡块的质量，而 $V_A$ 为其体积。$A$ 在空气中所受到的浮力为 $\rho_a V_A g$。

取相对于 $c$ 点的力矩相等，两种情况下分别有：

空气中：

$$F_A \mid ac \mid = F_B \mid bc \mid = (\rho_B - \rho_a) V_B g \mid bc \mid$$

水中：

$$F_A \mid a'c \mid = F'_B \mid bc \mid = (\rho_B - \rho_w) V_B g \mid bc \mid$$

于是我们有：

$$\frac{\mid a'c \mid}{\mid ac \mid} = \frac{\rho_B - \rho_w}{\rho_B - \rho_a}$$

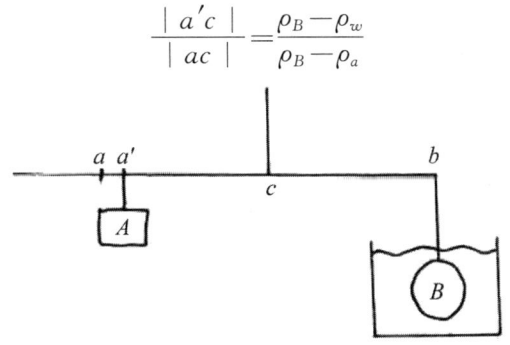

我们知道空气和水的精确密度。它们都是非常重要的物质，在物理和工程计算中经常用到。因为各种原因，金和银也是我们非常感兴趣的金属。我觉得学生们应该不仅仅记得它俩密度的数量级（尤其是那些化学成绩得了 A 的学生）。学生们应该知道金子的密度大致相当于水的二十倍（金子有趣的特征之一），而银的密度大致相当于水的十倍。至于银的密度，高点低点都是可以理解的，因为这个数字并不是那么的独特，不容易记住。利用这些估算数字我们有：

银（估算值）：$\dfrac{\mid a'c \mid}{\mid ac \mid} = \dfrac{10-1}{10-0.001} \approx 0.900$；

金（估算值）：$\dfrac{\mid a'c \mid}{\mid ac \mid} = \dfrac{20-1}{20-0.001} \approx 0.950$。

如果初始长度 $\mid ac \mid$ 为 1 000 mm，对于银来说我们有 $\mid a'c \mid =$ 900 mm，对于金来说有 $\mid a'c \mid = 950$ mm。二者之差为 50 mm——这个距离可不小。这就提供了利用伽利略天平的一种实际操作手段，来精确测定，比如说，王冠中的金银比例（用一个做工很好的天平可能将精度提高至 1%以内——即便是在伽利略的时代）。

## 进一步讨论

现在我们用空气、水、金和银的实际密度值来重新进行计算。这些都是工程师和物理学家在数据表中查找的值。对于各种物理量（密度、比热、沸点等等）我们往往只记到其个位数的数值。实际值[①]如下：$\rho_{银} \approx 1.049 \times 10^4 \ \mathrm{kg/m^3}$，$\rho_{金} \approx 1.930 \times 10^4 \ \mathrm{kg/m^3}$，$\rho_{水} \approx 1.000 \times 10^3 \ \mathrm{kg/m^3}$，$\rho_{空气} \approx 1.28 \ \mathrm{kg/m^3}$。

银（精确值）：$\dfrac{|a'c|}{|ac|} = \dfrac{10.49}{10.49 - 0.001} \approx 0.905$；

金（精确值）：$\dfrac{|a'c|}{|ac|} = \dfrac{19.30 - 1.00}{19.30 - 0.001} \approx 0.948$。

可以看出，结果的修正量非常小。还值得注意的是，即便在这个更精确的计算中，空气的影响也可以完全忽略不计。如果我们测量银的密度，则可以采用下述近似：

$$\frac{|a'c|}{|ac|} = \frac{\rho_B - \rho_w}{\rho_B - \rho_a} \approx \frac{\rho_B - \rho_w}{\rho_B}$$

精度可达万分之一，或者说 0.01%。

## 13.2 另一道伽利略天平问题★★

运用伽利略天平遵循下述原则。天平两侧的质量相等。由于将一侧的质量浸入水中，产生的浮力导致这一侧的力矩发生了变化。另一侧的平衡物需要改变位置以平衡两侧的力矩。平衡物移动的距离就是浸入水中物体相对密度的度量。

考虑质量未知、密度未知的 A 和 B 两个固体，只知道它们都是均质

---

① 原文注：在标准温度和压力下，或者说在 STP 条件下，即 0 ℃和 100 kPa。

的。有没有办法利用伽利略天平准确测定哪个物体密度更大呢？如果有，请证明其可行性。假设没有其他质量可借助，且没有精确测距工具。

## 解答

考虑伽利略天平时，我被某些或许相当明显的东西震惊到了。平衡物不需要与要测量物体具有相同的质量或相同的密度。（本例中我们可以视任何一个物体为平衡物，这里我们默认 $A$ 为平衡物。）即便 $A$ 和 $B$ 的质量是任意的，我们还是能够测量谁的密度更大。

考虑物体 $A$ 和 $B$，分别具有体积 $V_A$ 和 $V_B$，以及均匀的密度 $\rho_A$ 和 $\rho_B$。精确测定相等密度首先须让天平平衡起来。物体 $A$ 施加于 $a$ 点向下的作用力为 $F_A = V_A(\rho_A - \rho_a)g$，其中 $\rho_a$ 为空气的密度。物体 $B$ 施加于 $b$ 点向下的作用力为 $F_B = V_B(\rho_B - \rho_a)g$。取相对于 $c$ 点的力矩，我们有：

$$V_A(\rho_A - \rho_a) \mid ac \mid = V_B(\rho_B - \rho_a) \mid cb \mid$$

或

$$\frac{V_A \mid ac \mid}{V_B \mid cb \mid} = \frac{\rho_B - \rho_a}{\rho_A - \rho_a}$$

待会我们再回过头来考查该方程。

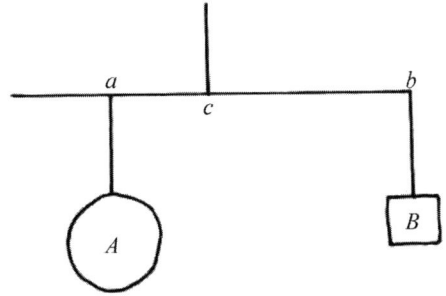

现在我们将 $A$ 和 $B$ 均置于水中。如果二者均**完全浸没**水中，则将

分别存在一个等同于所排开的水的重量的向上作用力。向上的作用力部分抵消了作用于 $a$ 点和 $b$ 点的向下作用力。$A$ 浸入水中后，作用于 $a$ 点的向下作用力变成了 $F'_A = (\rho_A - \rho_w)V_Ag$。$a$ 点所受作用力的改变量为：

$$\Delta F_A = F'_A - F_A = (\rho_a - \rho_w)V_Ag = kV_A$$

这里我们取 $k = (\rho_a - \rho_w)g$，因为该项在本实验中只是一个常量。同样，$B$ 浸入水中后，作用于 $b$ 点的向下作用力变成了 $F'_B = (\rho_B - \rho_w)V_Bg$。$b$ 点所受作用力的改变量为：

$$\Delta F_B = F'_B - F_B = (\rho_a - \rho_w)V_Bg = kV_B$$

而力矩的改变量分别为 $kV_A \mid ac \mid$ 和 $kV_B \mid bc \mid$。前面我们证明了初始平衡的条件是：

$$\frac{V_A \mid ac \mid}{V_B \mid cb \mid} = \frac{\rho_B - \rho_a}{\rho_A - \rho_a}$$

从而可以看出，两物体浸入水中后相对于支点的力矩改变量之比等于密度差之比，即 $\dfrac{\rho_B - \rho_a}{\rho_A - \rho_a}$。

现在来考虑我们感兴趣的三种情形。

• 情形一：$\rho_B > \rho_A$。在这种情况下，$\dfrac{\rho_B - \rho_a}{\rho_A - \rho_a} > 1$，将 $A$ 完全浸入水中导致的力矩减小量小于将 $B$ 完全浸入水中导致的力矩减小量。天平不再保持平衡，且无论如何（在天平臂的摆动范围内）$A$ 都有一部分体积高于水面。

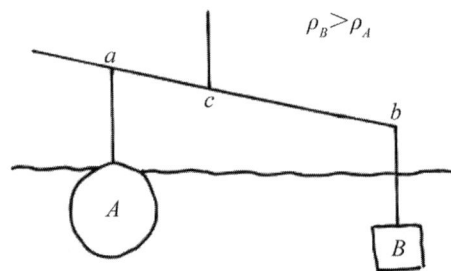

• 情形二：$\rho_B < \rho_A$。在这种情况下，$\dfrac{\rho_B - \rho_a}{\rho_A - \rho_a} < 1$，将 $A$ 完全浸入

水中导致的力矩减小量大于将 $B$ 完全浸入水中导致的力矩减小量。$B$ 将有一部分体积高于水面。

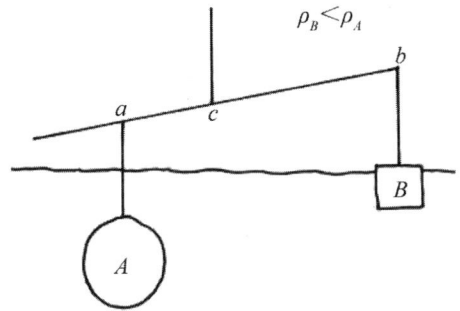

- 情形三：$\rho_B = \rho_A$。在这种情况下，$\dfrac{\rho_B - \rho_a}{\rho_A - \rho_a} = 1$，二者因浸入水中而导致的力矩改变量相等，天平仍保持平衡。

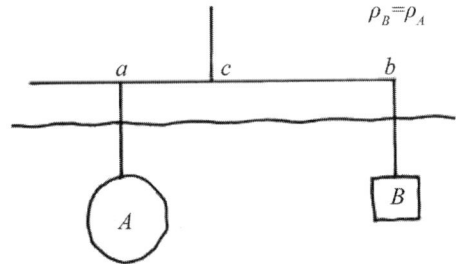

值得再次指出的是，结果与 $A$ 和 $B$ 的初始质量和密度无关。我们已经证明，即便在不知道质量大小的情况下，仍可以通过天平区别密度大小。无论任何未知金属块，我们都能准确地判断其与金块或银块的密度孰大孰小。

## 13.3 平衡天平★

我真的很喜欢这类问题。这类问题可以说数不胜数，目的是考查学生对水静力学的基本原理和阿基米德原理的理解。如果你对这些原理理解得比较透彻，很快就能解答这些问题。

你有一架天平，天平的一边是水槽，另一边质量 $M$，且完全平衡。现在将一个固体圆柱放入水槽，它将排开一些水，但我们又不让它接触水槽底部或侧壁。水面上升，但水的总质量不变。试判断图中获得平衡所需要的质量 $M'$ 大于、小于还是等于 $M$。

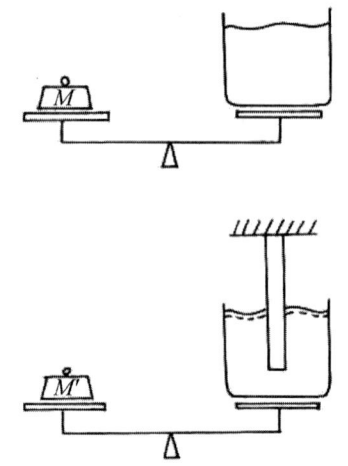

## 解答

这道题很简单，相应地答案我们也给得很简单。引入固体圆柱后，水面上升。这就导致水槽底部静液压的升高。[①] 对于圆柱形水槽来说，底部所受到的压力等于静液压与底部面积的乘积。[②] 无论水槽的形状如何，本例中水面的上升都会导致作用于水槽底部向下的压力的增大。所以，图中我们需要更大的质量来保持天平平衡。所以，$M'>M$。

---

① 原文注：新的静液压方程为 $p=\rho_w g h$，其中 $\rho_w$ 为水的密度，$h$ 为水面距离槽底的高度，$g$ 为每单位质量所受到的重力。

② 原文注：当然，只有整个槽底面上的压力都相同时才成立(亦即，平底槽)。在这种情况下，我们有 $F=pA_{base}=\rho_{wgh}A_{base}$。对于更一般的曲面槽底来说，我们需要对作用在槽底上的压力(沿底面)进行面积分。

## 13.4 浮球和沉球★★

这是我最喜欢的一道浮力题。它叙述起来极其简单，不需要什么术语，但却又把一些重要的概念都考查到了。有些人认为这道题非常难！

现有一个天平，天平两侧放有相同的容器，容器里装有相同重量的水。在左边的容器里你用一根很细的细线将一只乒乓球拴在容器底部。在右侧的容器里你挂上一个充满铅的乒乓球，乒乓球既不接触容器底部也不接触容器侧壁。天平还会保持水平吗？是左侧下沉，还是右侧下沉呢？

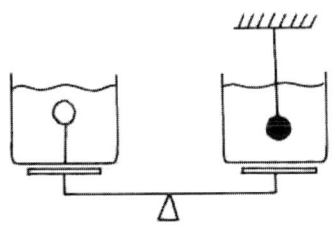

**解答**

这道题我们也可以给出很简洁的答案。这里有很多让我们迷惑的因素，但其中基本的原理实际上却很简单。

首先考虑右侧的容器。我们放入了一个灌满铅的乒乓球，且乒乓球沉没在水中。乒乓球受到向上的浮力，大小等于球所排开的水的重力，容器则受到一个大小相等方向向下的压力。所以天平右侧受到的向下的作用力比没有乒乓球时更大。换个角度，我们也可以看出，作用于容器底部的静压力增大了。

现在来考虑左侧容器。一只乒乓球悬浮在水中，通过一根细线拴在容器底部。乒乓球悬浮着，液面上升。容器底部受到的静压力增大了。不过，容器底部在拴绳处也会受到一个向上的作用力。这两个力相互抵消。换个角度，可以注意到引入乒乓球后作用于容器的外力没有发生任何变化。[①] 天平左侧所受到的向下的作用力与未引入乒乓球之前相同。

总之，右侧所受到的向下的作用力增大了，左侧的没有发生改变。所以天平右侧下沉。

## 13.5 漂浮的圆柱体★★★

我发现高中生甚至大学生都会在最简单的浮力题面前犯迷糊，但这些题都是很好的讨论点，都能有效地考查学生们的物理直觉。本题我从没有问过学生们，只是将它与其他十来道考查基本原理的相对简单的测试题一起归档起来。我觉得学生们会觉得这道题很难，后面的解答中我也会解释为什么会这么认为。

用泡沫制成的三个密度一致的梭子 $A$、$B$ 和 $C$ 形状如下图所示。$A$ 为细圆柱，$B$ 为粗圆柱上面带一截细圆柱，$C$ 为细圆柱上面带一截粗圆柱（亦即头朝下的 $B$）。将三个梭子用线悬挂起来，线受到的作用力分别为 $F_A$、$F_B$ 和 $F_C$。

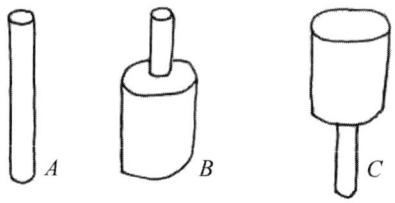

---

① 原文注：这里我们忽略了乒乓球和细线的重量。文中说过它们很轻，我们可以这样做。如果考虑实际重量，结果也是一样的。我们也忽略了液面高度发生变化后液面处的大气压发生的轻微变化。

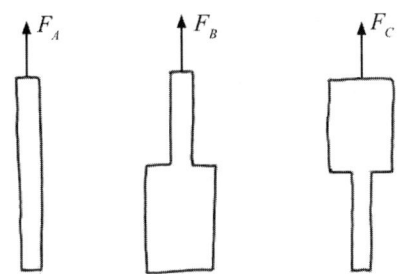

　　将三个梭子分别放入三个特制的容器内，容器在梭子的上表面和下表面均能进行无摩擦密封。然后通过容器上面开的小孔(暴露在大气压下)向容器内注满水。新的作用力 $F'_A$、$F'_B$ 和 $F'_C$ 与原作用力相比是变大了还是变小了？

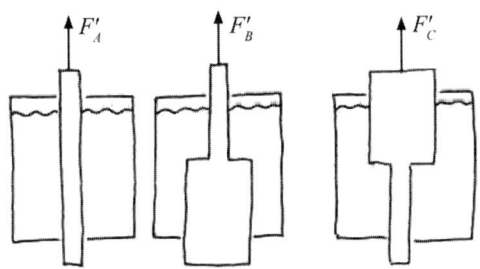

## 解答

　　我觉得大多数学生会认为这道题比较难的原因是这道题看起来适用阿基米德原理，事实上并没有这么简单。

　　那么，如果我们简单地运用阿基米德原理将会怎样？我们可能会认为命题六适用于本题——亦即"如果将轻于液体的固体强压入液体，则固体会被一个等于自身重力与被排开液体重力之差的力推动向上"。于是我们便认为梭子受到一个向上的浮力 $F_b$，它等于排开的体积 $V$ 乘以水的密度 $\rho_w$ 与泡沫的密度 $\rho_s$ 之差，再乘以单位质量所受的重力 $g$。于是我们便有 $F_b = V(\rho_w - \rho_s)g$。从而我们将得出结论 $F'_A < F_A$、$F'_B < F_B$、$F'_C < F_C$。这就错了！

　　问题是阿基米德原理并不能直接应用于这一情形。阿基米德原理的各种形式只适用于漂浮的物体或完全浸没的物体。对于漂浮的物体来说，它排开与自己等重的液体，受到一个等于自己重力的上推力。对于完全浸没的物体来说，排开的液体与自己体积相同，所受到的上推力等于所排开液体的重力。不幸的是，本题中的梭子既不处于漂浮状态，也不处于完全浸没状态。我并不是指可能存在来自吊绳的作用力，而是指梭子上表面——尤其是下表面——的压力边界条件并非由液体的静压决定。事实上，两个面都暴露在大气压下。

　　解答本题的最简单方法就是考虑容器中注入水后梭子上下表面所受压力发生的变化。首先我们注意到，梭子竖直面上受到的压力发生的变化并没有导致竖直方向上受到的力发生变化（只会导致泡沫的压缩）。所以我们可以忽略这些面上的压力变化。

　　考虑梭子水平面上压力的变化。不管容器里注水与否，所有梭子的上下表面均暴露在大气压下，所以压力没有变化。现在来依次考虑各梭子。

　　• 梭子 $A$。梭子 $A$ 没有中间①水平面，所以容器中注入水后不会产生额外的竖直作用力。所以有：$F'_A = m_A g = F_A$。

　　• 梭子 $B$。中间水平面朝上。额外作用于该面的压强等于静压头 $\rho_w g h$，其中 $h$ 为自由面②高于中间水平面的高度。总压力等于静压头乘以中间水平面的面积 $A$，得 $\rho_w g h A$。这一作用力方向向下，所以 $F'_B = m_B g + \rho_w g h A > F_B = m_B g$。

　　• 梭子 $C$。中间水平面朝下，受到的总压力也等于 $\rho_w g h A$。这一作用力方向向上，所以 $F'_C = m_C g - \rho_w g h A < F_C = m_C g$。

---

① 原文注：位于上水平面和下水平面之间。
② 原文注：水与大气接触并位于大气压下的面。

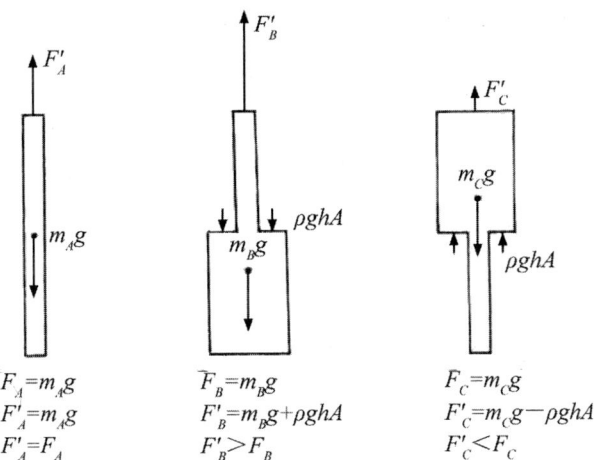

$$F_A = m_A g$$
$$F'_A = m_A g$$
$$F'_A = F_A$$

$$F_B = m_B g$$
$$F'_B = m_B g + \rho g h A$$
$$F'_B > F_B$$

$$F_C = m_C g$$
$$F'_C = m_C g - \rho g h A$$
$$F'_C < F_C$$

你可能会对这一结果感到惊讶。当然，阿基米德的很多原理在这里并不适用，但如果只记得简单的规律而不理解其中暗含的道理我们就会走向歧途。即便像这种简单的问题我们也需要思考。

## 13.6 水静力学佯谬★★

这一水静力学佯谬是佛兰德科学家西蒙·斯蒂文（Simon Stevin）提出的，他于 1586 年写就了《水静力学原理》一书。多年来人们提出了多种形式的水静力学佯谬[1]，但从根本上讲都离不开一个原理——液体给定深度的压强与容器的形状无关。原版斯蒂文佯谬讲的是据此原理，可以给容器底面施加一个大于容器所盛液体的重量的力（让容器下粗上细即可）。[2]

我听说过很多探讨这种佯谬的物理题。下面这道题同时也是一道课堂演示题，相当简洁。

一部天平自带容器（亦即，容器是天平的一部分，而不是放置在天

---

[1]　原文注：Wilson, A. E., 1995，"水静力学佯谬"，《物理教师》第 33 卷，第 538－539 页。

[2]　原文注：与之类似的阿基米德佯谬声称，在形状合适的容器中，可以漂起比水更重的物体。

平上），两容器的底面积相同。左侧的容器上粗下细，右侧的容器上细下粗。两容器装有相同高度的水。根据水静力学原理，两容器底面所受的压力必然相等，因为二者面积相等，且所受的压强也相同。天平应保持平衡。这一逻辑是否正确？

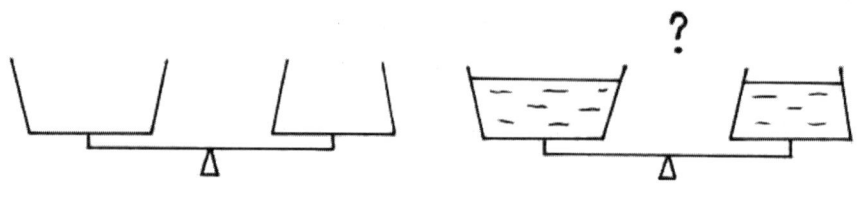

## 解答

不正确。天平向左倾斜，因为左侧的水比右侧多。不过，我们这里用力学术语来分析该问题，这样更具有启发性。

两容器的底面积的确相同，而且所受到的静水压也相同，均为 $\rho g h$，其中 $\rho$ 为水的密度，$g$ 为单位质量所受到的重力，$h$ 为容器中水的高度。如果我们就此打住，则会得出天平保持平衡的错误结论。我们忽视了作用在容器内壁上的力。水静压力随水的深度线性变化。自由面处的水静压力为 0，容器底面处的水静压力为 $\rho g h$。容器内壁上的**压力分布**见下图的三角形。压力总是垂直于容器的表面。压力的水平分量沿容器一周相互抵消。不过，存在一个竖直方向的净作用力。左侧容器受到的净作用力向下，右侧容器受到的净作用力向上。正是这两个净作用力（从未见过这类问题的同学往往会忽视它们）导致了天平的失衡，倾斜方向与根据重量分布得出的方向相同。当然，如果我们对两个容器所受到的压力进行积分，则得出的非平衡力与水的重量差完全相同。两种方法是等效的。

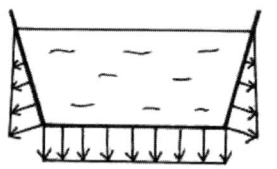

## 13.7 活塞演算题 ★

　　一块中间开孔的厚钢板紧贴内壁放置在一个圆柱缸内，并进行无摩擦密封，活塞可以上下运动。活塞上安装有一个高度为 $h=10$ m 的细管（两端均敞开）并进行了密封。活塞和管子共重 1 吨，活塞的直径为 $D=1$ m。初始时活塞底面距离圆柱缸内底面的距离为 $d=0.1$ m。保持活塞在这一高度，并从竖管的上开口灌水，直至活塞下面的空间及 10 m 高的管子内部均注满水。之后放开活塞，接下来将会发生什么？

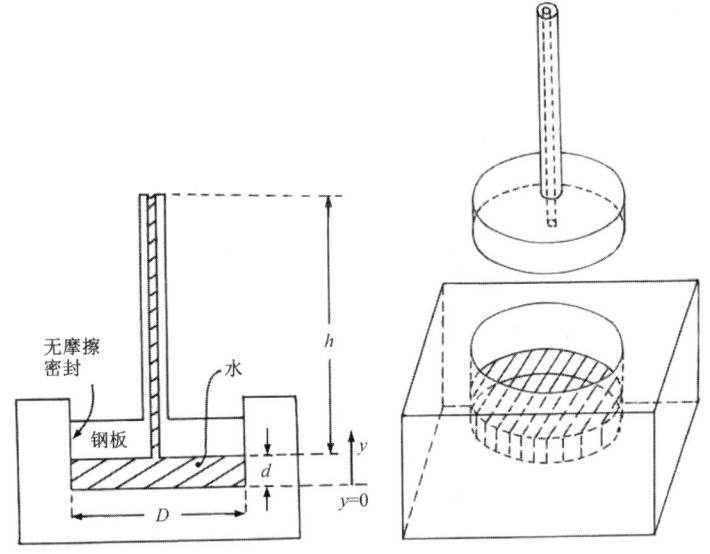

### 解答

　　本书中应用演算题并不多，不过能够像解决抽象题或理想化问题一样解决应用题，是非常有用的。特别是工程类学生，能够通过粗略计算解释实际物理系统的行为非常重要。

　　将活塞从静止状态释放后，存在两种可能性。第一种可能性是板子太重，把圆柱缸里所有的水都挤出管子，它到圆柱缸底的距离也由

$d$ 变为 0，形成一道喷泉。第二种可能性是管子里水的高度由 $h$ 降至 $h'$，活塞到圆柱缸底的距离也由 $d$ 增长为 $d+\delta_d$，其中 $\delta_d$ 为一个很小的增量。本题中出现的是第二种可能性，证明很简单，下面我们将会给出。

考虑下图。令 $h'$ 表示水在管子中的平衡高度。亦即，活塞被释放后水面最终达到的高度。我们注意到在这一平衡位置，$A$ 和 $B$ 均暴露在大气压下。所以，两处的压强均等于大气压：$p_A = p_B = P_{atm}$。$A'$ 处的压强大于 $A$，因为水管中水的静压。我们记：

$$p_{A'} = p_a + \rho g h' = p_{atm} + \rho g h'$$

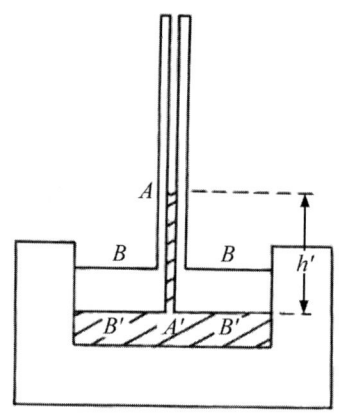

现在来考虑 $B'$。除了承受大气压，$B'$ 处的压强还要支撑钢板的重量。我们记：

$$p_{B'} = p_B + \frac{Mg}{A} = p_{atm} + \frac{Mg}{A}$$

其中 $M$ 为钢板的质量，$A$ 为钢板的面积，而 $g$ 为单位重量所受到的重力。

而 $p_{A'} = p_{B'}$ 是本题的一个平衡条件，否则水将从 $A'$ 流向 $B'$ 或相反。所以我们有平衡条件：

$$p_{A'} = p_{B'}$$

$$p_{atm} + \rho g h' = p_{atm} + \frac{Mg}{A}$$

将各数值代入上式，即：$M = 1000$ kg，$A = \dfrac{\pi D^2}{4} = \dfrac{\pi}{4}$ m²，$\rho \approx$

$1000 \text{ kg/m}^3$，可得：

$$h' \approx \frac{4}{\pi} \text{ m}$$

所以说，需要高于水与钢板接触面的水的高度近似为 1.3 m。而系统是从初始高度 10 m 处由静止状态释放的。所以，我们设想的喷泉不会出现，相反，管子里的水会从 10 m 降至 1.3 m，同时将钢板顶起来一点点。当然，这就是液压千斤顶和液压油缸的工作原理。有些较大的活塞通过细管提供液压缓慢推动活塞。活塞产生的巨大推力可以升降重物。仓库里经常可以见到这种装置，即用来升降货物的叉车。

## 13.8 漂浮的柱子★★★★

我真的很喜欢这个问题，过去数年里一直喜欢让学生们解这道题。我是在与朋友喝咖啡时琢磨出的这道题。与很多好的问题一样，这道题之前肯定也以不同的形式被问过很多次。我曾问过不少大学生这道题，发现大多都能凭直觉找到解题方法，但要严格地解出来却要花上一些时间。其中涉及的数学知识相对比较直观，但计算却很冗长。我发现在一些特殊情况下这道题可以给出代数解——我考查学生们的正是这些情况——但也要给他们诸多解题方法上的提示和标准答案以加快他们的解题速度。结果有点令人吃惊，学生们似乎也喜欢这一结果……后来我发现这道题源远流长。沃尔特·里德曾就这一题目写过一篇不错的文章[1]，他来自美国海军军械实验室[2]，写这么一篇文章也理所应当。在 1963 年发表的这篇文章中他对这道题的提出方式与我略有不同，但原理相同。文章开头他写道：

---

[1]　原文注：Reid W. P.，1963，"Floating of a long square bar"，American Journal of Physics，Volume 31，Number 8，August 1963，pp. 565—568.

[2]　原文注：位于马里兰州的银泉，坐落在一处偏僻的农场上，由美国水雷实验室和美国试验弹药站结合而成。二战末期建起的这个实验室是为了研究地雷和反地雷技术，当然还有别的任务。

　　有时候老师会让学物理的学生计算匀质物体如何在水上漂浮。这道题比我们最初设想的更复杂。

　　在文章的末尾他写道：

　　　　这道题充分证明了一个人的直觉是多么容易出错。

　　里德从能量最小化的角度出发考查该问题，我构思这道题时也是这么想的。近来发表的文章表明它仍是一个大家感兴趣的题目。在1987年发表的文章《浮板》中①，罗伯特·德尔布戈考虑的情形比里德考虑的更具普适性，并称之为**稳心问题**。德尔布戈也想给我们留下深刻印象，他写道：

　　　　尽管大家都认为水静力学比较容易，但其中有些方面还真就不那么容易，即浮体平衡态的确定。

　　本尼·朗图在《连续物质物理学》②一书中很好地介绍了稳心③方法的运用。这种方法的运用并不是很重要，这里我们不打算介绍。

　　无需赘言，现在回到问题上来。将一根横截面为正方形的长柱子放入水中，柱子具有一致的密度 $\rho$，而水的密度为 $\rho_w$。系统的势能最

---

　　① 原文注：Delbourgo, R., 1987, "The floating plank", American Journal of Physics, Volume 55, pp. 799—802.

　　② 原文注：Lautrup, B., 2005, "Physics of continuous matter: exotic and everyday phenomena in the macroscopic world", Institute of Physics Publishing Ltd., ISBN 0 7503 0752 8.

　　③ 原文注：稳心是一个假想点，在浮体相对于平衡位置发生位移时，可把浮体看作相对于稳心悬挂着，就像单摆一样。显然，重心位于浮力中心之上时仍存在稳定的平衡，大多数船只都这样。这是因为重心位于稳心之下，船体的外形就具有这种特征，以保证横摇时能产生巨大的回复力矩。

小时柱子达到稳定的平衡点。重心 $G$① 位于浮心 $B_T$② 之上最低的位置时满足该条件。考虑两个解：

- 解 $A$：柱子的上表面与水面平行；
- 解 $B$：柱子的上表面与水面成 45°夹角。

取 $\frac{\rho}{\rho_w}$＝0.2、0.5 和 0.8 中的任何一种(或多种)情况，考虑 $A$ 和 $B$ 哪个解的势能更低，更有可能是稳定解。③ 假设柱子的中轴线保持水平。

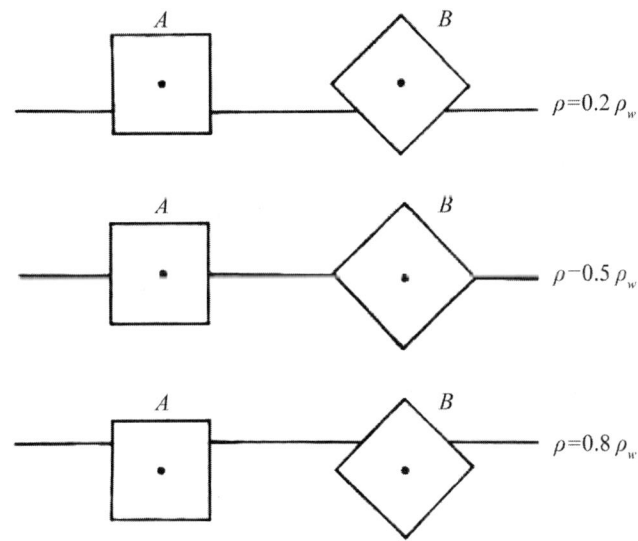

———————————

① 原文注：重心为可将重力视为作用于其上的一点(通常位于物体内部，但也有例外)。在一致引力场中，重心与质心重合。

② 原文注：浮心为物体所排开的水的重心。

③ 原文注：这里的遣词造句是很慎重的。并不一定势能更低的那个解就是唯一解。很可能存在不止一个亚平衡点(在这类问题中非常普遍)。事实上，小艇就存在两个亚稳态，一个是正常状态，另一个是底朝上状态。如果小艇横摇超过失稳角(典型值是偏离竖直方向120°，亦即桅杆位于水下)，通常会翻不过来！

## 解答

首先考虑 $\dfrac{\rho}{\rho_w}=0.8$ 这一情形。柱子有 $1/5$ 位于水面以上。那么，取柱子正方形截面边长为单位 $1$，并先假设解 $A$ 更稳定，可以看出，超出水面的高度为 $y=\dfrac{1}{5}$。而重心 $G$ 位于正方形截面最高点下方 $Y=\dfrac{1}{2}$ 处。所以 $G$ 位于水线以下 $Y-y=\dfrac{1}{2}-\dfrac{1}{5}=\dfrac{3}{10}$ 处。

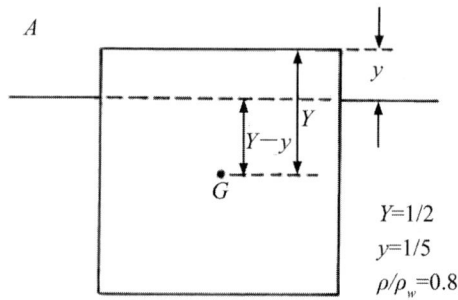

现在来考虑正方形横截面的浮心 $B_T$。浮心为所排开液体的有效重心。所以我们只考虑水线以下 $G$ 的部分。我们把水线以下的部分再分成两部分考虑。第一部分相对于 $G$ 是对称的，所以浮心 $B_1$ 与 $G$ 位置相同，位于水线以下 $Y-y$ 处。这部分的面积(或者说单位厚度的柱子的体积)为 $2(Y-y)$。第二部分的面积(相当于水面以上部分的像)为 $y$，其浮心 $B_2$ 位于水面以下 $2(Y-y)+\dfrac{1}{2}y$ 处。

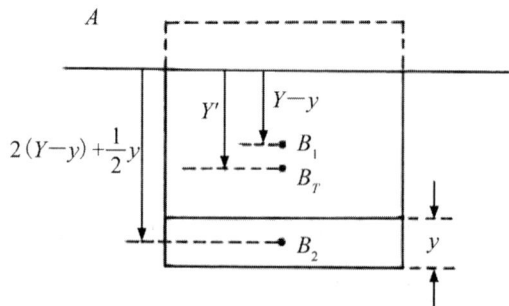

我们用 $Y'$ 表示总浮心 $B_T$ 到水线的距离。通过对浮心 $B_1$ 和 $B_2$ 进行面积加权可以计算出这一距离。该问题（相对于竖直轴）的对称性使我们免去了进一步的复杂计算。于是有：

$$Y'[2(Y-y)+y]=2(Y-y)(Y-y)+y\left[2(Y-y)+\frac{1}{2}y\right]$$

重组上式，并代入 $Y$ 和 $y$ 的值，可得浮心到水面的距离：

$$Y'=\frac{4}{10}$$

而重心 $G$ 到水面的距离为 $\frac{3}{10}$，所以在本例中，$G$ 位于 $B_T$ 之上 $\frac{1}{10}$ 处。该距离代表了这一情形的势能。

现在来考虑情形 $B$，即柱子的表面与水面成 $45°$ 夹角。正方形截面位于水面上的比例不变。考虑水线以上的三角形，要求 $y^2=\frac{2}{10}$，或者说 $y=\frac{1}{\sqrt{5}}$。从几何构型可以看出，$G$ 位于正方形横截面最高点以下 $Y=\frac{1}{\sqrt{2}}$ 处。所以，$G$ 位于水线以下 $Y-y=\frac{1}{\sqrt{2}}-\frac{1}{\sqrt{5}}$ 处。

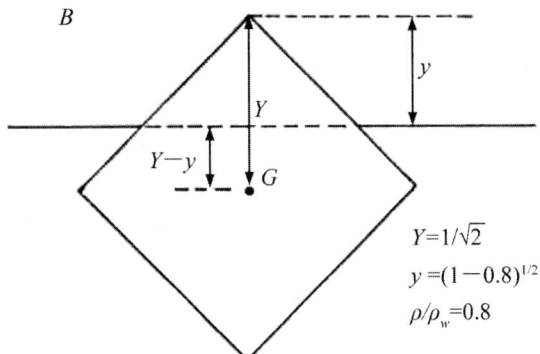

$Y=1/\sqrt{2}$

$y=(1-0.8)^{1/2}$

$\rho/\rho_w=0.8$

再来考虑浮心 $B_T$ 的位置。我们将水线以下的部分分成两部分。第一部分相对于 $G$ 对称，且浮心 $B_1$ 与 $G$ 位置相同，位于水线以下 $Y-y$ 处。这部分的面积（或者说单位厚度的柱子的体积）为 $1-2y^2$。第二部分的面积（相当于水面以上部分的像）为 $y^2$，其浮心 $B_2$ 位于水

面以下 $2(Y-y)+\dfrac{1}{3}y$ 处。这里我们用到了一个事实：三角形的浮心位于底边向上高的 1/3 处。

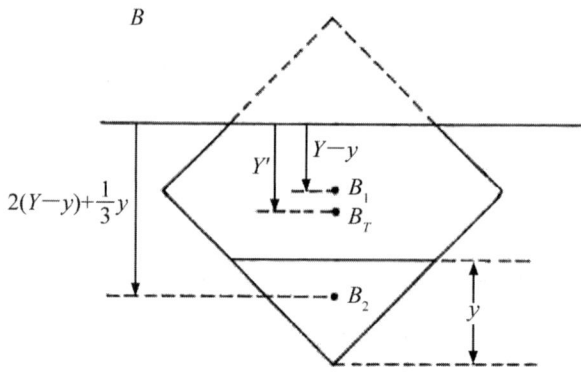

同样我们用 $Y'$ 表示总浮心 $B_T$ 到水线的距离。通过对浮心 $B_1$ 和 $B_2$ 进行面积加权计算出这一距离：

$$Y'[1-y^2]=(1-2y^2)(Y-y)+y^2\left[2(Y-y)+\frac{1}{3}y\right]$$

代入 $Y$ 和 $y$ 的值，可得：

$$Y'=\frac{5}{4\sqrt{2}}-\frac{7}{6\sqrt{5}}\approx0.3621$$

而重心 $G$ 到水面的距离为 $Y-y=\dfrac{1}{\sqrt{2}}-\dfrac{1}{\sqrt{5}}\approx0.2599$，所以在本例中，$G$ 位于 $B_T$ 之上 $Y'-(Y-y)=0.3621-0.2599=0.1022$ 处。该距离代表了这一情形的势能。

总之，情形 $A$ 中 $G$ 位于 $B_T$ 之上 1/10 处。而在情形 $B$ 中这一距离增大为 0.1022。对于密度比 $\dfrac{\rho}{\rho_w}=0.8$ 来说，情形 $A$ 的势能比情形 $B$ 更小，所以也更稳定。

现在来考虑 $\dfrac{\rho}{\rho_w}=0.5$ 这一情况。我们将重复上面的分析。柱子有 1/2 位于水面以上。我们先假设解 $A$ 更稳定，可以看出，超出水面的高度为 $y=\dfrac{1}{2}$。而重心 $G$ 位于正方形截面最高点下方 $Y=\dfrac{1}{2}$ 处。所以

$G$ 到水线的距离为 $Y-y=\dfrac{1}{2}-\dfrac{1}{2}=0$，即重心落在水线上。

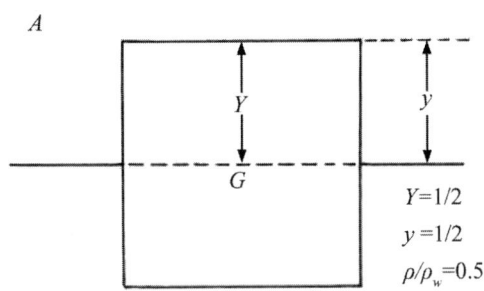

现在来考虑正方形横截面的浮心 $B_T$。本例中的计算很简单。浮心 $B_T$ 位于水线以下 $Y'=\dfrac{y}{2}=\dfrac{1}{4}$ 处。所以 $G$ 位于 $B_T$ 以上 $\dfrac{y}{2}=\dfrac{1}{4}$ 处。

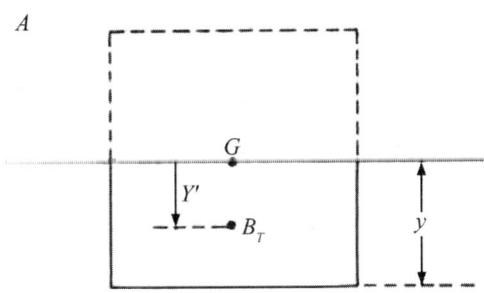

现在假设情形 $B$ 更稳定。正方形截面有 $1/2$ 位于水面以上，位于水面以上的高度为 $y=\dfrac{1}{\sqrt{2}}$。重心 $G$ 位于正方形横截面最高点以下 $Y=\dfrac{1}{\sqrt{2}}$ 处。所以，$G$ 到水线的距离为 $Y-y=\dfrac{1}{\sqrt{2}}-\dfrac{1}{\sqrt{2}}=0$。重心再次落在水线上。

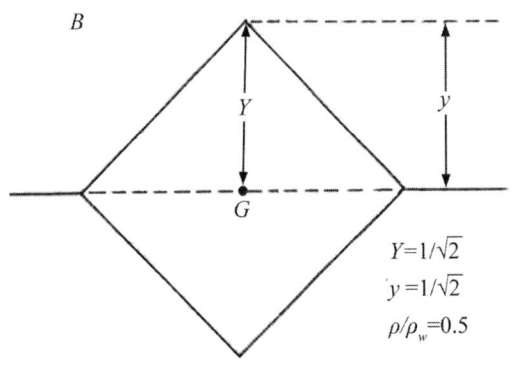

再来考虑浮心 $B_T$ 的位置。利用三角形的几何中心公式（愿意的话你可以轻易给出证明），可得 $Y' = \dfrac{y}{3} = \dfrac{1}{3\sqrt{2}}$。也就是说，$G$ 位于 $B_T$ 以上 $\dfrac{1}{3\sqrt{2}}$ 处。

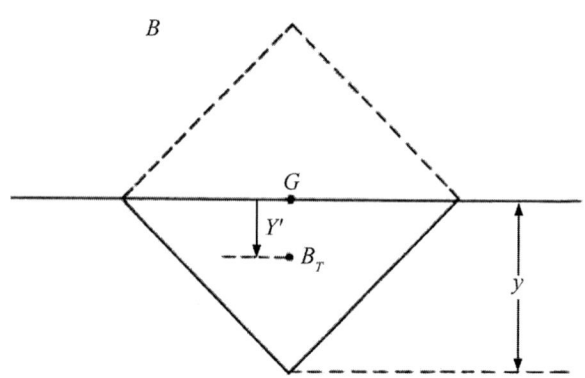

总结一下，情形 $A$ 中 $G$ 位于 $B_T$ 以上 $\dfrac{1}{4}$ 处，情形 $B$ 中这一距离减小为 $\dfrac{1}{3\sqrt{2}}$，近似为 $0.2357$。这表明，对于 $\dfrac{\rho}{\rho_w} = 0.5$ 这一情况来说，情形 $B$ 更稳定，这一结果与 $\dfrac{\rho}{\rho_w} = 0.8$ 时不同。很容易就可以证明，$\dfrac{\rho}{\rho_w} = 0.2$ 时的结果与 $\dfrac{\rho}{\rho_w} = 0.8$ 时相同，即情形 $A$ 更稳定。

对于三种密度比来说，最稳定的构型如图：

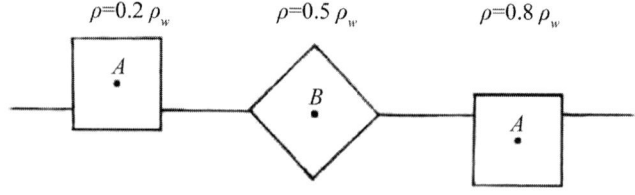

是否出乎你的意料之外？我想是的，除非你的直觉非常非常准。

再回到里德，他在文章的结尾如此写道：

这道题很好地证明了大家的直觉是多么容易出错。如果

370

你读过一些物理教材，就会发现有些优秀的物理学家都先入为主地假定木块漂浮在水面上时总会有一面平行于水面，同时还会认为求木块超出水面的高度的问题很简单，在章节末尾收录相应的题目。

他说对了。翻看中学基础物理教材，以及连续介质力学方面的本科教材，你会发现忽略了能量最小化效应的题目。德尔布戈通过考虑稳心也解答了相同的问题，并评论道：

> 或许令人吃惊的是，这么一道简单的练习题解答起来却很复杂。这道题只是用来强调一般说来稳心问题都很微妙。

一位朋友阅读了本书原稿后告诉我，20 世纪 90 年代早期大学入学考试时他碰到了类似一道题，只不过是关于管子的。管子的问题更难一些。朗图的书中做了精彩的讨论——值得一读。

## 进一步讨论

值得注意的是，问题中有两个细节我们没有提到。事实上，为了简化计算过程，我们提问的方式非常特别："A 和 B 哪种情形……更可能是稳定解。"如果我们的问题是证明何为**最稳定解**则会复杂很多。密度比在 1/4 和 9/32 之间的话 0° 到 45° 之间存在最小势能解，这点是不是让你感到多少有点震惊？在这一密度比区间，相对于水平方向的偏离角 $\theta$ 的解具有下述形式：

$$\sin 2\theta = \frac{16\dfrac{\rho}{\rho_w}}{9 - 16\dfrac{\rho}{\rho_w}}$$

这个解通过相对于重心零扭矩这一条件就可以得到，同时这也是

系统势能达到最小的条件。对于相对应的密度比区间，即 23/32 到

3/4，也存在类似的解。$\theta$ 与 $\dfrac{\rho}{\rho_w}$ 之间的关系图如下所示：

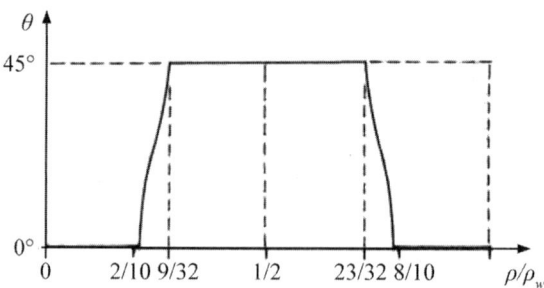

我想提出最后一个问题，检查你是否对现在讨论的东西有很好的

物理感觉。这个问题与前面讨论的条件 $\dfrac{\rho}{\rho_w}=0.5$ 有关。对于 $\dfrac{\rho}{\rho_w}=0.5$

来说，$A$ 和 $B$ 两种情形都有 $G$ 到水线的距离为 $Y-y$。我们已经证明，

情形 $A$ 比情形 $B$ 更稳定，因为势能 $Y'-(Y-y)$ 更小。但为什么势能

就是最好的度量标准呢？我们可以说引入柱子时水面的高度没有发生

变化，我们应该将柱子（相对于任意参考点）的势能最小化。为使柱子

的能量最小化，我们希望 $G$ 位于水线下的深度 $Y-y$ 最大化。但对于

$A$ 和 $B$ 两种情形来说，相对于水面的这个能量均为 $0$。两种情形都不

是最好的。按照这一逻辑，我们可以给出结果与前面的分析**不同**的其

他例子。比如，对于 $\dfrac{\rho}{\rho_w}=0.2$ 这一条件来说，使 $Y'-(Y-y)$ 更小的解

却有**更大**的势能。尝试给出证明。我们如何将这两种论证统一起来？

问题在于我们不能简单地将柱子的势能最小化——我们需要将水和柱

子构成的系统的势能最小化。

　　考虑下述论证。柱子最初位于任意高度 $h$ 处，且不断下降，直至**系**

**统**达到最低能量状态柱子才静止下来。我们定义此条件满足时柱子的重

心位于水面以下 $Y''$ 处。柱子的势能变化量为 $\Delta P_{E_1}=(-h-Y'')Mg$，其

中 $M$ 为柱子的质量。势能的变化量为负值，意味着柱子在损失能量。

那么水呢？被排开的水的重量与柱子的重量相同。水被排向自由面。

所以这部分水的高度的平均变化量就等于浮心 $B_T$ 到自由面之间的距离 $Y'$。水所获得的势能为 $\Delta P_{E_2} = Y'Mg$。

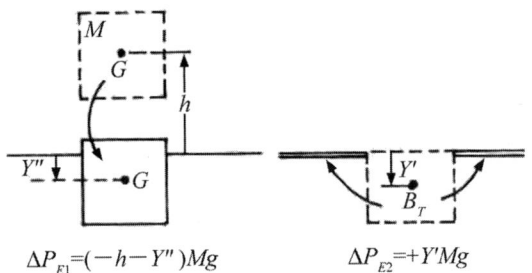

$$\Delta P_{E1} = (-h - Y'')Mg \qquad \Delta P_{E2} = +Y'Mg$$

$$\frac{\Delta P_{ET}}{Mg} = Y' - Y'' - h$$

系统势能的总变化量，以柱子的重量来衡量的话就是：

$$\frac{\Delta P_{E_T}}{Mg} = \frac{\Delta P_{E_1} + \Delta P_{E_2}}{Mg} = Y' - h - Y''$$

这一函数达到最小值时系统的势能最小。我们可以忽略任意的初始高度 $h$，因为它是一个常量。所以只需 $Y' - Y''$ 取最小值。换句话说，要求的是浮心与重心之间距离的最小值。我们最开始的约束条件是对的。

# 第 14 章
## 估算

我真的很喜欢估算问题，或者说粗算问题。一系列涉及计算的原理都有相应的估算问题，而且在物理学和工程测试中也很常见。奇怪的是，工作面试中也会问到这样的问题，特别是自认为"自由想象"的公司。

我记得多个夏夜，我与一些物理本科生一起坐在朋友的屋子里，喝着咖啡，眺望着草坪外的远方，仅仅为了找乐子而做估算题。这一游戏有两个阶段。首先，我们仅仅通过直觉猜想手头问题的答案，然后进行比对。在这一阶段，你必须假装对自己的猜想非常有信心，而对所有其他人的猜想都非常怀疑，以增强自己的说服力。这没什么，我们每个人猜想正确的次数都一样少。之后我们再独立地估算答案，通常还没有纸和笔。这可能需要点时间，因为我们通常得先规划一下如何做计算。那时正是互联网改变一切的前夕。所以，如果我们需要一些重要但又不好记的数值时，估算就不那么容易了，其中一个人必须去图书馆查工具书或数表，带回比如玻利维亚的人口、铀的密度这样的数据。做完估算后我们会进行对比。通常我们会惊讶于估算的结果如此接近，尽管我们采用的方法不同。

通过估算我们发现，默顿学院①板球场里的草叶没有全球人口多，如果我们把学院图书馆里的书均分给英国每一个人，则每人可分到1/3页。② 我们还估算出了需要学院里多少间屋子才能储存全球所有的黄金——本书中就收录了这道题。

举目望去，任何地方都有可估算之处，而且知道如何估算也很有用。就在最近，有人告诉我沙特阿拉伯已经开始建造王国塔（Kingdom Tower）了。完工后的王国塔高度超过 1 千米。有人揣测，把水泵上去将需要巨大的能量。我思考了一会儿，算出了平均每人每年所需要的电能。听到这一数字后她惊讶地看着我："你怎么知道的？"我说我刚估算的，但相当精确。她充满怀疑地看着我。我得把所有的计算步骤呈现给她，以证明刚刚真的只做了心算。

大多数日常所见都可以轻易进行估算，而且估算结果还相当准确。对于认真考虑做科学家的同学来说这一点非常重要。真心不想说的是，经常有受过高中科学教育的学生无法——粗略地——估算出感兴趣的物体的大小、长度、重量等等参数，我很震惊。他们通常耸耸肩，说："我不知道。"但我们应该有些概念。希望你会喜欢本章所选的这些题目。它们都是根据这些年我听说过的一些更不常见的问题，或者我自己喜欢的问题演绎出来的。有些问题需要用到一些偏僻的数值，如果你不能准确地估算这些数值的话就需要查一下数表，或者问一下老师。不知道具体数值没什么。找到解题**方法**的能力才重要。

----

① 原文注：默顿学院板球场每边大概200码宽，而每平方英寸约有50片草叶。这样整个板球场就有 $50 \times 12^2 \times 3^2 \times 200^2 = 2.6 \times 10^9$ 片草叶。这个数字相当于 20 世纪90年代中期全球人口总量57亿的一半（现在全球人口已经超过了70亿）。我仍记得那个夏末，越过板球场凝视远方时心想，这得多少人啊！要是全世界的人都肩并肩站在一起，又该是多么壮观！

② 原文注：图书馆墙壁共有 300 m 长，墙边的书架6层高。500 张纸约5 cm厚，所以图书馆里的图书共有 $(300 \times 6 \times 500) \div 0.05 = 1.8 \times 10^7$ 张纸，当时英国人口为5800万，所以平均下来每人合 1/3 张纸。

## 14.1 英里高塔★

伟大的美国建筑师弗兰克·劳埃德·赖特（Frank Lloyd Wright）可能并不是第一个构想一英里高建筑的人，但很可能是第一个认真做方案设计的人。他 1956 年设计的摩天大楼"伊利诺伊斯"共有 528 层，比帝国大厦高 4 倍。上下楼需要借助 76 部"核动力"电梯（天呐！）的伊利诺伊斯没有建起来，而且当时似乎也不具备相应的技术。

近 60 年后，迪拜的哈里发塔（Burj Khalifa）夺得了人类史上最高建筑的头衔。2010 年建成的哈里发塔高 829.8 m。虽然已经很高了，但还只有一英里的一半。

目前沙特阿拉伯吉达在建的王国塔最初的设计是一英里高，出自哈里发塔的设计者之手。但当地的地质不适合建这么高的建筑，王国塔的高度只好降了下来。当前的设计高度仍处于高度保密状态，但据称超过 1 km，刷新摩天大楼的纪录。

目前建筑界似乎对英里高建筑的技术可行性已不存在太多争议——剩下的只是资金问题。考虑到过去 10 年里摩天大楼的大爆发，未来数年也充满了想象。

引言中我提的有人怀疑把水泵至一英里高处将需要巨大的费用。本题的目的是计算是否真得这样。试估算为居住在一英里高塔塔顶的一个人供水每年需消耗多少电能。

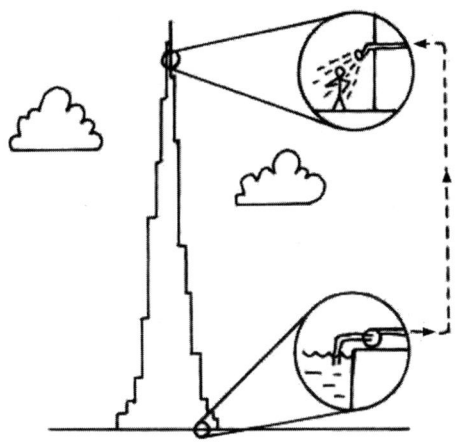

## 解答

当然，我们得假定讨论的是当前的经济和能量环境。目前英国的电价约为每度 15 便士。有理由相信同学们估算出的电价不超过真实电价的两倍。电是一项重要的日常开支，也是经济的最重要的驱动力之一。现在我们来计算为一个人供水每年需要多少电。

首先我们需要计算一个人一天的用水量。我们可以画一张草表，每个人填的内容可能会略有不同。但相差不会超过两三倍。我粗略估算如下：

|  | 每天次数 | 单次用水量/L | 总用水量/L |
|---|---|---|---|
| 冲厕所 | 5 | 10 | 50 |
| 冲澡 | 2 | 25 | 50 |
| 洗衣服 | 1/3 | 60 | 20 |
| 洗碗 | 1 | 20 | 20 |
| 杂项 | 1 | 10 | 10 |
| 合计 |  |  | 150 |

我们估算一个人每天的用水量为 150 L（或 150 kg）。现在我们可以估算将这些水泵至一英里高处所需要的电量了。一英里约等于

1.6 km，或1 600 m。所需要的能量等于水所获得的势能 $mgh$，再除以水泵的总效率。我们取比较保守的电效率值 $\eta_E = 0.5$ 和机械效率值 $\eta_M = 0.5$，于是，每天所需的总电量即为：

$$E = \frac{mgh}{\eta_E \eta_M}$$

将 $m = 150$ kg、$g \approx 10$ m/s$^2$ 和 $h = 1600$ m 代入上式，可得 $E = 9.6 \times 10^6$ J。这个数字看起来很大，但考虑一度电所代表的能量你就不会有这种感觉了。一度电等于 $3.6 \times 10^6$ J，所以我们需要 2.67 度电把一个人的用水泵至一英里高塔的塔顶，每天的电费约为 40 便士，每年约为 146 英镑。这并不是小数目，但也没有大到惊人。实际上只相当于典型的牛津水费的 1/3。从总体上来讲这点电费可以说微不足道。

迪拜的哈里发塔已经刷新了摩天大楼的高度，有可能不久会被吉达的王国塔超越（高度超过 1 km）。聪明的投资者认为未来数年人类会建得更高。近来发表在《城市技术期刊》上的一篇文章预测：[①]

从技术上来讲，现如今有可能建造一英里高（1.6 km）的建筑物——尽管还有高强度材料、消防、电梯系统等相关的挑战，特别是施工能力方面的挑战需要克服。建筑物高了，细长比（高度宽度比）也会增加，且对风异常敏感，所以居住并不舒适。为了克服这些问题，可将底部加宽以抵消细长比的影响，或者在不同的楼层搭桥把几座塔连接起来以相互加强。会不会有一天能建造高于一英里的摩天大楼？很有可能。自 1885 年芝加哥建造了 10 层高的家庭保险大楼（Home Insurance Building）以来，直到 2010 年完工的 828 m 高的哈里发塔，我们已经走过了很长一段路。建筑物的高度还会以这种速度增加吗？我们无从知晓，目前也无法揣测，但我们无

---

① 原文注：Al-Kodmany, K., 2011, "Tall buildings, design, and technology: visions for the twenty-firstcentury city", Journal of Urban Technology, Vol. 18, No. 3, pp. 115—140.

法保证这点绝不会发生。我们知道的是，通过创造和梦想克服障碍是人类的本能。这就给未来的云景塔提出了基本的哲学和道德问题。

所以说，未来的摩天大楼可能会令今天的最高建筑相形见绌。人们对超高建筑有不同的看法，但我觉得它们宏伟、迷人。我期盼未来的英里高大楼。

## 14.2 我们还能活多久？★★

20 世纪七八十年代，一位好友喜欢在牛津大学化学系入学面试上问申请学生这个估算问题。当时他是物理化学课教授，正在研究麻醉和潜水所涉及的氧气和其他气体的呼吸吸收。他应该有两下子，因为他的一个学生获得了诺贝尔化学奖。

这个问题需要你知道基本的生理学、化学和物理学知识，高中水平即可。任何对我们周围的世界感兴趣的人都应该大体知道所需的基本量。问题如下：

屋子里有三个人，假设屋子完全密封，这三个人能活多久？

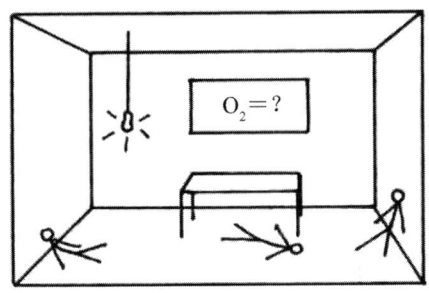

**解答**

我们首先来估算屋子的大小。比如说，一间普通办公室的容积为

$V=5 \text{ m} \times 4 \text{ m} \times 3 \text{ m} = 60 \text{ m}^3$。现在来考虑一些基本的生理学内容。健康成人的**潮气量**约为 500 mL，或者说 $v=0.5 \times 10^{-3} \text{ m}^3$。这一数字代表了我们一次呼吸中吸入和呼出的空气量。我们应该有过吹聚会气球的经验，从中可以发现这一点。我们大约每四秒钟呼吸一次，所以频率是 $f=\dfrac{1}{4}$。房间里有 $n=3$ 个人，这样就有了以体积表示的总呼吸速度：

$$Q = fvn = 3.75 \times 10^{-4} \text{ m}^3/\text{s}$$

现在考虑更多的生理学知识。空气中氧气的体积占比约为 21%。正常情况下我们呼出的空气中约有 16% 的氧气和 5% 的 $CO_2$。所以每次呼吸会用掉所呼吸氧气的 5/21。利用这些信息我们可以算出按照正常的 $O_2$ 消耗速度，需要多长时间可以消耗掉房间里的所有氧气：

$$t_1 = \frac{V}{Q\left(\dfrac{5}{21}\right)} = 672\,000 \text{ s} \approx 7.8(\text{天})$$

按照这个估算结果似乎一段时间内我们还会好好的——至少有足够的时间拉响警报。不幸的是这个结果并不代表我们可以存活的时间上限，因为我们不能用完房间里 100% 的 $O_2$。

在珠穆朗玛峰(海拔 8 848 m)，空气中的氧含量约为海平面的1/3。很多年来我们都认为没有辅助供氧的话在这一高度是无法存活的。基于这一原因，人们把海拔超过 8 000 m 的区域称为**死亡区**。但是 1975 年莱茵霍尔德·梅斯纳尔(Reinhold Messner)和彼特·哈伯勒(Peter Habeler)在没有氧气瓶的情况下爬上了加舒尔布鲁木一号峰(海拔 8 080 m)，然后于 1978 年在没有氧气瓶的情况下爬上了珠穆朗玛峰。登山者和生理学家都被他们震惊到了，因为他们表明，一小部分人可以在如此低的氧气浓度下存活几天时间。之后又有一小部分人重复了他们的壮举。他们都是精英登山者和夏尔巴人，可能他们的生理机能与众不同。

假设我们在理想情况下可以用掉房间里 2/3 的氧气，则存活时间则降至：

$$t_2 = \frac{2}{3} t_1 = 5.2 \, (\text{天})$$

我们仍有时间来思考自己的命运。不过，还有一个生理学细节我们没有考虑。实际上，$CO_2$ 是有毒的。少量的 $CO_2$ 会改变血液的 pH，并刺激呼吸节奏加快，但大量的 $CO_2$ 会杀死我们。没有理由期望我们知道多高浓度的 $CO_2$ 会杀死我们——实际上这是医生而非未来的物理学家、数学家和工程师的工作，你们有更重要的东西需要牢记。不过，我们可以猜想，有毒的 $CO_2$ 浓度与正常情况下我们呼出的 $CO_2$ 浓度相当：约 5%（按体积算）。[①] 这样，我们可存活的时间就只剩下：

$$t_3 = \frac{V}{Q} = 1.9 \, (\text{天})$$

## 14.3 迈达斯的藏金屋★

黄金在人类历史上所发挥的重要作用，比如说几千年来用作国际货币，主要源于它的稀缺性，想想就很奇怪。这是一大遗憾，因为如果黄金的纯粹人为定价不是这么高的话（这种定价并非基于更基础的价值，比如说在工业上的应用），它将会是一种很有用的普通工程材料。它的特性包括极具延展性、耐腐蚀性，还具有高反射率和高电导率。人类历史上开采的黄金近一半来自于南非的威特沃特斯兰德盆地，据信 20 亿年前一颗巨大的小行星撞向这里，留下了弗里德堡陨石坑，掀出了富含金矿的更古老的岩石。人们认为，现在地壳中所含的黄金，很多都是地球诞生很久之后由陨石造成的。原始地球诞生（据估在 45 亿年以前）过程中出现的大多数金子因为密度大都沉在了地核里。

有记录以来开采的黄金总量据估为 170 000 吨。储存这么多黄金需要多少间普通办公室大小的屋子？

---

① 原文注：致命的 $CO_2$ 浓度在 7%～10%，这一浓度的 $CO_2$ 会导致窒息，通常在几分钟的时间里就会造成意识丧失。$CO_2$ 浓度高于 1% 就会导致头痛和困倦。

## 解答

前面我们估算过普通办公室的大小约为 $V=5 \text{ m} \times 4 \text{ m} \times 3 \text{ m}=60 \text{ m}^3$。对元素周期表有所了解的同学应该知道黄金的密度确实非常大。取整数的话就是 $\rho = 19 \times 10^3 \text{ kg/m}^3$。储存所有开采出来的黄金需要的存储空间为：

$$V_G = \frac{170 \times 10^6}{19 \times 10^3} = 8\ 947 \text{ m}^3$$

那么需要多少间办公室呢？利用前面的数据可得：

$$\frac{V_G}{V} = \frac{8\ 947}{60} = 149\ \text{间}$$

考虑到黄金在历史上发挥过的巨大作用，以及人们为了开采这些黄金所付出的努力，再想想只需要全球每个国家一间办公室就可以储存这些黄金，会不会觉得奇怪？

## 14.4 拿破仑·波拿巴与大金字塔★

按照标准年表，吉萨大金字塔建于公元前 2560 年前后，以纪念埃及的胡夫法老。它位于现在的开罗外围，尼罗河西岸，据信建造金字塔所用的很多石材就是经由尼罗河运来的。金字塔真的很大，近147 m高，正方形基底边长 230 m。惊人的是，在近 3 900 年的时间里它一直是最高的人类建筑。直到 1311 年它的高度才被林肯大教堂上的尖塔超越。

多年来很多伟大的领导人都拜访过埃及的金字塔，其中就包括法国军队领导者、后来又自称法兰西皇帝的拿破仑·波拿巴。1798 年他率领由数百艘船和数万士兵构成的军队占领了埃及。他打算把西方文明带给埃及这个曾经拥有比欧洲任何国家都先进的文明的国家。

两个人们经常讲起的小故事是关于拿破仑出征埃及的，均与大金字塔有关。其一讲的是拿破仑独自在法老的墓室待了一晚上（当然一夜无眠），期间看到了对他影响至深的东西，但他直到去世都死守着这个秘密。这个故事存疑。第二个故事讲的是工程与数学，且为更多的历史撰写者所接受。保罗·斯特拉森（Paul Strathern）在《拿破仑在埃及》[①]一书中详细记录了这个故事。据说参观吉萨金字塔时为了娱乐自己，让他的随员比赛看谁第一个爬上金字塔塔顶，其中还包括一位 53 岁的数学家。当气喘吁吁的随员们下来后，拿破仑显然已经对比赛失去了兴趣，转而宣称金字塔所用的石头足以"绕全法国建起一道高 3 m、宽 1 m 的墙"。估计数学家赞同拿破仑的说法，因为反驳需要很大的勇气。

设吉萨大金字塔底部为边长 230 m 的方形，高度为 147 m，试估算金字塔的石头是否足以绕全法国建起一道高 3 m、宽 1 m 的墙。拿破仑和他的数学家是对是错？

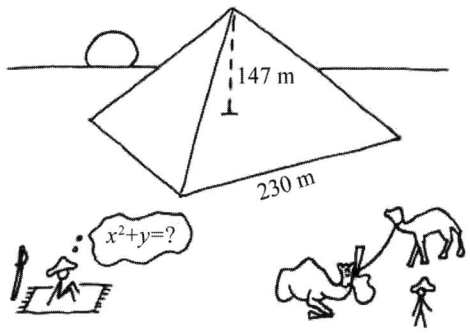

---

① 原文注：Strathern, P., 2007, "Napoleon in Egypt：the greatest glory", Jonathan Cape Ltd., ISBN−10：0224076817.

## 解答

首先我们计算吉萨金字塔所有的石头量。对于底边宽为 $b$、高度为 $h$ 的正金字塔，可以通过积分计算体积 $V_P$。任意高度 $y$ 处的横截面面积为：

$$\left[\frac{b(h-y)}{h}\right]^2$$

从 0 到 $h$ 进行积分，可得：

$$V_P = \int_0^h \left[\frac{b(h-y)}{h}\right]^2 \mathrm{d}y = \frac{b^2 h}{3}$$

这就是金字塔的体积方程。很多人会记得这一方程，但能够推导还是更保险些。对于 $b=230$ m，$h=147$ m 来说，$V_P=2.6\times10^6$ m³。这是一个相当精确的估算值，因为金字塔的尺寸很容易测定。

现在我们来估算法国的周长。法国大约 800 km 宽，因此周长（故事中拿破仑所指的周长）约为 3 200 km。这里我们忽略了所谓的海岸线佯谬或者说理查德森效应。这一效应解释了为什么不同报告就同一段海岸线给出了不同的长度，因为海岸线的分形几何让计算变得更复杂。[①] 这里我们指出，3 200 km 是法国边界总长可取的最小值（把法国近似为方形）。

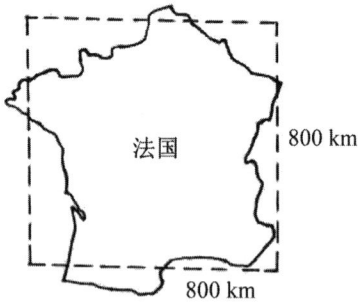

800 km

法国

800 km

---

① 原文注：分形曲线（具有标度无关性和自相似性的曲线）的长度取决于在何种长度尺度上进行测量。如果考虑这一效应，则可以说法国的边界总长并不确定。相反，如果我们考虑的尺度越来越小，则边界总长将会持续不确定地增加。另一个问题中对该效应进行了更详细的讨论。

根据拿破仑·波拿巴的计算，绕法国一周建造高 3 m、宽 1 m 的墙需要的石方量 $V_W$ 为多少？简单计算可知，$V_W = 9.6 \times 10^6$ m³。可以看出 $\dfrac{V_W}{V_P} \approx 3.7$。所以说，拿破仑在量级上没有错。或者，至少按故事所说的那样没有错。不过，仔细说来，拿破仑和他的数学家可以做得更好些。高 1.5 m、宽 0.5 m 的墙与金字塔实际的石方量更为接近。这个故事人们讲了很多遍，就数字是否正确也做过很多估算，实际上却很容易检验，想想就很奇怪。我想，拿破仑应该雇一位更优秀的数学家。

## 14.5 躺椅飞行者拉里 ★★

1982 年 7 月 2 日，曾作为炊事兵在越南服役，当时是一名卡车司机的拉里·沃尔特斯（Larry Walters），在加州母亲房子的后院开始了他的飞行。他乘坐一只自制飞艇，优雅地飞越树梢。从幼年起，拉里就一直梦想着飞行。他命名为"灵感 1 号"的飞艇由一只罗巴克草坪躺椅和四只充氦气象气球组成。它总高达 46 米，引起了当地警察的注意。次日他假装进行广告活动成功地打消了警察的疑虑。他计划飞过圣盖博山，直到莫哈维沙漠。这次处女飞他携带的物品还包括：1 部收发两用无线电机、1 个高度计、1 个罗盘、1 支手电筒，8 支装满水的塑料瓶用作压舱水，牛肉干、1 幅加州地图、1 部相机、1 瓶可口可乐，1 支气枪用来打破气球以实现降落。

旅程并没有像拉里设想的那样。他很快就上升到 4570 米的高度，进入洛杉矶国际机场的一条进场航线的受控空域。达美航空和环球航空的飞行员发现了他，将这一特殊情况报告了塔台。在接受《纽约客》乔治·普林顿[①]的采访中，拉里讲了他气枪射击气球以求降低高度的

---

① 原文注：Plimpton G.，1998，"The man in the flying lawn chair：why did Larry Walters decide to soar to the heavens in a piece of outdoor furniture?"，The New Yorker，American Chronicles，1 June，1998.

经历。这一过程进展顺利，不过后来气枪掉落在一处居民区上空，他惊恐地看着气枪砸向上万英尺下的地面。

没有了气枪，拉里继续快速上升，他开始用无线电呼救。令人惊奇的是，这段录音现在还保存着，很容易在互联网上找到。[①] 接线员一遍又一遍地询问他起飞的机场。对话如下：

接线员："你从哪个机场起飞的？"（重复了一遍，之后是漫长的等待）

拉里："我是从圣佩德罗西七街 1633 号起飞的。"（拉里母亲家的地址）

接线员："再说一遍机场名称，你能重复一遍吗？"

这次飞行持续了 45 分钟，终结于长滩 45 街 432 号的后花园。伴随着他的到来的是一场停电，因为他的气球落在了电线上。这是飞行史上的离奇章节之一。活着回来后，在次日（1982 年 7 月 3 日）《纽约时报》的采访中拉里说道："从 13 岁起我就梦想着通过气象气球飞向湛蓝的天空。感谢上帝，我实现了梦想。但无论如何我不会再来一次了。"

与每一项奇闻怪事一样，总有模仿者。多年来有很多模仿者。最近的一次，或许也是最奇怪的一次发生于 2008 年 4 月 20 日，巴西罗马天主教牧师阿德里亚·安东尼奥·德·加里（Adelir Antonio de Carli）乘坐 1 000 多个生日气球从巴西的巴拉纳瓜起飞了。他遇上了一场风暴，最后的无线电通信从大西洋上空发出。3 个月后巴西海军发现了他的遗体。

精确估算把体重 80 kg 的人带向空中至少需要多大半径的单一氦气球。气球的重量也要考虑进去。

---

① 原文注：甚至还有他这次飞行部分视频，互联网上也很容易找到，值得一看。

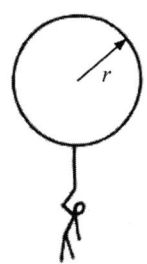

## 解答

首先考虑作用在氦气球上的力。共有四个力：

• 人的重力，方向向下：$F_1 = m_1 g$，其中 $m_1 = 80$ kg。

• 气球的重力，$F_2 = m_2 g$，其中 $m_2$ 为气球的质量。这个力分布在整个气球上，我们将其看作作用于气球的中心。气球的质量等于表面积乘以单位**面积**气球材料的质量 $\rho_{balloon}$。从而有 $F_2 = 4\pi r^2 \rho_{balloon} g$。我们假设单位面积气球材料的质量为 $100$ g/m²。[①]

• 气球里所充的氦气的重力。气球里氦气的质量等于密度 $\rho_{He}$ 乘以体积 $\left(\dfrac{4}{3}\right)\pi r^3$。所以，氦气方向向下的重力为 $F_3 = \left(\dfrac{4}{3}\right)\pi r^3 \rho_{He} g$。

• 浮力 $F_B$，它等于所排开空气的重力，方向向上。而气球上面和下面的气压差又使得浮力有所增加。我们只考虑前者。于是有 $F_B = \left(\dfrac{4}{3}\right)\pi r^3 \rho_{air} g$。

---

① 原文注：有朋友认为哪怕估算合适材料的单位面积重量的量级都很困难。我不以为然。如果发挥想象力，我们可以想出多种粗略估算的方法。比如，我们都有处理垃圾袋的经验。我们可以估算一卷垃圾袋的重量、铺开的垃圾袋的总面积，从而可以算出这种材料单位面积的重量。不过，做气球所需要的材料可能要比垃圾袋重一些。

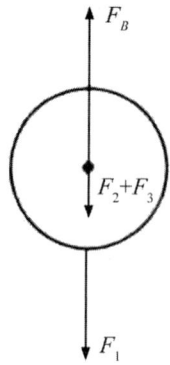

汇总上述四个力，我们有：

$$F_1 + F_2 + F_3 = F_B$$

将各自的方程代入，可得：

$$m_1 g + 4\pi r^2 \rho_{ballon} g + \left(\frac{4}{3}\right)\pi r^3 \rho_{He} g = \left(\frac{4}{3}\right)\pi r^3 \rho_{air} g$$

我们先把已知量代入方程以简化方程。已知 $m_1 = 80$ kg，我们估算 $\rho_{ballon} = 0.1$ kg/m²。我们应当知道，STP[①] 条件下的空气密度近似为 $\rho_{air} = 1.2$ kg/m³。空气的相对分子量[②]约为 29，而氦的分子量为 4。在大气压下任何气体(假设为理想气体)的密度均与分子量成正比。[③] 有了这一假设[④]，我们就有 $\rho_{He} = \dfrac{4}{29} \times 1.2 \approx 0.17$ kg/m³。代入上述方程，我们有：

---

① 原文注：标准温度和标准气压条件，是为了对比化学性质而约定的标准条件。国际纯粹与应用化学联合会(IUPAC)及国家标准和技术研究所(NIST)定义标准温度为 273.15 K(0℃)，定义标准绝对气压为 100 kPa(0.987atm，或 1 bar)。

② 原文注：相对分子量为一分子相对于碳 12($^{12}$C)分子的质量。碳 12 被用作参考质量，其分子量为 12。

③ 原文注：理想气体定律为 $pV = nRT$，注意其中 $n = m/M$，所以有 $pV = (m/M)RT$。而 $\rho = m/V$，所以我们有 $p = \rho RT/M$。可见对于具有相同压力和温度的两种气体，有 $\rho_1/\rho_2 = M_1/M_2$。

④ 原文注：这就意味着气球由非弹性材料制成，也就是说气球内外的气压近似相等。这是一个很好的近似，至少计算密度时不会有什么问题。显然对于具有相当弹性的气球来说，这一假设不再合理。事实上，大型高空气象气球通常由非弹性材料制成，且只是部分填充。这样随着高度上升大气压降低，气球内气体的体积可以膨胀。

$$80+1.26r^2 \approx 4.31r^3$$

这是一个关于 $r$ 的**三次**方程，可以以三次方程的标准解法来解。这一方法与二次方程并没有大的不同，但更绕，涉及更复杂的概念。需要几页纸才能完满地给出三次方程的解。有两种更快更实用的解法（当然不是用计算机）。第一种是图形法，第二种是迭代法。我们会用迭代法。重组方程，我们有：

$$r=\left(\frac{80+1.26r^2}{4.31}\right)^{\frac{1}{3}}$$

为了进行迭代，我们记：

$$r'=\left(\frac{80+1.26r^2}{4.31}\right)^{\frac{1}{3}}$$

之后我们先猜测一个 $r$ 值，代入方程得到 $r'$。对比 $r'$ 和 $r$，再继续迭代，直至二者之差足够小。

| $r$ | $r'$ | 二者之差（%） |
|------|------|------|
| 2.00 | 2.70 | 35 |
| 2.50 | 2.73 | 9.2 |
| 2.70 | 2.75 | 1.9 |
| 2.75 | 2.75 | 0 |

通常系数为实数的三次方程有 3 个根[①]，其中至少一个为实根。本例中我们设想会有一个实根，因为只有一个半径 $r$ 满足我们的要求。从我们的迭代中可以看出，对所需气球最小半径的一个较好的估算值为 $r=2.75$ m。不过，我们需要检查一下这一答案。为此，我们算一下方程中所涉及的各种力。我们有：$F_2=93$ N，$F_3=145$ N，$F_B=1\,026$ N。我们知道 $F_1=785$ N。看来方程在我们考虑的精度范围内是成立的。

---

① 原文注：实系数三次方程 $ax^3+bx^2+cx+d=0$（其中 $a\neq0$）有三个根（或三个解）。可能是 3 个不同的实根、3 个中有两个相同的实根，也可能是一个实根和两个复数根。这些根的解法，及其几何解释很有意思。大多数高等数学课中已不讲解它们，但如果非常感兴趣的话你可以查阅相关资料。

为了检验这一估算结果，我在网上查了气象气球指南。半径 2.75 m相当于直径 18 英尺。按照夏威夷大学给出的升力表，典型的直径 18 英尺的氦气球的升举能力为 88.7 kg。[①] 看来我们的估算还比较靠谱，但我们估算的气球材料的密度（单位面积的质量）可能比实际使用的大了点。

## 14.6 呼吸会让我们变轻吗？ ★★

我一直认为这道题很有意思，但把它归于涉及高级生理学的主题之下更合适。总之，呼吸很重要，其基本的化学过程在 GCSE 普通科学课程中都有讲到。所以说，本质上它只是估算的问题。问题如下：

估算仅仅通过呼吸我们变轻的速度。

### 解答

首先我们要考虑的是导致我们变轻的机制。通常情况下我们吸入空气，把其中部分氧气转化为 $CO_2$。净结果是体内的一些碳离开了我们的身体。我们呼出的空气中也含有水蒸气。所以呼吸中共有两种导致我们体重减少的机制。现在我们要估算的是体重减少的速度。

在前面问题中，我们估算过潮气量（正常成人每次呼吸的吸入或呼出的气体量）约为 500 mL。我还估算了人大约每 4 秒钟呼吸一次，所以呼吸的频率为 $f = \frac{1}{4}$。我们应当知道室内气温气压下的空气密度，约为 1.2 kg/m³。我们的肺吸入空气的速度约为：

$$\dot{m}_{in} = \rho f v = 1.5 \times 10^{-4} \text{kg/s}$$

现在来讨论点化学内容。空气中 $O_2$ 的体积占比约为 21%，$N_2$ 的

---

① 原文注：升力表也有氢气球和甲烷气球的。对于相同大小的气球来说，二者的升举能力分别为 96.4 kg 和 42.3 kg。

体积占比约为 79%。[①] 我们呼出的空气中，$O_2$ 的体积占比约为 16%，$CO_2$ 的体积占比约为 5%。各自的分子量分别为：$O_2$（32）、$N_2$（28）、$CO_2$（44）。有了这些数据就可以算出呼出气体与呼入气体的质量比：

$$\frac{\dot{m}_{out}}{\dot{m}_{in}}=\frac{16\times32+79\times28+5\times44}{21\times32+79\times28}=1.021$$

现在可以计算出通过呼吸损失碳的速度 $\dot{m}_C$，即呼出与吸入气流速度之差：

$$\dot{m}_C=\dot{m}_{out}-\dot{m}_{in}=3.2\times10^{-6}\text{kg/s}$$

接下来我们要考虑的是通过呼吸损失水蒸气的速度。我们可能——我强调是**可能**，能够粗略估算出呼出的空气中水蒸气的密度。毕竟，冬天我们见过它们凝结在汽车车窗上，或者冷天里凝结在聚会气球里。更有可能的是我们需要寻求帮助，以获得一个更精确的值。在备查表里可以找到这个值。体温（37 ℃）条件下饱和空气中的水蒸气含量约为 $\rho_{H_2O}=44 \text{ g/m}^3$。我们呼出水蒸气的速度——考虑我们吸入的为完全干燥气体的最坏情况——近似为：

$$\dot{m}_{H_2O}=fv\rho_{H_2O}=5.5\times10^{-6}\text{ kg/s}$$

我们损失碳和水蒸气的速度大致相同。总的质量损失速度为 $\dot{m}_T=\dot{m}_C+\dot{m}_{H_2O}=8.7\times10^{-6}\text{ kg/s}$。那么一天 24 小时共损失多少呢？

这个数可不小。按照这一估算，我们每天呼出 0.27 kg 的碳，0.48 kg 的水蒸气。所以仅仅通过呼吸我们就能变轻不少。

我经常假想人体损失碳的一个重要途径就是通过呼吸。亦即，我们损失非水体重的首要途径就是通过呼吸。进一步讲，任何能提升我们呼吸率的行为都会导致我们失去更多的体重——比如锻炼。如果你开足马力爬山两周，每天超过 12 个小时，就会失去相当多的体重。$CO_2$ 离开我们的身体，一个碳原子一个碳原子地减轻我们的体重。这些年来我向不少医生介绍过这一理论，也经常目睹他们一脸茫然。不

---

① 原文注：我们忽略了含量很少的惰性气体和 $CO_2$，它们加一起的体积占比也不到 1%。

过，我还听过相反的理论。但我发现，就研究这一问题方面我并不孤单。近来一篇题为"人体碳预算"的文章写道：①

美国普通成年人身体里含有 21 kg 的 C，每年消耗 67 kg 的 C，其中有 59 kg 是以 $CO_2$ 的形式通过呼吸排放出去的，7 kg 通过排泄物排出，不到 1 kg 通过放屁、出汗和芳香族化合物排出。

这一点很有意思。我们损失的碳有 88% 是通过呼吸损失的！我自己的估算是每天通过呼吸损失 0.27 kg，或者说每年超过 98 kg，这一结果与刚才引用的数字很接近。如果你想减肥，呼吸快点就好。②

---

① 原文注：West, T. O., Marland, G., singh, N., Bhaduri, B. L., Roddy, A. B., 2009, "The human carbon budget: an estimate of the spatial distribution of metabolic carbon consumption and release in the United States", Journal of Biogeochemistry, Vol. 94, pp. 29—41, DOI 10. 1007/s10533—009—9306—z.

② 原文注：当然，通过锻炼！

# 谜题分值致命游戏

 

 

"布里法特点"夺去了不少年轻登山者的性命。在 1973 年出版的《勃朗峰高地：一百条最佳路线》(*The Mont Blanc Massif：The Hundred Finest Routes*)中，法国卓越的登山家加斯顿·布里法特在按困难程度给他的登山路线从 1 到 100 排序时犯了一个致命的错误。登山者的争强好胜心不比数学家差，很快他们就开始了攀登布里法特点的致命游戏。第一条路线的难度为 1 点，穿过红峰(Aiguilles Rouges)上的 Clocher Clochetons 缓坡即可；第 100 条路线的难度为 100 点，需要攀爬弗雷尼中心岩柱(Central Pillar of Freney)的绝壁，死神一路相伴。如果能活着回来，你可以随意地跟别人说起你的经历："是我命好。"如果真的命好，别人会问你到过多少布里法特点，你可以炫耀已经到过 $x$ 个布里法特点，总分是 $y$ 点。很难知道是开辟新路线还是剔除很多简单的路线。所以就有了难度分。

"四星的智力题比一星的难太多了，"我跟朋友泰特说，"只给四个星似乎很不公平。"

"那就在把每道题的难度值加起来之前先进行平方，"泰特说。[①]

于是就有了智力题难度值总和的游戏。本书中的智力题(包括给出解答的选做题)分布是：35 个★，40 个★★，28 个★★★，10 个★★★★。总共 113 道题，把难度值(星的数量)的平方加起来，共 607 分。

---

① 原文注：实际上，牛津大学在多年的数学考试中采用了类似的计分方法。每道题的分值在相加之前进行平方。与其他人为的积分方法一样，这种积分法也给出一种特别的考查方法。就本书来说，它侧重于考查深挖特殊问题而不是很多问题所涉及的泛泛的知识。

"如果不能拿出来炫耀，要分干什么?"泰特说。于是就有了荣誉墙。对照后面的计分表你可以计算出自己的分值并找到自己的荣誉称号。

- ＜ 35 分：智力题小白
- 35 分到 195 分之间：智力题新手
- 195 分到 447 分之间：智力题专家
- 447 分到 607 分之间：智力题大师
- 607 分：智力题大神

你可以登录专门为本书创建的网站在荣誉墙上上传自己的分数，网址如下：

www. PerplexingProblems. com

你可以在网站上讨论这些问题，给出其他解法或更优雅的解法，或提出你自己的智力题。你可能觉得奇怪，但在本书中我回避了"聪明"解法，而是偏向更标准的解法。当然，我和别人一样喜欢聪明解法，但我觉得把注意力放在基本技巧上更具有教导意义，特别是我们处理的都是不常见的问题。所以，有很大的空间可以从简洁性方面"改进"我的解答。我期待着你在网上给出"聪明的"解答方法。

与所有的探险一样，把这些智力题分享出去会给你带来更大的乐趣。希望你已经有人可以分享了，但网站上的"智力题论坛"(Puzzle Forum)可以带给你更多的听众，更重要的是——从他人那里学习的机会。我会经常在网站上挂出新问题。

最后，祝你好运。不管这次旅程把你带往何处，都希望你能乐在其中。

# 智力题自测表

| | 有思路 | 无思路 |
|---|:---:|:---:|
| 1.1　最短路径★ | ◯ | ◯ |
| 1.2　洲际电缆★ | ◯ | ◯ |
| 1.3　棋盘和圆环★★ | ◯ | ◯ |
| 1.4　正六边形格子和圆环★★ | ◯ | ◯ |
| 1.5　相交圆★★ | ◯ | ◯ |
| 1.6　球里的立方体★ | ◯ | ◯ |
| 1.7　圆里的多边形★ | ◯ | ◯ |
| 1.8　多边形里的圆★★ | ◯ | ◯ |
| 1.9　半圆的内接三角形★ | ◯ | ◯ |
| 1.10　大小树干★★或★★★★ | ◯ | ◯ |
| 1.11　爱走神教授的邮票★★ | ◯ | ◯ |
| 1.12　满囊船长的宝藏Ⅰ　★ | ◯ | ◯ |
| 1.13　满囊船长的宝藏Ⅱ　★★ | ◯ | ◯ |
| 1.14　满囊船长的宝藏Ⅲ　★★★ | ◯ | ◯ |
| 1.15　科赫岛几何★★★★ | ◯ | ◯ |
| 1.16　较易围栏问题★ | ◯ | ◯ |
| 1.16　较难围栏问题★★★ | ◯ | ◯ |
| 2.1　人脑计算器★ | ◯ | ◯ |
| 2.2　糊涂教授的报告之一★ | ◯ | ◯ |
| 2.3　糊涂教授的报告之二★ | ◯ | ◯ |

续表1

| | 有思路 | 无思路 |
|---|---|---|
| 2.4 立方体上的蚂蚁之一★★ | ○ | ○ |
| 2.5 立方体上的蚂蚁之二★★★ | ○ | ○ |
| 2.6 立方体上的蚂蚁之三★★★★ | ○ | ○ |
| 2.7 下落的雨滴★★ | ○ | ○ |
| 2.8 三扇门问题★★ | ○ | ○ |
| 2.9 布赖奇利博士的 PIN 码★★★ | ○ | ○ |
| 2.10 史密斯先生的硬币★★★ | ○ | ○ |
| 2.11 三信封问题★ | ○ | ○ |
| 2.12 卡片游戏★★ | ○ | ○ |
| 3.1 污水处理工的难题★ | ○ | ○ |
| 3.2 污水处理工躲避水流★★ | ○ | ○ |
| 3.3 污水处理工的问题★★★ | ○ | ○ |
| 3.4 阿兹特克石的搬运工★★ | ○ | ○ |
| 3.5 轮子战争Ⅰ ★★★ | ○ | ○ |
| 3.6 轮子战争Ⅱ ★★ | ○ | ○ |
| 3.7 方尖碑建造者★★ | ○ | ○ |
| 3.8 方尖碑拆除者★★★★ | ○ | ○ |
| 3.9 (非必死)死亡谷★★★ | ○ | ○ |
| 4.1 滑轮★ | ○ | ○ |
| 4.2 光速博士的弹力网球赛★★ | ○ | ○ |
| 4.3 加速火柴盒★★★ | ○ | ○ |
| 4.4 鸭先生的最后一次飞行★★ | ○ | ○ |
| 4.5 水力索道★ | ○ | ○ |
| 4.6 夏洛克·福尔摩斯与贝拉·菲奥雷绿宝石★★★ | ○ | ○ |
| 4.7 线性碰撞的等效表述★★★ | ○ | ○ |
| 5.1 超级摩托车赛中的摩擦力★ | ○ | ○ |

| | 有思路 | 无思路 |
|---|:---:|:---:|
| 5.2 超级摩托车赛中的出前位置★★ | ○ | ○ |
| 5.3 过山车★★★ | ○ | ○ |
| 5.4 脱轨过山车★★ | ○ | ○ |
| 5.5 懒教授最后一次滑雪★★ | ○ | ○ |
| 5.6 飞车走壁：汽车★★★ | ○ | ○ |
| 5.7 飞车走壁：摩托车★★或★★★★ | ○ | ○ |
| 6.1 振荡球★★ | ○ | ○ |
| 6.2 止钟教授的时间操控器★★★ | ○ | ○ |
| 6.3 弹簧迷博士的振荡子★ | ○ | ○ |
| 6.4 弹簧迷博士的地狱振荡子★★ | ○ | ○ |
| 6.5 弹簧迷博士的改进版地狱振荡子★★★ | ○ | ○ |
| 7.1 史蒂芬双斜面球串★ | ○ | ○ |
| 7.2 发电路拱★★ | ○ | ○ |
| 7.3 过平衡轮★★ | ○ | ○ |
| 7.4 辛克莱教授的虹吸管★★ | ○ | ○ |
| 7.5 玻意耳的永动瓶★ | ○ | ○ |
| 7.6 奇异轮★★★ | ○ | ○ |
| 8.1 懒教授★★ | ○ | ○ |
| 8.2 勇敢的飞行员★ | ○ | ○ |
| 8.3 打靶★ | ○ | ○ |
| 9.1 电阻金字塔★★ | ○ | ○ |
| 9.2 电阻四面体★ | ○ | ○ |
| 9.3 电阻矩阵★★★★ | ○ | ○ |
| 9.4 电阻正方体★★★ | ○ | ○ |
| 9.5 电能传输★ | ○ | ○ |
| 9.6 RMS功率★ | ○ | ○ |

续表 3

| | 有思路 | 无思路 |
|---|---|---|
| 9.7　烧水时间★ | ◯ | ◯ |
| 10.1　空心月亮★ | ◯ | ◯ |
| 10.2　最低能量环圆形卫星轨道★★ | ◯ | ◯ |
| 10.3　太空里的失重★★ | ◯ | ◯ |
| 10.4　跳入太空★★★ | ◯ | ◯ |
| 10.5　太空墓地★★★ | ◯ | ◯ |
| 10.6　牛顿的加农炮★★ | ◯ | ◯ |
| 10.7　从地球到月球★★ | ◯ | ◯ |
| 10.8　测垂教授的测垂盘★★ | ◯ | ◯ |
| 10.9　喷气式飞机的日常★★ | ◯ | ◯ |
| 10.10　太阳系的逃逸速度★★★ | ◯ | ◯ |
| 10.11　城市群先生增大月球★★★ | ◯ | ◯ |
| 10.12　小行星游戏★★★★ | ◯ | ◯ |
| 11.1　球中斑点★ | ◯ | ◯ |
| 11.2　缩小光圈★★★ | ◯ | ◯ |
| 11.3　飘浮的猪★★★ | ◯ | ◯ |
| 11.4　火星人和穴居人★或★★★★ | ◯ | ◯ |
| 11.5　怪鱼★★★或★★★★ | ◯ | ◯ |
| 12.1　受热板★ | ◯ | ◯ |
| 12.2　受热立方体★ | ◯ | ◯ |
| 12.3　房间里的冰箱★★ | ◯ | ◯ |
| 12.4　沙漠里的冰★★ | ◯ | ◯ |
| 12.5　地球的冷却★★ | ◯ | ◯ |
| 13.1　阿基米德的王冠和伽利略天平★ | ◯ | ◯ |
| 13.2　另一道伽利略天平问题★★ | ◯ | ◯ |
| 13.3　平衡天平★ | ◯ | ◯ |

续表4

| | 有思路 | 无思路 |
|---|---|---|
| 13.4 浮球和沉球★★ | ○ | ○ |
| 13.5 漂浮的圆柱体★★★ | ○ | ○ |
| 13.6 水静力学佯谬★★ | ○ | ○ |
| 13.7 活塞演算题★ | ○ | ○ |
| 13.8 漂浮的柱子★★★★ | ○ | ○ |
| 14.1 英里高塔★ | ○ | ○ |
| 14.2 我们还能活多久?★★ | ○ | ○ |
| 14.3 迈达斯的藏金屋★ | ○ | ○ |
| 14.4 拿破仑·波拿巴与大金字塔★ | ○ | ○ |
| 14.5 躺椅飞行者拉里★★ | ○ | ○ |
| 14.6 呼吸会让我们变轻吗?★★ | ○ | ○ |

# 得分统计表

| 日期 | 解题数量 | | | | 总分合计 |
|---|---|---|---|---|---|
| | ★ | ★★ | ★★★ | ★★★★ | |
| | | | | | |
| | | | | | |
| | | | | | |
| | | | | | |
| | | | | | |
| | | | | | |
| | | | | | |
| | | | | | |
| | | | | | |
| | | | | | |
| | | | | | |
| | | | | | |
| | | | | | |
| | | | | | |
| | | | | | |
| | | | | | |
| | | | | | |
| | | | | | |

# 尾注

我的好朋友 Tet Amaya 是一位由物理学家转行的数学家，脑容量有行星那么大。他乐于尝试独立解答本书中所有的问题，仅仅几天就完成了。我觉得应该把他反馈回来的手稿中的两个注释呈献给大家，二者旨在标明某处还需要更进一步的解释：

*So unclear!! Students will cry!!*

（太不清晰了!! 学生会哭!!）

或者他觉得我的答案错了：

*All wrong!! Totally wrong…*

（全错!! 完全错了!!）

可能你会觉得有些问题很难，但你也看到了，你不是唯一的。如果你觉得某些答案仍有所欠缺，或你手头有什么不寻常的问题，觉得应该收录在本书下一版，请联系我。

**图书在版编目（ＣＩＰ）数据**

和牛津、剑桥人一起挑战最强大脑：把玩109道世界顶尖大学入学面试题 ／（英）托马斯·波维著；李红杰翻译. -- 长沙：湖南科学技术出版社，2018.11

书名原文：Professor Povey's Perplexing Problem：Pre-university Physics and Maths Puzzles with Solutions

ISBN 978-7-5357-9967-8

Ⅰ．①和… Ⅱ．①托… ②李… Ⅲ．①智力游戏Ⅳ．①G898.2

中国版本图书馆CIP数据核字(2018)第228643号

湖南科学技术出版社通过博达著作权代理有限公司获得本书中文简体版中国大陆出版发行权。

著作权合同登记号： 18-2015-108


HE NIUJIN、JIANQIAOREN YIQI TIAOZHAN ZUIQIANG DANAO
BAWAN 109 DAO SHIJIE DINGJIAN DAXUE RUXUE MIANSHITI

**和牛津、剑桥人一起挑战最强大脑**
把玩109道世界顶尖大学入学面试题

著　　者：[英]托马斯·波维
译　　者：李红杰
责任编辑：吴　炜　李　媛　刘　英
出版发行：湖南科学技术出版社
社　　址：长沙市湘雅路276号
　　　　　http://www.hnstp.com
湖南科学技术出版社天猫旗舰店网址：
　　　　　http://hnkjcbs.tmall.com
印　　刷：长沙超峰印刷有限公司
　　　　　（印装质量问题请直接与本厂联系）
厂　　址：宁乡市金洲新区泉洲北路100号
邮　　编：410600
版　　次：2018年11月第1版
印　　次：2018年11月第1次印刷
开　　本：710mm×1000mm　1/16
印　　张：26
字　　数：330000
书　　号：ISBN 978-7-5357-9967-8
定　　价：88.00元
（版权所有·翻印必究）